D1664569

UN MAQUIS
D'ANTIFASCISTES
ALLEMANDS EN FRANCE
(1942-1944)

Éveline & Yvan Brès

UN MAQUIS
D'ANTIFASCISTES
ALLEMANDS EN FRANCE
(1942-1944)

Presses du Languedoc / Max Chaleil Éditeur

A la mémoire...

...de l'ami allemand :
Karl Heil (1901-1983), homme de radio.

...des nôtres :
Françoise Brès (1676-1702), «fanatique
et scélérate»,
Samuel Rafinesque (1864-1923), pasteur,
Brutus Brès (1884-1952), forestier.

Préface

Livre d'aventures, récit de guerre, relation dramatique d'épisodes de la Résistance, l'ouvrage d'Eveline et Yvan Brès est tout cela certes, mais c'est aussi, c'est d'abord un livre d'Histoire. On serait tenté d'écrire le mot au pluriel. Car *Un Maquis d'antifascistes allemands en France* se situe en fait à la croisée de plusieurs histoires : histoire dans laquelle sont impliqués des hameaux et des villages de la Drôme, de l'Hérault, du Gard, de la Lozère : Saint-Germain-de-Calberte ou Saint-Etienne-Vallée-française ; histoire régionale, puisque l'action de ce drame aux rebondissements incessants se déroule pour l'essentiel dans les Cévennes ; histoire nationale enfin, française : la résistance à l'occupant ; mais aussi moment de l'histoire de l'Allemagne, puisque les principaux protagonistes sont des Allemands, des antifascistes qui ont participé à la victoire sur le nazisme, sauvant par ce combat l'honneur de leur pays. On pourrait même parler d'histoire européenne, puisque, aux côtés des Allemands et des Français passent sur la scène des guérilleros espagnols, des Italiens, des Autrichiens, des Polonais et même des Soviétiques.

On a déjà beaucoup écrit sur la Résistance. Pourtant c'est un aspect inconnu ou méconnu de celle-ci que le livre d'Eveline et Yvan Brès éclaire. Certes on savait que des Allemands s'étaient battus, ici ou là, aux côtés des résistants français contre les troupes d'occupation. Leurs noms, leurs pseudonymes parfois sont gravés dans plusieurs départements sur les monuments commémoratifs. Souvent d'ailleurs, ces « soldats de l'ombre » mériteraient doublement cette appellation : contraints à une stricte clandestinité, ils n'avaient plus de nom. Ils s'appelaient simplement Otto, Kurt ou Ernst, un prénom qui souvent n'était même pas leur vrai prénom. Mais, au-delà de ces informations, somme toute assez vagues, personne ne s'était attaché jusqu'ici à suivre

9

les traces de ces étrangers, à reconstituer leurs pérégrinations, à décrire leur vie et leurs combats.

C'est à cette œuvre originale qu'Eveline et Yvan Brès se sont employés. Ils ont suivi pas à pas, jour après jour, le cheminement de plusieurs groupes de ces émigrés allemands qui se rassemblent à la fin de 1943 et au début de 1944 dans les Cévennes pour constituer l'essentiel de la « Brigade Montaigne », avant de former la 124e compagnie du 5e bataillon qui prendra part à la libération de Nîmes en août 1944.

Un des écueils des récits de Résistance, c'est l'hagiographie. A vingt ou quarante ans de distance, témoins et chroniqueurs inclinent parfois à magnifier les opérations des maquisards, à exalter leur héroïsme en gommant les erreurs ou les faiblesses de quelques-uns. Puisque leur cause était juste et qu'ils risquaient leur vie, tous ceux qui avaient pris part à ces combats devenaient des héros. Si explicable que soit cette dérive, on peut se demander si elle a vraiment servi la Résistance. A l'histoire risquait alors de se substituer la légende dorée ou l'image d'Epinal.

Ce n'est pas le moindre mérite des auteurs du présent ouvrage que d'avoir évité cet écueil en se livrant à un véritable travail d'historiens. Ce travail commence, on le sait, par la recherche et la critique des sources. Difficulté supplémentaire dans ce cas, les sources étant souvent allemandes. Eveline et Yvan Brès disposaient pour l'essentiel de quatre types de documents : 1° les souvenirs et témoignages oraux ou écrits des protagonistes à différentes époques ; 2° les rapports de police français ; 3° les archives des diverses polices allemandes ; 4° des informations publiées par la presse de l'époque, des tracts, des appels émanant soit des résistants, soit des troupes d'occupation ou de la milice.

Les auteurs de *Un Maquis d'antifascistes allemands en France* ont commencé par accumuler tous les documents possibles qu'ils ont découverts — en France mais aussi, dans les deux Allemagnes, RDA et RFA. Ils ont traduit des centaines et des centaines de pages de textes allemands. Puis ils ont confronté les divers récits dont ils disposaient, les ont mis « en situation » en opérant parfois un montage, ce qui donne un récit à plusieurs voix, extrêmement vivant, une sorte de reportage « en différé » ; quelquefois ils ont mis en regard la version du maquis et celle de l'adversaire (rapports de la police française ou, plus rarement, des services allemands). Cette méthode — les historiens le vérifient à tout moment — permet de déceler et de rectifier les erreurs volontaires ou involontaires qui figurent dans tant de Mémoires ou d'autobiographies. Chacun sait bien que la mémoire est peu fiable, surtout si les souvenirs sont enregistrés à vingt ans de distance.

La confrontation critique des sources ainsi pratiquée a permis à

Eveline et à Yvan Brès d'approcher d'aussi près que possible la réalité des actions de Résistance qu'ils retracent dans leur livre.

Les auteurs sont aussi servis par une connaissance très précise de la région et des hommes qui l'habitent. Les Cévennes, la haute Lozère, ils les ont parcourues en long et en large. Ils ont retrouvé les survivants, ils les ont interrogés. Ils ont pratiqué, sans le dire et peut-être sans le savoir, cette « histoire orale » dont il a été tant question ces dernières années. Et cela donne des pages pleines d'humour comme celles où le pasteur Donadille précise (et rectifie) le récit de Richard Hilgert qui avait fait de lui un médecin et de sa femme une ancienne danseuse de l'opéra de Berne.

Modestes, Eveline et Yvan Brès se sont effacés devant « leurs » personnages. Ils les ont laissé parler, raconter. D'où cette impression d'authenticité, de vécu. Et ces récits éclairent aussi la vision que chaque groupe avait des autres. On apprend comment les Allemands voyaient, jugeaient les paysans ou les pasteurs cévenols, les résistants français, et comment les Français d'origine diverse, paysans ou maquisards, réagissaient à la présence des émigrés.

Non qu'il ne subsiste encore des zones d'incertitude et des taches blanches. Certains documents sont introuvables ou ont disparu. Parfois on n'a qu'un seul récit à sa disposition. Dans ces cas-là, Eveline et Yvan Brès donnent leur opinion, leur interprétation, proposent la version la plus plausible, sans vouloir l'imposer au lecteur.

Pour les précisions qu'il fournit, grâce à une chronologie rigoureuse, grâce aussi à ses illustrations, ses cartes, l'ouvrage d'Eveline et Yvan Brès apporte une quantité d'informations inédites sur un sujet que les historiens de la Résistance cévenole ou méridionale n'avaient fait qu'effleurer.

Il nous renseigne sur le « maquis allemand » bien sûr, mais sur d'autres points aussi qui pourraient à première vue paraître secondaires. Par exemple sur le comportement de ces Soviétiques de la Ost Légion que la Wehrmacht, en dépit des hésitations d'Hitler, avait fini par enrôler pour les engager contre les partisans, dans les territoires occupés à l'Est, et qui avaient été ensuite transférés à l'Ouest. Leur comportement vis-à-vis des résistants français a beaucoup varié selon les moments et les lieux. Beaucoup de ces supplétifs s'étaient laissé recruter pour ne pas mourir de faim. Loin d'épouser la cause des Hitlériens, ils étaient souvent déchirés, tel le personnage principal du film de Guerman, *La Vérification.*

Eveline et Yvan Brès racontent comment quelques-uns de ces « Russes » ont laissé s'enfuir des maquisards cernés par la Wehrmacht à La Parade. Quand les maquisards sont passés devant eux, à portée de leur mitraillette, ils n'ont pas tiré. La Résistance prendra contact avec ces hommes, des Arméniens en majorité, cantonnés à Mende, et réussira à en faire déserter plusieurs centaines en juillet 1944.

11

Le noyau de l'ouvrage, sa principale originalité, c'est donc l'histoire de ces groupes d'antifascistes allemands qui se sont intégrés à partir de 1943 aux maquis cévenols. Le livre cependant ne relate pas seulement un épisode régional. Il aborde des questions plus générales : par exemple les rapports entre les francs-tireurs et partisans (communistes) et l'Armée secrète (gaulliste). Sur un cas concret, il montre comment, ici, les différends ont pu être aplanis grâce à l'entente de certains hommes, et la coopération organisée.

Ces Allemands, ces Autrichiens qui étaient-ils et d'où venaient-ils ?

Au lendemain de l'incendie du Reichstag, en mars 1933, lorsqu'on procéda dans l'Allemagne nationale-socialiste aux premières rafles d'opposants et que s'ouvrirent pour eux les premiers camps de concentration, beaucoup de militants des partis ouvriers (sociaux-démocrates ou communistes) qui avaient échappé à l'arrestation furent contraints à l'exil. Avec la montée de l'antisémitisme, des milliers de Juifs allemands s'exilèrent à leur tour. Un assez grand nombre d'entre eux se réfugièrent en France où ils furent accueillis plus ou moins bien. Ils n'étaient guère au total que quarante à cinquante-mille : on ne les accusa pas moins de « voler le travail des Français » à un moment où notre pays comptait pourtant par ailleurs plusieurs millions d'étrangers (Italiens, Polonais, Espagnols). A partir de 1938, après le Front populaire, ces émigrés allemands, de tolérés qu'ils étaient jusqu'alors, devinrent ou redevinrent indésirables.

A la déclaration de guerre, en septembre 1939, les hommes et quelques femmes jugées politiquement suspectes, furent internés (la majorité des femmes le seront en mai 1940) au titre de « ressortissants d'un pays ennemi », alors que précisément ils avaient été chassés de ce « pays ennemi » par le régime national-socialiste qu'ils n'avaient pas cessé de combattre.

On oublia qu'il s'agissait d'antifascistes. On ne leur permit pas de s'engager dans l'armée française qui allait affronter la Wehrmacht, on leur offrit tout au plus d'entrer à la Légion étrangère et on les expédia alors en Afrique du Nord. Le premier volet de la trilogie filmée *Welcome in Vienna* montre bien le sort réservé à ces émigrés. Certains d'entre eux, jugés plus indésirables encore que les autres, furent jetés dans des camps spéciaux que les circulaires du ministère de l'Intérieur appellent officiellement des « camps de concentration », le camp du Vernet en Ariège et, pour les femmes, celui de Rieucros, près de Mende.

Au moment de l'invasion de la France par la Wehrmacht, la plupart de ces internés avaient pu s'échapper et, refluant devant les troupes allemandes, gagner la zone non occupée.

Certains réussirent alors à quitter la France, à partir pour les Etats-Unis ou le Mexique en s'embarquant sur les derniers bateaux qui quittèrent Marseille ou en franchissant les Pyrénées et en atteignant

Lisbonne. Mais quelques milliers — pour la plupart à l'origine ouvriers ou employés — qui n'avaient ni les moyens, ni les visas ou autorisations indispensables, et qui, par ailleurs, voulaient rester dans notre pays pour être à pied d'œuvre et poursuivre la lutte, demeurèrent en France, souvent sans papiers d'identité en règle. Le gouvernement de Vichy en parqua de nouveau certains derrière des barbelés et livra aux nazis, comme il s'y était engagé (article 19 de la convention d'armistice), ceux que les autorités allemandes réclamèrent. On en déporta aussi quelques centaines dans le sud algérien. D'autres, avec l'aide ou la complicité plus ou moins apparente de services français, furent enrôlés dans des groupes de travailleurs étrangers (GTE)[1]. Ainsi pouvait-on les contrôler tout en disposant d'une main-d'œuvre à bon marché. C'est de ces GTE que partent la plupart de ceux dont le livre d'Eveline et Yvan Brès relate le parcours.

Ce sont eux en effet qui constitueront les premiers noyaux des maquis en haute Lozère et dans les Cévennes, avant que les mesures de réquisition (ouvriers spécialisés, STO, etc) n'incitent massivement les jeunes Français qui refusaient d'aller travailler en Allemagne à gagner les montagnes pour échapper aux rafles. Ces travailleurs étrangers, quant à eux, étaient dès l'été 1942 menacés d'être déportés en Allemagne. Ceux d'entre eux qui étaient juifs en premier lieu... mais bientôt les non-Juifs aussi. C'est alors que des antifascistes français décident d'aider ces antifascistes allemands en les planquant dans des baraques, très haut, dans la montagne. Les conditions de vie de ces premiers maquisards sans armes sont souvent très dures. Il fait froid à treize-cents mètres d'altitude dans des abris de bûcherons où l'on ne peut faire de feu dans la journée afin de ne pas attirer l'attention. Pour le ravitaillement, on dépend absolument des amis « d'en bas ». Les premiers jeunes Français qui viendront rejoindre les Allemands à Bonnecombe trouveront que la vie y est trop dure... et n'y resteront pas.

Pour les premiers maquis français, quelques-uns de ces antifascistes allemands étaient des auxiliaires précieux. Tandis que les maquisards français étaient généralement des jeunes sans grande expérience de la luttte armée, eux avaient souvent pris part à des opérations militaires. En 1936, la plupart de ceux qui allaient se battre dans les Cévennes s'étaient engagés aux côtés des républicains espagnols et avaient combattu dans les Brigades internationales, contre les Franquistes que soutenaient Hitler et Mussolini. Leur connaissance de l'allemand — la langue de l'occupant —, leurs liaisons avec l'organisation communiste allemande qui a infiltré des hommes et surtout des femmes (les « taupes rouges ») dans les services de la Wehrmacht, leur permettent de fournir parfois aux maquis français de précieux renseignements sur les déplacements de l'ennemi, les projets d'attaque des troupes d'occupation contre les divers centres de Résistance.

Cependant l'intégration de ces antifascistes dans des maquis français n'allait pas de soi. Il y avait d'abord l'obstacle de la langue. Souvent ils parlaient et comprenaient mal, voire très mal, le français. N'étaient-ils pas quand même des Allemands ? Ne risquaient-ils pas au cours de combats contre la Wehrmacht de s'entendre avec leurs compatriotes pour trahir ? Beaucoup de leurs compagnons français ont sans doute eu du mal, au début tout au moins, à comprendre pourquoi ces Allemands voulaient se battre contre d'autres Allemands, et à se faire à l'idée que c'étaient des camarades de combat tout à fait sûrs.

Si ces Allemands voulaient contribuer à la défaite du fascisme hitlérien, c'était, comme les Français, par amour de leur pays, pour pouvoir y retourner, une fois celui-ci libéré de la domination nazie. Mais, alors que les Français se battaient contre un ennemi qui occupait et pillait leur pays — pour eux la situation était claire, la Résistance, au moins à partir de 1943-1944, était populaire, surtout dans les Cévennes —, eux se battaient contre d'autres Allemands, leurs compatriotes. Et ce combat était sans merci. Les maquisards français pouvaient avoir l'illusion que, s'ils étaient capturés, on les traiterait en prisonniers de guerre ; eux savaient bien que, s'ils tombaient aux mains de la Wehrmacht, ils seraient torturés et exécutés.

Le lecteur d'aujourd'hui a sans doute quelque peine à imaginer ce qu'a été la vie de ces hommes depuis qu'ils ont dû quitter leur pays et, pour beaucoup, leurs familles, en 1933. La plupart sont séparés de leur femme et de leurs enfants. Tous, célibataires ou mariés, ont mené pendant leurs douze années d'exil une vie d'errance dans un milieu souvent hostile ; jamais sûrs du lendemain, jamais tout à fait en règle avec les autorités, jamais accueillis pour longtemps dans un foyer ami, seuls, sans nouvelles des leurs et de leurs camarades.

L'intégration des groupes allemands au maquis français présentait une autre difficulté. Les antifascistes allemands ne pouvaient combattre seuls. Ils n'avaient ni armes ni munitions. Ils devaient donc se placer « sous les ordres » de commandants français. Or certains d'entre eux possédaient une expérience plus grande et il leur est arrivé d'avoir, sur des opérations à mener, une vue plus juste que leurs chefs hiérarchiques. Mais la discipline faisant la force des armées, il leur fallait alors soit obéir à des ordres qu'ils désapprouvaient, soit se séparer de leurs compagnons. On imagine le dilemme, Eveline et Yvan Brès le montrent, auquel Otto Kühne et ses hommes se sont souvent trouvés confrontés.

Mais si cette intégration des émigrés allemands dans le maquis a été possible malgré tout, cela s'explique par la région où elle s'est réalisée : les Cévennes. Les protestants français avaient connu eux-mêmes les malheurs de l'exil, aussi les Cévennes furent-elles pendant l'Occupation un lieu de refuge par excellence. On y accueillait plus facilement que dans d'autres régions les persécutés, qu'ils fussent français ou étrangers, juifs ou chrétiens et quelles que fussent leurs convictions politiques. Les pasteurs, les paysans cévenols ne demandaient pas aux réfugiés qu'ils acceptaient d'héberger s'ils étaient communistes ou sociaux-démocrates. D'ailleurs, certains de ces émigrés allemands étaient eux aussi protestants. Ils chantaient à l'occasion aux offices.

Leur troupe était au demeurant fort bigarrée. On rencontrait chez ces Allemands ou ces Autrichiens, que les circonstances rassemblaient, des personnages surprenants, tel ce Friedrich qui exploitait une petite ferme cévenole et dont les livres d'histoire allemands mentionnent le nom : pacifiste militant, il avait créé à Berlin, après la Première Guerre mondiale, un musée contre la guerre qui avait joui d'une certaine notoriété.

Mais la majorité de ces antifascistes allemands étaient des communistes qui, après l'invasion de 1940, avaient réussi non sans mal à rétablir la liaison avec l'organisation clandestine de leur parti en France. Ils étaient aussi en relation avec les organisations communistes françaises. Eveline et Yvan Brès retracent le regroupement de ces étrangers au sein de la MOI, la main-d'œuvre immigrée rendue célèbre par les sabotages du groupe Manouchian.

Otto Kühne, qui commandait le groupe de maquisards allemands et qui aura, en juillet 1944, plus de deux mille FTP sous ses ordres, était un ancien député au Reichstag. La plupart de ces hommes, une fois les combats terminés, une fois close cette parenthèse de douze ans qui s'était refermée sur beaucoup d'entre eux, rentreront en Allemagne dans ce qui deviendra la RFA et plus nombreux encore en zone soviétique pour participer à la construction de la RDA. C'est alors, comme l'a dit à peu près Bertolt Brecht, que commenceront pour eux, après les difficiles franchissements des montagnes, la longue et pénible marche en plaine[2].

Près des deux tiers de l'ouvrage retracent la période qui s'étend de janvier à août 1944. C'est alors qu'ont lieu les expéditions les plus meurtrières des GMR ou des Waffen SS contre le maquis. C'est au cours de ces mois que les antifascistes allemands font véritablement leurs preuves en portant de très rudes coups aux troupes d'occupation. En août, ce sont des maquisards allemands qui arrachent l'emblème nazi du fronton de la caserne Montcalm à Nîmes pour le remplacer par le drapeau tricolore. Et lorsqu'a lieu, dans la ville, le 4 septembre 1944, le défilé de la Libération, ce sont trois hommes de la 104e compagnie, trois Allemands, qu'on a placés là pour rendre hommage à leur courage, en tête du cortège.

Tout au long du livre on ressent la sympathie que les auteurs — peut-être parce qu'ils sont eux-mêmes d'origine cévenole et protestante — éprouvent pour ces Allemands dont ils retracent l'histoire.

Sympathie qui n'implique nulle complaisance. Eveline et Yvan Brès ont voulu simplement — et ils y ont réussi — rappeler avec objectivité des faits qui risquaient de tomber définitivement dans l'oubli et rendre justice à des hommes qui, en luttant contre les troupes d'occupation allemandes, ont pris part à la libération de notre pays, parce qu'ils voulaient, par-delà l'abîme du Troisième Reich, renouer les fils de la démocratie allemande, pour pouvoir revivre dans leur pays natal.

En ces temps où racisme et xénophobie gagnent du terrain, ce livre est utile. En le lisant, il m'est revenu plusieurs fois en mémoire le poème d'Aragon, *L'Affiche rouge*, que chante Léo Ferré :
« Vous n'avez réclamé la gloire ni les larmes... »

Gilbert Badia.

NOTE DE L'ÉDITEUR :

1. Sur la vie de ces émigrés en France on peut lire les ouvrages rédigés par une équipe de chercheurs animée par G. Badia : *Les Barbelés de l'exil*, PUG Grenoble, 1979, et *Les Bannis de Hitler*, EDI et PUV, Paris 1985.
2. Signalons la parution d'une *Histoire de l'Allemagne contemporaine (1917-1987)*, sous la direction de G. Badia, aux éditions Messidor, qui retrace notamment l'histoire des deux Allemagnes après 1945.

Souvenirs d'un témoin privilégié...

Après quarante ans de recherches et de publications, la Seconde Guerre mondiale offre encore aux historiens des secteurs peu explorés, dont la spécificité peut tenter, à juste titre, notre curiosité et révéler des points de réflexion fort intéressants.

Les conditions de vie et de lutte des Allemands antinazis, dans la France occupée, en sont un remarquable exemple.

Si, dès l'abord, il apparaît que l'intérêt d'un tel sujet est passionnant, les difficultés de recherche et d'analyse historiques se révèlent considérables, en raison, principalement, du caractère clandestin de la vie et de la lutte de ces hommes. L'administration de Vichy a laissé peu de documents « officiels » portant reflet de la réalité de ses objectifs ; quant aux documents d'archives privées, leur rareté s'explique aisément par l'obligation rigoureuse de discrétion et de prudence. A la rareté des documents s'ajoute le fait d'une extrême dispersion, aussi bien « géographique » que parmi les milieux les plus divers de la population cévenole.

L'enquête, minutieuse et méthodique, d'Eveline et d'Yvan Brès s'est étendue jusqu'auprès des survivants allemands, témoins ou acteurs de l'héroïque engagement. Leur connaissance de la langue allemande et leurs relations personnelles leur ont permis de réunir des éléments d'information historique dont chacun peut comprendre l'intérêt.

Dans le contexte général de la guerre, le problème des Allemands antinazis, parmi les réfugiés politiques étrangers, est considéré, de toute évidence, comme « particulier ». Certes, pour la plupart des résistants, le qualificatif d'« antifasciste », d'« antinazi » dont les réfugiés politiques sont crédités, est une sorte de « label » de confiance derrière lequel s'efface le fait de la nationalité. Mais pour beaucoup de nos compatriotes, par contre, en dépit des réflexions que l'on devine, un Allemand, *même antinazi*, est *quand même* un Allemand. Réticence due, peut-être, à la langue, au poids historique de la nationalité. Cette particularité, jugée insolite par certains, peut expliquer que ces Allemands antinazis aient trouvé, dans les Cévennes, une compréhension et un support dont ils étaient généralement privés ailleurs, hors cas individuels de solidarité idéologique. En effet, la population cévenole dans son ensemble est sensible, par son héritage historique, aux valeurs de liberté, de dignité humaine, de démocratie. La lutte de ces hommes contre les forces nazies de leur propre pays n'est entachée, ici, d'aucune ambiguïté ; au contraire même, cette situation — que l'on devine parfois cruelle — leur confère une singulière stature de « personnages historiques » d'exception.

Personnages historiques d'exception, en effet, si l'on songe qu'ils ont résisté au formidable délire d'orgueil et de force qui a submergé leur pays, ce pays qui reste leur patrie et qu'ils aiment comme chacun aime le sien.

Deux souvenirs personnels me paraissent fort bien éclairer la position de ces antinazis, face à leur patrie.

Le premier se situe dans le courant du printemps 1943.

La nouvelle d'un terrible bombardement de Cologne, par l'aviation alliée, bouleverse Helma Berliner, originaire de cette ville. Les larmes aux yeux, Helma nous regarde un instant, puis ajoute : « Il le fallait... certainement, mais nous la reconstruirons, nous la reconstruirons ! »

Bien plus tard, après la fin de la guerre, en 1976, à Karl-Marx-Stadt où il s'est retiré, je demande à Werner Feiler, l'un des antinazis connus en Lozère, quel est le plus triste souvenir qu'il garde de ce passé, vieux de trente ans. Après un temps de réflexion, Werner me dit : « Mon plus triste souvenir se situe dans les temps de la victoire — en février 45 —, lorsque Dresde, la ville que j'aimais tant, fut anéantie — Dresde !... Je crois que ce jour-là j'ai pleuré. Mais nous avons reconstruit Dresde ; tu verras, demain nous irons à Dresde, tu verras comme elle est belle ! »

Le lecteur trouvera peu de confidences nostalgiques dans les témoignages réunis par Eveline et Yvan Brès... et moins encore la tentation d'inspirer une quelconque pitié. Dans l'action et les aléas d'une lutte perfide et impitoyable, la sensibilité peut être fatale. Les difficultés matérielles extrêmes, les travaux durs, les incertitudes, les périls répétés sont acceptés avec un stoïcisme tranquille, qui ne bascule jamais dans la résignation : la lutte continue et, avec elle, l'espoir, même si le fantôme d'une trahison possible, probable, en raison des cruelles pratiques policières, remet tout en question.

Il est vrai aussi que, dans cette errance, souvent tragique, toujours menacée, la rencontre d'un Cévenol généreux, voire de tout un hameau accueillant et discret, d'un pasteur vivant, lui-même, en dépit de tous les risques, la foi et la fraternité qui sont sa raison d'être, sont un réconfort dont les survivants garderont le plus précieux souvenir.

Mais, plus encore que cette noble et sereine volonté des hommes pris individuellement, émaillée, ici et là de rares instants lumineux, l'impression dominante que gardera le lecteur de ces témoignages est la force irrésistible qu'un idéal commun peut donner aux militants de valeurs morales universelles comme la liberté, la dignité de l'homme... Ami, si tu tombes...

Henri Cordesse.

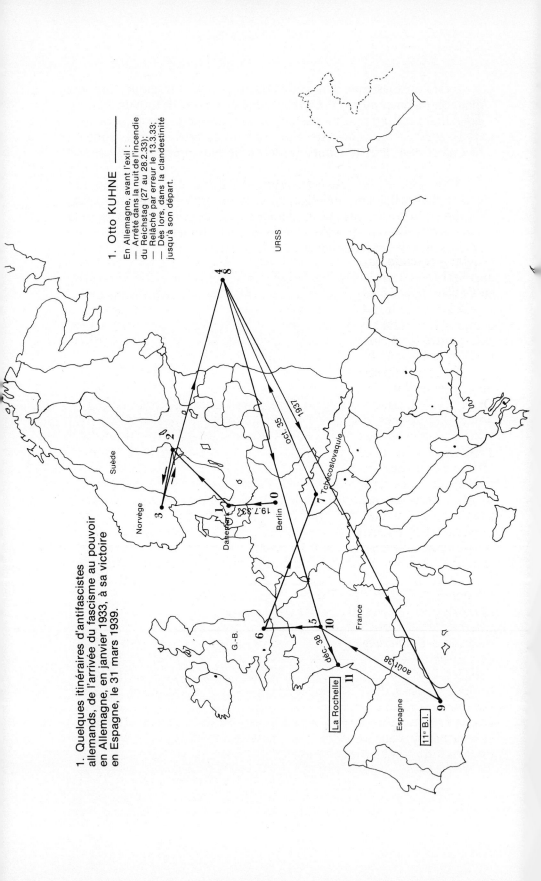

1. Quelques itinéraires d'antifascistes allemands, de l'arrivée du fascisme au pouvoir en Allemagne, en janvier 1933, à sa victoire en Espagne, le 31 mars 1939.

1. Otto KUHNE

En Allemagne, avant l'exil :
— Arrêté dans la nuit de l'incendie du Reichstag (27 au 28.2.33);
— Relâché par erreur le 13.3.33;
— Dès lors, dans la clandestinité jusqu'à son départ.

URSS

Suède

Norvège

Danemark

Berlin

19.7.1933

oct. 35

1937

Tchécoslovaquie

France

G.-B.

déc. 38

août 38

La Rochelle

11e B.I.

Espagne

Avant-propos

Qui a entendu parler de la lutte, entre 1942 et 1944, d'Allemands antifascistes, contre la Gestapo, la Milice et la Wermacht, combattant en Cévennes aux côtés de la Résistance française ?

Ce livre est l'histoire de la constitution et du combat de ce maquis composé d'hommes, pour la plupart anciens des Brigades Internationales, entre le 11 novembre 1942, date de l'invasion de la zone dite libre, et le 24 août 1944, jour de la libération de Nîmes.

On a beaucoup écrit sur la résistance à Hitler parmi les intellectuels ou au sein de l'armée, notamment lors du complot du 20 juillet 1944. On a suivi l'action courageuse ou le destin tragique de certains hommes politiques connus. On a également évoqué quelques oppositions d'origine religieuse : « L'Eglise confessante » du pasteur Martin Niemöller, « La Rose Blanche ». Mais on s'est beaucoup moins intéressé à de simples Allemands qui ont eu le courage de se battre en France dans des conditions difficiles.

Et si certains ont lutté les armes à la main sur notre sol, leur aventure, en tant que telle, n'a jusqu'à ce jour été relatée chez nous par personne. Il est vrai que Florimont Bonte, dans son ouvrage : *Les Antifascistes allemands dans la Résistance française*, leur réservait un chapitre (sur douze), intitulé : « Les antifascistes allemands dans les maquis de France », presque entièrement consacré à la lutte dans les Cévennes. De même, dans *Taupes rouges contre SS*, présenté par Gilles Perrault (1976) — traduction partielle en français du recueil de récits rassemblés par Dora Schaul et publiés en RDA, en 1973, sous le titre : *Résistance-Erinnerungen deutscher Antifaschisten*, quelques tranches de souvenirs sont évoqués par les Allemands qui ont été au maquis dans les Cévennes. Par ailleurs, Aimé Vielzeuf et Henri Cordesse ont toujours signalé, dans leurs différents ouvrages, la présence ici ou là des maquisards allemands. A l'heure où, sous la direction de Gilbert Badia, sont publiées des études passionnantes sur les exilés allemands et sur les camps où ils ont été internés (Gurs, les Milles), il nous paraît opportun de combler cette lacune.

Eveline et Yvan Brès.

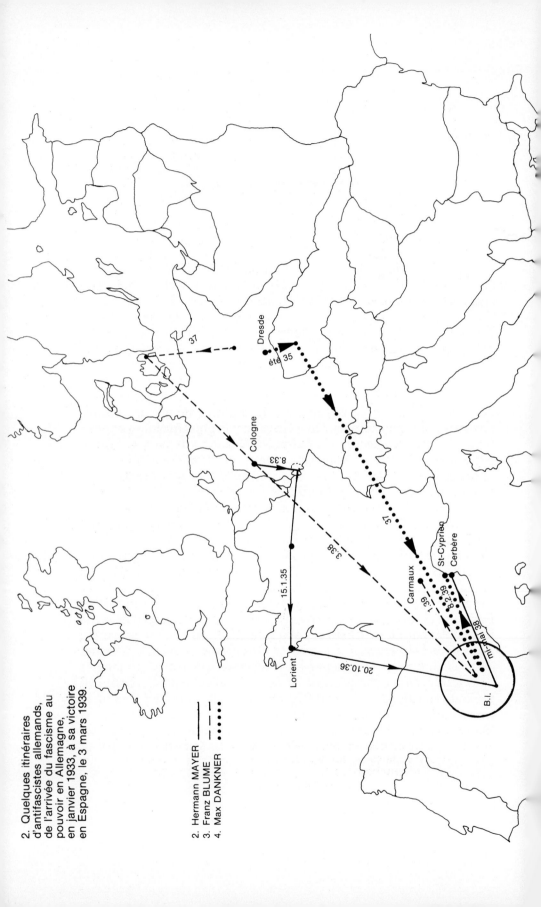

2. Quelques itinéraires
d'antifascistes allemands,
de l'arrivée du fascisme au
pouvoir en Allemagne,
en janvier 1933, à sa victoire
en Espagne, le 3 mars 1939.

2. Hermann MAYER
3. Franz BLUME
4. Max DANKNER

Dresde

été 35

Cologne

8.33

37

15.1.35

3.38

Lorient

20.10.36

Carmaux

St-Cyprien

Cerbère

mi-mai 38

B.I.

37

1.39

8.2.39

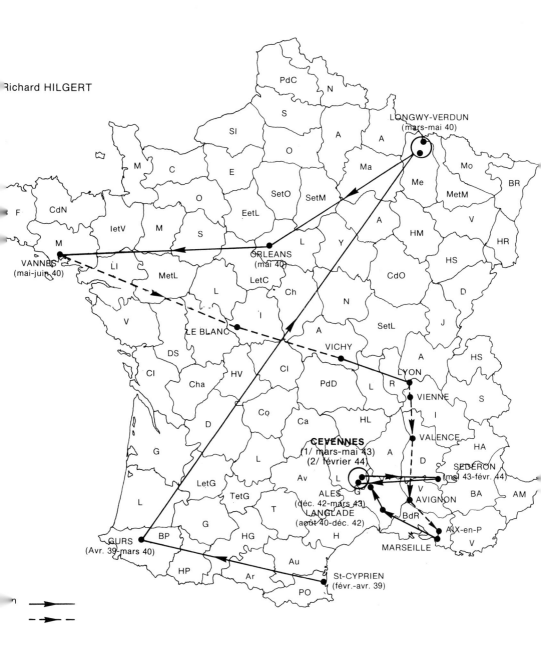

3. Exemples de pérégrinations en France
d'antifascistes allemands depuis leur départ des Brigades
Internationales en Espagne, jusqu'à leur entrée
au maquis en Cévennes.

4 . Exemples de pérégrinations en France d'antifascistes allemands depuis leur départ des Brigades Internationales en Espagne, jusqu'à leur entrée au maquis en Cévennes

2. Hermann MAYER

I

UNE SITUATION ORIGINALE

Les Cévennes,
terre d'asile pour les proscrits

Géographes, historiens et sociologues pourraient montrer en quoi les Cévennes, dans les années quarante, se prêtaient éminemment à l'insertion de maquis, voire même de maquis constitués d'étrangers et notamment d'antifascistes allemands.

Brutus Brès définissait les Cévennes comme la contrée où cohabitent le schiste, le châtaignier et le camisard. Ces facteurs de détermination, d'ailleurs intimement liés, ont été autant d'éléments favorables.

En 1940, on aurait pu ajouter à cette définition deux autres composantes qui ne sont en réalité que des adjuvants impliqués par les trois facteurs fondamentaux : les Cévennes étaient déjà un pays de « chasaus » ; ainsi appelait-on les maisons plus ou moins en ruine ; et politiquement, elles se situaient à gauche.

Les « chasaus » étaient la conséquence de la dépopulation due au fait que, depuis des décennies, le châtaignier n'assurait plus aux Cévenols leur moyen de subsistance, d'où les départs échelonnés dans le temps. Cependant le toit de lauzes des maisons cévenoles abandonnées subsiste vingt-cinq ans ou plus, et ce phénomène concerne non seulement les habitations proprement dites, mais encore les « clédas » — séchoirs à châtaignes —, les « palhas », — granges —, et les « jassos » — bâtiments extérieurs à la ferme où couchent les animaux, voire les magnaneries où l'on élève les vers à soie. Ceci joint à la dispersion originelle de l'habitat constituait pour les maquisards des ressources de logement intéressantes par leur éparpillement même. Par ailleurs, le niveau de (dé)population se trouvait à un seuil permettant encore provisoirement un accueil d'étrangers[1]. La persistance des châtaigniers pouvait assurer, outre le couvert durant la période de végétation, des appoints alimentaires qui n'étaient pas négligeables par ces temps de pénurie.

Les options politiques dominantes de la population cévenole constituaient aussi un autre facteur important. C'est Stuart Schramm qui a mis l'accent sur le fait que, traditionnellement en France, les protestants étaient à gauche[2]. Certes, une telle affirmation demande à être analysée, mais elle se trouvait vérifiée en Cévennes dans les années quarante. Et nous verrons que ce fut là un des arguments importants qui conduisirent les résistants lozériens à amener ici, fin 1943, les maquis qui s'étaient constitués en haute Lozère, en particulier le maquis essentiellement allemand du Bois du Seigneur.

Henri Cordesse, évoque ainsi la région cévenole :
« Terre d'asile... elle l'est non seulement en raison de sa géographie, mais aussi d'une certaine tonalité idéaliste et militante de la majeure partie de ses habitants. Le départ de la population jeune vers la mine, l'usine, l'administration a été ininterrompu depuis deux générations ; mais aux vacances et souvent même pour les congés très courts, la plupart de ceux qui sont allés travailler ailleurs reviennent vers ceux qu'ils ont laissés : les vieux et les camarades d'enfance restés accrochés à leurs 'bancels' et leurs châtaigniers.

Si les jeunes paysans de l'Aveyron, de l'Aubrac, du Cantal 'émigrant' vers Paris comme 'bougnats' sont remarqués pour leur opiniâtreté, leur sens du commerce et de la réussite matérielle, les jeunes Cévenols, peut-être en raison de l'histoire qui les a marqués et de leur goût naturel pour les idées générales, le dialogue, la réflexion sur le devenir de l'homme, sont actifs dans les syndicats, les partis politiques, les œuvres de caractère social.

De retour au 'mas', la réalité sévère des conditions matérielles de travail et de vie, les courants de pensée altruiste — qu'il s'agisse de politique, de syndicalisme, de religion — sont l'objet d'analyses collectives. Il n'est pas rare que le vacancier militant laisse derrière lui des ferments qui ne s'éteignent pas avec les vacances[3]. »

Un groupe d'exilés

L'action que nous allons relater ici est celle d'antifascistes allemands qui, réfugiés dans le sud de la France, s'y trouvent rejoints par la « peste brune » qu'ils avaient « fuie » lorsqu'elle avait triomphé chez eux, ce qui les amène à prendre les armes pour combattre.

Mais, si les conditions de cette action ne sont réalisées qu'à partir du 11 novembre 1942, elles résultent d'un long processus qui s'est engagé dès janvier 1933 avec l'arrivée d'Hitler au pouvoir, dix ans auparavant !

A partir de cette date, de nombreux Allemands avaient quitté leur pays. A ce sujet, se pose un problème de terminologie difficile à résoudre : doit-on en effet parler d'émigrés, de réfugiés ou bien d'exilés ?

Dans un poème Bertolt Brecht récusait pour lui et ses semblables l'appellation d'« émigré » et d'« émigrant » :

« On nous a expulsés, nous sommes des proscrits. Et le pays qui nous a reçus ne sera pas un foyer, mais l'exil[4]. »

En réalité les situations furent très diverses.

Paul Hartmann ou Ernst Frankel, passés à l'étranger après avoir été dans un camp de concentration, n'étaient-ils pas des réfugiés ? Et devait-on qualifier d'émigrés ou de réfugiés les sept mille Sarrois entrés en France le 1er et le 2 mars 1935 : N'étaient-ils pas enfin des exilés les six-mille cinq cent quatre Juifs déportés de Bade par l'Alsace et du Palatinat par la Lorraine, pour être transférés en France non occupée via Chalon-sur-Saône, les 22 et 23 octobre 1940 ?

D'après l'Office Nansen[5], est considérée comme réfugiée la personne qui ne jouit pas de la protection du gouvernement ou n'en jouit plus, et n'a pas acquis une autre nationalité.

Mais le terme de « réfugié » semble impliquer l'idée de fuite au départ et celle de refuge à l'arrivée qui pourrait impliquer l'idée d'une certaine désertion vis-à-vis du combat, la recherche d'une tour d'ivoire. Or, la réalité est toute autre : lorsque les antifascistes allemands ont quitté leur pays infesté par « la peste brune » c'était généralement pour aller lutter ailleurs contre l'extension de ce même mal. Leur refuge était le pays où ils trouvaient encore les conditions favorables à ce combat. Ceci explique notamment l'engagement ultérieur de certains d'entre eux dans les Brigades Internationales, en Espagne.

Ainsi appliquerons-nous assez souvent ce terme de « réfugiés » à ceux qui allaient se battre dans nos Cévennes et ceci pour deux raisons :

La première est qu'en pays huguenot le mot « refuge » à une connotation que lui a conférée l'Histoire : c'est l'endroit où l'on peut rester soi-même et participer au combat contre ceux qui voudraient attenter à votre liberté de conscience.

La deuxième est que les antifascistes allemands qui nous intéressent ont trouvé dans le pays des Camisards l'ultime refuge et les conditions favorables leur permettant de continuer ou de reprendre la lutte.

Parmi les ressortissants du IIIe Reich qui se trouvaient en France en 1939, voire le 11 novembre 1942, il y avait bien des situations différentes. Mais la plupart de ceux qui allaient mener leur combat dans les Cévennes appartenaient à un groupe cohérent, faisaient partie d'un ensemble homogène : c'était en général des communistes allemands ayant précédemment combattu aux côtés des républicains espagnols. Ils s'étaient ensuite réfugiés en France en franchissant les Pyrénées en février 1939 pour échouer dans des camps : Saint-Cyprien ou Argelès d'abord, Gurs ensuite. Puis ils avaient été incorporés en 1940, lors de « la drôle de guerre », dans des compagnies de travailleurs étrangers, des formations de « prestataires »[6], tandis que d'autres avaient été enfermés, après le 27 septembre 1939, dans le camp du Vernet, avant d'être, pour quelques-uns, livrés aux autorités nazies.

Or, en deux étapes, par l'invasion de mai-juin 40 et par celle du 11 novembre 1942 pour la zone « libre », les forces hitlériennes allaient submerger l'ensemble de la France. Situation qui allait brutalement mettre en contact les antinazis se trouvant dans la zone sud et les armées de leur pays. Mais si des antifascistes allemands désirant participer à la lutte armée purent se concentrer dans les Cévennes, et plus particulièrement dans le secteur lozérien, ce fut bien souvent grâce à l'aide, voire même aux directives, d'une part des responsables du KPD pour la France, de l'autre des résistants français, notamment lozériens.

La pérennité d'une organisation
communiste allemande en France

En août 1940, c'est avec l'accord des membres du comité central du KPD en France, Franz Dahlem, Paul Merker et Siegfried Rädel, ainsi que de Heiner Rau, tous enfermés dans le camp de concentration du Vernet, que fut constituée à Toulouse une nouvelle direction illégale. Celle-ci était composée de personnes en liberté : Walter Beling (« Claude »), Otto Niebergall (« René » et plus tard « Gaston »), Alexander Abusch et Albert Norden, auxquels devaient se joindre ultérieurement Walter Hähnel (« Jugend-Karl ») et Willi Knigge (« Max »).

L'un des premiers soins de cette direction fut de renouer les fils avec les communistes et antifascistes qui se trouvaient dispersés dans la zone non occupée, comme le précise Walter Beling :

« Étant l'un des membres de la direction de Toulouse qui parlait le mieux le français et pouvait, de ce fait, se déplacer avec une relative sécurité, je voyageais souvent à cette époque, même au loin, pour délibérer avec les camarades de divers groupes du Parti sur les questions qui nous agitaient alors si profondément. Je me rendis à Marseille, à Montauban, à Nîmes et dans d'autres endroits où s'étaient réunis et organisés des camarades en fuite ou libérés. J'allais dans des villages perdus des Cévennes où plusieurs groupes, sur les conseils du camarade Ludwig Kaiser, avaient trouvé refuge en tant qu'ouvriers agricoles[7]. »

La liaison avec le comité central du Parti Communiste Français était réalisée grâce au frère de Franz Dahlem, Robert, qui était membre du PCF. En novembre 1940, la direction de Toulouse envoya Willi Knigge et Walter Vesper dans le Paris occupé, et, début janvier 1941, Walter Beling les suivit en compagnie de Else Fugger elle qui, aussi, parlait bien notre langue, et « disposait de bons papiers français et d'un logement parisien constituant un abri très sûr. » Consultés, les membres du Comité central enfermés dans le camp de Vernet furent d'avis que Otto Niebergall aille alors à Paris pour assurer la fonction de responsable, ce qu'il fit en avril 1941, accompagné par Else Fugger. La direction du KDP pour la France occupée fut assurée par Otto Niebergall, Paul Grasse, Willi Knigge, Adolf Pöffel, Erna Illner et Walter Vesper.

Par ailleurs, début juin 1941, fut organisé le « Travail Antifasciste Allemand » ou « Travail Allemand », désigné en bref par TA. Celui-ci, qui concernait les antifascistes de langue allemande, avait à sa tête un

« triangle » composé de « Gérard » (Artur London) pour le PC tchèque, « Léo » (Langer), qui sera remplacé plus tard par « Marcel » (Franz Marek), pour le KPO (PC autrichien) et Otto Niebergall pour le KPD (allemand). Il recouvrait les pays de langue française occupés, y compris donc la Belgique et le Luxembourg. Aidé par la MOI[8], il avait une triple mission : établir des contacts avec des soldats des troupes d'occupation ; s'introduire dans les emplois de la Wehrmacht ou les services civils allemands ; maintenir le contact avec les groupes dispersés d'antifascistes allemands. En même temps, Otto Niebergall et Willi Knigge créaient avec des camarades autrichiens un journal : *Soldat im Westen* (Soldat à l'Ouest) qui devait, après le 22 juin 1941, date de l'agression hitlérienne contre l'Union Soviétique, être destiné aux membres de la Wehrmacht.

Cependant, en août 1942, les autorités françaises transféreront Franz Dahlem, Siegfried Rädel, Heiner Rau et d'autres membres du Comité central du KPD du camp du Vernet à la prison de Castres ; de là, ils seront déportés en Allemagne[9].

L'appui de la Résistance française

Un autre facteur important sera l'aide apportée par les résistants locaux, principalement lozériens. En effet, ce sera d'abord en haute Lozère, mais ensuite et surtout dans le secteur lozérien des Cévennes, que les antifascistes allemands passeront au maquis et mèneront leur lutte. Aussi convient-il de voir comment la Résistance lozérienne s'est organisée dans un premier temps, du 24 juin 1940 au 11 novembre 1942. Ce qu'explique Ernest Peytavin, l'un des principaux responsables de cette Résistance.

« C'est l'équipe de *Combat* qui prend contact avant tout autre avec la haute Lozère et, naturellement, les résistants donnent leur adhésion à ce groupe. Toutefois, tous les journaux clandestins sont accueillis et diffusés avec une ferveur égale. En septembre 1941, à Mende, Lyonnet, architecte départemental, reçoit la visite de Renaudin et Polge, chargés de la diffusion de *Combat*. Il réunit, quelques jours après, une équipe composée du docteur Marguerit, de l'inspecteur des Postes Béranger, du chef de division Paradis, et d'un autre fonctionnaire, Aïn, qui est désigné comme chef d'équipe. Celui-ci sera arrêté (le 1er août 1942) et condamné à vingt ans de travaux forcés. Evadé de la prison d'Albi, il rejoindra le département de la Lozère[10]. »

Avant d'être arrêté, Adrien Aïn était plus précisément directeur de l'Office départemental du Travail et avait, à ce titre, pris des positions courageuses en faveur des travailleurs étrangers, notamment des antifascistes allemands. Il est vrai qu'il menait par ailleurs une action clandestine importante, comme le note Gilbert de Chambrun :

« Notre rattachement au mouvement *Combat* eut lieu au printemps 1942. Le premier contact fut pris à Montpellier par Aïn[11]. »

Ernest Peytavin poursuit :

« Dans les Cévennes, les sympathisants sont infiniment plus nombreux qu'en haute Lozère. La population composée principalement de protestants, chez qui le souvenir des camisards est toujours vivant, est entraînée par l'exemple et la voix de pasteurs courageux : Messieurs Gall et Lespinasse, de Florac ; Donadille, de Saint-Privat-de-Vallongue ; Crespin, du Pont-de-Montvert, etc.

Parallèlement à leur action, celle du partii communiste, sous la direction de Charles Pantel, détermina dès 1941 un mouvement qui ira grandissant et obtiendra de magnifiques résultats. Les Fernand Soustelle, les Antonin Soustelle, les Albin Roux sont les tout premiers à organiser des refuges[12]. »

Puis il évoque l'action de Jean Huc dont nous citerons le propre récit :

« Pendant un an, on écouta les émissions anglaises ; on cherchait des contacts qui ne venaient pas. On avait l'impression que dans toute la France la Résistance s'organisait et que la Lozère était tenue à l'écart.

Enfin, au début de 1941, les premiers journaux clandestins commencèrent à circuler très régulièrement.

En fin d'année, un étudiant en médecine de Montpellier, Max Maurel, vint jeter les premiers germes de la Résistance. Sans aucune entente préalable, on commença de cacher des réfractaires, des réfugiés politiques, des Juifs. Ce travail se fit sans aucun ordre ; tout le monde avait à cœur de faire quelque chose. Le pays se prêtait admirablement à cela.

En juin 1942, je prends contact à Valsaux l'un des dirigeants de mouvement de Résistance et j'en reviens réconforté et prêt à faire quelque chose. La parti Communiste travaillait déjà sous la direction de Charles Pantel. Je pris contact[13]. »

Enfin, revenant à l'organisation de la Résistance à ses débuts sur le plan départemental, Peytavin ajoute :

« A Marvejols, Cordesse, professeur au Cours Complémentaire, décide, lui aussi, de 'faire quelque chose'. Il s'entretient avec l'un de ses collègues, Pierrel, et tous deux chuchotent des noms : Bourrillon, Peytavin, Lyonnet ; celui-ci indique Gilbert de Chambrun.

Une réunion a lieu chez ce dernier fin mars 1942 au château de Carrière, le soir à 10 heures : Gilbert, Veylet, Marcon, Cordesse, Pierrel y assistent. Il est décidé de créer un état-major.

On se réunit chez Olive, au quartier de la Thébaïde. L'équipe départementale est ainsi désignée :

Chef militaire : Gilbert de Chambrun

Chef adjoint : Cordesse

Chef politique : Bourrillon

Renseignements : Olivier de Framond ; Lyonnet

Administration : Olive

Secteur de Mende : Peytavin ; de Marvejols : Pierrel ; de Saint-Chély : Huber ; de Langogne : Migeon[14]. »

Ainsi, d'entrée de jeu, se trouvent situés quelques-uns de ceux qui vont jouer un rôle important en faveur des antifascistes allemands. Ce sont : Joseph Huber à Saint-Chély-d'Apcher ; Marcel Pierrel, Henri Cordesse et Louis Veylet à Marvejols ; le pasteur Marc Donadille, Charles Pantel, Fernand et Antonin Soustelle, Jean Huc en Vallée Longue ; Adrien Aïn ici et là.

Les camps pour étrangers

Enfin, un dernier élément que l'on ne saurait négliger est celui de l'existence, depuis la déclaration de guerre en septembre 1939, mais parfois antérieurement à celle-ci, de divers camps, notamment en Lozère et dans le Gard, où ont été regroupés, entre autres, des antifascistes allemands[15].

Précédemment, on s'était parfois contenté d'astreindre à résidence forcée certains combattants des Brigades Internationales qui, blessés, étaient entrés en France avant la défaite des républicains espagnols. C'est ainsi que, dès décembre 1938-janvier 1939, six hommes avaient été dirigés sur Saint-Etienne-Vallée-Française. Parmi eux, l'Autrichien Georg Wolf, ancien capitaine dans les chars en Espagne, qui allait obtenir l'autorisation de se rendre en URSS en mai 1939, et une femme, Helma Berliner, née Wilhelmine Dittmann. Le mari de celle-ci, Siegfried Berliner, également ancien combattant, put, quant à lui, habiter librement avec sa femme et travailler à Saint-Etienne-Vallée-Française jusqu'à la déclaration de guerre ; il fut alors interné au camp de Rieucros avec ses autres camarades, jusque-là astreints à résidence[16].

Le premier camp en date fut effectivement celui de Rieucros situé à quelques kilomètres au nord-ouest de Mende.

1. *Aux Brigades Internationales, quelques membres de la batterie « Georges Dimitroff », dont Ernst Buzo.., 6ᵉ à partir de la gauche ; on voit pourquoi ses camarades de maquis vont l'appeler « der lange Ernst » (le grand Ernest).*

2. *Hans Mosch, au camp de Gurs.*

4. *Au camp de Gurs, 4ᵉ à partir de la gauche, Richard Hilgert.*

3. *Werner Feiler, au camp de Gurs.*

NOTICE D'IDENTIFICATION

Nom: *Mayer*

Prénoms: *Hermann*

Date et lieu de naissance: *6 Août 1906 à Steinheim*

Nationalité: *allemande*

Profession: *Ébéniste*

Adresse en France: *St Hippolyte-du-Fort*

Adresse à l'étranger: *- néant*

Entré en France le: *15 Janvier 1935*

Par le poste de: *Sarreguemine*

Pièces d'identité
produites:
(Passeport
(Visa consulaire   *Visa Consulaire*
(Sauf-conduit
(diverses

Motif de la venue en France: *pour travailler*

Composition de la famille: *néant*

Est-il déjà séjourné en France (où et quand) *il a séjourné
en France à ce jour du 15 Janvier 1935 au 20 octobre 1936, date
de son départ pour l'Espagne Républicaine.* Références françaises: *A. le Guilloux, menuisier
35 Rue François le Bruz à l'Orient*

A-t-il de la famille dans le pays où il résidait?
non

Durée probable du Séjour:

Ressources: *actuellement sans ressources*

Justifications: *Milicien de l'armée Républicaine
réfugié à St Hippolyte du Fort*

Instruction: *sait lire et écrire*

{Position militaire: *réfugié Sarrois, Milicien de l'armée Républicaine espagnole.*

Antécédents judiciaires: *néant*

Langues parlées: *allemand, français.*

Département dans lequel il compte se rendre: *Gard*

SIGNALEMENT: OBSERVATIONS:

Taille: *1m70*
Cheveux: *chatains*
Front: *large découvert*
Yeux: *bruns*
Nez: *rectiligne*
Bouche: *moyenne*
Menton: *rond*
Visage: *ovale*
Signes particuliers: *néant*

	Empreintes digitales	
	Pouce droit	Pouce gauche

SIGNATURE *Hermann Mayer* compléter par la fiche dactyloscopique

5. *« Notice d'identification »* d'Hermann Mayer orienté vers Rieucros parce qu'« *en situation irrégulière* ».

6. *Le camp de Rieucros sous la neige ; les baraques 5 et 6.*

7. *« Fiche d'identité de Travailleurs Étrangers »
de Norbert Beisecker.*

N° 1231

GROUPEMENT N° 4   GROUPE N° 805

FICHE D'IDENTITÉ
DE
TRAVAILLEURS ÉTRANGERS

Nom : BEISECKER

Prénoms : Norbert

Date et lieu
de naissance : 11/7/1914 Heiligen (Sarre)

Nationalité : sarroise

Profession : mineur

Personne à prévenir en cas d'urgence :
Jules Beisecker, 3 chemin clair à Carles.

SIGNALEMENT

Taille : 1.65   Yeux : marrons

Cheveux : bruns   Nez : normal

Moustache : rasée   Teint : mat

Signature du Chef de Groupe :

L'étranger devra toujours être porteur de cette fiche. S'il est
employé isolément, il sera porteur d'un ordre de déplacement à viser par la Gendarmerie à l'arrivée.

IMP. BALLET, ROANNE 25248 A

arrivé au 805 J.T.E. le 15/3 fm venant du
304° group de prestataires à
Langlade. Détaché aux Mines de
la Pd. Combe. Présent au 805 JT
le 1/1/42. congé de 6 jours le 24/7/42
congé de 5 jours 1er quinze décembre
disparu le 29/5/43
arrêté par la gendarmerie et transféré
au 827° group (section discipl.)
Réaffecté à expiration de sa
peine au 805 JTE détaché
aux mines de Rochebelle.
Présent au 805. JTE le
18/10/1943 au 805

« Le camp de Rieucros a été créé par décret du 21 janvier 1939 et rattaché au Ministère de l'Intérieur pour héberger les étrangers de toutes nationalités, indésirables en France, qui ne pouvaient déférer aux mesures d'éloignement prises contre eux.

A partir du mois d'octobre 1939, il a pris le nom de 'Centre spécial de Rassemblement d'étrangères' par décision ministérielle en date du 19 septembre 1939 et, enfin, il fut transformé en camp de concentration en janvier 1941.

...Le centre de Rieucros a cessé de fonctionner et a été transféré le 13 février 1942 à Brens près de Gaillac (Tarn)[17]. »

On peut retenir deux périodes :

Au cours de la première, le camp était réservé aux hommes. Parmi ceux-ci Hermann Mayer et Siegfried Berliner que nous aurons l'occasion de retrouver en Lozère. Après la déclaration de guerre en particulier, les anciens de Rieucros furent en effet soumis à divers périples à travers la France, mais ces deux-là revinrent. Hermann Mayer, après avoir été envoyé au camp du Vernet en fin septembre 1939, avait été employé dans diverses compagnies de travailleurs étrangers pendant « la drôle de guerre » ; replié ensuite sur d'autres camps (Albi, Agde), il fut enfin ramené au Groupe de Travailleurs Etrangers de Chanac le 13 juin 1941. Quant à Siegfried Berliner, après avoir été transféré au camp d'Olargues (Hérault), il fut, pendant « la drôle de guerre », amené comme prestataire au Mans, et de là à Nantes ; puis, précédant toujours la Wehrmacht dans son avance, il s'était rendu à Tarbes en passant par Toulouse. De là, il était revenu en Lozère, à Mende, qu'il ne devait quitter que le temps d'un intermède à Marseille et à Aubagne ; de retour il allait finalement abandonner le chef-lieu pour Saint-Chély-d'Apcher[18].

Le camp fut ensuite réservé aux femmes, à des étrangères internées pour des raisons politiques, et notamment des Allemandes antifascistes. En effet la circulaire du 17 septembre 1939 décidait d'interner tous les ressortissants du Reich qui paraissaient présenter un danger pour la sécurité nationale, les hommes au camp « répressif » du Vernet (Ariège), les femmes à la prison de la Petite Roquette à Paris ou au camp de Rieucros, près de Mende[19].

Ainsi le département de la Lozère avait le triste privilège « d'accueillir » un des deux camps « répressifs » créés en métropole. Au cours de l'hiver 1939-40, on ne se contenta plus d'y interner des étrangères : vinrent s'ajouter des Françaises emprisonnées pour délits politiques, dont Mathilde Péri, la femme du député communiste fusillé par les Allemands en 1941, ainsi que sa mère et sa sœur qui avait sa petite fille avec elle ; puis ce fut le tour des prostituées, des condamnées de droit commun.

Parmi les internées de Rieucros dirigées sur Brens à la mi-février 1942, la plupart allaient être déportées dans les camps d'extermination allemands où elles devaient périr, car le 26 août 1942 toutes les internées de nationalité polonaise et les Juives de nationalité étrangère furent livrées aux autorités hitlériennes par l'administration du camp[20].

Le deuxième camp de la région fut le camp de prestataires de Langlade à une quinzaine de kilomètres au sud-ouest de Nîmes. Il fonctionna en tant que tel à partir de fin mai-début juin 1940. Mais il reçut également durant tout l'été des antifascistes allemands qui, enrôlés dans des Compagnies de Travailleurs Etrangers et employés par exemple aux frontières à des travaux de fortification ou de voirie, purent échapper aux armées hitlériennes et venir jusqu'en zone sud. Au camp de Langlade se retrouvèrent notamment Franz Blume, Richard Hilgert, Max Frank, Fritz Weyers, Paul Hartmann, Paul Huber, Albert Stierwald, Christian Robens, Albert Rucktäschel, Richard Stanik, Hermann Leipold, ainsi que les Autrichiens Hans Krainer et Ernst Frankel.

En août 1942, une partie du camp restant à Langlade, l'administration de celui-ci fut transférée à Beaucaire où furent notamment internés les Israélites avant d'être déportés. Par contre, ceux qui avaient pu fournir un « certificat d'aryenneté » conservèrent leur emploi, par exemple comme mineurs de fond dans le bassin houiller d'Alès-La Grand-Combe, ou s'y faire embaucher, en étant régulièrement rattachés au GTE de Rochebelle. Cela grâce à l'action efficace du pasteur Elie Brée de Caveirac auquel bien des internés du camp de Langlade ont rendu hommage, ainsi qu'à madame Brée[21].

Les Groupes de Travailleurs Etrangers (GTE)[22] constituaient en effet un type de camp particulier, puisque les personnes qui y étaient incorporées n'y étaient pas obligatoirement internées, mais pouvaient travailler ailleurs et s'y trouver donc en détachement. La même situation se produisit également vers la fin pour le camp de prestataires de Langlade, lui-même devenu officiellement le 304e GTE.

Les GTE avaient un double but :
— d'une part, le contrôle et la surveillance des étrangers,
— d'autre part, la mobilisation de la main-d'œuvre étrangère.

Il existait, en Lozère et dans le Gard, le 321e Groupe à Chanac et le 805e à Rochebelle. C'est d'eux que dépendaient, au début novembre 1942, la plupart des antifascistes allemands de la région.

34

NOTES DU CHAPITRE I

1. En pays cévenol on désigne ainsi toute personne étrangère à la région.
2. Schram : « Traditions religieuses et réalités politiques dans le Gard » in *Christianisme social*, août 1953. — Stuart R., Schram *Prostestantism and Politics in France*, thèse soutenue à l'Université de Columbia, Alençon, 1954.
3. Henri Cordesse, *Histoire de la Résistance en Lozère*, Imprimerie Reschly, Montpellier, 1974.
4. Brecht, *Poèmes 4.*, L'Arche, p. 131.
5. L'Office international Nansen, créé « à titre temporaire » le 4 septembre 1930 par une décision de l'Assemblée de la SDN, dépendait ainsi du Haut Commissariat pour les Réfugiés émanant de cet organisme. Il établit une convention sur les « réfugiés », signée à Genève le 28 octobre 1933 par quinze Etats, dont la France. Celle-ci, après le vote de l'assemblée le 20 octobre 1936, fut ratifiée par le gouvernement Blum, et le décret d'application fut pris le 3 décembre 1936. cf. Marcel Livian, *Le Parti Socialiste et l'immigration*, Ed. Anthropos, 1982.
6. A la suite d'un décret loi du 12 avril 1939, « les étrangers étaient assujettis de 20 à 48 ans à fournir dès le temps de paix aux autorités militaires françaises, pour une durée égale à la durée du service imposé aux Français, des prestations ». D'où ce qualificatif de « prestataires ».
7. Dora Schaul, (Zusammengestellt und bearbeitet von) *Résistance —Erinnerungen deutscher Antifaschisten*, Dietz Verlag, Berlin, 1973.
8. La MOI ou Main d'Œuvre Immigrée était à l'origine une section du syndicat CGTU réservée aux ouvriers étrangers. D'ailleurs, lors de sa création en 1924, elle était désignée par le sigle MOE : Main d'Œuvre Etrangère. On décida en 1928 de remplacer « Etrangère » par « Immigrée » pour signifier par là que l'on ne considérait par les travailleurs en faisant partie comme des étrangers, mais comme des immigrés qu'on était prêt à intégrer, à assimiler. C'était une façon de lutter contre la xénophobie, génératrice de racisme. Avec l'occupation hitlérienne la MOI s'érigea en mouvement de Résistance. On traduisit très souvent ce sigle par Mouvement Ouvrier International, sans qu'il nous soit possible d'indiquer qui fut à l'origine de ce faux-sens : la police, les TO, ou... les responsables de l'organisation, pour rappeler les Brigades Internationales. Toujours est-il qu'il fut employé dans les Cévennes où l'on parlait aussi des Moïs en transformant le sigle au substantif.
9. Siegfried Rädel, ancien député communiste au Reichstag, fut condamné à mort et exécuté, tandis que Franz Dahlem et Heinrich Rau furent internés dans le camp de concentration de Mauthausen où ils survécurent.
10. Ernest Peytavin, *De la « Résistance » au combat*, Imprimerie Chaptal, Mende, 1945.
11. Gilbert de Chambrun, *Journal d'un militaire d'occasion*, Aubanel, Avignon, 1982.
12. Ernest Peytavin, *op. cit.*
13. Jean Huc, « La Résistance en Lozère » (manuscrit dactylographié).
14. Ernest Peytavin, *op. cit.*

15. Nous n'évoquerons que les camps des deux départements où ont été internés de futurs maquisards allemands des Cévennes. Il y en eut d'autres.

16. Arch. dép. Lozère.

17. *Ibid.*

18. Institut für Marxismus-Leninismus, Relation dactylographiée de Siegfried Berliner.

19. Barbara Vormeier : « La situation des réfugiés en provenance d'Allemagne septembre 1939 — juillet 1942, » in : *Les camps en Provence — Exil, Internement, Déportation 1933-1944,* Ed. Alinéa, 1984, p. 89.

20. Gilbert Badia : « Un camp de femmes : Rieucros, » in : *Les Barbelés de l'exil,* Presses Universitaires de Grenoble, 1979, p. 300 à 309.

21. Institut für Marxismus-Leninismus, Relations dactylographiées de Franz Blume, Paul Hartmann, Richard Hilgert, Luise Kraushaar.

22. Le décret-loi du 27 septembre 1940 avait stipulé que les étrangers sans travail et sans ressources, âgés de 18 à 55 ans, considérés comme « en surnombre dans l'économie nationale », étaient tenus à rejoindre des Groupes de Travailleurs Etrangers (GTE). Plus tard, à la suite de la circulaire interministérielle du 28 novembre 1941 concernant le régime des travailleurs étrangers, un arrêté avait été pris le 29 décembre fixant le régime administratif des GTE.

II

LE TEMPS DU REFUGE ET DES PREMIÈRES MENACES DIRECTES (11 novembre 1942 - 15 février 1943)

L'invasion du 11 novembre 1942 et l'Occupation

Le 8 novembre 1942, le corps expéditionnaire allié a débarqué en Afrique du Nord. Vu de la Lozère et du Gard, l'événement paraît bien lointain. Pourtant, les deux départements vont être concernés directement par une répercussion immédiate : l'envahissement de la zone sud par la Wehrmacht, le 11 novembre.

Dans le Gard, dès la soirée, les premiers soldats allemands sont à Courbessac aux portes de Nîmes, au moment même où se déroule dans cette ville une manifestation patriotique pour commémorer l'armistice de 1918. A partir du 28 novembre, les troupes d'occupation s'installent à Alès. Les Allemands établissent de nombreuses garnisons dans presque tout le département du Gard, en particulier dans les villes et les gros bourgs proches de la côte ; seuls la bordure sous-cévennique et le bassin houiller sont délaissés.

En Lozère, les troupes d'occupation n'occuperont que quelques points, avec forte concentration à Mende où les effectifs atteindront par la suite de deux mille cinq cents à trois mille hommes. Deux relais seront établis, l'un à Langogne, entre Mende et Le Puy, avec trois cents à quatre cents soldats ; l'autre à Banassac, entre Mende et Rodez, qui en comptera cent vingt à cent cinquante. Les unités stationnées à La Bastide, Villefort et le Monastier ne seront en moyenne que d'une soixantaine d'hommes.

Parlaient-ils la même langue ?

L'arrivée des troupes d'occupation allait créer une situation nouvelle dans la zone jusque-là dite « libre », en particulier pour les antifascistes allemands qui s'y trouvaient. Pour ceux qui étaient dans les villes — Nîmes, Alès, Mende —, les premiers contacts avec leurs compatriotes en uniforme produisirent une impression étrange. Certains avaient quitté l'Allemagne nazie depuis près de dix ans et voilà qu'ils entendaient, dans les rues ou au café, des hommes représentant à la fois le régime qu'ils avaient fui, mais aussi leur propre pays, qui s'exprimaient dans leur langue. Ceux de nos amis allemands qui ont essayé d'analyser ce qu'ils éprouvaient s'en avouaient incapables.

Cette présence n'allait malheureusement pas se limiter pour les antifascistes allemands à ce trouble sentimental ; elle allait augmenter encore l'insécurité.

Sans doute, la situation pour les résistants français, et à fortiori pour les Juifs ou les antinazis allemands, n'était pas jusque-là sans risques. Même en « zone libre » la politique de collaboration, en matière de répression, s'était toujours soumise aux exigences de l'Allemagne nazie ou les avait parfois devancées. N'avait-on pas vu, par exemple, la rafle des Juifs étrangers commencer dès les premiers jours du mois d'août 1942 ?

Le 16 novembre, la première ordonnance allemande pour « la zone nouvellement occupée » stipulera que, de tous les services allemands implantés en France, un seul va étendre là immédiatement sa compétence : celui du Höherer SS und Polizeiführer — chef suprême des SS et de la police — Karl Oberg[1].

Ainsi la Wehrmacht amenait dans son sillage tout l'appareil répressif du système nazi : Feldgendarmerie, Abwehr, SS, Gestapo et SD qu'allaient bientôt singer les fanatiques de la collaboration avec leurs SOL, leur milice et leurs Waffen SS. Bientôt, leur action allait se superposer à celle, officielle, des GMR et de certains gendarmes ou policiers soumis ou zélés.

La police française qui, souvent, ne voulait pas être en reste vis-à-vis de la police allemande, fut alors amenée à collaborer de plus en plus au niveau de la répression. Elle s'efforça de repérer les Israélites et les suspects en établissant des listes nominatives précises.

En Lozère, la première, le 26 novembre, concernait les « étrangers suspects, Israélites ou non ». Une deuxième, le 10 décembre, comprenait tous les Israélites ou présumés tels, aussi bien français qu'étrangers, et, parmi ces derniers, elle désignait, par exemple, toute une famille luxembourgeoise, les Probst : le père, la mère et le fils Alfred que nous retrouverons ultérieurement. Enfin, le 26 janvier 1943, le commissaire de police des Renseignements Généraux, Rispoli, consacrait un long rapport à « la surveillance des milieux extrémistes espagnols » et proposait quatorze noms.

Mais la police française ne se contentait pas de désigner ceux qui, dès lors, seraient faciles à arrêter ; elle mettait également la main à la pâte. C'est ainsi que, le 18 décembre 1942, l'intendant de police de Montpellier, Marty, envoie le télégramme suivant au préfet de la Lozère :

« Je vous prie de bien vouloir faire procéder ce soir, à 18 heures, à un grand contrôle sur la voie publique et dans les établissements publics en vue de découvrir les étrangers suspects et les Français recherchés pour menées communistes, terroristes et antinationales et faire conduire dans un centre de triage toute personne arrêtée aux fins d'un examen approfondi de leur situation[2]. »

Enfin, c'est par une loi du 30 janvier que fut officiellement créée la Milice issue de la Légion des Combattants, prenant la succession du SOL.

Le 11 novembre 1942
au camp de Chanac

Les étrangers dépendant du 321e Camp de Travailleurs Étrangers, sont pour la plupart détachés un peu dans toute la Lozère chez des employeurs : soit cent vingt-cinq sur cent cinquante. Certains forment des groupes plus ou moins importants, les quatre principaux travaillant à l'usine des aciers spéciaux à Saint-Chély-d'Apcher ; aux mines de Dèze au Collet-de-Dèze ; sur des chantiers de bûcheronnage de l'entreprise Ausset et Hermet à Génolhac qui extrait le tanin des châtaigniers abattus ; enfin, sur les tourbières exploitées par André Maurin dans le secteur de Nasbinals. D'autres chantiers sont plus ou moins isolés dans des fermes.

Un « état nominatif », établi chaque fin de mois et précisant quel était l'employeur permettait de faire le point de la situation. On peut, grâce à ces documents conservés aux archives de la Lozère, suivre l'évolution du groupe, tout au moins en ce qui concerne les étrangers soumis au contrôle (car d'autres pouvaient être embauchés comme travailleurs indépendants). L'état du 31 octobre 1942 nous fournit des renseignements intéressants.

Ainsi, aux aciéries et forges de Firminy, à Saint-Chély-d'Apcher, alors que huit ressortissants du Reich sont indiqués comme y travaillant, seul, parmi les antifascistes allemands, Werner Feiler est mentionné. Curieusement, Otto Kühne, ancien député communiste au Reichstag, n'est pas nommé, bien que plus ancien dans l'entreprise, ni Siegfried Berliner qui devait également y être employé[3].

« C'est dans l'hiver 1941-42, indique Werner Feiler, que je vins à Saint-Chély-d'Apcher pour travailler dans la vieille fonderie. Au moment de mon arrivée, Otto Kühne était déjà là, mais à l'hôpital. A Saint-Chély, notre groupe de camarades entra en relation avec des patriotes français, qui, pour autant que je m'en souvienne, n'étaient pas membres du PCF, et parmi eux Gastier, chez lequel nous pouvions écouter la radio. Je connaissais mieux une dentiste et son mari du nom de Mahieu ; et c'est par son intermédiaire que, par la suite, je fus mis en contact, en 1942, durant l'été, je crois, avec un camarade de Chirac, un professeur : Cordesse. Celui-ci était le responsable politique des mouvements de Résistance pour toute une région couvrant vraisemblablement une grande partie du département de la Lozère. J'entrai en outre en relation avec un camarade français nommé Joseph Huber. C'est chez lui que j'avais caché mon passeport espagnol et d'autres papiers[4]. »

Berliner précise de son côté :

« J'allais à Saint-Chély-d'Apcher pour travailler comme manœuvre à l'aciérie et usine de laminage qui employait environ un millier d'hommes, dont plusieurs anciens combattants d'Espagne parmi lesquels Otto Kühne et beaucoup d'Espagnols. C'était une entreprise vieillotte dans laquelle les conditions de travail étaient difficiles. Nous avions souvent la fringale malgré nos cartes d'alimentation de travailleurs de force qui donnaient droit aux plus fortes rations. Je logeai d'abord dans une salle commune, et habitai ensuite avec ma femme dans des baraquements en dehors de l'entreprise. Après le séjour qu'il fit à l'hôpital à la suite d'un accident du travail, nous hébergeâmes aussi dans notre baraque Otto Kühne qui avait été précédemment envoyé à Saint-Chély par le Parti. En 1942, nous avions de bonnes relations avec les Espagnols, mais peu de contacts avec les ouvriers français, alors que nous étions en relation avec une dentiste de la localité, vraisemblablement gaulliste[5]. »

Sur les tourbières exploitées par André Maurin, à Marchastel, commune de Nasbinals, se trouvaient aussi réunis Karl Klausing, Fritz Köhn, Willi Müller, Hermann Mayer, Paul Mundt et d'autres. Par contre on n'avait plus trace de Richars Stanik ni d'Emile Miltenberger qui figuraient sur l'état nominatif du 30 septembre.

Il en était de même pour Hanns Kralik dont le nom avait disparu alors qu'il était encore noté, le mois précédent, comme employé par Camille Lacan à Chanac, où il habitait avec sa femme Lya.

C'est d'ailleurs Kralik qui nous donne la raison pour laquelle Miltenberger et lui-même n'étaient plus portés sur les listes :

« La maison où nous logions à Chanac, ma femme et moi, était un point de rassemblement, jusqu'à ce que notre nom figurât sur une liste de déportation des Juifs. Je pris alors deux semaines de permission. C'est chez la famille Hauser que nous nous arrêtâmes en ce début d'octobre 42. Les Hauser habitaient Mende[6], et avaient de bonnes relations avec la Résistance qui était déjà très développée chez les protestants, ces descendants des huguenots. Chez eux attendait déjà un autre camarade, Emil Miltenberger[7]. Pour obtenir des directives précises, nous allâmes tous les deux à Marseille. Là, la direction locale nous renvoya. Et, pour ne pas tomber dans une grande rafle en préparation, nous dûmes nous hâter, car nos titres de permission, peu crédibles, ne nous assuraient aucune sécurité. De retour à Mende, nous devions trouver par nous-mêmes une issue[8]. »

Ernst Friedrich, quant à lui, devenu fermier à la Castelle, commune de Barre-des-Cévennes, y vivait avec son fils. Ce pacifiste, de tendance anarchiste, avait installé, avant l'avènement du nazisme, un musée antimilitariste à Berlin. Cet ancien acteur qui publiait alors une revue *Die Freie Jugend*, s'était, à l'arrivée d'Hitler, réfugié en France, et, plus précisément, en Cévennes. Ayant obtenu un contrat de fermage, il venait de ce fait, à dater du 24 octobre 1942, d'être libéré des services dans des formations d'étrangers et donc rayé des contrôles du camp de Chanac. Mais son fils, qui portait le même prénom, que lui, allait vraisemblablement être incorporé très rapidement en ses lieu et place, car il figurait sur la liste nominative du 30 novembre ainsi que sur les suivantes, comme détaché à la Castelle. Au 31 octobre 1942, Ernst Friedrich employait à sa ferme des compatriotes : Werner König, Herbert Seifert, Jacob Gabriel et Paul Uhlig. Ainsi se trouvaient là des personnages très différents. Dans une lettre qu'il adressera, le 20 novembre, au préfet de la Lozère, afin de lui rendre compte de la visite, la veille, d'Ernst Friedrich venu lui faire « de graves révélations » concernant König « qu'il a à son service depuis un mois environ », Rispoli écrit :

« König, qui serait un homme aux manières raffinées et s'exprimerait couramment dans notre langue, lui a paru aussitôt suspect. Ses camarades de travail même avaient dit à Friedrich que König était un espion. Et, après en avoir fourni une preuve, Friedrich a donné les renseignements complémentaires suivants sur König :
'Individu sans scrupule, ayant des meurtres sur la conscience tant en Allemagne qu'en Italie. Evadé du camp de Vernet, König a été arrêté en Lozère en juin 1942 ayant commis un vol de bicyclette dans les environs de Toulouse. Il a été condamné à Mende le 2.06.42 à 3 mois de prison. A l'expiration de sa peine, le 2.09.1942, il a été affecté au camp de Chanac[9].' »

En ce qui concerne Friedrich lui-même, Rispoli fait observer dans la même lettre :

« Pacifiste notoire, il s'est dressé contre Hitler, lors de l'arrivée de ce dernier au pouvoir, et a écrit de nombreux livres contre la guerre. Il avait notamment créé en Allemagne le musée intitulé : 'Anti-Kriegs Museum' (Musée contre la guerre) que le chancelier Hitler a fait fermer. Friedrich a été arrêté et condamné. Il a fait notamment un séjour à la prison de Moabit. »

Vu les circonstances, on peut d'ailleurs se demander si c'est par hasard que Werner König s'est fait engager par Ernst Friedrich. Il semble en tous cas que ce soit à la faveur d'une embauche importante effectuée par celui-ci, vraisemblablement en vue du ramassage des châtaignes. Mais pour l'instant, sa démarche le prouve, Friedrich est complètement affolé par la présence de König. Rispoli termine sa lettre :

« De religion protestante, Friedrich est en relation suivie avec M. le pasteur Toureille à Lunel et a demandé l'autorisation d'aller passer quelques jours auprès de ce dernier. Il craint en effet que, dénoncé par König, les autorités allemandes demandent de s'emparer de sa personne. »

L'entreprise Ausset et Hermet employait Martin Kalb, Hans Reichard, Kurt Walder et Hans Lang à Pénens sur un de ses chantiers forestiers que venait de déserter Walter Cohn. Selon, Martin Kalb :

« En 1942, du camp de Chanac nous avons été envoyés comme

8. *Intérieur du baraquement d'usine où étaient logés les antifascistes allemands, manœuvres à Saint-Chély-d'Apcher.*

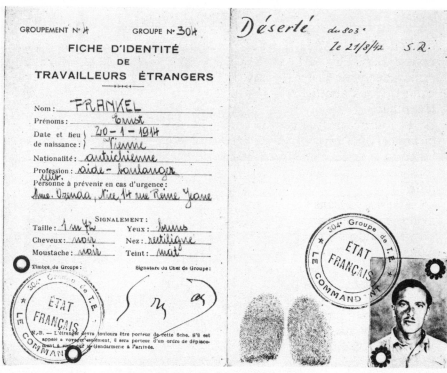

GROUPEMENT N° 4   GROUPE N° 304

FICHE D'IDENTITÉ
DE
TRAVAILLEURS ÉTRANGERS

Nom : FRANKEL

Prénoms : Ernst

Date et lieu } 20 - 1 - 1914
de naissance : } Vienne

Nationalité : autrichienne

Profession : aide - boulanger
mur.

Personne à prévenir en cas d'urgence :
Mme Ozenna, Nice, 14 rue Reine Jeane

SIGNALEMENT :

Taille : 1 m 72   Yeux : bruns

Cheveux : noir   Nez : rectiligne

Moustache : noir   Teint : mat

Timbre du Groupe :   Signature du Chef de Groupe :

N.-B. — L'étranger devra toujours être porteur de cette fiche. S'il est
appelé à voyager isolément, il sera porteur d'un ordre de déplacement visé par la Gendarmerie à l'arrivée.

Déserté du 803°
le 21/8/42   S.R.

ÉTAT FRANÇAIS
304° Groupe de l'E. LE COMMANDANT

9. « Fiche d'identité de Travailleurs Etrangers » d'Ernst Frankel.

10. « Fiche d'identité de Travailleurs Etrangers » d'Hermann Leipold.

GROUPEMENT N° 4   GROUPE N° 304

FICHE D'IDENTITÉ
DE
TRAVAILLEURS ÉTRANGERS

Nom : LEIPOLD

Prénoms : Hermann

Date et lieu } 12 - 8 - 1904
de naissance : } Blumberg

Nationalité : allemande

Profession : opticien

Personne à prévenir en cas d'urgence :

SIGNALEMENT :

Taille : 1 m 76   Yeux : bleus

Cheveux : blonds   Nez : rectiligne

Moustache :   Teint : ordinaire

Timbre du Groupe :   Signature du Chef de Groupe :

N.-B. — L'étranger devra toujours être porteur de cette fiche. S'il est
appelé à voyager isolément, il sera porteur d'un ordre de déplacement visé par la Gendarmerie à l'arrivée.

Déserté du 803°
le 26/8/42

ÉTAT FRANÇAIS
304° Groupe de l'E.

bûcherons à Penens par Saint-Frézal-de-Ventalon (Lozère). Parmi nous : Hans Reicherd, Hans Lang (un camarade viennois) et un camarade juif de Chemnitz, dont j'ai oublié le nom [il s'agit de Walter Cohn]. Nous abattions là des châtaigniers pour une entreprise de Génolhac.

La journée de travail était de huit heures ; des incitations répétées de la part de l'entreprise, nous demandant de travailler à la tâche, ne rencontrèrent chez nous aucun écho. On nous fit miroiter des salaires plus élevés, mais nous avons continué à ne faire que huit heures par jour.

Avec les paysans des alentours nous avions de bons contacts. Nous avions en particulier des relations très étroites avec Henri Vidal, Brès, Bargeton (alors âgé de plus de 70 ans mais encore très actif), Emile Rouverand, Antonin ; ils étaient tous membres du PCF.

Les paysans vivaient dans des conditions difficiles. Ils possédaient environ trente à quarante moutons et chèvres, parfois encore une ou deux vaches. Plus d'un paysan ne possédait qu'un demi-cheval, c'est-à-dire que deux paysans avaient un cheval en commun. Les paysans exploitaient aussi un petit bout de jardin et de vigne. Mais leur subsistance était basée sur les châtaignes qui, en automne, étaient ramassées, séchées et vendues.

Notre nourriture reposa également pour l'essentiel sur la consommation de châtaignes[10]. »

A travers les descriptions de Feiler et Berliner d'une part, de Kalb d'autre part, transparaît déjà la différence d'intégration des antifascistes allemands au sein du milieu humain dans lequel ils se trouvent plongés. En haute Lozère, bien que travaillant en secteur prolétarien, ils soulignent l'absence totale de contacts avec les ouvriers français qui veulent ignorer les manœuvres étrangers.

Ici, en Cévennes, les antifascistes allemands sont en relation étroite avec la population huguenote dont bien des membres ne leur cachent pas, malgré les circonstances, leurs options politiques et leur sympathie.

D'autres réfugiés travaillaient sur d'autres secteurs. Ainsi les Eaux et Forêts utilisaient sur un de leurs chantiers, à Cocurès, Heinz Hasselbrink que son camarade Johann (Fred) Bucher avait dû quitter pour l'hôpital. Certains enfin étaient isolés comme Emil Ganzert, dit Franchet, chez Frézal Cavalier, à La Canourgue.

Le 11 novembre 1942
au camp de Rochebelle

Le « 805ᵉ Groupe de Travailleurs Etrangers » de Rochebelle était situé tout près de l'ancien hôpital des Mines. Il comprenait à la même époque environ trois cents hommes, pour moitié employés comme mineurs de fond par les compagnies de Rochebelle — une centaine —et de la Grand-Combe — une quarantaine —, logés dans des baraques et nourris par les cantines de ces compagnies. Les autres, pour la plupart ouvriers agricoles, travaillaient aussi comme maçons, menuisiers, mécaniciens... Installés en général chez leurs employeurs, ils devaient se présenter au bureau du groupe une fois par semaine.

A la mine on retrouve quelques antifascistes allemands venus du camp de Langlade. A Rochebelle, Fritz Weyers, et à la Grand-Combe Paul Hartmann, Albert Rucktäschel, ainsi que l'Autrichien Hans Krainer.

Paul Hartmann, qui fut l'un des premiers à s'embaucher ici, évoque leur vie à cette époque :

« Aux environs de mars 1941, nous nous étions inscrits, plusieurs camarades et moi-même, pour travailler aux mines de la Grand-Combe où nous gagnions la même chose que les mineurs français et où les déductions pour la nourriture et le logement n'étaient pas exagérées. Aussi avions-nous de l'argent qui nous permettait d'envoyer des paquets à Gurs et dans d'autres camps. J'ai ainsi travaillé au fond durant une année. Dans la compagnie de travail il y avait, en dehors de quelques camarades allemands et sarrois, des Alsaciens, des Polonais, des Roumains, des Juifs de différentes nationalités et un Russe blanc qui gérait le magasin. Les relations entre nous n'étaient pas mauvaises. Ainsi par exemple, nous autres, communistes allemands, écoutions la radio de Moscou, en compagnie de Polonais, chez un médecin ' polonais. Mais nous tournions le bouton dès que *l'Internationale* retentissait.

Hans Weyers et Stefan Walke avaient été arrêtés fin 1941 et dirigés sur Castres. A partir de l'été 1942, je travaillais dans le logement même du camp, à la blanchisserie. Quand, en août 1942, les Juifs qui se trouvaient avec nous à la Grand-Combe furent emmenés au camp des Milles pour être vraisemblablement déportés à Auschwitz, on voulut m'emmener. Nous avons soupçonné le Russe Blanc d'en être la cause, car il avait déjà dénoncé des camarades, dont certainement Stefan Walke. En tout cas, je dus disparaître et ce d'autant plus rapidement que j'avais dirigé le petit groupe de camarades communistes à la Grand-Combe. J'allai donc au camp de Langlade où je reçus, grâce au pasteur Brée, un certificat attestant que j'étais protestant[11]. »

Muni de ce document, Paul Hartmann put retourner à la Grand-Combe. Et, le 11 novembre 1942, il ne restait plus dans le secteur de Langlade, avec leurs papiers en règle, que quatre ou cinq traînards dont Franz Blume qui travaillait comme menuisier et Richard Hilgert qui était employé chez un vigneron.

Les premiers pas dans l'illégalité

Max Frank, lui, est en situation irrégulière ; le 11 novembre 1942 on le trouve soit à Nîmes, soit à Langlade. Richard Hilgert raconte ici ses mésaventures :

« Au mois d'août nous étions tous en règle en tant que protestants, grâce aux papiers que nous avait fournis le pasteur Brée. Seul Max Frank n'avait pu bénéficier de tels documents, car il s'était déclaré catholique. Or, le vicaire de Nîmes, auquel Luise Kraushaar alla parler en sa faveur, refusa de le couvrir, sous prétexte qu'il ne s'était pas confessé depuis longtemps. D'où le risque pour lui d'être déporté en Allemagne par l'administration du camp de Beaucaire. Aussi alla-t-il se cacher des semaines durant dans une grotte près de Cassis, où il fut approvisionné tant bien que mal par Tünnes (dit 'Frisé') qui travaillait chez un paysan du coin. Mais la situation devint dangereuse car la grotte était visitée par les touristes. Max revint donc du côté de Nîmes où il creva littéralement de faim. Un jour, alors que je travaillais encore à cette époque, [novembre 1942] chez un paysan, je l'aperçus qui déambulait et le conduisis chez Franz Blume et Luise Kraushaar[12]. »

Deux amis, Ernst Frankel et Hermann Leipold, se trouvent également dans l'illégalité, chez monsieur et madame Rouyre, à Colognac, près de Lassalle, où, au mois d'août 1942, semble-t-il, ils avaient été orientés par des résistants français, Ernst Frankel étant menacé de déportation du fait de ses origines juives.

Incorporations aux GTE
de Chanac et de Rochebelle
(mi-novembre 1942, mi-février 1943)

La situation ayant changé à la suite des événements du 11 novembre, les commissions d'incorporation allaient se montrer plus actives. Déjà, lors de la séance du 12 octobre 1942, le chef de groupe de Chanac avait préconisé de nouvelles incorporations en rappelant le double but des GTE :

1° Contrôle et surveillance des étrangers ;
2° Mobilisation de la main-d'œuvre étrangère.

« Mais le chef de cabinet du Préfet avait fait remarquer qu'en Lozère les agriculteurs et exploitants divers préfèrent employer une main-d'œuvre indépendante qu'ils adaptent à leurs habitudes locales. Il avait proposé une incorporation massive pour ordre sous réserve que, dans ce cas, le contrat de travail des étrangers, ainsi accordé, soit directement sous le contrôle de l'office départemental du Travail. »

Effectivement, dans la séance du 10 novembre, veille de l'invasion de la zone non occupée, il fut décidé l'incorporation pour ordre de treize Espagnols.

Mais, à la séance du 26 décembre, le chef du groupe présenta un rapport demandant l'incorporation de cent quatre-vingt-neuf étrangers dont les noms figuraient sur une liste de huit pages. Et, répondant au chef de cabinet qui le questionnait sur les motifs d'une telle mesure :

« Il précise que, d'accord avec l'administration des TE, cette incorporation répondrait au désir du Gouvernement et à l'esprit des instructions en vigueur.
Cependant, alors qu'en principe l'incorporation pour ordre est demandée pour tous les étrangers indiqués dans le rapport précité, [...] M. le Directeur de l'office départemental du Travail[13], dans un rapport lu en commission, s'oppose à l'incorporation massive de TE, précisant que les employeurs sont généralement hostiles à cette mesure qui, selon lui, paralyse la main-d'œuvre en Lozère. D'où décision de s'en référer à M. le Préfet régional. »

Il faut noter la curieuse réponse, le 24 décembre, du commissaire de police des Renseignements Généraux, Rispoli, qui avait été préalablement consulté par le Préfet à ce sujet :

« Une première mesure portant sur un effectif aussi considérable ne me paraît pas de nature à être envisagée et serait susceptible de provoquer parmi ceux qu'elle toucherait un sentiment de panique inopportun dans les circonstances présentes. Je pense que l'incorporation de ces étrangers devrait se faire progressivement de manière à ce que l'on puisse suivre attentivement leurs réactions. »

Rispoli semblait ainsi d'accord quant aux conclusions avec le directeur de l'office du Travail, mais c'était pour des raisons différentes. En outre, il ne nourrissait pas à son encontre les mêmes griefs que vis-à-vis de son prédécesseur au sujet duquel il allait écrire, dans son rapport du 26 janvier 1943 :

« Il existait en Lozère cette situation paradoxale, et dont on peut certainement attribuer la responsabilité à l'ancien directeur de l'office du Travail, Aïn Adrien, que de nombreux étrangers, Espagnols et autres, entrés en France comme réfugiés politiques ou apatrides depuis 1939, étaient pourvus de contrats de longue durée, ce qui leur permettait d'échapper à l'incorporation dans un groupement de TE[14]. »

Il est vrai qu'Adrien Aïn avait été arrêté le 1er août 1942 pour menées antinationales.

Au camp de Rochebelle, de nouvelles incorporations ont dû également être envisagées, le fait résultant d'instructions données au niveau national. Mais nous manquons de renseignements sur ce point[15].

La situation des Allemands « travailleurs étrangers » du camp de Chanac

Durant les trois mois qui suivirent le 11 novembre 1942, il n'y eut pas beaucoup d'arrestations parmi les antifascistes allemands, ceux-ci faisant alors preuve d'une certaine mobilité, à la recherche d'une situation plus sûre.

Dans son « rapport trimestriel concernant le groupe de travailleurs étrangers de Chanac », daté du 14 novembre 1942, avant donc que n'ait pu se manifester, ou tout au moins être enregistrée, la réaction à l'invasion de la zone non occupée, le Préfet de la Lozère note :

« État d'esprit : médiocre dans l'ensemble. Une certaine inquiétude règne depuis quelque temps, provenant soit du dernier regroupement des Israélites, soit du recrutement d'ouvriers pour l'Allemagne. »

Quatre mois plus tard, le 10 mars 1943, il précise :
« Aucune remarque spéciale pour les travailleurs de nationalité espagnole. Les Allemands par contre montrent quelque nervosité depuis l'occupation de la zone libre par les troupes du Reich[16]. »

Le groupe de Saint-Chély-d'Apcher va se trouver renforcé tour à tour par Paul Mundt, Johann (Fred) Bucher, Karl Klausing et Willi Müller. Ces camarades se réunissent chez les Berliner, avec Otto Kühne et Werner Feiler, pour discuter des événements internationaux comme des problèmes locaux. Et si rien de grave ne se produit, il n'en reste pas moins qu'ils sont vigilants, ayant resserré les liens avec les résistants du secteur : Joseph Huber, les Mahieu, ou même Henri Cordesse, la liaison avec celui-ci étant assurée par Joseph Huber.

A la Castelle, après le ramassage des châtaignes, les Allemands employés par Ernst Friedrich se dispersent. Paul Uhlig et Herbert Seifert passent aux Eaux et Forêts, chez Rampon, à Cocurès. Jacob Gabriel obtient, le 5 décembre 1942, son autorisation de déplacement à la suite de sa mutation au « 159e GTE stationné dans le Tarn » en vue d'aller travailler à Saint-Sulpice-la-Pointe où se trouvent sa femme, sa fille et son gendre.

« Werner König, s'était, de son côté, rendu à Lorient travailler pour le compte de l'organisation Todt[17]. Après son départ, le 18 janvier 1943, une plainte avait été déposée à la Brigade de gendarmerie du Pompidou par Mme Mazauric et M. Rocheblave Emile, se rapportant à l'époque où il travaillait à la Castelle. König aurait tenté de se faire remettre diverses sommes d'argent et aurait notamment reçu un billet de mille francs de M. Rocheblave pour faire libérer des ressortissants français actuellement prisonniers de guerre en Allemagne[18]. »

Enfin, vraisemblablement en relation avec le séjour de Werner König à la Castelle :
« Le 13 février 1943, trois policiers allemands s'étaient rendus au domicile de Friedrich, à Barre, pour procéder à son arrestation. Ce dernier a pris aussitôt la fuite pour une destination inconnue.
Par contre, son fils, Friedrich Ernest, âgé de 19 ans, affecté au 321e Groupe de TE de Chanac, a été appréhendé et conduit on ignore où. »

Telle était la teneur de la lettre adressée le 27 février par Rispoli à l'Intendant de police de Montpellier. Le rapport du Brigadier de gendarmerie de Barre-des-Cévennes, du 14 février, apportait quelques précisions et notamment celle-ci concernant l'arrestation.

CARTE D'IDENTITÉ

Nom MARTIN

Prénoms Gaston ;

Profession fregeron

Né le 26 novembre 1905
à Aive trille

Département Meurthe et Moselle

Nationalité française

Domicile 4 rue Castel-Moton
Montpellier/Hérault/

SIGNALEMENT

Taille 1 m 87   Dos   base neet.
Cheveux blonds   Nez { Dimensions neet.
Moustache   Forme du visage ovale
Yeux bleus   Teint mat.
Signes particuliers néant

Empreinte digitale

Le Titulaire :

Vu pour légalisation

le   octobre 19 44

le Maire

2 FRANCS

12. Fausse carte d'identité
de Martin Kalb
devenu Gaston Martin.

11. Carte d'identité de Martin Kalb
avant son entrée dans la clandestinité.

Signalement

Couleur { des yeux : bleus
          des cheveux : blonds

Taille 1 m 80 mm.

Signature du Détenteur.

Marques particulières

Etranger bénéficiaire du Droit d'Asile classe
de : 1920

N° Mle

A ALBI, le   27 NOV 1940

Le Commandant
de Recrutement des Engagés Volontaires Étrangers,

3

Positions successives et affectations

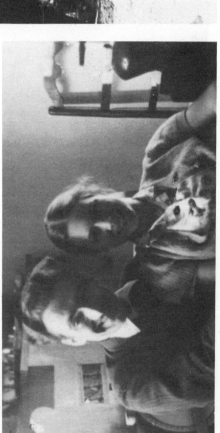

15. *Louis Veylet.*

13. *Henri Cordesse.*

14. *Le pasteur Marc Donadille
et sa femme Françoise.*

« Une visite à la ferme de Friedrich a permis de constater qu'un bout de papier épinglé au battant de la porte était ainsi conçu : 'Bin mitgenommen. Du dich meldest Sicherheitspolizei — Montpellier. Chemin de Castelnau. N° 4.' La traduction de ce billet a été demandée à Barre à une personne connaissant la langue allemande. Elle se résume ainsi : 'Je suis emmené. Tu dois te présenter à la police allemande à Montpellier. Chemin de Castelnau n° 4.' Ce billet paraît donc avoir été écrit par le fils Friedrich[19]. »

C'est sur cet événement que s'est terminée, à la Castelle, la première quinzaine de février 1943.

De même, l'équipe d'Allemands travaillant pour Maurin à Marchastel-Nasbinals s'est, dès le mois de novembre, complètement dissociée. Et si, comme nous le verrons, Hermann Mayer, Fritz Köhn et même Emil Miltenberger qui y séjournaient auparavant, se retrouvent pour un temps, plus ou moins ensemble, à Pénens ou dans le secteur, Paul Mundt, puis Karl Klausing, aboutissent à l'usine de Saint-Chély, tandis que Willi Müller passe aux Eaux et Forêts.
Par contre, Heinz Hasselbrink reste employé par les Eaux et Forêts à Cocurés.
Selon Frank Blume, « la vie à Pénens s'était organisée et, malgré les circonstances, le secteur semblait constituer un certain havre : Les camarades avaient de bons contacts avec les paysans protestants, étaient bien logés et, pour vivre, élevaient des chèvres, des lapins, etc.[20] ».

Aussi, durant ces trois mois, ce fut un lieu de rassemblement important pour les antifascistes allemands : ils y venaient soit en situation tout à fait régulière pour abattre des châtaigniers, soit, après être passés dans la clandestinité, pour y chercher un refuge plus ou moins passager.
C'est ainsi que l'équipe de bûcherons se renforce , dès novembre 42, d'Emil Ganzert, dit « Emile Franchet », et plus tard d'Hermann Mayer, Fritz Köhn et Karl Grunert, qui dépendent tous du groupe de Chanac ; entre temps, début janvier 43, Hanns Kralik et Emil Miltenberger, en fuite, sont accueillis par un paysan du coin, avant de rejoindre Lyon.

« Jusqu'au 11 novembre 42, dit Martin Kalb, nous bénéficiâmes d'une relative sécurité. Cependant, cela changea totalement avec l'occupation de toute la France. Jusque-là, nous avions été pour ainsi dire des prisonniers allemands sous surveillance française. Et voilà que, de divers camps, nous parvenait la nouvelle que des Juifs étaient arrêtés par la Gestapo et déportés en Allemagne. Avec les camarades français, nous avions pris la décision qu'au cas où notre sécurité serait compromise, nous plongerions dans la clandestinité : ainsi, en janvier 1943 les camarades Emil Miltenberger et Hanns Kralik nous rejoignirent. Nous les mîmes à l'abri chez un paysan qui les ravitailla, ce à quoi nous apportâmes notre contribution[21]. »

Mais il convient de revenir sur les aventures de Kralik et Miltenberger. Hanns, avec sa femme Lya, évoquent ce que furent alors, pour eux-mêmes et leur ami, leurs pérégrinations :

« Alors que, avec Miltenberger, toujours à Mende chez les Hauser, nous étions encore en train de réfléchir sur le moyen de nous tirer d'affaire, l'armée nazie envahit et occupa toute la zone sud, de sorte que nous étions désormais en première ligne.

Le pasteur de Mende trouva, pour nous accueillir, Emil et moi, une ferme isolée en Cévennes dans la région de Florac. Un résistant gaulliste de là-bas, qui avait une affaire d'installations sanitaires, vint avec son camion de livraison nous chercher à un lieu de rendez-vous convenu entre Mende et Chanac. Il nous amena d'abord chez lui, puis, la nuit venue, il nous conduisit à pied jusqu'à notre nouvelle demeure. De là, Emil alla une fois en vélo, pour les voir, à l'endroit où se trouvait le groupe de bûcherons dont faisait partie Fritz Köhn. Sur le chemin du retour, il fut arrêté par les gendarmes, mais sans conséquences fâcheuses. Un jour, Harald Hauser vint nous trouver pour nous avertir que nous devions être conduits plus loin chez un autre paysan, tandis que Lya allait quitter Mende pour se rendre à Lyon auprès de Dora Benjamin.

En décembre 1942, Lya gagna donc Lyon et, au début janvier 1943, Emil et moi quittâmes notre ferme pour aller, au prix d'une marche de soixante-huit kilomètres, jusque chez un paysan cévenol, appelé Soustelle, qui était communiste. Il était également l'agent de liaison du groupe de Fritz Köhn, Martin Kalb, « Goldjunge », Grunert, que les autorités françaises désignaient sous le nom de Kulmert, et d'autres, soit en tout huit hommes qui, en ce début 1943, se trouvaient à proximité, à Pénens, en tant que commando de travail. Là, les amis français nous fournirent, à Emil et à moi, de faux papiers en blanc, et le jeune pasteur Donadille, fort compétent en la matière, nous fit des photos. Ainsi fut-il possible, avec des moyens de fortune, de nous fabriquer de faux papiers qui pourraient passer pour authentiques.

Par contre, il nous fut impossible de prolonger là notre séjour : la ferme était souvent prise comme point de rendez-vous par les gendarmes et, de plus, elle était située de telle sorte qu'on pouvait l'observer de toutes parts. Certes, nous aurions eu la possibilité de trouver un abri passager chez nos camarades travaillant comme ouvriers forestiers, mais cela ne devait pas s'avérer nécessaire. C'était toujours le même scénario : les amis français nous secouraient aussitôt, et dans les situations difficiles ils prenaient tous les risques. Mais le pasteur Donadille vint nous chercher pour nous amener plus loin dans une ferme plus reculée.

Pendant ce temps, à Lyon, ma femme avait établi des contacts. Elle avait trouvé du travail grâce au comité Glasberg, chez une famille d'émigrés autrichiens qui avaient trois enfants. Lui était juif, elle non. Par eux, Lya apprit qu'une famille française voulait bien mettre à sa disposition une mansarde. Une occasion 'particulièrement propice' se présentait, étant donné que les occupants, réfugiés du Nord, désiraient retourner chez eux. Mais il fallait payer une reprise motivée par le fait qu'ils avaient eux-mêmes aménagé cette mansarde en habitation. Problème important, car les trois mille cinq cents francs demandés représentaient une grosse somme. Heureusement, ma femme avait conservé un bijou hérité de sa mère, une broche de valeur en platine. Elle la vendit six mille francs avec l'aide de Dora et put ainsi obtenir la mansarde ; il fut, en outre, convenu que les anciens locataires ne déclareraient pas leur départ.

Ainsi tout était en règle ; notre avenir paraissait à présent assuré. Fin janvier-début février 1943, Soustelle nous amena, Emil et moi, avec son âne, en nous faisant descendre par un sentier muletier, jusqu'à la plus proche station du petit train [celle de Saint-Frézal-de-Ventalon]. De là nous partîmes pour Lyon[22]. »

Emil Miltenberger, quant à lui, devait être logé dans un modeste « meublé » situé rue de l'Eglise, dans la maison où Dora Benjamin disposait déjà d'un cagibi. C'est certainement en pensant à sa situation, ainsi qu'à celle de Hanns Kralik — et à d'autres — que Jean Huc écrivit plus tard :

« Des éléments étrangers, surtout allemands ou autrichiens, venaient se faire oublier et repartaient ensuite pour de nouvelles missions vers des destinations inconnues. Charles Pantel les recevait, puis nous les adressait avec un mot de passe ; un des nôtres, Emile Lacombe, les attendait dans une gare, les abritait la nuit dans une ferme, les convoyait le matin jusqu'à une autre gare, leur prenait leur billet et s'assurait de leur départ.

Que de difficultés à vaincre, d'autant que ces hommes pour la plupart ne parlaient qu'un mauvais français. D'autres s'embarrassaient de bagages qui auraient pu attirer l'attention. Mais tout se passait bien[23]. »

Les déambulations des Allemands
des camps de Langlade et de Rochebelle.

Nous avons vu qu'à la mi-novembre 42, dans le secteur de Langlade-Caveirac, se trouvaient encore Richard Hilgert, Franz Blume et Max Frank, le premier employé chez un vigneron, le second travaillant comme ébéniste, et le troisième recueilli par Franz Blume et Luise Kraushaar. Il va d'ailleurs vivre ainsi chez ses amis pendant plusieurs semaines en situation illégale, faute d'avoir pu obtenir un certificat « d'aryenneté ». Ensuite, tout comme Richard Hilgert qui est, lui, en situation régulière, il réussira à se faire embaucher à la mine de Rochebelle. Quant à Franz Blume, il va continuer à vivre à Langlade durant l'hiver avec Luise Kraushaar et Marguerite, le bébé qui leur est né en octobre.

« Il allait régulièrement à Nîmes, dit Luise, où il assurait un travail clandestin de concert avec un groupe de camarades autrichiens[24]. »

Et lui-même précise :

« De retour à Langlade, après m'être rendu à Marseille où je m'étais entretenu avec Ende et Kreikemeyer, je reçus une carte postale d'un camarade autrichien de Nîmes qui m'y fixait rendez-vous. Là, il m'expliqua qu'il avait été chargé par la direction de son parti, à Lyon, de me rencontrer. Il avait mission d'établir des relations avec les camarades allemands et de créer en commun avec eux un centre de TA. Son nom de guerre était 'Félix' [Félix Kreissler]. Je fus d'abord réticent à travailler immédiatement en liaison avec ce camarade, bien qu'il me semblât digne de confiance et que les indications qu'il m'avait données me parussent crédibles. Je jugeai toutefois nécessaiire d'en parler auparavant aux camarades de Marseille. Là, je m'entretins de cette proposition avec le camarade Walter Beling qui me confirma que tout était en règle et que je pouvais entrer en relation avec les camarades autrichiens. Le camarade Félix fut le responsable politique de notre organisation ; un autre camarade autrichien, 'Paul' [Paul Jellinek], fut chargé du travail d'organisation et moi-même responsable des questions concernant les cadres. L'essentiel de mon travail consistait à faire sortir les camarades des camps et à leur procurer de faux papiers, notamment comme Alsaciens. J'étais en relation avec les camarades de la Grand-Combe qui travaillaient à la mine et avec les camarades dépendant du camp de Chanac qui, hébergés à l'époque par le camarade français Bargeton — âgé de près de 80 ans — étaient bûcherons dans les forêts de châtaigniers. Je les informais de la situation et des risques d'arrestation. Nous discutions ensemble des

préparatifs pour passer dans la clandestinité et recherchions des planques[25]. »

Ainsi, au cours de cette période, le groupe de camarades travaillant dans le bassin minier s'est renforcé de deux unités venant de Langlade et comporte alors Fritz Weyers, Max Frank et Richard Hilgert à Rochebelle, Paul Hartmann et Albert Rucktäschel se trouvant, eux, à la Grand-Combe. Richard Hilgert a d'ailleurs raconté son séjour dans cette région :

« A Alès, sur instruction du parti, je pris contact avec l'Eglise protestante. Ainsi il me fut donné de rendre visite à Lunel au pasteur Toureille dont j'avais fait connaissance à l'époque où la compagnie de travail dont je faisais partie, durant 'la drôle de guerre', bâtissait des ouvrages en prolongement de la ligne Maginot. J'avais alors écrit à des amis hollandais au sujet des mauvaises conditions matérielles qui étaient les nôtres. Mais la lettre ayant été ouverte, j'avais été convoqué pour un interrogatoire. Le pasteur Toureille y assistait en tant que témoin alors que le commandant français du camp posait des questions. Je confirmai ce que j'avais écrit dans ma lettre au sujet de notre ravitaillement et fus relâché. Un contrôle me donna raison.

Mais je rencontrai surtout le pasteur Franck [Salles] d'Alès qui était très progressiste et dont l'ami, qui travaillait à la mine de Rochebelle en tant qu'ingénieur en chef, avait dû être communiste[26]. Un jour ou une nuit — dans la mine il fait toujours sombre — informé par le pasteur, cet ingénieur me dit : 'Vous êtes combattant d'Espagne ? Eh bien, s'il vous arrive d'avoir une requête à présenter, ou si on vous fait du tort, venez me voir à mon bureau.' Je le fis une fois ; il m'inspira confiance et me donna un sentiment de sécurité. C'est ainsi qu'il avait par exemple pris des mesures énergiques lorsqu'on avait découvert des fraudes portant sur l'approvisionnement des prestataires travaillant à la mine[27]. »

Après le 11 novembre 1942, craignant pour leur sécurité à Colognac, les Rouyre vont amener Ernst Frankel et Hermann Leipold dans une « clède » en montagne où ils seront plus à l'abri. Ils y vivront durant toute la fin de l'automne et l'hiver, ravitaillés en partie par leurs amis, mais se nourrissant surtout sur place de champignons et de châtaignes.

Durant ces mêmes trois mois, confrontée à une situation nouvelle, la Résistance lozérienne va s'organiser, comme l'explique Peytavin :

« Fin 1942, une réunion est tenue chez moi, à Crouzas-Mende, où est décidée la constitution de l'AS (Armée Secrète). Des chefs de groupe sont désignés, chargés du recrutement et prêts à entrer en action.

Parmi ceux-ci, certains vont bientôt intervenir en faveur des antifascistes allemands ; ainsi, à Marvejols, Louis Veylet, professeur relevé de ses fonctions par Vichy ; Marcel Pierrel, professeur au Cours Complémentaire ; Corado Bressan, commerçant ; et à Saint-Chély, Joseph Huber, professeur au Cours Complémentaire[28].

NOTES DU CHAPITRE II

1. Henri Noguères, *Histoire de la Résistance en France de 1940 à 1945*, Robert Laffont, 1976, t. III, p. 45.

2. Arch. dép. Lozère.

3. *Ibid.*, et Institut für Marxismus-Leninismus, Relation dactylographiée de Siegfried Berliner.

4. *Ibid.* Relation dactylographiée de Werner Feiler.

5. *Ibid.* Relation dactylographiée de Siegfried Berliner.

6. La famille Hauser était réfugiée en réalité chez Clavel, au domaine du Roussel, situé au-dessus de Mende, à deux kilomètres environ vers le nord. Il y avait là Harald Hauser, sa mère, précédemment internée au camp de Rieucros, et sa femme Edith.

7. A noter que ni Emil Miltenberger ni Hanns Kralik n'étaient juifs, mais seulement la femme de ce dernier : Lya.

8. Institut für Marxismus-Leninismus, Relation dactylographiée de Hanns Kralik.

9. Arch. dép. Lozère.

10. Institut für Marxismus-Leninismus, Relation dactylographiée de Martin Kalb.

11. *Ibid.*, Relation dactylographiée de Paul Hartmann.

12. *Ibid.*, Relation dactylographiée de Richard Hilgert.

13. Le successeur d'Adrien Aïn.

14. Arch. dép. Lozère.

15. Aux Archives départementales de Nîmes, une note manuscrite ancienne signale que les documents concernant le 805e GTE étaient alors à la Direction départementale de la Main-d'œuvre des Bouches-du-Rhône à Marseille. Or, à la disparition de cet organisme, ses archives auraient été déposées aux archives départementales de cette ville. Mais nous n'avons rien trouvé là sur le camp de Rochebelle.

16. Arch. dép. Lozère.

17. Rapport hebdomadaire du Commissaire Rispoli du 19 décembre 1942.

18. Rapport du préfet de la Lozère au préfet régional le 24 avril 1943.

19. Arch. dép. Lozère.

20. Institut für Marxismus-Leninismus, Relation dactylographiée de Franz Blume.

22. Ibid., Relation dactylographiée de Martin Kalb.

22. *Ibid.*, Relation dactylographiée de Hanns Kralik et de Hanns et Lya Kralik .

23. Jean Huc, *op. cit.*

24. Institut für Marxismus-Leninismus, Relation dactylographiée de Luise Kraushaar.

25. *Ibid.*, Relation dactylographiée de Franz Blume.

26. Le pasteur Frank Salles nous a dit, en 1984, que l'ingénieur en chef Morel, dont il s'agit ici, n'était pas communiste et ne l'avait sans doute jamais été, mais que, dans le contexte de l'époque, certains avaient pu le penser : Les gens de la mine d'abord ; ceux-ci, souvent communistes eux-mêmes, voyaient bien que ceux qu'il embauchait à présent n'étaient pas de vrais mineurs, phénomène qui allait s'accroître encore avec la mise à l'abri de jeunes réfractaires au STO ; ceci leur faisait penser que, pour agir ainsi, il fallait être communiste.— Les collaborateurs ensuite ; ceux-ci cataloguaient facilement de communistes ceux qui n'agissaient pas comme eux. On peut évoquer à ce propos la caricature publiée un peu plus tard par le *Time Magazine*, le 15 février 1943, lorsque les journalistes américains découvriront avec surprise les camps de prisonniers politiques au Maroc et en Algérie. Un soldat américain interroge un Français devant un camp d'internement : « Pourquoi ne les lâchez-vous pas ?   Parce que ce sont tous des communistes. — Comment le savez-vous ? — Parce qu'ils ont aidé les Alliés. » *In L'Histoire*, n° 88, p. 53.

27. Institut für Marxismus-Leninismus, Relation Dactylographiée de Richard Hilgert.

28. Ernest Peytavin, *op. cit.*

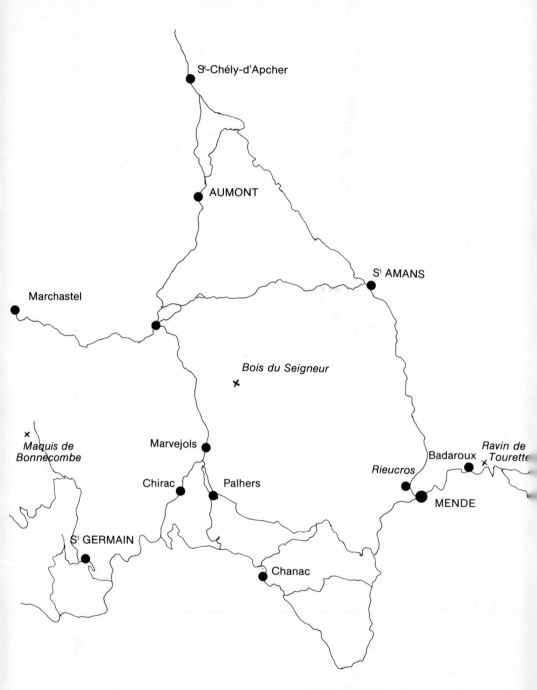

5. En haute Lozère avec les antifascistes allemands :
Le camp de Rieucros et le GTE de Chanac
avec ses détachements (de 1939 à 1943)
Les emplacements successifs du premier maquis (1943)
La Tourette-Badaroux (29 mai 1944)

III

QUAND LE DANGER
AMÈNE A PRENDRE
DES MESURES DE SAUVEGARDE
(15 février - 31 mai 1943)

Création d'un centre de décision
à Lyon

Nous avons vu qu'à Lyon Emil Miltenberger et Hanns Kralik, venant des Cévennes, ont rejoint Lya, la femme de ce dernier, qui avait trouvé à se loger. Hanns raconte :

« Par un ami vivant à Lyon, j'obtins du travail et c'est par lui également que 'Max' [Willi Knigge] put nous trouver. Dans notre mansarde, qui était tout ce qu'il y a de plus primitif, allait alors commencer une nouvelle vie, et pas seulement pour Lya et pour moi : notre mansarde allait permettre la constitution d'un centre qui devait fournir aux résistants du sud de la France le matériel nécessaire à une action efficace. En effet, nous fûmes bientôt attelés au travail par Knigge et Vesper et je dus, par la suite, assurer de nombreuses tâches techniques variées, entre autres des faux papiers pour divers camarades[1]. »

C'est qu'en effet, venait d'être créée à Lyon, à l'initiative de la direction du KPD à Paris, à la tête de laquelle se trouvait Niebergall, une organisation du TA pour le sud de la France. Niebergall lui-même le confirme :

« Après le 11 novembre 1942, il se constitua une direction du KPD pour le sud de la France qui prit bientôt quelques initiatives importantes. Ainsi, en accord avec la direction du PCF et la MOI, elle créa sa propre direction du TA qui bien entendu, dépendait, étroitement du 'triangle' parisien. Les responsables en étaient Walter Vesper, Willi Knigge et Oskar Grossmann (P.O.)[2] »

Walter Vesper nous fournit quelques précisions sur cette organisation :

« En mettant à profit, dans les conditions nouvelles créées au sud, l'expérience que nous avions acquise dans la zone nord de la France, le travail politique se développa vite et bien. Le TA comportait trois circonscriptions : Lyon, Toulouse et Marseille. Nous dirigions ces régions à partir de Lyon. En peu de temps, fut tissé un réseau très étendu de liaisons et de contacts nous permettant de nous renseigner sur les emplacements de la Wehrmacht et sur les soldats constituant les unités présentes. Les circonscriptions établirent à leur tour des points d'appui à Grenoble, à Bordeaux et sur la côte méditerranéenne : à Nîmes, Béziers, Sète, Carcassonne, Narbonne.

Déjà, avant notre implantation à Lyon, les camarades Rudi Wascher, sa femme Maria, appelée 'Sonja', Emil Miltenberger, Dora Benjamin, Lya et Hanns Kralik avaient entrepris, solidairement avec des camarades autrichiens, le travail de résistance parmi les troupes d'occupation. Plus tard, ce groupe se renforça des camarades Fritz et Dora Nickolay, Ernst Melis, Heinz Priess et Ernst Buschmann. Quelques camarades français, parmi lesquels le représentant du PCF de la région lyonnaise, appuyèrent notre activité et nous fournirent aide et logements[3]. »

Parmi les personnes citées, certaines allaient jouer le rôle important d'agents de liaison, ce que leur permettait une bonne connaissance du français. Ce fut le cas notamment de Fritz Nickolay (« Jacques ») et de sa femme Dora (« Jacqueline »). Auparavant, c'est Alfred Spitzer (« Edouard ») qui en avait été chargé, bien que n'habitant pas Lyon.

Avant guerre, Alfred Spitzer faisait partie de la direction de l'émigration communiste à Paris, en tant que responsable aux cadres. C'était lui qui connaissait le mieux tous les membres et était connu d'eux. Il fit ce travail de liaison de janvier à mi-mai 1943, date à laquelle il rejoignit Paris.

« J'avais été chargé de cette mission par le camarade Willi Knigge. Je l'avais rencontré en janvier 1943 à Toulouse. Au cours de cette entrevue, il m'avait appris qu'Otto Niebergall, toujours à Paris, l'avait envoyé, ainsi que Walter Vesper, à Lyon, pour organiser et diriger le TA dans la zone libre maintenant occupée par les troupes nazies.

Dans une entrevue ultérieure, il me précisa ma tâche :

'Edouard' (c'était depuis des années mon nom de parti), 'tu as donc à assurer le lien avec les camarades allemands, hommes et femmes, séjournant dans le sud de la France. Cela signifie que tu dois aller les trouver dans les différentes localités et régions. Sur place, tu les informeras de la situation politique et tu leur diras qu'ils doivent soit envisager un éventuel engagement dans le cadre du TA, soit être dirigés sur un maquis. En tout cas, ils doivent à tout prix éviter d'être arrêtés par la Gestapo ou par la police française. En outre, tu devras assurer la diffusion du matériel illégal, de tracts, de stencils, mais aussi d'argent et de cartes de ravitaillement récupérées par les partisans dans les bureaux de distribution, ou fausses.'

Ainsi, muni d'une carte d'identité française au nom de Jean Martin, né en Alsace, j'allais voyager pendant plusieurs mois à travers le sud de la France, entre Montauban et Tarbes, Agen et Castres, Bellac et Bram, Mende et Marvejols, Crest et Plan de Baix, vers Marseille et je ne sais où encore.

Les déplacements dans des trains bondés n'étaient pas simples. Mon français, après un très long entraînement, était suffisant pour me permettre non seulement de décliner mes nom, adresse et date de naissance, mais encore pour répondre sans hésitation à d'éventuelles questions sur la destination et les motifs de mon voyage[4]. »

Le cercle se resserre en Lozère
(mi-février-mi-mars)

Que s'était-il passé à la Castelle, commune de Barre-des-Cévennes, après l'arrestation du fils Friedrich ? Son père s'était-il rendu à Montpellier, à la « Sicherheitspolizei », en se faisant accompagner par le pasteur Toureille de Lunel. Réussit-il à obtenir la libération du prisonnier ? Et si oui, à quelles conditions ? En tout cas, aux yeux du Chef du 321e GTE de Chanac, Friedrich fils était toujours considéré comme dépendant du camp et détaché à la Castelle. C'est du moins ce qui apparaît sur les états nominatifs du 28 février et du 31 mars 1943[5].

A Saint-Chély-d'Apcher, les choses n'allaient pas tarder à se gâter et c'est grâce à l'aide des résistants français de Saint-Chély et de Marvejols que furent limités les dégâts. Les résistants avaient encore sur le cœur de n'avoir rien pu faire contre les rafles et déportations de Juifs au mois d'août précédent.

« Lorsque, le 26 août 1942, trente-six Juifs étrangers sont arrêtés, regroupés à Chirac où j'habitais, écrit Henri Cordesse, et dirigés sur le camp de Rivesaltes, mes camarades de Marvejols et moi fûmes stupéfaits et consternés. Nous n'avions rien su à temps de ces arrestations, préparées et faites par la police française. Aurions-nous été informés à temps que nous n'aurions probablement rien pu tenter... et aurions-nous fait quelque chose (action de surprise facile à réaliser à Chirac)... que les intéressées auraient vraisemblablement été peu nombreux à nous suivre[6]. »

Mais à présent, les choses étaient plus claires et les personnes susceptibles d'être arrêtées se faisaient moins d'illusions quant aux conséquences. Par ailleurs, la Résistance était mieux structurée. Et voilà que cela semblait devoir recommencer.

« La difficulté des déplacements et des contacts personnels, poursuit Cordesse, le retard des renseignements conduisent cependant les principaux responsables de la Résistance, tant sur le plan départemental que sur le plan local, à intervenir personnellement et à prendre le risque de se découvrir. L'arrestation de Juifs à Saint-Chély le samedi 20 février et ce qui s'en est suivi le dimanche en est un exemple typique. Dans le plus grand secret, préfecture et police ont dressé une liste de Juifs étrangers à arrêter, le samedi, en fin d'après-midi.
La Résistance ignore tout, jusqu'à l'heure où Joseph Huber envoie, en toute hâte, un appel par courrier spécial à Gilbert [de Chambrun]. Hélas, l'opération est déjà en cours : la gendarmerie arrête Skovron et Aïzenstadt, deux médecins juifs astreints à travailler à l'usine. Madame Aïzenstadt et son bébé de quelques mois sont laissés en liberté.
En vérité, Skovron et Aïzenstadt qui sont en contact avec Joseph Huber réussissent à fuir ; malheureusement Aïzenstadt est repris et passe la nuit, sous bonne surveillance, à la gendarmerie.
Skovron, plus heureux, n'est pas rejoint et, à la faveur de l'obscurité, Joseph Huber le dirige vers le Cours Complémentaire situé au champ de foire. Par une fenêtre préalablement ouverte de

l'intérieur, Skovron pénètre dans une salle de classe où il sera momentanément à l'abri des recherches.

Le lendemain dimanche, grâce à sa voiture, une magnifique 'Viva Stella', équipée d'un gazogène à charbon de bois et conduite par Pierre, son chauffeur habituel, Gilbert de Chambrun ainsi qu'Olivier de Framond et Henri Cordesse se rendent à Saint-Chély, trouvent Joseph Huber qui les accompagne au Cours Complémentaire où est caché Skovron et réussissent à amener celui-ci sans encombre à la gare de Saint-Sauveur-de-Peyre.

Là, la maison Sevene est une maison amie et sûre. Sans avoir pu s'annoncer, notre groupe est reçu avec une spontanéité réconfortante. Skovron prendra le train le soir pour Millau ou Gilbert lui donne un 'point de chute' chez des amis[7]. »

Or, c'est à Millau que, contraint et forcé, va se rendre aussi Siegfried Berliner, deux jours plus tard, pour éviter d'être appréhendé. En effet, depuis les arrestations surprises du samedi 20, Joseph Huber est toujours sur le qui-vive afin de répercuter immédiatement tout message du NAP. C'est certainement par son entremise que Berliner fut alerté, comme lui-même le raconte :

« Nous avions renforcé nos liens avec des gaullistes pour pouvoir nous mettre en sûreté en cas de danger. Après l'arrestation de deux Polonais qui avaient pu s'échapper, j'avais été averti par les résistants français que, le lendemain, la Gestapo devait venir me chercher. C'était le 23 février 1943, 25e anniversaire de l'Armée Rouge.

Je pris le train pour me rendre directement à Millau, après avoir convenu avec ma femme qu'elle m'y suivrait ultérieurement. Deux gendarmes étaient à la gare qui cherchaient manifestement les Polonais. Ils m'arrêtèrent. Je leur déclarai que je devais aller à Chanac [au camp], ce que confirmait heureusement le billet de voyage que j'avais pris pour cette destination.

Arrivé à la gare de Chirac, précédant la bifurcation du chemin de fer, je descendis du train pour prendre un billet pour Millau. A droite et à gauche de la voie il y avait des gendarmes effectuant des contrôles. Je passai facilement au travers grâce à une sorte de 'carte d'identité' délivrée par le camp de Chanac et à mes cartes de ravitaillement.

Je descendis cependant du train une station avant Millau [sans doute à Aguessac], et c'est à pied que je poursuivis mon chemin en empruntant la route située entre le fleuve [le Tarn] et la montagne. Là, le cantonnier, sa journée terminée, cessait le travail ; il prit ma valise sur son vélo et nous cheminâmes de concert. Au bout de quelques kilomètres nous aperçûmes de loin un contrôle de gendarmerie. Il barbouilla de bouse et de boue ma valise. Nous nous séparâmes, lui devant, moi derrière. Les gendarmes s'en allèrent. Le cantonnier m'attendit à l'entrée de la ville. Il me prenait pour l'un des Polonais en fuite[8]. »

Après le départ de Berliner sa femme, Helma, alla se réfugier chez les Mahieu. Plus tard, Berliner, comme Skovron rejoindra un maquis de l'Aveyron.

Mais à Saint-Chély les affaires n'en restèrent pas là pour les Allemands anciens combattants des Brigades Internationales. Comme la mi-mars approchait, tout le groupe qui avait l'habitude de se réunir chez les Berliner se trouva brusquement menacé.

Henri Cordesse qui, avec les résistants de Saint-Chély et de Marvejols, fut un de ceux qui contribuèrent à leur sauvegarde, témoigne :

« Par Joseph Huber qui parle l'allemand, les résistants de Saint-Chély sont en contact avec un groupe d'Allemands, anciens des Brigades, affectés à l'usine.

Le chef du groupe, Otto Kühne, ancien député communiste au Reichstag, a limité son 'recrutement' à des camarades absolument sûrs. Ils sont cinq : Kühne, Feiler, Klausing, Müller et Bucher.

Des indices font craindre une action prochaine contre eux. Joseph Huber n'hésite pas. Le soir même, prenant des billets à la gare, il embarque au train les cinq hommes pour Marvejols, où Pierrel se trouve en présence de deux gendarmes en service. Le départ de Saint-Chély a-t-il été éventé ou bien s'agit-il d'une simple coïncidence avec un service de routine ? L'un des deux gendarmes est bien connu de Pierrel qui a son fils comme élève, un Lorrain replié, Grandidier, dont les sentiments patriotiques sont connus. Bref et cordial entretien ; il n'y a pas de doute, aucun rapport avec Saint-Chély. En aparté, Pierrel laisse entendre à Grandidier qu'il vient prendre des amis pouvant ne pas être en mesure de présenter les multiples papiers qu'exige la gendarmerie... Grandidier a compris. Il entraîne adroitement son collègue à l'opposé du groupe silencieux que Pierrel conduit vers la sortie. Face à la gare se trouve le refuge idéal. L'hôtel-restaurant de la 'Mère Teissier' où sont reçus les singuliers voyageurs. Une chambre leur est donnée où ils pourront manger et dormir... en attendant.

Le premier acte de cette affaire réalisée 'à chaud' s'est fort bien passé. Reste l'essentiel. Cinq hommes, dont aucun ne parle le français, sont à caser, à nourrir. Cinq hommes qui ne peuvent, en aucune manière, revenir en arrière. Solution à trouver d'urgence car il ne fait aucun doute que dès demain matin à l'usine, au service des étrangers à la police, la fuite sera connue.

Marcel Pierrel, Louis Veylet et moi sommes d'accord sur plusieurs points, tous négatifs : vingt-quatre heures de séjour chez la Mère Teissier c'est un maximum pour des raisons de sécurité ; le placement chez des paysans amis, et même dans une équipe de forestiers est irréalisable... Reste la solution du maquis dans toute sa rigueur [même si cette désignation n'existe pas encore, pas plus que le fait d'ailleurs, en Lozère, à cette époque]. Veylet connaît l'existence d'un abri laissé par des bûcherons, dans un bois de fayards près de Bonnecombe... Chacun hésite, se demande si... 1300 mètres d'altitude ! encore sous la neige, nuits glaciales, vingt-cinq kilomètres de route accidentée à partir de Marvejols, seul point de contact avec la résistance sédentaire organisée... Les obstacles paraissent insurmontables. La proposition est faite cependant au groupe. Après quelques instants de réflexion, les cinq hommes se concertent : 'D'accord, on tiendra', dit Otto Kühne au nom de ses camarades. C'est ainsi que, vers une heure du matin, le groupe conduit par Veylet et Rouffiac s'enfonce dans la nuit. Par le Massibert, les Violes, Bonnecombe : il arrive au petit jour. La neige ne couvre pas totalement le sol ; il est possible, en contournant les larges nappes, d'éviter de laisser des 'pistes' qui, dans ce paysage inhabité, paraîtraient bien insolites. Hache, scie, ont été prévues : la hutte, simple abri fait de grosses branches, est sommairement rafistolée et consolidée ; les finitions de détail seront réalisées au fil des jours. Chaque homme a pris les sabots qu'il avait à l'usine (hommes d'expérience !). Des couvertures ont été apportées, des tricots. Dès les premiers jours, Kühne établit, en accord avec ses camarades, des 'consignes' dont la rigueur témoigne d'une farouche volonté et force l'admiration. Le guet sera assuré par roulement, durant toute la journée ; interdiction de faire du feu le jour, quelles que soient la température ou les raisons de 'cuisine', afin d'éviter que la fumée ne trahisse une présence humaine — les mets à cuire seront préparés dans la cabane la nuit tombée[9]. »

Sur cet événement nous disposons également du témoignage d'un des Allemands qui en furent les acteurs, Werner Feiler :

« Comme on s'attendait à une vague générale d'arrestations, le secrétaire de l'entreprise de Saint-Chély nous donna des papiers, consistant, si je me souviens bien, en une sorte de permis de déplacement de courte durée, avec lesquels nous pouvions voyager sans être inquiétés. Notre point de chute fut, à Marvejols, une auberge tenue par des camarades français, l'"hôtel de la Gare'. Nous réussîmes à partir de la station de chemin de fer sans passer par les contrôles et nous restâmes cachés durant quelques heures dans cette auberge. Le camarades français Joseph Huber [il s'agissait en réalité de Veylet] vint nous y prendre la nuit et nous dirigea à pied dans la montagne jusqu'à notre refuge. Le camarade Kühne qui était resté auprès de nos bagages nous rejoignit le lendemain avec l'auto transportant ceux-ci[10]. »

Les deux versions ne sont pas contradictoires, celle de Werner Feiler évoquant pourtant deux faits qu'Henri Cordesse n'avait pas mentionnés mais qu'il peut confirmer en y apportant d'ailleurs des précisions complémentaires :

« Le secrétaire de l'usine qui leur a fourni des papiers était un des responsables de l'Action Ouvrière (AO) qui était un organisme de la Résistance. C'est à notre demande qu'il leur avait établi des pièces d'identité auxquelles on avait joint des cartes de travail en tant que bûcherons, car à priori le seul repli possible à ce moment-là, pour eux qui étaient sans autre qualification professionnelle utilisable, était un chantier forestier prêté par Marcon. Quant à Otto Kühne, nous lui fîmes passer la nuit à l'hôtel Teissier pour deux raisons : la première est qu'étant le plus âgé il aurait eu plus de difficultés pour effectuer la longue marche en montagne ; la deuxième est que nous souhaitions qu'il réfléchisse encore sur la possibilité pour le groupe de vivre dans les conditions très dures de Bonnecombe. La suite devait montrer que sa réponse affirmative n'avait pas été donnée à la légère[11]. »

Quant à l'« hôtel de la Gare » il avait été choisi comme point de chute parce que la propriétaire, madame Teissier, que les résistants appelaient avec beaucoup de respect et d'amitié confondus : « la Mère Teissier », leur apportait depuis le début une aide considérable, appréciée par tous.

Ce que confirme Gilbert de Chambrun :

« Notre rattachement au mouvement 'Combat' eut lieu au printemps 1942... Je fus chargé de diffuser le journal dans l'arrondissement de Marvejols. J'en plaçai cinquante numéros. Je les remettais par petits paquets aux destinataires : madame Teissier, hôtel de la Gare, à Marvejols ; Carrier, secrétaire des anciens combattants à Saint-Chély-d'Apcher ; Mallet, instituteur à Banassac[12]. »

Et Ernest Peytavin lui rend hommage en évoquant son action, début 1943 :

« Le café Teissier, à la gare, est particulièrement surveillé, notamment par la police spéciale de Mende. Pourtant, madame Teissier ne cessera pas un instant son activité qui est grande. Elle reçoit la correspondance et abrite les résistants[13]. »

16. *Maquis de Bonnecombe : une cabane de « bouscatiers ».*

18. *Madame Teissier, celle que les résistants appelaient « la mère Teissier ».*

17. *Willi Nett.*

608

GROUPEMENT Nº 4   GROUPE Nº 805

Déserteur le 11.4.43

FICHE D'IDENTITÉ
DE
TRAVAILLEURS ÉTRANGERS

Nom : _HARTMANN_
Prénoms : _Paul_
Date et lieu de naissance : _4.11.07 Lichtentanne_
Nationalité : _sans n._
Profession : _peintre_
Personne à prévenir en cas d'urgence : _____

SIGNALEMENT :
Taille : _1,60_   Yeux : _bleu_
Cheveux : _chat._   Nez : _norm._
Moustache : _____   Teint : _clair_

Timbre du Groupe :   Signature du Chef de Groupe :
Lazare

N.-B. — L'étranger devra toujours être porteur de cette fiche. S'il est appelé à voyager isolément, il sera porteur d'un ordre de déplacement à viser par la Gendarmerie à l'arrivée.

613

GROUPEMENT Nº 4   GROUPE Nº 805

805
19/1/43 Déserteur

FICHE D'IDENTITÉ
DE
TRAVAILLEURS ÉTRANGERS

Nom : _RUCKDAESCHEL_
Prénoms : _Albert_
Date et lieu de naissance : _19.V.03. Hof-Sarre_
Nationalité : _sans n._
Profession : _serrurier_
Personne à prévenir en cas d'urgence : _____

SIGNALEMENT :
Taille : _1,82_   Yeux : _marron_
Cheveux : _chat._   Nez : _norm._
Moustache : _/_   Teint : _foncé_

Timbre du Groupe :   Signature du Chef de Groupe :
Lazare

N.-B. — L'étranger devra toujours être porteur de cette fiche. S'il est appelé à voyager isolément, il sera porteur d'un ordre de déplacement à viser par la Gendarmerie à l'arrivée.

19. « Fiche d'identité de Travailleurs Etrangers » de Paul Hartmann.

20. « Fiche d'identité de Travailleurs Etrangers » d'Albert Rucktäschel.

Du bassin minier d'Alès-La Grand-Combe au refuge de Pénens

Le problème de la clandestinité va se poser de la même façon aux Allemands anciens combattants des Brigades Internationales qui travaillent à Rochebelle et La Grand-Combe.

« Nous étions en relation, dit Paul Hartmann, avec des camarades allemands qui constituaient un groupe de bûcherons à Pénens, en Lozère. Parmi eux se trouvaient Martin Kalb et 'Goldjunge' qui venaient occasionnellement à La Grand-Combe et auxquels, à partir de là, je rendis visite une fois seul et une fois en compagnie de Rucktäschel. Lorsqu'à Rochebelle – La Grand-Combe le bruit courut que le commandant du camp voulait transporter à Marseille et livrer aux nazis tous les Allemands, ce qu'il avait d'ailleurs annoncé lui même, nous fûmes plusieurs à partir à Pénens dans l'illégalité[14]. »

Ce fut d'abord Max Frank et Paul Hartmann, et ensuite Richard Hilgert et Fritz Weyers qui ne faisaient en cela que se conformer aux consignes qui leur étaient données.

« Lorsque, dit Fritz Köhn, à partir de l'automne 1942, il fallut compter avec les arrestations, la direction du Parti envoya, partout où se trouvaient des camarades ou des copains, la consigne de se mettre, si besoin était, à l'abri en s'esquivant par tous les moyens pour ne pas tomber entre les mains des Allemands et maintenir les groupes du Parti[15]. »

C'est Franz Blume qui, de Nîmes, assurait les transmissions entre le centre de Lyon et le secteur du bassin minier et des Cévennes. Voici d'ailleurs le récit de Richard Hilgert qui, avec Fritz Weyers, emprunta, pour passer dans la clandestinité, une « filière » organisée par deux pasteurs huguenots :

« Fritz Weyers et moi empaquetâmes dans notre musette les affaires les plus indispensables et nous mîmes en route. Fritz était le cuisinier de notre compagnie [de Travailleurs Etrangers] qui avait son centre à Rochebelle, le quartier des mineurs à Alès. D'ailleurs la plupart des personnes dépendant de cette compagnie travaillaient à la mine. Alès était occupé par les troupes nazies.
Quelques jours auparavant, des sous-officiers de la Wehrmacht qui se trouvaient au café 'chez Sonia' m'avaient posé des questions insidieuses. Ils me demandèrent : 'Etes-vous Allemand ?' Je répondis : 'Non, Hollandais'. Là dessus ils rétorquèrent : 'Mais vous parlez un bon allemand'. Je répliquai : 'Appris à l'école', réglai mon verre de vin

et partis. Il était clair que nous ne pouvions pas rester là plus longtemps.

A peu près à la même époque, Franz Blume nous avait fait savoir de la part de la direction du Parti à Lyon que je devais disparaître avec Fritz. Il avait emmené immédiatement Max Frank. C'était bien ainsi, car Max était alors en mauvaise forme et n'aurait pu rester plus longtemps à la mine.

Je reçus la mission d'aller trouver le pasteur Franck [Salles], un pasteur huguenot. Je le connaissais, grâce à mes relations avec les pasteurs français. Ces derniers étaient au courant de la situation des antifascistes allemands. Ils étaient, en tout cas ceux que je fréquentais, des adversaires d'Hitler et coopéraient étroitement avec la Résistance. Ce pasteur Franck, qui m'avait fait rencontrer l'ingénieur en chef de la mine [Morel], me procura l'adresse de madame Felgerolles.

Début mars 1943, je quittai donc avec Fritz les baraques de la compagnie de travail. Nous sommes entrés d'abord dans la ville, avons franchi le Gardon sur le pont principal, puis tourné à gauche vers la berge, pour nous précipiter dans la direction opposée. Ensuite nous avons retraversé le Gardon sur le pont Lénine. C'est une petite passerelle qui, si étrange que cela soit, avait gardé son nom pendant l'occupation nazie. A nouveau de l'autre côté, nous sommes allés vers l'amont, dans la direction nord, celle de La Grand-Combe, où, peu de temps auparavant, travaillaient des antifascistes allemands qui, maintenant, étaient entrés dans la clandestinité. Fritz et moi avions mission de rejoindre une localité des Cévennes [Vimbouches] et d'établir le contact avec ces camarades, entre autres. C'étaient, comme moi, d'anciens combattants de la guerre d'Espagne. Max Frank était sans doute parmi eux. Une première étape devait nous mener à Soustelle.

Pour ne pas nous jeter dans les bras d'une patrouille de gendarmerie, nous évitâmes la grand'route et empruntâmes les sentiers forestiers. C'était une très belle journée de printemps ensoleillée et le cheminement à travers forêts et montagne [le contrefort montagneux des Cévennes] nous remplissait de bien-être.

Au début de l'après-midi, nous atteignîmes Soustelle et trouvâmes, exactement comme on nous l'avait décrite, la propriété de madame Felgerolles, une femme d'une trentaine d'années, originaire de Lorraine et possédant bien la langue allemande. A cent mètres de sa demeure, se trouvait une petite maison inhabitée où nous devions aller loger. Madame Felgerolles nous conseilla de ne pas trop traîner dans les alentours et, pour ne pas nous faire remarquer, de travailler un peu dans ses vignes. Au-dessus de notre cachette passait un chemin, mais qui n'était plus utilisé depuis des dizaines d'années. En contrebas, madame Felgerolles nous montra, dissimulée derrière des noisetiers, une entrée, ou, pour mieux dire, une simple ouverture ronde à flanc de colline, d'environ un mètre de diamètre donnant sur une sorte de grotte qui débouchait sur l'autre versant. Elle nous conseilla de l'utiliser en cas de danger. Dans bien des endroits des Cévennes existent de telles caches dont se servirent au XVIIe siècle les huguenots persécutés.

Quelques jours plus tard, nous aperçûmes au loin un cycliste. Nous reconnûmes l'ingénieur en chef de la mine de Rochebelle, qui allait entrer dans la maison de madame Felgerolles. Nous présumions bien que cette visite avait quelque chose à voir avec notre séjour. Le soir, madame Felgerolles ne nous apporta pas à manger comme d'habitude dans notre baraque, mais nous invita à prendre le repas chez elle. Elle nous dit d'empaqueter nos affaires et de les emporter tout de suite avec nous.

En entrant dans la maison, nous vîmes que la table était mise comme pour une fête et que monsieur Felgerolles débouchait une bouteille de vin. Madame Felgerolles nous expliqua qu'elle avait été avertie que la Gestapo connaissait notre refuge. Il nous fallait par conséquent quitter Soustelle au crépuscule[16]. »

Et c'est ainsi que Hilgert et Weyes s'en allèrent vers Saint-Privat-de-Vallongue.

A la mi-février se trouvaient, dans le secteur de Pénens, des Allemands en situation régulière, dépendant du camp de Chanac et travaillant comme bûcherons : Martin Kalb, Hans Lang, Hans Reichert, Kurt Walder, Emil Ganzert, Fritz Köhn, Karl Grunert et Hermann Mayer.

« Un peu plus tard, note Martin Kalb, arrivèrent encore du camp de Chanac Hasselbring et, de La Grand-Combe, Paul Hartmann ainsi que Max Frank[17]. »

Mais ceux qui avaient quitté le bassin minier se trouvaient désormais dans l'illégalité la plus totale, ayant déserté le camp de Rochebelle pour éviter l'arrestation. Ils étaient donc sans papiers et sans cartes d'alimentation.

« Avec Max Frank, raconte Paul Hartmann, nous avons été accueillis environ six semaines par un jeune camarade français, le paysan Antonin Bargeton. Nous l'aidions à de menus travaux : au jardin, à garder les chèvres, etc. Nous dormions à la grange ce qui était plus sûr que de passer la nuit dans l'habitation même. Le père d'Antonin l'avertissait lorsqu'un contrôle de gendarmerie était à craindre[18]. »

Albert Rucktäschel, bien qu'il ne soit cité ni par Kalb ni par Hartmann, dut vraisemblablement rejoindre aussi ses camarades, peut-être ultérieurement, après avoir réussi à se camoufler, tout au moins provisoirement, dans le secteur de La Grand-Combe.

De leur côté, Hilgert et Weyers, après leur bref séjour à Soustelle, parvinrent également au hameau de Vimbouches, peu éloigné de Pénens. Ce sont leurs pérégrinations que décrit Hilgert :

« Nous dûmes parcourir quarante kilomètres en une nuit. Et quel trajet ! Je m'étais fait un plan schématique de toutes les routes et chemins que nous devions suivre ou croiser. Quarante kilomètres par une nuit sans lune, à travers une montagne inconnue et creusée de ravins ; l'air était plein de bruits qui nous faisaient souvent sursauter et croire que nous avions quelqu'un à nos trousses. Cette nuit-là, nous devions atteindre Saint-Privat-de-Vallongue. Nous avions pris un chemin que je m'étais tracé tel que je l'imaginais. Il était presque impraticable et très tortueux. Il faisait encore sombre. Devions-nous à présent prendre à droite ou à gauche ?

Cachés derrière des buissons, nous nous reposâmes en attendant le lever du soleil. Mais une douleur dans les paumes des mains, qui devenait toujours plus cuisante, ne nous permit pas de trouver le repos. Quand il fit jour, nous nous rendîmes compte que cette douleur provenait des piquants des bogues de châtaignes qui s'étaient enfoncés dans la chair et s'y étaient cassés. Les semaines suivantes nous allions nous nourrir de ces châtaignes délicieuses dont les piquants nous avaient fait si mal.

Nous trouvâmes bientôt la bonne direction et pûmes poursuivre notre chemin. Après quelques kilomètres nous vîmes une maison à environ cent mètres de la route. Devant la maison se trouvait un homme qui, apparemment, venait juste de la quitter. Nous lui demandâmes le pasteur Donadille. 'Vous êtes devant sa porte', nous répondit-il. Quelques jours plus tard j'allais apprendre que cet homme [Florentin Lauze] était le secrétaire du parti communiste de Saint-Privat.

Monsieur et madame Donadille nous saluèrent. Lui était un homme élancé d'une trentaine d'années, sa femme était grande, blonde et tout à fait charmante. Après que j'eus raconté qui nous étions, ils nous reçurent très amicalement et nous convièrent à un petit-déjeuner. Je racontai que j'étais ancien combattant d'Espagne. Là-dessus le pasteur rétorqua : 'Les combattants d'Espagne sont très aimés chez nous.' Il ajouta que nous devions rester à Saint-Privat, car cela nous assurait une certaine sécurité. Nous acquiesçâmes. J'avais à rechercher dans le coin les camarades avec lesquels je devais prendre contact. Que les combattants d'Espagne étaient vraiment aimés, j'allais le constater lorsque, les ayant retrouvés, j'appris qu'ici des anciens des Brigades Internationales étaient cachés depuis longtemps déjà.

Le pasteur Donadille nous amena à Vimbouches dans une maison abandonnée où nous devions loger. Il pria les voisins de nous aider et de s'occuper de notre ravitaillement. Dans les environs, plusieurs émigrés juifs allemands et autrichiens avaient été placés en sécurité. Le secrétaire du parti de Saint-Frézal-de-Ventalon, Fernand Soustelle, contribua également à notre approvisionnement en nourriture[19]. »

D'ailleurs, dans son rapport, Richard Hilgert donne encore quelques précisions concernant d'autres personnes qui avaient également trouvé refuge dans ce coin des Cévennes :

« Nous avions été mis à l'abri par le pasteur avec une famille de Vienne, les Buchsbaum, et un nommé Studemann. En outre, vivait là Monsieur Mayer, un peintre, émigré de Francfort-sur-le-Main qui se faisait passer pour Français[20]. »

Ainsi, dans ce secteur de la Vallée Longue et du Ventalon, les antinazis allemands semblaient avoir trouvé un havre de sécurité relative. Il n'empêche que la menace était trop pressante pour que l'on ne prévoie pas le passage dans la clandestinité de tous ceux qui, pour l'instant, se trouvaient en situation régulière :

« Depuis le 11 novembre 1942, dit Martin Kalb, des divers camps nous parvenait la nouvelle qu'ici ou là des Juifs étaient pris par la Gestapo et déportés en Allemagne. Avec les camarades français nous avions décidé qu'au cas où notre sécurité serait compromise nous plongerions dans la clandestinité[21]. »

Or, voilà que tous les Allemands du 805e GTE eux-mêmes avaient senti la menace. Il semblait donc dès à présent que les risques de déportation ne visaient plus seulement les Juifs. Mais pour être prêts à affronter la vie clandestine il fallait s'y préparer : avoir des planques où se réfugier immédiatement si l'on était pris à l'improviste et se procurer de faux papiers. Franz Blume, au courant de la situation et conscient de la menace, envisagea aussitôt la chose :

« De Pénens où j'étais allé, j'emportai à Nîmes les cartes d'alimentation et les photos de tous les camarades, pour les faire acheminer de là à la direction du Parti à Lyon, où de faux papiers devaient être faits. A cette fin je les transmis au camarade autrichien Paul Jellinek.

Lorsque je rendis visite une deuxième fois au groupe de bûcherons, aucun des camarades n'était à la maison où ils logeaient d'habitude. Je m'éloignai, et d'un endroit protégé j'observai cette habitation jusqu'au retour des camarades. Ils me firent alors le récit suivant : Le samedi 13 mars, la feldgendarmerie avait fait son apparition alors qu'ils soupaient tous ensemble. Les 'Kettenhunde' [les feldgendarmes] pénétrèrent l'arme au poing. Ils les laissèrent terminer leur repas sous surveillance et leur expliquèrent qu'ils devaient se préparer à partir en Allemagne. Pendant le repas, ils leur demandèrent qui étaient Fritz Köhn et Karl Grunert. Ceux-ci s'étant fait connaître, ce qui était inévitable, ils furent immédiatement emmenés et les autres comprirent qu'ils devaient s'attendre aussi à une arrestation prochaine[22]. »

Nous avons, sur sa propre arrestation, une observation rapide de Fritz Köhn lui-même :

« Nous avions déjà préparé un point de chute. D'autre part, les gendarmes de l'endroit nous avaient assurés qu'ils nous avertiraient aussitôt si les Allemands arrivaient. Mais c'est par surprise que l'arrestation put se produire du fait que les fascistes s'approchèrent en empruntant un chemin inattendu, étant venus par Chamborigaud et Loubreirou[23]. »

Aimé Rouverand, qui habitait et habite toujours Pénens, nous a raconté l'anecdote suivante :

« Les deux feldgendarmes sont passés à la maison. J'étais absent, étant allé à La Grand-Combe en vélo. Mais ma mère qui était âgée se trouvait là. Et ils lui ont demandé si elle ne connaissait pas un camp d'Allemands. Elle leur a répondu : 'Moi, je ne sais pas. Je suis vieille ; je ne sors pas de la maison'. Mais elle se dit : il ne faudrait pas avoir des histoires. Et elle enchaîna : 'Je suis vieille, mais je peux vous offrir à boire quand même'. Elle voulait se tenir en bons termes avec eux. Ils refusèrent : 'Non, dit l'un d'eux, mais je vois que vous avez un joli jardin, madame, bien fleuri. Et si vous vouliez nous offrir un bouquet...' Elle leur dit : 'Avec plaisir', a pris des ciseaux et a donné un bouquet de tulipes à chacun. Ils l'ont remerciée et sont partis. Mais ils ont bien trouvé quand même le camp[24]. »

C'est ainsi que furent enlevés Karl Grunert et Fritz Köhn. Par celui-ci, on sait ce qui leur advint ensuite :

« Après notre arrestation, nous fûmes d'abord emmenés à Mende où nous fûmes placés dans des baraques, avec dix à douze autres camarades, dont Arthur Pozch, Louis Jacobson et Robert Witt, arrêtés à la même période[25]. Nous y restâmes environ trois jours sous la surveillance de soldats allemands.

De Mende, nous allâmes pour quelques semaines à Montpellier dans une prison de la Wehrmacht, où se trouvaient incarcérés un grand nombre de soldats allemands pour toutes sortes de délits, mais aucun pour délit politique. Là commencèrent les interrogatoires[26]. »

Au camp de Chanac, sur les états du mois de mars, Köhn et Kuhnert seront portés dans les 'pertes' à la date du 14 mars, et ce avec huit autres Allemands, arrêtés vraisemblablement le même jour qu'eux.

Cependant, lorsque Richard Hilgert avait eu, à Rochebelle, la dernière visite de Franz Blume, celui-ci lui avait parlé en tête à tête de

Pénens et lui avait indiqué, pour s'y rendre, l'adresse de Bargeton père comme point de chute, ainsi que le mot de passe. Arrivé depuis peu à Vimbouches, sa première préoccupation fut de trouver le groupe des bûcherons.

« Je me rendis donc chez monsieur Bargeton. C'était un très vieil homme. Il me demanda d'où je venais... quel chemin j'avais pris depuis Saint-Privat,... et me posa bien d'autres questions. Il me montra aussi une très ancienne bible huguenote, un très gros volume en parchemin. Et ce n'est qu'ensuite qu'il me mit au courant de ce qui s'était passé : l'arrestation de deux de nos camarades par les feldgendarmes et le déménagement des autres pour se mettre plus à l'abri. Par lui, je pus avoir des précisions me permettant de les retrouver[27]. »

Λ Nîmes avec Franz Blume

De Pénens, Franz Blume retourna donc à Nîmes, décidé à hâter le plus possible la fabrication des faux papiers. Là, malheureusement, une autre mauvaise nouvelle l'attendait :

« Un camarade français me fit part de l'arrestation, la veille, du camarade Paul [Jellinek]. Celui-ci était depuis quelque temps en relation avec des soldats allemands qui, auparavant, disaient-ils, avaient fait partie du 'Secours Rouge'. Je l'avais mis en garde contre ces relations qui me paraissaient suspectes : ces soldats tenaient en effet ouvertement des propos risqués et manifestaient un comportement extrémiste. Ils avaient tout de suite exigé qu'on leur passe des documents clandestins ; ceux-ci leur ayant été communiqués, ils en avaient immédiatement réclamé d'autres.

A la suite de cette arrestation, il était nécessaire que je me rende au plus vite à Lyon. Mais il me fallait d'abord m'assurer que Paul avait bien été appréhendé dans son appartement et que la valise où se trouvaient les cartes d'alimentation, avec les véritables noms et l'indication de la résidence des camarades bûcherons, ainsi que leurs photos, était bien tombée entre les mains de la Gestapo. Aussi, je me ménageai, sans attendre, une entrevue avec le camarade Félix [Kreissler] au cours de laquelle j'eus malheureusement confirmation qu'il en était bien ainsi[28]. »

A La Castelle
(début avril-fin mai 1943)
Dénouement de l'affaire König

A La Castelle, où les choses sont, semble-t-il, redevenues « normales », le fils Friedrich se trouve toujours détaché, d'après les états du Camp de Chanac. Mais l'on manque de renseignements concernant le père. Par contre, l'affaire König va trouver son dénouement. De Lorient, celui-ci était rentré en Lozère avec sa « secrétaire », en réalité sa maîtresse.

« Le 13 avril les services de police étaient avisés de sa présence à Mende depuis quelques jours. Compte tenu de la plainte déposée contre lui le 18 janvier 1943, il fut invité par téléphone, le 14 avril, par M. le Juge d'Instruction de Mende, à se présenter devant lui. Il refusa de se rendre à cette convocation et ce magistrat dut délivrer à son encontre un mandat d'amener alors qu'il était à Balsièges, à sept kilomètres de Mende. Aux gendarmes qui se présentèrent il refusa de se soumettre en les menaçant d'un pistolet dont il était porteur et téléphona à la Kommandantur de Mende, se mettant sous la protection des autorités allemandes. Il faut dire en effet qu'il se disait recruteur officiel pour l'organisation Todt. La Kommandantur de Mende fit aussitôt donner des ordres par la préfecture et les gendarmes français se retirèrent alors que deux gendarmes allemands venaient prendre König et le conduisaient au Grand Hôtel à Mende où la Feldgendarmerie avait son bureau. Cependant, ils le présentèrent ensuite au Parquet, sur intervention du procureur qui, au courant des faits (menaces à gendarmes et refus d'obtempérer), l'interrogea à ce sujet. Il eut devant ce magistrat comme devant le juge d'instruction une attitude hautaine et presque provocante. Le Parquet dut le laisser à la disposition de la Feldgendarmerie sans avoir pu l'interroger sur l'affaire elle-même.

Ramené au bureau de la Feldgendarmerie en compagnie de sa maîtresse, il demanda au gendarme qui le gardait à vue un peu de café. Il était désarmé, mais les gendarmes allemands avaient laissé son pistolet sur la table avec, à côté, les chargeurs enlevés de la crosse. La sentinelle sort du bureau pour aller chercher du café et entend deux détonations ; elle rentre : la femme est encore assise à sa place, mais sa tête porte sur le lit de camp qui se trouve près de cette chaise ; l'homme gît à terre ; tous deux ont une balle dans la tête.

D'après la Feldgendarmerie, les motifs du drame seraient que König avait escroqué l'organisation Todt dont il n'était qu'un simple ouvrier, et dont il se faisait passer pour un recruteur officiel. »

Le commissaire de police de Mende se demanda tout d'abord s'il ne s'agissait pas d'« un double meurtre », mais du côté français l'enquête ne fut pas poussée plus loin. Les raisons en étaient simples :

« A la suite de la mort de l'inculpé, l'action publique est éteinte. Il n'a pas été procédé à l'autopsie des cadavres, car, de toutes façons, en l'absence des témoins en dehors des gendarmes allemands, aucune responsabilité ne paraît devoir être retenue par les autorités françaises[29]. »

Ainsi disparaissait un agent de la Gestapo que celle-ci avait utilisé comme dénonciateur[30].

Non loin de La Castelle, Mijavols, petit hameau retiré sur le flanc sud du Bougès, qui se trouve dans la commune de Saint-Julien d'Arpaon, limitrophe de celle de Barre-des-Cévennes, va servir d'asile à deux antifascistes, l'un autrichien et l'autre allemand, que nous avons quittés précédemment, réfugiés alors dans une « clède » au-dessus de Colognac. Marcel Chaptal, paysan à Mijavols, évoque cette retraite :

« Au mois d'avril 1943, un ami à moi, de Pierrefort, tout à côté, était allé rendre visite à sa nièce, madame Rouyre. Celle-ci le chargea de trouver pour son protégé, Ernst Frankel, une maison hospitalière dans les hautes Cévennes, car autour de Lasalle le terrain devenait brûlant pour lui. Ma mère et moi, nous acceptâmes de le prendre et ce fut le pasteur Querouil qui le conduisit par les 'drailles' jusqu'à L'Hospitalet, où j'allais le chercher. Quand il eut passé quelques jours chez nous il nous dit : 'Je suis en sécurité chez vous, mais je plains mon compagnon de misère qui est à présent tout seul dans sa 'clède' et a des difficultés pour se ravitailler. Il sait bien travailler : je garderai le troupeau de tout le village et lui vous aidera à la ferme ou aux champs.' Par l'intermédiaire de madame Rouyre on prévint le copain qui fut amené par la même filière[31]. »

Dès lors Mijavols compta deux nouveaux habitants, un berger, qui sut bientôt commander son chien dans le parler expressif du pays, et un paysan qui, toujours le dictionnaire bilingue avec lui, cherchait à apprendre le mieux possible le français.

Les insoumis de
Bonnecombe et Marvejols

A Bonnecombe, les antifascistes allemands se sont accrochés :

« Outre les cinq camarades du début, dit Feiler, vinrent encore le camarade Willi Nett ainsi que deux Français. Sans relâche, Henri Cordesse nous envoya à peu près chaque semaine des agents de liaison avec des nouvelles et de la nourriture. Par son intermédiaire, nous étions également en relation avec un groupe de bûcherons camouflés, constitué vraisemblablement de résistants, qui nous aidèrent à subvenir à nos besoins[32]. J'avais été désigné par les camarades pour les représenter comme interlocuteur vis-à-vis de Cordesse[33]. »

Celui-ci de son côté a évoqué ainsi cette période :

« Dans une clairière de bois de fayards, à Bonnecombe, en avril, alors qu'il gèle encore fort la nuit et que la neige ne parvient pas à disparaître, le froid est un adversaire redoutable. Pas de feu pendant le jour — la fumée pourrait être vue — mais seulement la nuit, dans la cabane. Celle-ci, aménagée à partir d'un abri de bûcherons-charbonniers, est faite de billots à peine équarris, solidement assemblés ; l'unique pièce est creusée aussi profondément que possible, la terre enlevée permettant de monter des parois protectrices au-dessus du niveau du sol. L'ensemble forme une sorte de fortin dont la croupe se fond assez bien dans le paysage... Seul l'énorme tuyau de poêle qui perce le toit, fait de planches et de carton bitumé, a quelque chose d'insolite dans ce décor forestier. Tout autour, dans les abords immédiats, diverses réalisations surprendraient le visiteur non averti : entre deux fayards, un hamac permet, quand il y a du soleil, au guetteur des heures matinales — les plus redoutables — de prendre un bon repos et de s'abandonner à de charmantes illusions ; une claie, grossière mais robuste, dont les pieds sont ancrés dans le sol est encore rougie du sang d'un veau que Rouffiac a abattu voici quelques jours...

Kühne a quelques livres — peu — mais Veylet lui en fournira d'autres. Gymnastique 'suédoise', cross, cours de français, cours de marxisme... le vide des longs jours, l'ennui, sont combattus par tous les moyens.

Le ravitaillement pose un problème ardu aux sédentaires de Marvejols. Mais, là encore, la nécessité rend ingénieux et Marcel (Pierrel), le chef du secteur de Marvejols, a autour de lui une équipe dont chaque membre fait preuve d'une grande activité : Corado (Bressan) se charge des 'matières grasses' et de l'alimentation en légumes ; Gibelin, le boulanger, 's'arrangera' avec sa comptabilité

Maquis de Bonnecombe : corvée de ravitaillement. De gauche à droite : Werner Feiler, Louis Veylet, Karl Klausing, ᵗli Müller. Au dos de la photo, on peut lire : « On vient de chercher du ravitaillement aux Hermeaux ! Dép. Lozère 1943 ᵗ. »

22. Maquis de Bonnecombe sous la neige (fin mars 1942). De gauche à droite : Otto Kühne, Karl Klausing, Fred Bucher, Willi Muller, un Français.

23. *Maquis de Bonnecombe :*
   Werner Feiler au repos.

24. *Maquis de Bonnecombe au printemps 43 (avril).*
De gauche à droite : Karl Klausing, Fred Bucher, Louis Veylet, Willi Muller, Otto Kühne.

tickets et fournira le pain — lourde et difficile contribution. Rouffiac, grâce à des achats directs clandestins, fournira la viande...

A raison d'un voyage par semaine le ravitaillement parvient ainsi aux premiers 'maquisards', un ravitaillement qui reflète les aléas auxquels sont soumis les ravitailleurs : fin de mois difficile en farine, donc peu ou pas de pain, mais en revanche un veau entier abattu par Rouffiac.

L'affaire s'organise et tient.

Il neige parfois. En bas, on pense à eux, là-haut, et on s'évertue. Le transport a lieu la nuit avec le camion gazogène de Georges Mercier, beau-frère de François Marcon. Le chauffeur, Léon, est dans le coup. Personnellement je fais plusieurs fois le voyage et suis toujours frappé par la vigueur physique et morale de ces hommes vivant dans des conditions si dures. »

Par ailleurs Gilbert de Chambrun intervient aussi au titre de la Résistance française en tant que responsable du mouvement « Combat » pour le département de la Lozère.

« Cependant, à Marvejols, écrit Cordesse, l'action vers les réfractaires au STO se développe. Le petit groupe de Bonnecombe n'est plus le seul en charge. Gilbert (de Chambrun) ayant loué une bergerie près de Gabrias, au Crouzet, René Michel y regroupe plusieurs réfractaires 'décidés à l'action'. Ce groupe est judicieusement situé, à proximité du col de Vielbougue, pour recevoir d'éventuels parachutages[34]. »

Mais, dès la deuxième quinzaine de mai, il devra quitter l'endroit pour se replier sur une maison forestière, au bois de Chaffols, près de Fournels.

« Aussi, écrit Gilbert de Chambrun, les cinq mille francs reçus de la région une fois tous les deux mois ne duraient pas longtemps. J'obtins de l'argent de mon père ainsi que d'un Espagnol qui faisait le commerce du bois[35]. »

Outre le problème primordial des moyens de subsistance, il y avait aussi une autre difficulté à surmonter : l'isolement. Cordesse écrit à ce propos :

« Louis (Veylet) 'monte' parfois avec le camion. Il a même voulu rester deux ou trois jours avec les maquisards 'pour se rendre compte'. L'aspect le plus pénible de ces journées de solitude si dures matériellement, est d'être coupé du monde et de se sentir en marge de la vie. Aussi, accompagné de Feiler, Louis établit-il un contact discret avec deux familles, des Hermaux, qui serviront 'd'antenne' sur le monde aux hommes de Bonnecombe. Diverses questions de ravitaillement sont également réglées par cette voie, ce qui a l'avantage d'alléger la charge des Marvejolais[36]. »

Quant à l'armement, il était pour ainsi dire inexistant, comme l'indique Gilbert de Chambrun.

« Il n'y avait pas d'armes. Quelques fusils de chasse et un révolver à Bonnecombe. Toujours pas de parachutages ! Nous allions partout à la recherche de fantomatiques dépôts de l'armée d'armistice... Mais sans succès[37]. »

Cependant — et c'est ici Cordesse qui se souvient — n'ayant pu demeurer plus longtemps chez les Mahieu à Saint-Chély-d'Apcher pour des raisons de sécurité :

« Madame Berliner — Strasbourgeoise réfugiée, d'après sa carte d'identité — est installée pour quelque temps chez nous. Elle fait du ménage, garde la fillette. Un jour, apprenant le terrible bombardement de Cologne — ville dont elle est originaire —, madame Berliner, désireuse d'en savoir davantage, rôde autour d'un groupe de soldats allemands du Monastier et épie leur conversation. Son manège intrigue l'un des soldats ; le sous-officier l'interpelle, soumet l'affaire à la Feldgendarmerie qui, une heure après, vers 18 heures, arrête 'l'Alsacienne' suspecte. La voiture de la Feldgendarmerie arrive en trombe à l'école de Chirac. Ma famille et moi nous sommes mis à table, un peu inquiets cependant du retard de notre réfugiée. Des portières claquent, des soldats en armes maintiennent Madame Berliner qui proteste à grands éclats de voix... pour m'alerter avant que les quatre hommes ne pénètrent dans la maison.

Le scénario convenu se déroule sans une faille ; je dis mon indignation au sous-officier de la Feldgendarmerie — un géant — de voir les occupants s'en prendre à une Alsacienne, déjà éprouvée par sa condition de réfugiée. Carte d'identité, carte d'alimentation sont rapidement consultées, sans commentaire. 'Voyons la chambre et les bagages de Madame ?' demande le sous-officier. Tout est fouillé sans ménagement. Soudain, je tressaille : sur le lit, ma veste repliée laisse apparaître l'extrémité d'une enveloppe contenant des faux papiers destinés à deux réfractaires, ainsi que les cartes de ravitaillement correspondantes.

Je dis à ma femme : 'Nous sommes en plein courant d'air, ferme donc la fenêtre', tandis que, très naturellement, je mets ma veste. Ouf !

La fouille est brutale, linge répandu sur le plancher, lit défait, sac de madame Berliner passé au crible... mais aucune pièce écrite révélant son vrai nom. Je suis, avec une terreur contenue, l'inventaire : une photo de groupe, souvenir de la guerre d'Espagne, ne porte aucune annotation de date ni de lieu. Madame Berliner déclare tenir beaucoup à ce 'souvenir de famille'.

Les trois soldats fourrent tout pêle-mêle, dans la valise de madame Berliner et lui ordonnent de la prendre. Elle refuse et, brusquement, les interpelle avec hauteur et mépris, en allemand. Puis, se tournant vers ma femme, elle l'embrasse et éclate en sanglots : 'Madame, je vous ai trompée, je ne suis pas alsacienne mais allemande, pardonnez-moi, vous avez été si accueillante !' Elle embrasse notre petite fille figée devant son assiette, me serre fortement la main.

C'est fini. Revenant à sa langue maternelle, c'est elle qui ordonne sèchement aux soldats de porter la valise. Ils obéissent sans dire mot. Un dernier adieu de la main, la voiture disparaît suivie des yeux par les gens du quartier dissimulés derrière leurs fenêtres.

Silencieux, tendus, ma femme et moi nous posons intérieurement mille questions... qui se bousculent, sans réponse. Que s'est-il passé ? Imprudence de madame Berliner ou aboutissement de recherches depuis Saint-Chély ?

— 'Tu as de la chance de sentir des courants d'air dans des moments pareils...'

J'entrouve ma veste, montre les deux cartes et dis :

— 'Nous sommes passés très près.'

Mais nous revenons tous deux aux dernières minutes, bouleversantes, du départ de madame Berliner, admirable militante. Pour limiter les conséquences de 'l'accident' à sa propre personne, elle a eu ce réflexe lucide et audacieux de jouer le mensonge et de nous en demander pardon... de se perdre elle-même en donnant sa nationalité ! Et quelle dignité, quel courage face aux trois soudards brutaux... Le grand feldgendarme ne s'y est pas trompé, son attitude à l'égard de sa prisonnière est restée distante, presque gênée[38]. »

Dès lors se pose évidemment pour Cordesse la question de savoir s'il disparaît et plonge dans la clandestinité ou si, faisant une confiance absolue à madame Berliner, il reste en place. C'est ce pari qu'il prend[39].

Or, voici que, quelques jours après l'arrestation, un inconnu se présente à monsieur Boucharenc pour voir Cordesse. De qui s'agit-il ?

Sur l'événement qui va suivre nous disposons de deux récits écrits quelques années plus tard ; l'un de « l'inconnu », l'autre d'Henri Cordesse. Entre ces deux versions données par deux des principaux acteurs, on note quelques différences qui ne portent que sur des détails ou des interprétations parfois divergentes, dues en partie au recul du temps.

Voici le récit de l'inconnu qui n'est autre qu'Alfred Spitzer, l'agent de liaison que nous avons eu l'occasion d'évoquer précédemment :

« La veille du dimanche de Pâques 1943 [donc la veille du 25 avril, car cette année-là Pâques est très tard], juste rentré à Lyon, on me dit : 'Ton prochain voyage : tu dois rejoindre Otto Kühne au maquis. Transmets-lui ce matériel et mille francs et dis-lui que dans les tous prochains jours il doit envisager la prise en charge d'une mission de responsabilité. Tu vas obtenir son adresse de Fritz Fügmann à Marseille. Tu dois donc d'abord aller là-bas, et remettre aux camarades le matériel du Parti et les tickets de pain.

Lorsque j'arrivai à Marseille le dimanche de Pâques avant midi, je sentis bien à la gare que quelque chose devait s'être passé dans la ville. Course éperdue de-ci de-là et nervosité partout. A cela s'ajoutèrent plusieurs contrôles de polices tant française qu'allemande. A peine les gendarmes avaient-ils quitté le tramway que, quelques arrêts plus loin, d'autres gendarmes y montaient. Il s'avéra que j'étais bien préparé et que je pouvais dire vite et bien depuis où, vers où, et pourquoi je voyageais.

Je parvins sans problème chez Fritz Fügmann, lui remis tout ce qui le concernait, et il me donna l'adresse d'Otto Kühne : 'Monsieur Schumann, Hôtel de la Poste, à Marvejols, département de la Lozère'.

Le lundi de Pâques, je partis de bonne heure, arrivai le soir vers 18 heures à Marvejols et me rendis aussitôt à l'hôtel de la Poste. Mais là, personne ne savait quoi que ce soit de monsieur 'Schumann'. Comme je déclarai à l'aubergiste que nous avions cependant envoyé des lettres à monsieur 'Schumann' et qu'il avait été répondu à celles-ci, elle dit : 'Peut-être le maître de l'école, ici en face, pourrait vous fournir un renseignement. Il habite à Chirac, près de l'église.'

Je dus parcourir jusque là-bas quelque six kilomètres et il faisait déjà nuit lorsque j'y parvins. Après de nombreux coups frappés à la porte, l'instituteur — un homme grand, âgé d'environ 40 ans —vint m'ouvrir. Je le priai de m'indiquer comment et où je pouvais toucher monsieur Schumann. Il devint très nerveux et bredouilla : 'Je ne connais pas de monsieur Schumann. Je ne sais rien sur lui et ne veux aussi rien savoir. Qu'est-ce que tout cela signifie ? Fichez-moi la paix !' La cigarette s'échappa de sa main tremblante. Il la ramassa et claqua la porte.

Que faire ?

Je retournai à Marvejols, et comme il n'y avait pas de chambre d'hôtel à louer dans la petite bourgade, je me rendis au chef-lieu du département, Mende. Là, je trouvai, après quelques recherches, la camarade Anni Haas. Je lui fis part de mes mésaventures et lui déclarai que je ne pouvais retourner à Lyon sans avoir accompli ma mission.

'Repose-toi deux ou trois jours et essaye encore une fois', me conseilla-t-elle.

Deux jours plus tard, je repartis. La camarade Haas m'avait confié un gros paquet que, dans un couvent de femmes à Marvejols, je devais remettre à une famille juive qui s'y cachait. Je le déposai chez la concierge interloquée et allai encore une fois à l'hôtel de la Poste. De nouveau je m'adressai à l'aubergiste et lui dis : 'Je n'ai rien obtenu à Chirac. Pourtant il faut absolument trouver quelqu'un qui puisse m'aider à rencontrer monsieur Schumann.' Elle haussa les épaules et je m'assis là à attendre.

Après une ou deux heures, arriva un jeune homme qui me conduisit dans une chambre, m'écouta et voulut savoir qui j'étais, d'où je venais, et quelle était ma mission. Refusant de répondre clairement aux questions de cet homme, je déclarai : 'Comme vous le voyez sur mes papiers, je suis alsacien. Monsieur 'Schumann' me connaît bien sous le nom d''Edouard' de Paris et de Marseille. J'ai à lui transmettre des informations importantes d'amis de Lyon. Dites-moi, s'il vous plaît, l'endroit où je peux le trouver.' En me déclarant que je ne trouverais pas monsieur Schumann, même s'il me nommait l'endroit, l'homme s'éclipsa. Il revint au bout d'une demi-heure, me donnant rendez-vous le lendemain à 6 heures à la porte Est. Là, quelqu'un viendrait me chercher et me mènerait auprès de monsieur Schumann. J'allai de l'hôtel au couvent afin de transmettre à la famille juive quelques nouvelles personnelles de la camarade Haas. La concierge, à présent très amicale, me conduisit immédiatement auprès de mes amis juifs.

Comme elle entendit au cours de la conversation que je devais rester jusqu'au lendemain à Marvejols, elle me pria de passer la nuit au couvent, ce que j'acceptai avec plaisir.

Le matin suivant, j'étais avant 6 heures à la porte Est. Il pleuvait très fort. Comme personne n'était venu à 7 h 30, je retournai au couvent. Là, je pus faire sécher mes vêtements, me demandant bien comment les choses allaient tourner.

Peu après midi, je me rendis à nouveau à l'hôtel et demandai à parler au jeune homme de la veille. Après quelque temps, il finit par venir. Je l'abordai, passablement furieux qu'on m'ait fait attendre sous une pluie battante, et qu'on m'ait fait ainsi courir de gros risques.

Il répliqua à cela : 'C'est parce que le camarade Schumann a répondu en retour à votre question qu'il ne connaissait pas d'Alsacien nommé 'Edouard' et n'avait pas non plus d'ami à Lyon, que nous avons été méfiants et vous avons laissé attendre.'

Je déclarai que je comprenais leur méfiance mais que je ne pouvais reprendre la direction de Lyon sans avoir parlé avec monsieur Schumann. Je continuerai à rester ici et à le chercher jusqu'à ce que je l'ai trouvé.

Il repartit alors à nouveau après m'avoir invité à l'attendre. Il revint bientôt et me conduisit dans une cour où un jeune homme mettait en route une moto. On me tâta à la recherche d'armes ; on me fit monter sur le siège arrière et on me mit sur les épaules un grand sac à dos, lourd d'au moins quarante à cinquante kilos[40]. Ensuite nous sortîmes de la localité en un temps très bref et nous montâmes sur un haut plateau par une route escarpée et sinueuse.

Ce voyage fut un supplice. On avait dévissé les appuie-pieds, — et cela par mesure de prudence — de sorte que je devais tout le temps tenir mes jambes en l'air. Comme je pouvais encore bouger un peu, nous courûmes sur une prairie couverte de broussailles. La moto fut cachée dans un creux du terrain. Ensuite nous avançâmes pendant une demi-heure sur un sol marécageux, et plus loin à travers une grande futaie où, après une marche à pied d'une heure, nous fîmes halte. Je dus attendre. Au bout d'un moment le conducteur de la moto amena Otto Kühne.

'Diantre, te voilà !' dit-il en guise de salut. Ensuite, nous fûmes laissés seuls. Quand le camarade français revint près de nous, nous nous étions dit ce que nous avions à nous dire, et je 'rentrai' avec lui à Marvejols. Sur le chemin de la gare je rencontrai l'instituteur de Chirac. Il m'adressa un salut amical et s'excusa pour son attitude singulière : 'Comme l'après-midi, la Gestapo [en réalité : la Feldgendarmerie, peu de jours auparavant] était venue chercher l'émigrée allemande Helma Berliner qui habitait dans ma maison, j'ai cru que l'on venait à présent pour m'arrêter et m'emmener.' Nous nous séparâmes amicalement, et je retournai à Lyon, content d'avoir cette fois encore mené une mission à bonne fin[41]. »

Le commentaire de Cordesse est légèrement divergent :

« J'ai l'impression que Spitzer a simplifié la relation de la visite qu'il a faite à Chirac, alors même que par ailleurs il a donné un compte rendu très détaillé.

A cette époque je ne recevais aucun inconnu directement place de l'église. Il était convenu que lorsque quelqu'un me demandait, — qu'il recherche Cordesse, ou l'instituteur ou encore 'Dallo', mon 'pseudo' d'alors —, on le dirigeait sur monsieur Boucharenc, un retraité qui avait toute ma confiance et qui habitait sur la Route Nationale 9. Et c'était lui qui, la personne ayant pris contact, jugeait s'il y avait lieu de me toucher ou de la renvoyer.

Lorsque Spitzer se présente à lui, étant au courant de mes craintes à la suite de l'arrestation de madame Berliner, Boucharenc est lui-même surpris d'une telle visite. Et le fort accent du prétendu Alsacien n'a rien pour le rassurer. Toutefois il fait entrer l'homme, tandis que madame Boucharenc court me prévenir, mais ne trouve que ma femme, moi-même étant momentanément absent. Toutes deux ont la même pensée : un traître envoyé par les Allemands, un faux résistant, très probablement.

De retour à la maison, mis au courant, j'ai aussitôt un réflexe instinctif : une peur !... Je me dis : c'est un 'mouton' — comme on disait alors —, un agent de la Gestapo introduit chez nous à la suite de révélations, peut-être incomplètes, soutirées à madame Berliner. Je me rends cependant chez monsieur Boucharenc. L'inconnu me demande monsieur Schumann. Or, Kühne, qui n'avait pourtant aucun secret pour moi, ne m'en avait jamais parlé, ni comme mot de passe, ni comme nom de guerre. Mais ce nom à consonance germanique vient encore renforcer mes soupçons : 'l'inconnu' est là par malveillance à la recherche du groupe des Allemands de Bonnecombe. Je me suis ainsi trouvé dans un état psychologique accusateur immédiat, et ce avec une intensité incroyable. J'ai dû me maîtriser pour ne pas sauter à la gorge du bonhomme. Mais en même temps je ne voulais pas, compte tenu de son âge et de notre amitié, mettre monsieur Boucharenc dans une inquiétude trop grande. Aussi, j'ai amené l'individu à l'école. Et il me venait à l'esprit qu'il me fallait à tout prix envisager de le faire disparaître, d'où mon trouble (qu'a bien noté Spitzer sans se douter de la cause profonde !).

Cependant je ne le reçus qu'au pied de l'escalier et profitai de son insistance pour le renvoyer. Il m'était en effet venu subitement une idée : comme il nous avait indiqué que c'était par l'aubergiste de l'hôtel de la Poste qu'il avait été dirigé vers nous, il allait ainsi y retourner pour la nuit. Or, précisément, Marcel Pierrel avait sa chambre à cet hôtel, et j'allais le faire prévenir par Monsieur Boucharenc d'essayer de se mettre directement en contact avec 'l'inconnu'. Or, malheureusement, il n'y eut pas de chambre libre à l'hôtel et celui-ci s'en alla donc à Mende — ce que j'ignorais avant de lire le récit de Spitzer.

Pendant son absence, qui fut donc de quarante-huit heures, Pierrel et moi avons discuté ferme pour tenter de nous faire une opinion sur le visiteur, en confrontant les deux hypothèses : mission ou piège. Et, lorsqu'il est revenu à Marvejols et est retourné à l'hôtel de la Poste après être passé par le couvent de Châtillon, Spitzer a donc été reçu par Pierrel dans sa propre chambre, ce qui permettait une conversation serrée. C'est là que Spitzer a dû lui parler plus ou moins incidemment de sa visite au couvent. Et durant la demi-heure où Pierrel a été absent, il est vraisemblable qu'il a vérifié ses dires ce qui l'a orienté vers l'hypothèse de la mission.

Le rendez-vous fixé à la porte Est le lendemain matin à 6 heures devait nous donner le temps d'en discuter et d'envoyer quelqu'un consulter Otto Kühne afin d'avoir confirmation que c'était bien lui qu''Edouard' cherchait sous le nom de 'Schumann'. Il semblerait que Kühne se soit bien reconnu sous le nom de 'Schumann' mais n'ait pas su qui était 'Edouard'. Ceci expliquerait le contretemps voulu apporté au rendez-vous et les mesures prises par le chauffeur de la moto Corado Bressan pour ménager à Spitzer un déplacement éreintant jusqu'à Bonnecombe où, diminué par la fatigue, il aurait été à la merci des 'maquisards' s'il s'était révélé être un 'mouton'[42]. »

Ainsi, grâce à la venue de Spitzer le contact était rétabli entre la direction du TA à Lyon et Otto Kühne, à présent à Bonnecombe. Selon Werner Feiler :

« Otto Kühne avait reçu la consigne d'aller à Marseille en mission pour l'organisation illégale du KPD. A cet effet, il reçut de Cordesse les faux papiers adéquats. Je fis aussi, quelques jours après, le même voyage à Marseille[43]. »

Cordesse note, de son côté, parlant de Feiler :

« Feiler fait, en mai 1943, le périlleux voyage de Chirac à Marseille, via Béziers, et revient à Bonnecombe, 'mission accomplie'. Il suffit d'imaginer les gares de Béziers — où il faut changer de train — et de Marseille, infectées d'agents de toute sorte au service de la Gestapo, de penser aux contrôles systématiques des cartes d'identité, des cartes de travail... pour mesurer la performance[44]. »

Il peut apporter d'ailleurs quelques compléments intéressants :

« Je suis bien au courant de la façon dont a été décidé et dont s'est effectué ce voyage ; et la connaissance que j'en aie s'est faite en deux étapes : d'une part, sur le vif, au moment même, et d'autre part, bien plus tard, après la guerre, grâce au récit que m'en a donné Feiler auquel j'avais rendu visite.

Lorsque j'avais été mis au courant du projet de voyage, j'avais reproché à Kühne d'exposer un jeune comme Feiler dans une mission si dangereuse : il avait tout à fait le 'type aryen' selon la définition de l'époque, et parlait à peine le français et ce avec un fort accent étranger. Le péril était donc considérable. Mais Kühne me rétorqua, sur un ton ne souffrant pas de réplique, que le militantisme exigeait que l'on passe par-dessus ces aspects sentimentaux et qu'il fallait parfois se montrer dur avec les camarades. Il exigeait d'eux — et de lui-même tout d'abord —, une soumission absolue aux nécessités de l'action. Et cette détermination inflexible contrastait étrangement avec son abord charmant ainsi qu'avec toutes les mesures de précaution qu'il exigeait de chacun.

Ce que j'ignorais à l'époque et que j'ai appris par la suite de Feiler, c'est que certaines mesures de prudence avaient été prises. Bien sûr, je lui avais établi une fausse carte d'identité comme Alsacien en utilisant un authentique cachet (de la mairie de Morhange) ; Pierrel lui avait acheté son billet de chemin de fer ; enfin nous lui avions fait des tas de recommandations et fourni toutes les informations sur le changement de train à Béziers : quai d'arrivée, quai de départ ; comment passer de l'un à l'autre. Mais, à Marseille, comment allait-il sortir de la gare Saint-Charles qui nous était signalée comme un piège redoutable ? »

La chose avait été minutieusement préparée :

« Kühne, sans doute par l'intermédiaire des camarades du TA, était en relation avec des responsables communistes français de Marseille. Au cours de son précédent séjour il avait imaginé la réception de Feiler à la gare. Ainsi, celui-ci devait être attendu à la sortie par un couple ayant une fillette de 7 à 8 ans. Le moyen de reconnaissance était simple : Feiler aurait sous le bras un hebdomadaire, *Signal*, je crois, tandis qu'eux tiendraient d'une certaine manière un autre journal. Le repérage effectué, la fillette sauterait au cou de Feiler en l'appelant : 'Tonton'.

Lorsque Feiler m'a raconté la chose à Karl-Marx-Stadt, il m'a dit : 'Ça a marché...', en faisant un signe de main ouverte de gauche à droite la paume en bas 'Parfait !' Je ne sais pas ce que l'on doit le plus admirer de l'audace et du sang-froid, de l'acteur Feiler, ou de la spontanéité et de l'innocence de la fillette qui a sauté au cou du 'tonton' qu'elle ne connaissait pas. En tout cas, cela a permis à Feiler d'échapper au contrôle des agents et des collaborateurs de la Gestapo qui filtraient les arrivants et l'ont laissé passer de confiance, sa 'nièce' pendue à son cou[45]. »

Les clandestins de Vimbouches
Saint-Privat-de-Vallongue

Dans leur refuge de Vimbouches, Richard Hilgert et Fritz Weyers connaissaient une tranquillité relative au sein de la population céve- nole qui les avait accueillis. Voici de quelle façon Hilgert évoque cette époque :

« Pâques approchait. Le pasteur Donadille nous demanda : 'Chez vous, en Allemagne, un chœur chante bien pour le culte ? Chez nous ce n'est pas l'usage. Mais cela me plaît et j'aimerais faire chanter un chœur pour Pâques. Avez-vous envie d'y participer ?'

Je fis une drôle de tête et dis : 'Je ne suis pas un bon chanteur.' Donadille comprit bien la véritable raison car il fit remarquer : 'Vous n'avez pas besoin d'avoir peur, le secrétaire du parti communiste aussi prend part aux chants[46].' Alors j'y consentis en souriant et nous allâmes chaque jour aux répétitions.

A Pâques, communistes de longue date, nous nous rendîmes au temple. Le pasteur - il portait un costume brun -, monta en chaire et fit le sermon. Je n'en croyais pas mes oreilles. Ce sermon n'était pas seulement un appel à la lutte contre Hitler, mais il faisait mention de citations de Lénine et Staline dont le sens était expliqué. Après le culte, le pasteur nous invita à déjeuner. Nous avions, antifascistes allemands peu ordinaires, chanté dans la chorale.

Après le repas, Donadille nous parla de son activité dans sa paroisse. Il n'était pas seulement pasteur ; il avait étudié la médecine et il avait la charge de sa commune en tant que médecin. Cette activité lui permettait de conserver une auto qui lui rendait bien service pour son travail clandestin. A plusieurs reprises, il conduisit des réfugiés juifs en Suisse et les aida à passer la frontière. Sa femme, d'origine suisse, autrefois danseuse à l'Opéra de Berne, l'épaulait énergiquement. Avec fierté, il racontait que lui-même ramonait les cheminées chez ses paysans, établissait avec une certaine adresse de faux papiers, s'essayait à peindre et avait un roman en chantier. Sa femme jouait de l'harmonium — c'est elle qui avait organisé le chœur pour la fête de Pâques -, et elle élevait leurs deux enfants[47]. »

Le pasteur Donadille, à qui nous avons fait lire ce récit, nous a commenté et précisé quelques points particuliers.

Il a d'abord noté l'importance de l'environnement communiste, en même temps que huguenot, dans lequel il se trouvait à Saint-Privat-de-Vallongue :

« Ainsi, nous a-t-il dit, il est bien exact que le secrétaire du parti communiste, Florentin Lauze, par ailleurs conseiller presbytéral, participait régulièrement au culte et à la chorale.

Par contre, je ne me souviens pas de façon précise m'être référé, dans le sermon que j'ai fait le dimanche de Pâques 1943, à Lénine ou Staline. Mais c'est fort possible, compte tenu de la conjoncture et de l'habitude que j'avais d'évoquer, dans mes prédications, l'actualité. Cependant, ce n'était certainement pas l'essentiel de mon sermon, même si c'est cela que les amis antifascistes allemands en ont retenu. »

Par ailleurs, le pasteur Donadille nous a apporté deux indications intéressantes, même si elles ne sont que des précisions de détail.

La première a trait à la qualité de « médecin » que lui confère Richard Hilgert :

« En réalité, nous a-t-il précisé, j'avais fait mon service militaire comme caporal-infirmier et j'avais acquis de ce fait quelques connaissances médicales pratiques. Vu l'éloignement des docteurs qui se trouvaient à La Grand-Combe et à Florac, et en accord avec eux, je pratiquais un premier diagnostic, les informais par téléphone et soignais les cas bénins. Hilgert était au courant car, légèrement malade, il avait eu recours à mes services lui aussi. »

La deuxième concerne le titre d'ancienne « danseuse de l'Opéra de Berne » attribué à madame Donadille.

« A vrai dire, corrige le pasteur Donadille, ma femme avait fait des études d'architecture. Mais, d'une part, une de ses tantes, disciple de von Laban, avait créé une école de danse, non pas à Berne, mais à Zurich. D'autre part, une autre tante, élève de Jacques Dalcroze, était professeur de danse rythmique. Ma femme avait fréquenté ses cours, ce qui l'avait amenée à danser sur la scène du théâtre antique à Orange dans un opéra de Wagner : elle faisait partie du ballet. C'est à ce titre qu'elle s'était produite quelquefois en public[48]. »

Cependant, à Vimbouches, l'apparente quiétude était malgré tout troublée par les arrestations qui avaient eu lieu à Pénens et par l'avertissement qu'elles représentaient.

A Pénens, de l'état d'alerte à la clandestinité

A Pénens même, les antifascistes allemands continuaient à ignorer ce qui s'était passé à Nîmes, qui les concernait pourtant directement. De son côté, par contre, Franz Blume savait à présent de façon sûre qu'en même temps que Paul Jellinek les documents qu'ils avaient fournis étaient bien tombés entre les mains de la Gestapo.

« Aussi, dit-il, je retournais dès lors immédiatement à Pénens auprès des bûcherons[49] »

Comment les choses se passaient-elles là-haut ? Martin Kalb nous le raconte :

« Depuis l'arrestation de Fritz Köhn et de Karl Grunert, nous déployions la plus grande vigilance, ne dormant plus à l'intérieur de la maison. Quand nous rentrions du travail, nous nous en approchions avec d'infinies précautions. Si besoin était, les gens du pays devaient nous prévenir aussitôt de l'apparition de soldats allemands ou de la Milice française.

C'est dans ces conditions qu'un jour je remarquai, à une assez grande distance de notre hameau, une silhouette qui s'approchait avec précaution. Vue de plus près, je m'aperçus qu'il s'agissait de Franz Blume. Il ne savait pas très exactement si nous étions encore là ou si la Gestapo nous avait arrêtés ou chassés. Voici ce qui s'était passé : Nos cartes de pain avaient été transmises à un camarade travaillant dans l'illégalité qui avait été arrêté. Comme elles comportaient l'indication des nom et domicile, on pouvait craindre que des recherches aient été entreprises par la Gestapo lui permettant de tomber sur nos traces. Avec le camarade Franz Blume il fut aussitôt décidé que nous devions, pas plus tard que cette nuit même, passer dans la clandestinité. Nous empaquetâmes tout et nous rendîmes ensemble dans le cantonnement déjà établi au préalable chez le camarade Antonin Bargeton[50], celui-là même qui avait déjà accueilli Max Frank et Paul Hartmann. »

Ce dernier précise : « Il continua à aider tout le monde[51]. »

Et Franz Blume indique que ce cantonnement clandestin « était une sorte de grange, bien cachée dans la montagne, où tous les camarades allèrent alors avec leurs chèvres et leurs lapins[52]. »

Martin Kalb poursuit :

« Nous fûmes aussitôt aidés par la Résistance. Le boulanger de La Rivière, Albin Gabriac, assura le ravitaillement en pain. Des moyens financiers furent mis à notre disposition pour nous permettre d'effectuer nos achats.

Je dois en particulier noter qu'à cette époque un jeune Français de 12 ans environ [Jacques Laurent] assurait pour nous les liaisons en tant que messager[53]. C'était un petit gars intelligent et vif. Comme première arme, on nous donna un pistolet 6,35 et des munitions. Ce n'était pas grand-chose, mais on pouvait en tout cas faire du bruit. La gendarmerie française traîna longtemps dans le secteur pour dénicher notre cachette. Et, un beau jour, les gendarmes encerclèrent subitement la baraque que nous venions d'abandonner, mais n'eurent pas le courage d'avancer jusqu'à elle, à moins qu'ils ne l'aient pas voulu[54]. »

En suivant Franz Blume

« Je repartis donc pour Nîmes, dit Franz Blume, avec de nouvelles photos des camarades désormais entrés dans la clandestinité, mais, n'ayant pas réussi à rencontrer le camarade Félix [Kreissler], je continuai immédiatement sur Lyon. C'est là que furent fabriqués les faux papiers[55]. »

Or, à Lyon, c'est précisément Hanns Kralik, qui avait lui-même autrefois dépendu du camp de Chanac et s'était ensuite réfugié à Pénens où il avait bénéficié des talents de photographe du pasteur Marc Donadille pour sa propre fausse carte d'identité[56], qui effectua ce travail à l'intention de ses camarades. Grâce à son métier de dessinateur et de graveur sur bois — et aussi à sa patience — il était devenu un vrai spécialiste dans la fabrication de faux papiers, refaisant lui-même les tampons nécessaires.

« Une fois terminés, explique-t-il, j'avais l'habitude de dissimuler les papiers illégaux dans des jeux d'échec dont les pièces me servaient de cachets, ou des plateaux bricolés par moi-même, etc., et de les faire parvenir ainsi aux destinataires. Or, ayant fait des papiers pour le groupe de bûcherons dont faisaient partie Kalb, Hartmann et d'autres, je les avais camouflés ainsi dans un tel plateau dont le fond visible présentait des photos en toc. Ils ne parvinrent pas jusqu'aux intéressés. Franz Blume, chargé des transmissions, fit son enquête et découvrit le plateau utilisé comme objet décoratif sur le bonheur du jour d'une femme agent de liaison qui ne s'était pas doutée du caractère d'un tel objet[57]. »

Et c'est Franz Blume lui-même qui nous dit la suite :

« Enfin muni de faux papiers je repartis pour la montagne, ayant mission de trouver avec le PCF par quelle voie amener nos camarades bûcherons dans une autre région où ils seraient moins en danger.
Je devais en principe retourner à Lyon dans une dizaine de jours, mais cela n'allait s'avérer possible que six semaines plus tard[58]. »

Effectivement un premier objectif était atteint : celui de pourvoir en faux papiers les Allemands passés à la clandestinité ; sur ce point, Martin Kalb rend hommage à Franz Blume :

« C'est lui qui nous procura nos papiers 'français' ou plus exactement les fit fabriquer en se donnant pour cela beaucoup de peine[59]. »

Il restait encore à trouver un endroit où diriger les Allemands pour qu'ils puissent bénéficier d'un semblant de tranquillité sous le couvert de leur nouvelle identité : cela prit du temps. Franz Blume explique :

« Le groupe de bûcherons de Pénens était en contact depuis longtemps avec des camarades français. J'entrai donc en rapport avec eux. Ils se révélèrent être des camarades très sûrs, travaillant avec un grand sens des responsabilités. Ils ne me firent pas attendre longtemps avant de m'informer qu'il était possible de faire sortir du secteur tous les Allemands en danger grâce à un camarade, dont ils me donnèrent le nom ; celui-ci dirigeait un service de la main-d'œuvre pour les chantiers forestiers et avait son bureau à Valence. Je m'y rendis donc et lui expliquai que quelques Allemands se trouvant dans les Cévennes étaient recherchés par les nazis et devaient de ce fait être mis ailleurs en sécurité. Il me promit aussitôt de m'aider, et me demanda si ces camarades allemands étaient en possession de pièces d'identité. C'était une affaire importante, car en dépendait la nature de l'emploi qu'il pourrait leur procurer. Lorsqu'il vit les faux papiers que je lui présentais, il fut enthousiasmé par leur imitation parfaite. Il pouvait dans ces conditions me proposer immédiatement des emplois pour la douzaine d'hommes que comprenait à présent l'ensemble du groupe, compte tenu des derniers arrivés. Une partie devait se présenter à Nyons et l'autre se rendre à Poët-en-Percip, près de Buis-les-Baronnies[60]. »

De Pénens et Vimbouches
aux chantiers forestiers du sud
de la Drôme

Ainsi tout était prêt. Il ne restait plus qu'à assurer la périlleuse expédition que devaient effectuer une dizaine d'antifascistes allemands, ignorant ou parlant mal le français, des Cévennes jusqu'au sud-est de la Drôme, par-delà la dangereuse vallée du Rhône. Pour tous les préparatifs du déplacement et une partie de celui-ci, c'est encore Franz Blume qui allait servir de mentor. Mais modestement il en attribue le mérite aux autres :

« C'est grâce à l'organisation clandestine du Parti Communiste Français qui travaillait de façon très sûre, que les voyages des camarades vers les différentes destinations furent minutieusement préparés.

Malgré les contrôles sévères que firent dans les trains la gendarmerie française et les soldats allemands, tous les camarades atteignirent leur lieu de travail sans être arrêtés, même s'ils rencontrèrent parfois de grosses difficultés comme par exemple celles résultant de sabotages effectués sur les lignes de chemin de fer par des résistants français[61]. »

A Pénens, où, avant le départ, se trouvait réuni le groupe le plus important, les choses se présentaient parfois mal, notamment lorsque l'aspect physique de l'un ou de l'autre s'ajoutait au fait qu'il ne pouvait guère s'exprimer en français.

« Le voyage du département de la Lozère à celui de la Drôme, dit Martin Kalb, comportait pour nous passablement de risques. Un certain danger venait en particulier de l'apparence d'Allemands du nord typiques de Hans Reichard et de moi-même.

Et, d'après Blume, 'Goldjunge' était si nerveux avant le départ à cause de ses cheveux couleur des blés qu'on se décida à les lui teindre en foncé. »

88

Martin Kalb dépeint ainsi l'opération :

« Blume amena un acteur ou quelqu'un de ce genre pour teindre les cheveux blonds du camarade Reichard. Le résultat fut effrayant. Non seulement les cheveux étaient du plus beau noir, mais encore sa calvitie commençante brillait du même noir absolu. Des tentatives pour restituer son apparence originelle échouèrent lamentablement. Le résultat final fut le suivant : le cuir chevelu écorché et meurtri, les cheveux noirs, et, contrastant, d'épais sourcils blancs qui faisaient l'effet de deux petites brosses à dents au milieu du visage. Ainsi, dit Blume, ceci risquait de le faire remarquer encore davantage, ce qui le rendit d'autant plus nerveux. Mais lui aussi passa sans être inquiété à travers tous les contrôles[62]. »

A Vimbouches, alors même qu'ils participaient aux répétitions de la chorale au temple de Saint-Privat-de-Vallongue, Richard Hilgert et Fritz Weyers n'avaient pas été tenus à l'écart des préparatifs destinés à transférer ailleurs leurs camarades de Pénens, bien au contraire. Quelques jours après que Hilgert eut pris contact avec l'ancien groupe de bûcherons, grâce aux renseignements d'Antonin Bargeton père, Franz Blume leur avait en effet rendu visite à Vimbouches, sans doute à l'occasion de sa venue dans les Cévennes pour mettre ses camarades au courant de l'arrestation de Paul Jellinek. Dès lors, il s'occupa d'eux comme des autres, car ils se trouvaient également en situation irrégulière et, pour leur sécurité, ils avaient le même intérêt à ce qu'on leur trouve ailleurs du travail sous le couvert de fausses cartes d'identité. Il les prévint donc, le moment venu, qu'ils devaient aussi se rendre dans la Drôme.

Le voyage se fit en petits groupes de deux ou trois. Le départ eut lieu séparément pour ceux de Vimbouches et ceux de Pénens. Hilgert et Weyers semblent être partis les premiers. Richard Hilgert raconte :

« Nous devions prendre le train à la petite station de Saint-Frézal-de-Ventalon. Le chef de gare (Raymond Brès) nous donna cent francs pour le voyage. Je le connaissais à peine, mais il savait qui nous étions.

Notre déplacement ne s'effectua pas sans risques. D'abord nous ratâmes la correspondance (à Sainte-Cécile-d'Andorge, vraisemblablement). Nous profitâmes de la journée que nous avions devant nous pour rendre visite à Soustelle à Madame Felgerolles. Elle nous apprit que le lendemain de notre départ, au petit matin, gendarmes et agents de la Gestapo étaient venus nous rechercher. Cependant, à ma demande, elle prit en charge mes papiers des Brigades Internationales[63].

Nous passâmes la nuit suivante à La Grand-Combe chez le camarade sarrois Emil Kalweit. Le lendemain matin, de bonne heure, nous étions à la gare et fûmes contrôlés par un milicien. Mais heureusement nos papiers firent leurs preuves.

Comme cela avait été convenu avec Franz Blume, nous atteignîmes Avignon dans la matinée. Là, nous rencontrâmes par hasard [?] tous les autres camarades de Pénens. Mais nous ne nous saluâmes pas, car la gare fourmillait de SS. Et il y avait des contrôles rigoureux.

Le train pour Lyon devait être dérouté. Je montai avec Fritz [Weyers] dans un wagon et vis que Franz Blume montait à l'autre extrémité. Dans le couloir se tenait un SS qui vérifiait les papiers d'un civil et semblait y trouver quelque chose de louche. A présent Franz Blume était aussi dans le couloir, mais à l'autre bout. Il se frotta le nez avec le doigt et je pris ceci pour l'invitation à aller au-delà du SS en passant devant lui. Suivi de Fritz, je m'avançai donc vers le SS, dis en français : 'Pardon Monsieur', en lui touchant légèrement l'épaule, et passai. Après quoi, nous pénétrâmes dans un compartiment bondé. Au départ du train nous retournâmes dans le couloir et échangeâmes quelques mots avec Franz. C'est alors qu'il nous apprit que le train avait été dérouté et qu'il roulait de l'autre côté du Rhône (par rapport à l'itinéraire prévu qui aurait dû emprunter la rive gauche à partir d'Avignon). Il nous indiqua aussi le nom de la station où nous devions donc nous arrêter (Le Teil sans doute) pour aller ensuite sur Nyons en autobus. A la gare suivante il descendit pour aller dans leur wagon en informer aussi les autres camarades.

A la station désignée nous descendîmes tous ; nous étions huit ou neuf. Alors que nous étions en train de nous informer, nous vîmes le car pour Nyons nous passer sous le nez[64]. Aussi nous dûmes poursuivre à pied (vraisemblablement en direction de Montélimar). Nous empruntâmes le pont en bois provisoire qui menait sur l'autre rive du Rhône. Il était surveillé par deux feldgendarmes qui nous suivaient des yeux. J'avoue que j'avais les jambes en coton car il n'y avait aucune possibilité de fuite. Mais ils ne nous importunèrent pas et c'est ainsi que nous sommes parvenus dans le secteur occupé par les Italiens.

Nous passâmes la nuit en plein air sous une pluie battante et allâmes ensuite à Nyons. Comme c'était un dimanche nous ne pûmes toucher le forestier auquel nous devions nous présenter. Nous dûmes donc attendre le lendemain et prîmes une chambre d'hôtel. Le lundi, le garde nous envoya sur trois chantiers forestiers différents : Fritz Weyers et moi près de Buis-les-Baronnies ; Albert Rucktäschel, Heinz Hasselbrink et Max Frank à Poët-en-Percip, où l'on faisait du charbon de bois ; Hermann Mayer, Paul Hartmann, Martin Kalb et Hans Reichard à Séderon[65]. »

Paul Hartmann présente un peu différemment le voyage :

« Avec Hermann Mayer et 'Goldjunge' nous fûmes dirigés, au-delà de Nîmes, jusqu'à Montélimar où nous dûmes nous adresser à un café pour nous informer sur l'entreprise forestière qui devait nous employer.

Nous allâmes ainsi à Séderon sur une coupe de bois où travaillaient exclusivement des résistants[66]. »

« Quant à moi, précise Blume en ce qui le concerne, je poursuivis jusqu'à Lyon où les camarades de la direction illégale étaient déjà persuadés que j'avais été arrêté[67].

Rappelons-nous qu'il avait promis, lors de son précédent passage, d'y retourner au bout d'une dizaine de jours et que cela faisait six semaines ! Sa mission accomplie, il pouvait enfin aller en rendre compte et prendre de nouvelles instructions.

L'efficacité de la Résistance lozérienne

Ainsi, durant toute la période de mi-février à fin mai 1943, les antifascistes allemands ont bénéficié de la connivence de la population cévenole et de l'aide efficace des résistants, aussi bien en haute Lozère que dans les Cévennes.

En haute Lozère, dans les secteurs de Saint-Chély-d'Apcher et Marvejols, ce sont surtout les résistants qui les ont aidés en prévenant leur arrestation grâce au NAP, en les « camouflant » à Bonnecombe, sans pouvoir cependant leur assurer un armement efficace, et en les munissant de faux papiers, notamment Otto Kühne et Werner Feiler lorsqu'ils ont dû se rendre à Marseille, et Helma Berliner dont la fausse carte de Strasbourgeoise n'a pu empêcher l'arrestation.

De ce point de vue, les cadres de l'AS à Marvejols ont réalisé une organisation collective dont les services furent appréciables car elle permit d'établir de fausses pièces d'identité ou de procurer des cartes de ravitaillement : Cordesse avait installé dans une chambre de l'appartement inoccupé de sa mère, au Pont-de-la-Peyre, un petit atelier de tirage à la « pierre humide », véritable laboratoire clandestin de fabrication de « faux papiers ». Grâce à sa fonction de greffier, François Olive recherchait et fournissait les documents authentiques permettant notamment de réaliser les « vraies fausses cartes d'identité », celles où l'on utilise l'identité « vraie » de personnes réelles, la photographie seule ne correspondant pas. Quant aux tickets de cartes de ravitaillement, ils furent fournis par plusieurs « pourvoyeurs », résistants isolés assurant généralement le secrétariat d'une mairie, tel Fernand Pourcher, instituteur à Monchamp près de Fournels. Ceci permit à des familles juives camouflées de s'approvisionner comme tout un chacun et d'assurer le ravitaillement des premiers maquisards.

Dans la région de Pénens (Ventalon et Vallée Longue) nous avons vu que les antinazis allemands étaient au milieu de la population

« comme des poissons dans l'eau », les résistants cévenols de diverses tendances travaillant de concert. Bien mieux, lorsqu'eurent lieu leurs premières réunions, les résistants français ne craignirent pas d'y associer les antifascistes étrangers, Espagnols et Allemands.

« Enfin, en mai 1943, écrit Jean Huc, premier contact avec un envoyé officiel de la Résistance, Noël Blanc, qui a été désigné comme chef d'arrondissement pour Florac. Une réunion est organisée chez Charles Pantel à Saint-Michel-de-Dèze. On choisit, avec circonspection, ceux que l'on croit les plus sûrs et nous nous trouvons au rendez-vous sous la direction de Noël Blanc. Il y a là, pour Le Collet de Dèze : Jean Huc, Charles Pantel et Albin Gabriac ; pour Saint-Michel-de-Dèze : Philémon Boissier ; pour Saint-Hilaire-de-Lavit : Florentin Lauze et... Dussaut ; pour Saint-Privat-de-Vallongue : Fernand Soustelle, et pour Saint-Frézal-de-Ventalon : un Espagnol et un Allemand. Au cours de cette réunion d'information on prit les décisions les plus importantes et elle aboutit en somme à l'élaboration officielle de la Résistance dans les Cévennes[68] »

Jean Huc n'évoque pas le problème qui se posait alors aux Allemands, mais on peut penser qu'il fut abordé. La présence de l'un d'eux témoigne pour le moins des liens qui existaient alors, facilitant considérablement la tâche de Franz Blume.

D'ailleurs on peut dire que, paradoxalement, en apparence, les antifascistes allemands vont quitter ce secteur, non point du fait qu'ils étaient rejetés, mais parce qu'ils s'étaient au contraire trop intégrés à la population sans rien cacher de leur identité et de leur personnalité véritables, ce qui était incompatible avec le passage à la clandestinité que nécessitaient les circonstances. Hermann Mayer dit :

« A la longue, nous nous rendîmes compte que nous ne pouvions pas rester là plus longtemps car nous étions trop connus des habitants et nous ne voulions pas, de notre côté, provoquer des représailles contre eux[69]. »

Cependant, le champ d'action de la Résistance ne faisait que croître. Il avait fallu d'abord protéger les personnes menacées : communistes, francs-maçons et Juifs, leur situation ayant empiré en juillet et août 1942 avec les rafles et les déportations. Ensuite, du fait de l'occupation, le 11 novembre, de la zone dite « libre », le danger s'était aggravé en particulier pour les réfugiés étrangers, notamment allemands. D'où la nécessité de veiller aux descentes et aux arrestations. Situation que la création de la Milice, le 31 janvier 1943, et la promulgation, le 16 février, de la loi instituant le STO vont aggraver.

Désormais, les jeunes Français des classes 1940 et 41, à l'exception des agriculteurs et de la classe 1942, au complet — et non plus seulement des ouvriers spécialisés, comme c'était le cas depuis la loi du

4 septembre 1942 —, vont être contraints à aller travailler en Allemagne ou être considérés comme « réfractaires ».

Avec cette nouvelle étape de la Collaboration, la Résistance va, à son tour, se durcir.

NOTES DU CHAPITRE III

1. Institut für Marxismus-Leninismus, Relation de Hanns Kralik, Hanns et Lya Kralik.
2. Dora Schaul, *op. cit.*
3. *Ibid.*, récit de Walter Vesper.
4. *Ibid.*, récit d'Alfred Spitzer.
5. Arch. dép. Lozère.
6. Henri Cordesse, *op. cit.*
7. *Ibid.*
8. Institut für Marxismus-Leninismus, Relation de Siegfried Berliner.
9. Henri Cordesse, *op. cit.*
10. Institut für Marxismus-Leninismus, Relation de Werner Feiler.
11. Témoignage d'Henri Cordesse.
12. Gilbert de Chambrun, *op. cit.*
13. Ernest Peytavin, *op. cit.*
14. Institut für Marxismus-Leninismus, Relation de Paul Hartmann.
15. *Ibid.*, Relation de Fritz Köhn.
16. Dora Schaul, *op. cit.*, récit de Richard Hilgert.
17. Institut für Marxismus-Leninismus, Relation de Martin Kalb.
18. *Ibid.*, Relation Paul Hartmann.
19. Dora Schaul, *op. cit.*, récit de Richard Hilgert.
20. Institut für Marxismus-Leninismus, Relation de Richard Hilgert.
21. *Ibis.*, Relation Martin de Kalb.
22. *Ibid.*, Relation de Franz Blume.
23. *Ibid.*, Relation de Fritz Köhn.
24. Témoignage d'Aimé Rouverand.
25. Outre les trois cités, il s'agit sans doute de Wilhehn Lubba, Kurt Baum, Peter Schmidt, Heinrich Morbe et Ernst Reitz, « rayés des contrôles » du camp de Chanac le 14 mars 1943. Ont également été portés sur les registres comme « pertes » ce même mois : Herbert Seifert (le 7), Frédéric Hift (le 10) et Bernard Bel (le 16).
26. Institut für Marxismus-Leninismus, Relation de Fritz Köhn.
27. Témoignage de Richard Hilgert.
28. Institut für Marxismus-Leninismus, Relation de Franz Blume.
29. Extraits de la lettre du Commissaire de Police de Mende à l'Intendant Régional de Police à Montpellier, le 15 avril 1943, et de la lettre du Préfet de la Lozère à la Direction Générale de la Police Nationale, le 24 avril 1943.
30. Les agissements de mouchard de König au camp de Chanac, bien que « démasqués très vite » d'après Hermann Mayer, auraient quand même mis en cause onze antifascistes allemands avant de concerner vraisemblablement Ernst Friedrich.
31. Témoignage de Marcel Chaptal.
32. Allusion à l'équipe de forestage de François Marcon à laquelle se rattachait Louis Veylet.

33. Institut für Marxismus-Leninismus, Relation de Werner Feiler.

34. Henri Cordesse, *op. cit.*

35. Gilbert de Chambrun, *op. cit.*

36. Henri Cordesse, *Louis Veylet*, Imprimerie de la Presse, Montpellier, 1972.

37. Gilbert de Chambrun, *op. cit.*

38. Henri Cordesse, *Histoire de la Résistance en Lozère.*

39. Henri Cordesse a longuement exposé dans *Histoire de la Résistance en Lozère* comment il avait pris cette décision et quel avait été dès lors son état d'esprit.

40. Henri Cordesse pense qu'il y a peut-être là quelque exagération : le souvenir risque d'avoir alourdi la charge.

41. Dora Schaul, *op. cit.*, récit d'Alfred Spitzer.

42. Témoignage d'Henri Cordesse.

43. Institut für Marxismus-Leninismus, Relation de Werner Feiler.

44. Témoignage d'Henri Cordesse.

45. *Ibid.*

46. Le secrétaire du PCF de Saint-Privat-de-Vallongue, Florentin Lauze, était par ailleurs conseiller presbytéral.

47. Dora Schaul, *op. cit.*, récit de Richard Hilgert.

48. Témoignage de Marc Donadille.

49. Institut für Marxismus-Leninismus, Relation de Franz Blume.

50. *Ibid.*, Relation de Martin Kalb.

51. *Ibid.*, Relation de Paul Hartmann.

52. *Ibid.*, Relation de Franz Blume.

53. Jacques Laurent nous a dit : « J'ai été agent de liaison à 14 ans. Au début, je transmettais les messages que Jean Huc voulait faire parvenir au Villaret à Charles Pantel ou à 'Marcel' (Théodule Guiraud) qui était réfugié chez lui. Puis, je suis monté aussi au camp des antifascistes allemands pour leur porter des informations et leur servir enfin de messager. »

54. Institut für Marxismus-Leninismus, Relation de Martin Kalb.

55. *Ibid.*, Relation de Franz Blume.

56. Photos prises et développées par le pasteur Donadille dans son petit laboratoire installé en sous-sol.

57. Institut für Marxismus-Leninismus, Relation de Hanns et Lya Kralik.

58. *Ibid*, Relation de Franz Blume.

59. *Ibid*, Relation de Martin Kalb.

60. *Ibid.*, Relation de Franz Blume.

61. *Ibid.*

62. *Ibid* et Relation de Martin Kalb.

63. Richard Hilgert note : « Elle les conservera précieusement et me les rendra à l'automne 1944, lorsque je repasserai la voir, après la Libération des départements du Gard et de la Lozère. »

64. Il s'agissait peut-être du car Montélimar-Nyons assurant la correspondance qui, vu la circonstance, serait venu prendre les voyageurs, déroutés, en gare du Teil.

65. Dora Schaul, *op. cit.*, récit de Richard Hilgert ; Marxismus-Leninismus Institut, Relation de Richard Hilgert ; témoignage d'Antonin Combarmond.

66. Institut für Marxismus-Leninismus, Relation de Paul Hartmann.

67. *Ibid*, Relation de Franz Blume.

68. Jean Huc, *op. cit.*

69. Institut für Marxismus-Leninismus, Relation d'Hermann Mayer.

IV

UN INTERMÈDE DE PLUSIEURS MOIS
(début juin - mi-novembre 1943)

En ce mois de juin 1943, les anciens TE de Saint-Chély-d'Apcher ont disparu dans leur maquis de haute Lozère. Les antifascistes allemands, qui se trouvaient dans la région de Pénens, sont partis comme bûcherons dans le sud-est de la Drôme. Cette situation va durer plus de six mois, durant l'été et l'automne 1943.

Avec le maquis des Allemands
en haute Lozère

A Bonnecombe que domine le signal de Malhébiau, une fois la bonne saison venue, les conditions d'existence sont nettement plus faciles, le ravitaillement étant à présent mieux assuré grâce à l'efficacité et à l'habileté des pourvoyeurs.

« Il y a cependant quelques déconvenues, raconte Cordesse. Gilbert [de Chambrun], parti à la 'Région', nous adresse un jour quelques réfractaires. Ils sont peut-être une dizaine et, la plupart ayant été dirigés, par ailleurs, sur le maquis de Chaffols, nous envisageons d'en orienter deux ou trois sur Bonnecombe : il s'agit de militants syndicalistes des établissements Fouga[1]. Kühne, après bien des hésitations accepte de les recevoir : ce sont des gars sûrs dont Lanet, chef de secteur à Béziers, se porte garant. En présence de Kühne, je souligne aux nouveaux arrivants les données de la situation : celui qui vient ici doit y rester. Il n'est pas possible d'envisager un retour en arrière, qui constituerait un risque que ne peuvent courir ceux qui restent. Et pourtant, je serai bien obligé, après qu'ils y aient fait un séjour de deux à trois semaines, de replier ailleurs mes compatriotes. Conditions trop dures pour des hommes non préparés, mais aussi difficultés d'intégration, tant il est vrai que, même chez des militants éprouvés, la petite divergence de pensée se trouve démesurément accusée par le fait de la nationalité. Kühne l'intransigeant, l'inflexible, verra partir avec soulagement les compagnons français. Ils rejoindront à Chaffols leurs collègues de l'Hérault, la séparation d'avec les Allemands s'effectuant peu avant le déplacement du camp de Bonnecombe qui pour des raisons de sécurité, sera également le bienvenu[2]. »

Ce déplacement va s'effectuer dans un nouveau contexte. En effet, c'est l'époque où les « jeunes » refusent de plus en plus de partir en Allemagne pour le STO. Dans ce courant général où les activités clandestines progressent, les polices glissent dans les groupes de faux réfractaires pour connaître les « points de chute », les filières et le nom des responsables. Dans les camps, des libérations conditionnelles sont parfois acceptées par des hommes moralement mal armés pour supporter l'internement. Libérés, ces hommes s'avèrent particulièrement dangereux, car ils sont manipulés par les policiers auxquels ils doivent leur soi-disant « libération ». Pour le résistant, l'activité clandestine devient une sorte de pari avec la chance et les circonstances les plus fortuites. Plus qu'aucun autre, Louis Veylet doit s'effacer et prendre d'infinies précautions. Mais il est des exigences qui ne souffrent pas de longues réflexions.

Alors que l'on supposait l'emplacement des maquis inconnu des autorités, voici qu'un samedi soir des inspecteurs de police arrivent en voiture à Marvejols pour se rendre le lendemain à Bonnecombe. Informés par le Capitaine de gendarmerie Caubarus, les résistants Marvejolais décident de « replier » en catastrophe le groupe allemand. Par l'itinéraire sévère du Massibert et des Violes, Louis Veylet rejoint le maquis. Il pleut ; les sacs tyroliens sont bouclés à la hâte car il faut absolument profiter de l'obscurité pour rejoindre le nouveau refuge.

« Ainsi, écrit Ernest Peytavin, Veylet, en pleine nuit, conduit le groupe de Bonnecombe sur le plateau de Palhers ou Olivier de Framond a trouvé une bergerie — une jasse — appartenant à Sicart, cultivateur résistant habitant le village. Mais, peu de temps après, Veylet est averti que les SS vont installer un poste d'observation au-dessus de Palhers. Tandis qu'Henri Cordesse et Alfred Coutarel cherchent un abri provisoire au maquis, Louis Veylet escalade, par une nuit d'encre, sous la pluie, les falaises du plateau de Palhers et ramène à Marvejols les camarades allemands qui sont cachés dans une maisonnette de Gibelin, boulanger. La nuit suivante, Coutarel, avec la voiture du marquis de Chambrun, ira les conduire en plein Bois du Seigneur[3] dans les gorges de la Colagne. Là, ils logeront à nouveau dans un abri laissé par des bûcherons-charbonniers[4]. »

Il faut noter que, durant cette période, entre résistants lozériens et antifascistes allemands, les services rendus ne sont pas à sens unique. Ainsi Olivier de Framond, chargé du 2e Bureau, reçoit des tracts et réunit des renseignements qu'il transmet à Bourrillon. Or, il bénéficie, grâce à la liaison de Kühne avec Marseille, de numéros d'unités et d'évaluations d'effectifs concernant les troupes d'occupation dans cette ville et sur la côte. Kühne et Feiler ont sans doute renouvelé voyages et séjours dans la cité phocéenne pour assurer la liaison avec le TA, comme le rappelle Peytavin :

« Ils rapportent les faux papiers, les imprimés, les cartes de travail. Chaque fois, l'hôtel Teissier les abrite. Au prix de terribles dangers, ils obtiennent des renseignements et noyautent certaines unités allemandes. Ils peuvent fournir des rapports pleins d'intérêt sur les effectifs d'unités blindées du Rhône à Nice[5]. »

Paradoxalement, alors qu'il semble isolé et perdu au fin fond de la Lozère, le maquis des antifascistes allemands participe à la Résistance non par les armes mais par le renseignement. Il est vrai qu'à cette époque, aucun parachutage n'ayant eu lieu et la récupération de certains dépôts de l'armée d'armistice ayant échoué, l'AS lozérienne doit, à regret, mettre en veilleuse le potentiel de lutte représenté par les premiers maquis et les nombreux réfractaires.

Toutefois, vers le Bois du Seigneur, seront dirigés quelques réfractaires nouveaux venus, dont François Martin. Par contre, Werner Feiler va se rendre à Marseille pour un séjour plus important, sinon définitif, et Otto Kühne rejoindra, dans les Baronnies, à Poët-en-Percip, ses camarades bûcherons ; sans doute y est-il envoyé par la direction du Parti à Lyon, pour des raisons de sécurité, à la suite des alertes qui ont motivé le déplacement du maquis de haute Lozère. Mais l'un et l'autre viendront retrouver leurs camarades maquisards lorsque ceux-ci passeront dans les Cévennes.

Avec les résistants lozériens

Pour eux, par contre, pas d'intermède. Cette période est marquée, au contraire, par une intense activité et un accroissement de la répression qui allait faire dans leurs rangs des brèches sévères.

Un des faits importants qui ont marqué cette période est le refus massif du STO par les jeunes appelés. Lorsqu'avait été établie la première liste comprenant cent vingt à cent trente Lozériens[6], la Résistance, prise de court, n'avait pu que les inviter par tracts à ne pas se présenter à Mende. Une cinquantaine d'entre eux choisirent de désobéir. On le voit, même si la Résistance n'avait pas inspiré dans tous les cas cette conduite, il est toutefois certain que, dans l'opinion publique, la possibilité du refus au STO se trouve maintenant affirmée. En même temps, il apparaît évident que la Résistance est l'agent moteur et la « structure d'accueil » logique de cette situation nouvelle.

Les appels à la désobéissance vont bientôt obtenir de tels résultats que l'administration de Vichy en sera ridiculisée, puisqu'on arrivera à un seul présent sur cinquante appelés. En juillet 1943, lors des visites médicales, il y aura, les 4 et 5 : soixante-et-un défaillants sur cent quatre-vingt-six appelés, soit 32,8 %, le 15 : vingt-huit sur cinquante, soit 56 % et, le 31 : trente-huit sur cinquante, soit 76 %[7].

Mais au départ, il y a loin du refus du STO à un engagement dans la Résistance impliquant de « prendre le maquis ». Pour la grande majorité de ces réfractaires, il s'agit de se « camoufler » afin d'échapper aux recherches. Dans un premier temps, ils vont souvent chercher refuge dans les fermes isolées ; dans la région, il y gagnent le nom de « los cabits » (les cachés).

D'ailleurs, au début de 1943, l'idée de constituer des maquis était considérée comme une folie par Bourrillon, Peytavin, Lyonnet, Grasset, c'est-à-dire par la génération des premiers résistants. Objectivement, cette attitude était fondée et ce n'est que parce qu'il n'y avait pas d'autre solution qu'avaient été créés les premiers maquis de Bonnecombe et du Crouzet. Au cours d'une réunion tenue chez Peytavin, à Mende — au Crouzas —, « Rivière » (Chauliac), chef régional AS, venu donner des directives, avait confirmé le point de vue des aînés : l'AS doit essentiellement préparer le plan à exécuter le Jour « J » (le jour du débarquement). Henri Cordesse et Marcel Pierrel étaient revenus de cette réunion avec le sentiment que, seule, la force des choses amènerait un changement. Mais, à partir de là, ce n'est que petit à petit que la formule « maquis » va s'imposer, ou plutôt sera imposée par la pression croissante des polices vichyssoise et allemande d'une part, et la pression croissante du nombre de réfractaires d'autre part. En effet, des centaines d'hommes et de jeunes gens se trouvent conduits à opter pour la Résistance par l'attitude de l'ennemi lui-même.

Il n'en reste pas moins vrai qu'au stade national deux conceptions vont continuer à s'affronter : d'un côté, les FTP, qui réclament l'armement immédiat des groupes pour permettre à ceux-ci de mener des actions de partisans, renforçant ainsi par la lutte armée les autres actes de Résistance ; de l'autre, l'AS, qui n'envisage d'armer les maquis que peu à peu, afin qu'ils soient en mesure d'assurer au jour « J » des actions complémentaires de sabotage, venant en aide aux troupes de débarquement, seules responsables des opérations militaires.

Certains[8] ont voulu voir là le reflet de deux stratégies : celle de l'URSS souhaitant qu'une résistance armée en France oblige les nazis à y amener davantage d'unités combattantes, ce qui aurait soulagé d'autant leur propre armée opérant sur le front allemand de l'Est ; celle des Alliés de l'Ouest désirant au contraire attirer le moins possible de forces ennemies du côté de l'Atlantique pour augmenter les chances de réussite de leur débarquement et diminuer par là même leurs pertes.

Cependant, sur le terrain, les choses ne furent pas aussi tranchées. Les responsables de l'AS, prenant rapidement conscience des risques encourus par des groupes désarmés[9], furent amenés — ne serait-ce que pour des raisons de survie en attendant le jour « J » —, à réclamer ou à rechercher l'armement de leur maquis dans un but défensif.

Ainsi, plus particulièrement dans les Cévennes, des maquis se constituent sur l'initiative ou tout au moins avec l'aide de résistants sédentaires. En Vallée Longue, momentanément délaissée par les antifascistes allemands, vont se créer des maquis FTPF, avec l'accord des résistants locaux, toutes tendances réunies. Il est vrai que, dans le secteur, Jean Huc, de l'AS, et Charles Pantel, du Parti communiste, incarnent parfaitement, l'un et l'autre, les deux courants de la Résistance qui, loin de s'affronter, au contraire s'harmonisent et se complètent. Jean Huc écrit lui-même :

« Dans notre désir de bien faire, nous acceptons toutes les suggestions. Le Parti communiste préconise la formation d'un 'maquis'. Je réunis les chefs de sizaines et expose la nécessité de pousser plus loin l'action, et avec Charles Pantel nous proposons la formation du 'maquis'. L'affaire ne va pas seule : on nous objecte le danger que courra le pays, etc. Nous persistons et, sur les ordres du chef FTP 'Philippe', [Paul Tagnard], le premier maquis est créé le 27 juillet 1943[10]. »

C'est à la ferme abandonnée de Figueirolles, dans la commune de Saint-Martin-de-Boubaux, qu'il s'installe, sous la direction de Marcel (Roger Torreilles). Il reçoit ses cinq premiers réfractaires le 29 juillet et regroupe une quinzaine d'hommes à la mi-août.

Le camp n° 2 sera implanté fin septembre au Crespin, dans la commune de Saint-Frézal-de-Ventalon, toujours dans une ferme abandonnée, dont le toit à moitié effondré sera réparé. Il accueillera bientôt une vingtaine de « jeunes ».

« Dès le début, précise Jean Huc, 'Mistral' [Antonin Combarmond], délégué AS dans le Gard, nous apporte son précieux concours en fournissant des fonds et de l'équipement[11]. »

Il est à noter d'ailleurs que ce n'est pas simple fait du hasard. Plusieurs des responsables FTPF sont dans la région et libres, grâce à Antonin Combarmond. Celui-ci, qui avait été leur camarade de détention, les a fait évader, soit le 16 juillet 1943 du camp de Saint-Sulpice-la-Pointe d'où il avait été lui-même libéré le 10 mai ; soit le 25 juillet, du camp de Saint-Jean-de-Luz dépendant de l'organisation TODT où ils avaient été transférés. C'est le cas notamment de Roger Torreilles, Germain Bailbe et Provent.

Fin octobre, dénoncé par un jeune aviateur, membre de la Gestapo, qui avait réussi à s'y faire admettre, le camp de Figueirolles ira se réfugier aux Souts, une ferme appartenant à Antonin Soustelle qui habite à Leyris, juste à proximité, dans la commune de Saint-Frézal-de-Ventalon.

Ainsi au début de novembre 1943 c'est dans la commune même où se trouve Pénens que sont concentrés les deux camps FTPF du Gard-Lozère.

Par ailleurs, à cette époque, trois Sarrois, anciens des Brigades Internationales, dont deux dépendaient précédemment du 805e GTE de Rochebelle-La Grand-Combe, (Stephan Backes, Emmanuel Schwarz, Norbert Beisäcker), vont rejoindre le camp du Crespin. Enfin, sept ressortissants soviétiques, soit anciens prisonniers évadés — originaires de Moscou, de Kiev et de Léningrad —, soit déserteurs de la Wehrmacht où ils avaient été embrigadés en tant qu'Arméniens, ainsi qu'un Polonais et un Yougoslave, également déserteurs des troupes d'Occupation, seront orientés sur les Souts-Leyris.

Cependant, le 30 août, à Marvejols même, un coup très dur est porté à la Résistance lozérienne. Une réunion de l'état-major départemental et de plusieurs responsables du secteur a lieu à Saint-Lambert chez Olivier de Framond.

Signalée à la Gestapo de Montpellier quelques heures avant sa tenue, elle est cernée par une section de SS. François Olive, Louis Cabanette, Emile Gibelin, Henri Poncel (« Piccolo ») et Olivier de Framond sont arrêtés et vont être déportés. Alfred Coutarel, Serge Wourgaff, Louis Redon et Henri Cordesse sont en fuite. Ce dernier va plonger dans la clandestinité et se perdre pour un temps dans la région de Mâcon. L'état-major départemental de l'AS est durement touché.

Mais la Résistance marvejolaise, elle, est démantelée. Toutefois, même après les arrestations de fin août, le soutien apporté par les résistants sédentaires aux antifascistes allemands est resté sans faille, avec des hommes tels que Corado Bressan ou Rouffiac à Marvejols, et Vergnet aux Hermeaux.

Quant à Louis Veylet, il va continuer à les secourir. Mais il interviendra également en faveur du groupe de Chaffols qui a été dénoncé à la brigade spéciale de Montpellier. Le 20 octobre 1943, il en assurera le déménagement, les maquisards devant se disperser momentanément pour échapper à la police allemande qui opère une « visite perquisition » au château de Brion. René Michel, « brûlé » dans la région, va, sous un nom d'emprunt, constituer un autre maquis au Fraisse, près de Luc.

Deux mois après les arrestations de Marvejols, la Résistance cévenole subit à son tour, dans l'arrondissement de Florac, des coups sévères. Auparavant, au début de l'été, Noël Blanc, qui venait d'être désigné en mai chef d'arrondissement du mouvement « Combat », avait été appréhendé à Florac, mais avait pu s'échapper, ce que précise Peytavin.

« Celui-ci réussit à se sauver de la gendarmerie. A la suite de cette arrestation, des perquisitions eurent lieu à Saint-Privat chez le pasteur Donadille, qui sera plus tard inculpé, jugé à Florac et condamné à une peine d'amende seulement. Mais, pour éviter de tomber entre les mains allemandes, il devra quitter son domicile[12]. »

Le pasteur Donadille n'a échappé à l'arrestation que parce qu'il était absent de chez lui lorsque les policiers se sont présentés, n'y trouvant que sa femme. Noël Blanc ayant quitté la région pour aller poursuivre ailleurs le combat, est maintenant remplacé par Serge Wourgaff mais pour peu de temps.

« Le 1er novembre, note, en effet, Jean Huc, Serge Wourgaff est arrêté à Florac avec Marceau Farelle. Ce dernier est exécuté le lendemain à Nîmes par la Gestapo. Le 5, celle-ci opère encore dans les Cévennes, à Saint-Michel-de-Dèze et à Saint-Privat-de-Vallongue : Charles Pantel s'échappe de justesse[13], Henri Tribes essuie une rafale de mitraillette et José Alloza est arrêté. Mais rien de ce qui se passe dans la Vallée Longue ne transpire. Suzette Agulhon est arrêtée à son tour. Nous sommes dans un moment difficile[14]. »

Les arrestations qui viennent de se produire sont le résultat d'une prospection policière intense dans la région au cours des deux derniers mois. Les rapports de Rispoli du 18 septembre et du 2 octobre en témoignent, qui soulignent, en particulier, que « le pasteur Donadille aiderait les réfractaires ».

Mais Rispoli lui-même va être fort surpris d'apprendre de la police

101

allemande qu'elle avait trouvé sur Wourgaff copie du rapport qu'il avait lui-même établi le 18 septembre. Celui-ci avait été communiqué à la Résistance par le NAP dont faisait partie mademoiselle Agulhon qui travaillait à la sous-préfecture de Florac, ce qu'ignore, bien sûr, Rispoli. D'autres révélations sur la Vallée Longue, dont le constat établissait que « Roubaud, le pasteur Donadille et Pantel ont disparu », l'amènent à conclure que « cette région est à prospecter méthodiquement ». Ainsi, la surveillance ne semble guère devoir se relâcher.

Franz Blume auprès de ses camarades bûcherons dans les Baronnies

Franz Blume devait, quant à lui, connaître durant cette période un intermède actif à l'issue duquel il allait d'ailleurs retrouver les bûcherons allemands, qu'il avait fait passer de la Lozère dans la Drôme.

« A Lyon, je reçus la mission d'aller à Marseille où, en septembre 1943, devait s'organiser sur un plan régional le mouvement 'Allemagne Libre pour l'Ouest', récemment créé en France. Je fis partie du groupe qui allait en assurer la direction, aux côtés d'Irène Wosikowski, Luise Kraushaar, Théa Saefkow, Max Kahane et Fritz Fugmann, le futur responsable. Mais, quinze jours après mon arrivée, la camarade Irène fut arrêtée [le 26 juillet 1943] et, comme j'étais officiellement hébergé jusque là dans son logement, je dus quitter le quartier. En premier lieu j'allai en mission pour le Parti auprès du groupe de bûcherons de Poët-en-Percip[15]. »

Fritz Weyers et Richard Hilgert avaient été orientés sur un chantier forestier, près de Buis-les-Baronnies, chantier dont Hilgert devait garder un très mauvais souvenir :

« Nous étions particulièrement mal tombés. Les conditions étaient très mauvaises. Le patron prenait volontiers notre force de travail, mais ne nous assurait ni logement ni nourriture. Nous logions dans une hutte de terre. Et, comme au début, nous n'avions pas encore nos cartes d'alimentation que le forestier devait nous transmettre, nous avons crevé littéralement de faim durant toute une semaine, ne vivant que de cerises et de soupe d'orge grillée. Le dimanche suivant nous nous rendîmes auprès du groupe de Poët-en-Percip où nous reçûmes à manger pour la première fois depuis notre arrivée.

De plus, l'entrepreneur était un collaborateur et il ne nous donnait pas notre dû : il nous volait. Nous continuâmes ainsi à rendre visite occasionnellement à nos camarades de Poët-en-Percip, recevant par-

Séderon : une baraque «Belleray» réservée aux bûcherons allemands.

*roupe de bûcherons à l'intérieur de la baraque. Sur la photo, sont signalés deux camarades du Parti communiste
...ais («KPF Genossen»).*

27. *La gare de Saint-Frézal-de-Ventalon. Sur les hauteurs, à droite, le village de Vimbouches.*

GROUPEMENT N° 4   GROUPE N° 304

FICHE D'IDENTITÉ
DE
TRAVAILLEURS ÉTRANGERS

Nom : HILGERT

Prénoms : Richard

Date et lieu de naissance : 4-2-1905 Berlin

Nationalité : allemande

Profession : acteur

Personne à prévenir en cas d'urgence :

SIGNALEMENT :

Taille : 1 m 78   Yeux : bruns

Cheveux : bruns   Nez : aquilain

Moustache :   Teint : mat

Timbre du Groupe :   Signature du Chef de Groupe :

N.-B. — L'étranger devra toujours être porteur de cette fiche. S'il est appelé à voyager seulement, il sera porteur d'un ordre de déplacement à viser à la Gendarmerie à l'arrivée.

Pté au 803e le 20/10/42

muté au 805 en déc..

Déserteur le 25-4-43

304e Groupe de T.E.
ÉTAT FRANÇAIS

28. *« Fiche d'identité de Travailleurs Étrangers » de Richard Hilgert.*

fois en contrepartie celle d'Albert Rucktäschel. Un jour où, en sa compagnie, je descendais au village, nous fûmes arrêtés par deux gendarmes qui se disputèrent pour savoir s'ils devaient nous appréhender ou nous laisser courir. le brigadier imposa son point de vue et nous pûmes nous en aller. Il était en relation avec la Résistance alors que l'autre était de mèche avec l'entrepreneur.

Finalement il fut décidé que j'irais travailler avec mes camarades de Séderon et on fixa le jour du déplacement. Paul Hartmann, descendu du chantier, m'attendit alors comme convenu à un arrêt du car et m'y conduisit. Fritz Weyers[16] ne m'avait pas suivi, restant seul de son plein gré. Il était assez individualiste et avait passé en douce avec l'entrepreneur une sorte de contrat particulier[17]. »

Sur le chantier de Poët-en-Percip, on faisait du charbon de bois. A ce groupe, comprenant Max Frank, Heinrich Hasselbrink et Albert Rucktäschel, vinrent s'ajouter, comme nous l'avons vu, Franz Blume, puis Otto Kühne. Celui-ci avait été momentanément détaché là par le Parti pour des raisons de sécurité : Blume précise :

« Dans une pauvre ferme abandonnée ou une bergerie, il fut employé comme cuisinier, ce qu'il sut faire de façon remarquable[18]. »

Cependant, toujours par mesure de prudence, l'équipe de bûcherons allemands dut partir ailleurs :

« A l'époque où je m'y trouvais moi-même, dit Franz Blume, notre groupe de Poët-en-Percip fut dépisté par les gendarmes. Et quoiqu'ils ne nous aient pas arrêtés, nous eûmes bien l'impression qu'ils ne faisaient pas entière confiance à nos pièces d'identité. Aussi nous crûmes bon de changer de secteur et gagnâmes un nouveau chantier au-dessus de Nyons[19]. »

A Séderon, Martin Kalb, Paul Hartmann, Hermann Mayer et Hans Reichard avaient rejoint un chantier d'abattage important dont les récits que nous possédons donnent l'atmosphère :

« La Résistance entretenait là un groupe de bûcherons composé jusqu'ici de Français, mais dans lequel nous allions travailler aussi dorénavant, nous les Allemands, ainsi que plus tard des Italiens. Parmi les jeunes Français il y avait des matelots et officiers de marine de Toulon. Quant aux deux Italiens qui devaient arriver ultérieurement, il s'agissait de déserteurs dont l'un avait combattu en Espagne du côté de Franco ; ils ne se sentirent pas tranquilles auprès d'anciens des Brigades Internationales et ils se firent transférer dans un autre lieu de travail. Entre temps — outre Hilgert —, parmi d'autres arrivants, les Allemands Dankner et Holzer[20] avaient rejoint la coupe de bois.

Nous abattions des arbres à la hache dans une forêt située à Séderon, ceci pour le compte d'une entreprise de Sisteron, le bois que nous coupions étant destiné à un syndicat français de boulangers.

C'était un jeune Français qui était chef de chantier, en collaboration avec le forestier. Nous, les Allemands, étions logés ensemble dans une baraque Belleray, et les coupes de bois isolées furent réparties par groupes. Cela allait ainsi très bien marcher des mois durant.

Ensuite nous quittâmes notre baraque pour habiter sur la montagne dans une bergerie que nous dûmes aménager. A l'approche de l'hiver, nous fûmes mis à l'abri dans un autre endroit où nous devions rester jusqu'à ce que se termine notre activité de bûcherons.

En attendant, nous avions à assurer notre subsistance. Et ce qui comptait le plus, c'est que nous recevions aussi des cartes de ravitaillement et que, dans une certaine mesure, nous étions hors d'atteinte des Troupes d'Occupation[21]. »

Par ailleurs, la sécurité des antifascistes allemands était assurée par la connivence des gens du pays et des jeunes bûcherons français, leurs compagnons de travail, ainsi que par la prudence des gendarmes français eu égard à la Résistance. C'est ce qu'évoque bien Paul Hartmann :

« En ce qui concerne le ravitaillement que nous devions nous procurer nous-mêmes, boulanger, épicier et paysans nous vendaient volontiers tout le nécessaire et d'autres choses aussi qu'il était, à cette époque, difficile de trouver. Bien plus, une fois, des unités de la Wehrmacht traversèrent le village à la poursuite de partisans. Au milieu de la localité, un de leurs véhicules tomba en panne et il fallut un long moment avant que les soldats aient réparé et puissent poursuivre leur route. Les jeunes Français avaient pu quitter leur logement, mais nous, y étions restés. La plupart des habitants savaient que nous étions des Allemands anti-hitlériens, mais personne ne nous a trahis[22]. »

Richard Hilgert fait écho :

« D'ailleurs, c'est parce qu'ils étaient bien au courant de notre situation que les gens de cette région avaient pour nous des sentiments amicaux. Un jour où je me rendais avec un camarade à l'arrêt de l'autobus pour aller attendre Franz Blume, un paysan nous appela dans sa maison et nous mit en garde en disant : 'Il arrive là-bas un type qui me paraît suspect.' Nous sortîmes donc avec prudence. Or ce type suspect n'était autre que Franz Blume[23]. »

Paul Hartmann souligne d'ailleurs cette complicité avec les habitants :

« Nos relations étaient également très bonnes avec les jeunes Français, nos compagnons de labeur, parmi lesquels il y avait seulement deux ou trois camarades communistes. Ainsi, comme la coupe de bois sur laquelle nous travaillions approchait de sa fin, les Français furent mis à l'abri autre part, alors que nous, Allemands, pûmes demeurer là. Ils avaient accepté, eux, de s'en aller pour que nous restions à cet endroit qui offrait plus de sécurité que n'importe où ailleurs[24]. »

Richard Hilgert insiste sur cet aspect :

« Les gendarmes mêmes nous laissaient tranquilles parce qu'ils avaient peur de la Résistance. Et effectivement notre groupe était bien en relation avec les FTP[25]. »

Aussi rien d'étonnant à ce qu'il ait apprécié le changement de situation par rapport à Buis-les-Baronnies.

« A Séderon, ce fut beaucoup mieux. Je me souviens ainsi d'un chemin forestier idyllique, une vieille voie romaine par laquelle s'établissaient les relations entre les deux groupes de bûcherons (de Poët-en-Percip et de Séderon).

Cependant, le travail était dur. Nous abattions des arbres sur une pente raide. La norme était d'un moule par jour. Je pouvais à peine y arriver tout en me décarcassant. Martin Kalb était, quant à lui, le meilleur bûcheron : il arrivait à faire ses deux moules par jour. Aussi jouait-il le rôle de professeur. De plus, il aiguisait les haches non seulement de tous les camarades allemands mais aussi des jeunes Français.

Par la suite je devins le cuisinier du groupe. Il fallait monter tout le ravitaillement à partir de Séderon. Je ne pouvais y arriver tout seul et les camarades m'aidaient une fois leur travail terminé. J'étais en bons termes avec la patronne de l'épicerie qui me donna bien des choses sans tickets. Elle prenait toujours soin par ailleurs de nous procurer du bon vin[26]. »

Ainsi les problèmes matériels étaient résolus et la sécurité relativement assurée. Mais les bûcherons allemands du sud de la Drôme n'en étaient pas moins à l'écoute des renseignements concernant le déroulement de la guerre. Leur propre destin n'en dépendait-il pas ?

« C'est en août 1943, écrit Paul Hartmann, que nous eûmes les premières nouvelles de la fondation du comité national 'Allemagne Libre'. Les agents de liaison qui travaillaient en bas dans la vallée et écoutaient des émissions de radio chez les paysans nous apportaient de temps en temps des nouvelles. Ils nous informaient aussi assez exactement des opérations de la Wehrmacht et des services de sûreté dans la région.

Dès lors nous fûmes impatients d'avoir de plus amples renseignements sur le but, le programme et la composition du comité national et de nous entretenir là-dessus avec nos camarades allemands de Marseille, Lyon et Toulouse. Cependant les possibilités de liaison avec eux n'étaient pas fréquentes.

Il n'empêche que notre activité de bûcherons n'était pour nous qu'une solution d'attente jusqu'au moment où nous rejoindrions les groupes de maquis armés. Nous étions informés des actions des partisans qui attaquaient sur des kilomètres, des montagnes jusqu'à la vallée du Rhône, et assénaient à la Wehrmacht de rudes coups en faisant sauter et en endommageant les lignes de communication les plus importantes entre Lyon et Marseille[27]. »

A la mi-novembre 1943, leur engagement n'allait plus tarder. Le temps que se mette en place le maquis susceptible de les accueillir.

Les aventures
de cueilleurs de fleurs de tilleul

Après avoir suivi, dans leurs pérégrinations, des antifascistes allemands passés du bassin houiller d'Alès-La Grand-Combe au sud-est et la Drôme en faisant un détour au cœur des Cévennes, il ne nous paraît pas sans intérêt d'évoquer le cas de deux Sarrois, Stephan Backes et Emmanuel Schwarz, venus directement de La Grand-Combe aux Baronnies, sans être passés par Pénens, et ce pour participer au ramassage des fleurs de tilleul dans cette région grosse productrice.

« Ces deux Sarrois, explique Hilgert, dépendant alors de la 805e Compagnie de travail, avaient été mineurs à La Grand-Combe, tout comme Paul Hartmann, Max Frank et leur compatriote Albert Rucktäschel. Mais ils restèrent, eux, malgré les consignes du Parti, à l'hôpital de la mine, au lieu de suivre leurs camarades en situation irrégulière. Leur motif avait été qu'ils ne voulaient pas plonger dans la clandestinité autrement qu'avec des armes pour se battre dans un maquis. Toutefois, en juillet 1943, ils y furent contraints, et cela sans être munis de faux papiers ni de cartes de ravitaillement. C'est ainsi qu''ils vinrent comme ramasseurs de fleurs de tilleur dans Les Baronnies. Ils furent arrêtés par les gendarmes et conduits en prison à Valence. Or, on laissa la porte de la prison ouverte derrière eux, mais ils n'en profitèrent pas pour sortir car ils pensèrent, avec raison sans doute, que c'était une provocation. A l'interrogatoire, ils déclarèrent : 'Nous sommes des antifascistes allemands et nous nous sommes enfuis de la Compagnie de travail pour ne pas être livrés à l'Allemagne.' Un juge de Valence a rabroué les gendarmes pour avoir arrêté d'honnêtes jeunes gens. Cependant, on les ramena à la Compagnie de travail qui les détacha au camp disciplinaire [de Salin-de-Giraud sans doute] pour travailler dans les marais salants du delta du Rhône. Ensuite, ils retournèrent comme mineurs à La Grand-Combe. En novembre 1943, ils se décidèrent à aller au maquis, mais — c'était une idée fixe — ils voulurent d'abord s'armer. Ils se lièrent d'amitié avec un sous-officier des troupes d'occupation allemandes. Un des Sarrois alla boire avec lui dans son hôtel, ayant apprit qu'il avait une mitraillette et des munitions pour cinq cents coups. Quand le sous-officier fut complètement ivre, le camarade lui faucha arme et munitions et partit avec son copain au maquis. Le sous-officier remarqua alors le larcin et, sur ce, par peur de la punition, il vola sa mitraillette à un autre sous-officier.

L'un des deux Sarrois, Emmanuel Schwarz, cordonnier de métier, était tuberculeux ; l'autre, Stephan Backer, avait un œil de verre et était mineur. Tous deux étaient des anciens combattants d'Espagne[28]. »

Or, le camp qu'avaient rejoint les deux amis était celui de Crespin et nous disposons également, au sujet de cet événement du récit de « Jean » (René Bibault), le second de « Marcel » (Roger Torreilles) à la tête de ce maquis. Sa relation des faits est très voisine de celle de Hilgert :

« Parmi les 'proscrits' qui étaient au Crespin, il y avait trois Sarrois antifascistes, anciens combattants des Brigades Internationales en Espagne. L'un d'eux, en arrivant, déclara qu'il connaissait une chambre à Alès où se trouvait une mitraillette laissée par un sous-officier nazi, alors en permission. Il se proposait d'aller la chercher. Un peu sceptique, je le laissai partir, en mesurant combien cela pouvait être dangereux pour le Sarrois et pour les 'clandestins' de Saint-Frézal. Le Sarrois revint le lendemain avec la mitraillette qui fut choyée comme pouvait l'être la première arme automatique du groupe[29]. »

Cependant, d'après ceux qui le connurent alors, notamment René Evrard, Raymond Barlaguet et Hans Krainer[30] dont les témoignages concordent, ce ne serait pas Stephan Backes, dit « Louis », ou Emmanuel Schwarz, dit « Charles », qui auraient fait le coup. Il s'agirait, en fait, de leur camarade Norbert Beisäcker, le troisième Sarrois surnommé « Albert » ou « Bébert ». D'après sa « fiche de travailleur étranger », il semble d'ailleurs que celui-ci ait connu précédemment les mêmes mésaventures que ses camarades, mésaventures évoquées par Richard Hilgert.

Evadé du 805e GTE en mai 1943, il aurait, comme eux, été arrêté et envoyé au groupe disciplinaire, avant d'être réintégré dans son camp d'origine. Etait-il l'un des deux cueilleurs de fleurs de tilleul ou un troisième ? Richard Hilgert a peut-être commis là une confusion ou une omission.

René Evrard, de son côté, apporte une précision concernant Beisäcker :

« Il avait pénétré dans la chambre en passant par la fenêtre. En effet, le sous-officier, un jour où il l'avait fait saoûler lui avait révélé que, lorsqu'il était absent, la porte était reliée par une ficelle à la gachette de la mitraillette dont le cran était sur 'automatique', c'est-à-dire : rafale. De retour au camp, le maquisard allemand choya jalousement son arme qu'il appelait sa mandoline ; si bien qu'il fut appelé 'Mandoline' par ses camarades. Personne ne pouvait y toucher et il ne s'en séparait jamais, couchant avec elle[31]. »

Les oubliés des Cévennes

A Mijavols, Ernst Frankel et Hermann Leipold connaissent successivement les longues et laborieuses journées de l'été et l'engourdissement de l'automne, lorsque la nature glisse vers la morte saison. Mais, en eux, la crainte a fait place à la sérénité.

« Lorsque Hermann Leipold est arrivé, écrit Marcel Chaptal, il avait l'allure de l'homme traqué, possédant une mauvaise carte d'identité avec un faux nom de Lorrain. Il voulait utiliser cette carte vis-à-vis des voisins. Je l'en dissuadai en lui disant qu'un authentique anti-hitlérien allemand attirerait plus la sympathie de la population ; et ce fut exact : jamais ces deux hommes n'eurent à trembler de peur. Dès que la gendarmerie se présentait au village, ou bien un inconnu, il y avait toujours quelqu'un pour les prévenir de rester invisibles dans une grange jusqu'au départ des importuns[32]. »

A la Castelle, par contre, ne pouvait régner la même tranquillité : le passage de la Gestapo avait dû laisser des traces et les Friedrich père et fils avaient certainement l'impression d'être en sursis. Cependant durant ces six mois rien, apparemment du moins, ne se traduisit.

La résistance allemande à Lyon

Hanns Kralik, que nous avons vu dans son appartement établir de faux papiers, est passé à la confection de tracts, dessinant manchettes et illustrations.

Mais voilà qu'a été constitué en juillet 1943 en URSS le Comité national « Allemagne Libre » (NKFD).

« Son manifeste a été transcrit à Paris et ensuite diffusé. Dès lors s'est formé dans la capitale française, en septembre 1943, un comité « Allemagne Libre pour l'Ouest » (CALPO) dont le président est Otto Niebergall, les vice-présidents étant les sociaux-démocrates Karl Hoppe et Dr Wilhelm Leo, le catholique et membre du Parti du Centre H.W. Friedmann, et le démocrate Wilhelm Tesch[33]. »

Bientôt va se créer à Lyon, sous l'autorité du CALPO, un comité « Allemagne Libre » pour le sud de la France. Ernst Melis, dont la femme avait été internée à Rieucros, venu de Toulouse à Lyon en fin septembre 1943, va assurer la publication de deux journaux : *Unser Vaterland* (*Notre Patrie*) et *Soldat am Mittelmeer* (*Soldat au bord de la Méditerranée*), ce qui donnera à Hanns Kralik l'occasion d'exercer ses talents de dessinateur, en réalisant dans sa mansarde la maquette de ces publications.

Pour les exilés, le mot d'ordre est dorénavant de s'immiscer sous une identité française dans des service allemands pour « faire du renseignement », lorsqu'ils parlent bien notre langue ; sinon, de rentrer au maquis. Il est même envisagé de créer une unité spécifique, le corps franc « Allemagne Libre ». C'est Fritz Nickolay qui est chargé de conduire les liaisons avec les groupes dispersés et d'assurer leur sécurité, sa femme Dora Nickolay l'épaulant dans cette tâche.

NOTES DU CHAPITRE IV

1. L'entreprise, dirigée par Gaston Fouga, fabriquait du matériel ferroviaire, des tracteurs, du matériel de guerre.

2. Henri Cordesse, *Histoire de la Résistance en Lozère* ; Henri Faure, *L'Odyssée de notre 32e Cie des CF de la Libération*, manuscrit dactylographié.

3. Ernest Peytavin, faisant confusion, a écrit : « Bois de Faybesse ».

4. Ernest Peytavin, *op. cit.*

5. *Ibid.*

6. Dans le Gard, les premiers concernés avaient été les jeunes gens démobilisés des Chantiers de Jeunesse le 24 février 1943, qui devaient passer une visite le 5 mars pour être ensuite dirigés sur l'Allemagne.

7. Par contre, en mai, le contingent libérable des Chantiers de Jeunesse avait directement été déporté sur l'Allemagne pour y accomplir le STO, sans que les intéressés aient bénéficié entre temps d'une permission leur permettant de passer chez eux.

8. Notamment « Rémy » au cours d'une émission télévisée sur la Résistance, au printemps 1983.

9. Ainsi, le 1er juillet 1943, le maquis d'Aire-de-Côte, installé sur l'Aigoual à « la Baraque du Bidil », fut investi par les soldats de la garnison allemande de Saint-Jean-du-Gard. Bilan : sept morts, trois disparus, trente-neuf déportés en Allemagne dont dix-neuf ne reviendront pas.

10. Jean Huc, *op. cit.*

11. *Ibid.*

12. Ernest Peytavin, *op. cit.*

13. Il est intéressant de noter les circonstances qui montrent l'absolue connivence, dans la Résistance locale, des gens de l'AS et de ceux du Parti communiste. Peytavin écrit : « La Gestapo somme Gabriac, de Saint-Michel, de conduire ses policiers au domicile de Pantel. Celui-ci que Gabriac a pu faire informer, peut prendre la fuite quand les Boches arrivent chez lui. » Voici d'ailleurs comment les choses se sont passées, de façon plus précise d'après Aimé Rouvérand : « Des Allemands se sont arrêtés à La Rivière, chez Gabriac, pour demander où se trouvait la maison de Charles Pantel — c'était au Villaret juste au-dessus, à flanc de montagne. Il y avait là le fils, Maurice, et sa cousine Marcelle qui servait de bonne à la boulangerie. Quelques mots échangés entre eux en patois et, à la demande des visiteurs, Maurice accepta de les accompagner pour leur montrer le chemin. Et — là il risquait gros —, au lieu de leur faire prendre directement la route qui monte au Villaret, il les engagea sur celle qui va à Pénens. Pendant ce temps Marcelle était partie à pied par un raccourci prévenir Charles Pantel. Ce n'est qu'après avoir fait sept à huit kilomètres que Maurice se raviva : « Excusez-moi, je ne connais pas bien le pays ; je pense que je me suis trompé », d'ou demi-tour pour prendre la bonne direction. Mais, bien sûr Marcelle avait eu le temps d'arriver. Heureusement car Charles Pantel était avec Jean Huc et d'autres en train de nettoyer des armes sur la table. Le temps de fuir et la Gestapo pouvait se présenter.

14. Jean Huc, *op. cit.*

15. Institut für Marxismus-Leninismus, Relation de Franz Blume.

16. Hilgert ajoute : « Par la suite je n'eus plus avec Weyer que des relations assez lâches. Mais je pense qu'il a dû participer également de son côté à la Résistance. »

17. Institut für Marxismus-Leninismus, Relation de Richard Hilgert ; témoignage de Richard Hilgert.

18. Témoignage en allemand de Franz Blume.

19. *Ibid.*

20. Nous ignorons ce qu'il adviendra par la suite de Holzer.

21. Institut für Marxismus-Leninismus, Relation de Paul Hartmann, Dora Schaul, *op. cit.*, récit de Paul Hartmann.

22. Institut für Marxismus-Leninismus, Relation de Paul Hartmann.

23. Cela prouve que les efforts des antifascistes allemands pour se donner une allure de Français n'étaient pas toujours couronnés de succés.

24. Institut für Marxismus-Leninismus, Relation de Richard Hilgert.

25. *Op. cit.*, Relations de Paul Hartmann et de Richard Hilgert ; Dora Schaul, *op. cit.*, récit de Paul Hartmann ; récit de Richard Hilgert.

26. Témoignage de Richard Hilgert.

27. Dora Schaul *op. cit.*, récit de Paul Hartmann.

28. Institut für Marxismus-Leninismus, Relation de Richard Hilgert.

29. Aimé Vielzeuf, *On les appelait « les Bandits »*, Peladan, Uzès, 1967.

30. Témoignages de Hans Krainer et René Evrard.

31. Témoignage de René Evrard.

32. Témoignage de Marcel Chaptal.

33. Dora Schaul, *op. cit.*

V

LE REGROUPEMENT EN CÉVENNES
LE MAQUIS « MONTAIGNE »
(mi-novembre 1943 - fin février 1944)

La Résistance lozérienne
à la mi-novembre 1943

Après les arrestations de fin août-début septembre en haute Lozère, la Résistance a dû réorganiser ses structures.

« L'état-major ayant été décapité, écrit Peytavin, il a fallu reprendre tout le travail d'organisation. Gilbert de Chambrun, devenu chef régional, m'a désigné comme chef départemental militaire, avec Mazel comme adjoint. Dès lors je serai en déplacements continuels. A Saint-Chély-d'Apcher, je prends contact avec Joseph Huber. A Langogne, j'envoie le jeune René Michel pour assurer le commandement du secteur en remplacement de Poncel. A Marvejols, où je me rends souvent, Max Roy qui a pris la relève de Pierrel arrêté, puis de Veylet enfui, devient l'adjoint de ce dernier revenu à son poste. Dans l'arrondissement de Florac, je désigne Huc comme chef, après l'arrestation de Wourgaff qui avait remplacé Blanc disparu.

A Capdenac se tient une conférence décisive, comprenant l'état-major régional avec 'Chauliac', Gilbert de Chambrun, et tous les chefs

111

départementaux du Languedoc-Roussillon. J'y participe. Les instructions sont données. Je suis confirmé dans mes fonctions et reçois mandat et pouvoir d'agir, seul[1], en Lozère.

Chez moi, à Crouzas, arrive Bulloc, chef régional des équipes volantes. Une de ses équipes est à Marvejols. Il y a là de jeunes et téméraires garçons, d'une audace inouïe, à qui les missions quasi désespérées sont confiées. Ils vont à travers barrages allemands et français, l'arme au poing, et c'est miracle qu'ils soient vivants. Il faut leur trouver un chef digne d'eux, pour ce département, capable d'avoir l'autorité et le prestige nécessaires, acceptant de courir les dangers extrêmes. Depuis quelques semaines, j'avais pris contact avec Jean et Anna Rousseau. Tous deux arrivés à Mende en octobre 1942, avaient travaillé auparavant à Clermont-Ferrand. Ils avaient même été arrêtés, puis relâchés. Leurs sentiments ne faisaient de doute pour personne. Bourrillon demanda à Jean Rousseau de prendre en charge le service de renseignements départemental. Je lui demandai plus encore et lui confiai la charge de l'équipe volante. Des contacts furent pris, les signes de reconnaissance et mots de passe convenus. Chef et hommes étaient prêts[2]. »

Or, il se trouve que les coups portés par la Gestapo au début du mois de novembre dans les Cévennes lozériennes viennent là aussi de décapiter la Résistance. Jean Huc, chargé de remplacer Serge Wourgaff, écrit à ce sujet :

« Peytavin vient me voir et me confie la Résistance dans l'arrondissement. J'accepte après une entrevue à Mende chez Mazel. Je change de nom et m'appelle désormais 'Francis'[3]. »

Déplacement des maquis de haute Lozère et rassemblement en Cévennes.

C'est alors qu'est prise au stade régional une décision importante qui touche notamment les Allemands au maquis dans le Bois du Seigneur et qu'entérine Peytavin. Voici ce qu'il en dit :

« Le chef régional 'Maquis' pour R.3 (Montpellier) : 'Villars' [André Pavelet], ancien chef de cabinet du général de Lattre de Tassigny, décide de réunir tous les petits groupes épars. Il désigne 'Montaigne' [François Rouan] pour effectuer cette opération en Lozère avec les Cévennes pour point de rassemblement.

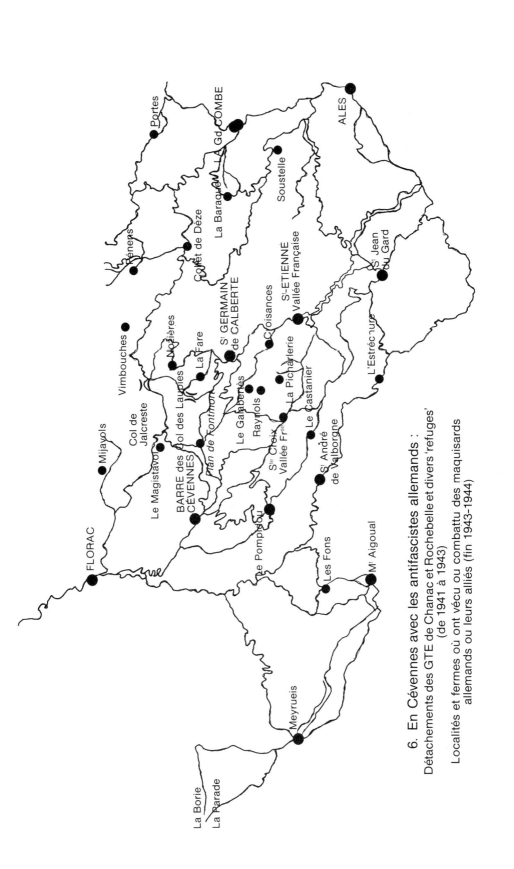

6. En Cévennes avec les antifascistes allemands :
Détachements des GTE de Chanac et Rochebelle et divers 'refuges'
(de 1941 à 1943)

Localités et fermes où ont vécu ou combattu des maquisards
allemands ou leurs alliés (fin 1943-1944)

Dès cet instant j'accepte l'action immédiate, ainsi que Mazel, et nous décidons de travailler en commun dans le secret absolu. 'Montaigne' prend contact avec nous et Mazel se charge de la liaison constante avec le groupe de celui-ci qui prend position aux environs du col de Jalcreste[4]. »

Le but de « Villars » (André Pavelet) était en réalité de regrouper dans les Cévennes les réfractaires, par petites unités, ainsi que les maquis déjà formés, son intention étant d'utiliser la topographie très tourmentée de cette région pour concentrer des forces capables d'intervenir le moment venu dans la région d'Alès et en Languedoc.

Le maquis de Bois du Seigneur va donc participer à cette migration. Et ce départ de haute Lozère arrivera à point nommé car les rigueurs du climat sont telles qu'il serait folie de passer l'hiver dans les bois, d'autant que les conditions de logement sont extrêmement sommaires.

C'est Louis Veylet qui, fin novembre 1943, va accompagner dans les Cévennes ce qu'il appelle en souriant « sa Brigade Internationale ». Sa propre situation est en effet devenue intenable et il serait dangereux pour lui-même de rester dans la légalité. Depuis longtemps inscrit comme suspect dangereux sur les fameuses listes S, il a déjà fait l'objet de plusieurs rapports des Renseignements Généraux au Préfet, écrits par Rispoli lui-même, chef de service : n° 528 du 6 mars 1943, n° 603 du 19 avril 1943, n° 1134 du 8 mai 1943 et n° 2699 du 3 novembre 1943. Après ce dernier rapport, une perquisition destinée à justifier l'arrestation de Louis Veylet a lieu à Marvejols, ainsi qu'à Saint-Chély à l'encontre de Joseph Huber, Léonce Mahieu et Gabriel Salanson. Veylet échappe à l'arrestation mais il sait que désormais il est « hors la loi ».

Corado Bressan, trop compromis et menacé d'arrestation, doit lui aussi fuir Marvejols ; il suit Louis, son camarade d'action depuis déjà longtemps. François Martin, un réfractaire âgé de vingt ans, devenu maquisard au Bois du Seigneur, est également du convoi, ainsi que Jean Richard, du maquis de Chaffols.

Les affaires commencent mal.

« Dans la nuit qui précède son déplacement, écrit Peytavin, le groupe est cantonné à l'hôtel Teissier. Un accident qui risque d'avoir de grosses conséquences se produit. Une jeune recrue est blessée d'une balle révolver par un camarade inexpérimenté qui joue avec son pistolet. Le blessé est conduit à Mende en voiture et hospitalisé sur intervention de Mazel auprès du directeur-économe de l'hôpital, Trinquier, qui accepte de le recevoir et de le 'camoufler'. Je trouve le docteur Cabaniols, chirurgien, qui veut bien opérer en cachette. Les religieuses, seules, sont par ailleurs dans le secret ; leur discrétion est totale[5]. »

Le voyage est fait « au culot » : Louis Veylet et ses maquisards jouent en effet d'audace en effectuant tout simplement par camionnette le trajet qui les mène de Marvejols à la région du col des Laupies, au sud-ouest de Jalcreste. Au départ, ils ont chargé des vivres fournis généreusement par Rouffiac, cet admirable camarade, aussi efficace que discret, et même un tonneau de vin dû à l'amabilité de Giral. Le camion reviendra sans encombre après avoir déposé hommes et bagages à la maison forestière de Solpéran.

Mais, après un bref séjour, quarante-huit heures peut-être, comme ils jugent ce refuge trop vulnérable, les hommes le délaissent pour aller loger à Ferrus, dans une sorte de bergerie à demi-ruinée, située hors des voies de passage, en pleine forêt.

Par rapport au col des Laupies (1001 m), Ferrus, qui est tout proche, se trouve au nord-ouest, à l'ubac, alors qu'à l'adret, en direction sud, légèrement sud-est, dévale la haute vallée du Gardon de Saint-Germain-de-Calberte. D'ores et déjà, les maquisards commencent à repérer et aménager de ce côté des masures ou fermes abandonnées pour accueillir de nouveaux arrivants. Otto Kühne a en effet pour principe de rechercher un logement dispersé afin d'éviter l'encerclement par surprise. Or, dans cette région, les ressources sont, en la matière, plus importantes qu'en haute Lozère, notamment au-dessous du Malhebiau, ne serait-ce que par la dispersion des fermes et la dépopulation qui a touché le secteur. Les maquisards vont pouvoir disposer là d'un habitat plus humanisé, étant donné qu'il s'agit d'anciennes « clèdes », de vieilles bergeries, ou même de maisons plus ou moins délabrées, mais le tout en dur.

Malheureusement vers la fin de l'année, Ferrus est accidentellement détruit par un incendie qui s'est déclaré dans la paille engrangée. Or « Montaigne » (François Rouan), qui avait formé fin août 1943 un petit maquis dans le secteur, au Bancillon, en occupant une ferme inhabitée appartenant à M. Numa Bruc de La Mazade, vient justement d'installer son camp, renforcé par quelques autres arrivants de haute Lozère, au village abandonné de La Fare qui offre davantage de possibilités d'accueil. C'est donc l'occasion d'y regrouper aussi les hommes amenés par Louis Veylet.

Il faut noter que, dans cette région, sur l'initiative du « Comité de Saint-Jean » dont nous aurons l'occasion de reparler, beaucoup d'insoumis ont été « planqués » chez des paysans, grâce à l'intermédiaire de Roger Martin, hôtelier à Saint-Germain-de-Calberte. Son fils Pierre, ancien étudiant à Aix, réfractaire au STO depuis mars 1943 et lui-même réfugié dans une ferme du Canatier, le seconde dans sa tâche.

« Au début de l'automne 1943, précise celui-ci, j'ai réellement commencé à former des groupes. Dans le coin où je me trouvais, près de Saint-Germain, nous étions une dizaine de 'jeunes' ; dans la région de Saint-Martin-de-Lansuscle, ils étaient une dizaine ; autour de La Fare, vers La Mazade, une quinzaine, dont trois chez Numa Bruc. Ainsi, dans le canton de Saint-Germain-de-Calberte, nous totalisions soixante à soixante dix 'contrôlés', répartis en six groupes que je pouvais rencontrer quand je voulais. Cependant, n'ayant pas d'armes, nous avons compris que nous ne pouvions pas 'faire de l'action[6]'. »

Mais il n'en reste pas moins que ces groupes de réfractaires constituent une sorte d'embryon de maquis, ce que l'on devait appeler dans le secteur 'le maquis Martin'.

Le maquis « Montaigne » à La Fare du début janvier au 4 février 1944

Ainsi, durant la fin de l'année 1943, selon les instructions données par « Villars » (André Pavelet), les petits maquis de haute Lozère ont été rassemblés dans les Cévennes sous l'autorité de « Montaigne ».

Ernest Peytavin, alors chef départemental militaire de l'AS, le rappelle :

« De fréquentes réunions ont alors lieu à l'hôtel Nogaret, au col de Jalcreste, qui devient le poste de commandement de cette région : 'Villars', 'Mistral', 'Montaigne' et moi discutons-là du ravitaillement, de l'armement, de l'aide pécuniaire et prenons d'importantes décisions.

Mazel, par l'intermédiaire de Jasse et Almes, conducteur de l'autobus Mende-Alès, est quotidiennement en rapport avec 'Montaigne'. Il assure même un relai téléphonique par code, grâce à Tour, de Florac[7]. »

Mais, sur place, « Montaigne » et « Mistral » assurent, le premier, le commandement et le second l'équipement, voire même le ravitaillement du groupe. L'un et l'autre sont des anciens des Brigades Internationales, ce qui leur vaut un préjugé favorable de la part des autres anciens combattants d'Espagne et en particulier des antifascistes allemands. Les deux hommes ont d'ailleurs le même style personnel dans le mépris du danger, mais aussi dans le mépris de la prudence.

François Rouan (« Montaigne ») — officier de réserve — était ingénieur des Bâtiments et Travaux Publics et technicien en électricité lorsqu'il est parti se battre outre-Pyrénées, plein d'enthousiasme et

). *Maquisards devant une clède, dans le secteur du col des Laupies.*

30. *Louis Veylet (à gauche) et Otto Kühne, à l'intérieur de la ferme abandonnée de Ferrus.*

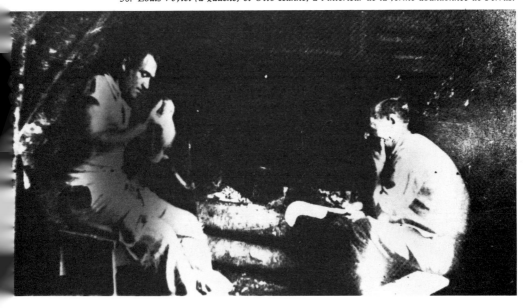

31. Ce qui subsiste du hameau de La Fare.

32. L'hôtel Nogaret, au col de Jalcreste

espérant, mais en vain, que l'URSS enverrait ses komsomols. A présent, le voilà de nouveau sur la brèche. Dans un rapport au fameux intendant Marty, de Montpellier, Rispoli le présente ainsi :

« Age : 30 à 35 ans — taille : 1,65 m — cheveux foncés, visage rond, rasé — corpulence assez forte — va nu-tête et porte le plus souvent une culotte d'officier kaki clair — doit être toujours armé... Son passage, sous son véritable état-civil, 'Rouan François', a été relevé à Mende les 20, 22 et 23 décembre 1943. L'arrestation de Rouan devrait être facilement réalisable[8]. »

Contrairement à ce que pense Rispoli, « Montaigne » échappera aux policiers français et aux GMR, de même qu'à la Gestapo, mais ses « points de chute », tel le restaurant Nogaret à Jalcreste, seront étroitement surveillés.

« Mistral » (Antonin Combarmond), lui, vient d'aider sur le plan matériel Roger Torreilles, Germain Bailbe et Provent, ses anciens codétenus de la baraque 4 à Saint-Sulpice, qui ont eu à organiser, diriger ou encadrer les deux camps FTP de la Vallée Longue.

A présent, c'est du groupe « Montaigne », en cours de formation, qu'il s'occupe tout particulièrement. Il s'emploie surtout à organiser le ravitaillement ; son ingéniosité et son savoir-faire dans ce domaine deviennent légendaires : qu'il s'agisse d'échanges par troc (il est distillateur : alcool et vin, sévèrement contingentés offrent des possibilités multiples), de réquisitions ou de transports. Il n'a cure des dangers qu'il court - ni de deux qu'il fait courir aux autres — lorsqu'il parcourt avec sa vieille citroën la Vallée Longue. Alcools, armes, explosifs sont dans la voiture et une rencontre nez à nez dans un virage avec des TO ou des policiers est un risque sérieux sur ces routes tourmentées et sans visibilité : peu importe ! La police a beau mettre au point un signalement des plus précis de ce terroriste à allure de gitan avec son opulente chevelure et son chapeau à large bord, circulant sans protection... « Mistral » reste insaisissable.

Voici de quelle façon Peytavin le dépeint :

« Il permet également à 'Montaigne' d'installer, de ravitailler et d'armer ses hommes. Il arrive un jour à Jalcreste où 'Montaigne' et moi nous trouvons réunis. Sa voiture est pleine d'armes et de munitions arrachées à la police française : le déchargement a lieu au nez et à la barbe des gendarmes qui reçoivent de 'Mistral' — dont la main tient un lourd pistolet — un regard décisif.

Je tiens une conférence le soir même chez Nogaret avec 'Villars', 'Mistral', 'Montaigne' et Aïn, évadé de la prison d'Albi et revenu en Lozère. Dès mon retour à Mende, je fais part de la décision prise à Mazel qui accepte résolument. Nous sommes en janvier 1944[9]. »

En tant que délégué de l'AS, « Mistral » est en relation très étroite avec le maquis de Lasalle, commandé par Rascalon, ce qui lui permet de faire bénéficier les autres maquis des Cévennes de quelques « coups de main » fructueux en matière d'habillement.

Sont ainsi enlevés aux établissements Paulhan, avec le consentement de celui-ci, le 15 janvier 1943 : trois cents capotes bleues de l'armée de l'air, et, vers la fin du mois : trois mille tenues confectionnées pour le Premier Régiment de France. En même temps, le maquis de Lasalle reçoit quatre cent cinquante paires de chaussures de travail des ateliers Dumas d'Alès. Dans tous les cas, une partie de cet équipement est fournie à « Mistral » qui la distribue au groupe « Montaigne » et aux camps FTP[10].

A cette même époque, on va battre le rappel des antifascistes allemands pour rassembler en Cévennes, dans le maquis « Montaigne », ceux dont la connaissance du français est insuffisante pour qu'ils puissent se faire passer pour Alsaciens et infiltrer les services des TO ou se livrer à un travail de propagande auprès des soldats de la Wehrmacht.

A Lyon, la direction du KDP et le comité « Allemagne libre » pour le sud de la France, en relation avec la MOI, pensent que l'occasion est ainsi fournie de constituer l'embryon de ce qui pourrait devenir ensuite, conformément à leur projet, le corps franc « Allemagne libre ». Dora Nickolay (« Jacqueline ») évoque cette époque :

« La première mission que j'accomplis auprès du maquis, ce fut en compagnie de Fritz qui m'installa dans mes fonctions d'agent de liaison. Nous étions passés par Saint-Jean-du-Gard et, à partir de Saint-Germain-de-Calberte nous étions montés en car jusqu'au col de Jalcreste, où nous étions descendus à la station d'arrêt devant l'hôtel-restaurant.

J'ai bien dû grimper à ce col trois ou quatre fois, en empruntant par la suite le petit train du chemin de fer départemental. J'étais munie d'une carte et, à partir de là, trouvais mon chemin jusqu'au maquis[11]. »

Cependant, parmi les premiers Allemands rassemblés près du col des Laupies puis à La Fare, quelques-uns parlaient le français de façon convenable. Rattachés au maquis « Montaigne », ils allaient de leur côté assurer le recrutement en se rendant dans la région auprès de leurs camarades plus ou moins isolés, se trouvant en situation régulière ou non, dépendant ou non d'un CTE (ce qui était de plus en plus rare), certains pouvant même appartenir déjà à un autre maquis. Ce fut essentiellement la mission de Hans Mosch et, accessoirement, de Christian Robens et de Paul Huber.

Outre ces trois là et les anciens du groupe de Bonnecombe, y compris Otto Kühne et, peut-être pour un temps, Werner Feiler[12], d'autres Allemands arrivèrent ainsi très vite au maquis, dont Ernst Butzow, Anton Lindner et Karl Heinz.

Au cours de cette période durant laquelle « la brigade Montaigne » nouvellement constituée était en train de se renforcer, quelques affrontements entre maquis et « forces de maintien de l'ordre » vont se produire.

Dès l'arrivée des maquisards de haute Lozère dans le secteur du col des Laupies, la police a été alertée et, depuis, elle est en éveil. Les rapports des Renseignements Généraux en témoignent.

« La police a été informée que, dans la nuit du 15 au 16 janvier, des malfaiteurs inconnus ont ouvert par effraction les baraquements destinés aux réfugiés et pris des paillasses vides, des enveloppes de traversin, un brancard d'hôpital, une chaudière en fonte de 250 litres, 60 à 80 m de fil électrique, trois poêles, trente-huit couvertures coton de 2 m sur 1,30 m[13]. »

Le 18 janvier, Veylet et une partie de ses compagnons doivent en toute hâte se replier nomentanément vers le Plan de Fontmort[14] par suite de bavardages ou délations parvenus à la police, émanant « d'un ressortissant espagnol travaillant dans la région ».

Le 27 janvier, entre une heure et deux heures du matin, Louis Veylet, Corado Bressan, François Martin et Jean Richard sont arrêtés par la gendarmerie du Collet-de-Dèze.

Dans l'après-midi de cette même journée, « Montaigne » reçoit au col de Jalcreste la visite de « Victor » (Miguel Arcas) envoyé par Rascalon pour lui demander de prêter main forte au maquis de Lasalle. Rascalon raconte l'affaire :

« Le mois de janvier va s'achever quand nous sommes avertis que la Milice doit venir attaquer Lasalle le lundi 31 janvier. Je fais donc appel, le 27 janvier, à mon ami « Montaigne » qui commande une brigade internationale du côté de Jalcreste. Il se rend dans la nuit du 30 au 31 à Lasalle avec ses trente hommes armés de fusils. Nous nous consultons et décidons d'occuper Lasalle et ses abords. Pendant quarante-huit heures, personne ne peut passer sans être contrôlé. Les miliciens, avertis par un traître qui se trouve à Lasalle, se gardent bien de venir. Nous profitons de notre renfort pour organiser le 1er février, dans Lasalle, un défilé auquel participent une centaine de maquisards équipés des tenues et chaussures dont nous nous sommes récemment pourvus. Nous déposons une gerbe au monument aux morts ainsi qu'une croix de Lorraine. La foule est venue nombreuse pour manifester sa joie et nous acclamer. Tout se passe dans le calme. Nous avons été maîtres de Lasalle pendant quarante-huit heures[15]. »

Le lendemain tout le département est au courant ; préfecture, sous-préfecture, police, troupes d'occupation sont en alerte. Mais, durant la nuit, la « brigade Montaigne » a déjà rejoint ses quartiers à La Fare. « Victor », qui avait prononcé quelques mots au monument aux morts au nom de ses camarades, l'a suivie.

« Quand les hommes du maquis 'Montaigne' sont repartis, je m'incorporai à eux. C'était presque exclusivement des étrangers, pour la plupart anciens volontaires de la guerre d'Espagne. J'avais beaucoup d'affinités avec eux. Ils ont accepté mon commandement. Nous avons organisé un corps franc dont j'ai pris la tête. Ce corps franc, qui allait bientôt comprendre six ou sept hommes, était chargé d'assurer le ravitaillement, l'équipement et l'armement du groupe[16]. »

De son côté, dans la soirée du 4 février, « Mistral » fait partie de ceux qui organisent l'évasion de la maison centrale de Nîmes, d'une vingtaine de détenus politiques, encore emprisonnés là après le transfert de cent soixante-trois de leurs camarades à la centrale d'Eysses, le 16 octobre 1943.

Avant que n'ait eu lieu ce départ, les responsables FTP de l'Inter G de la zone sud avaient projeté une spectaculaire évasion. En liaison avec les responsables des internés de la centrale, un plan avait été élaboré par « Mistral » et le service B (service de renseignement) de la R2 que dirige une femme énergique, « Eva » (Lucienne Tagnard), l'épouse de « Philippe » (Paul Tagnard) le COR de la R2. Pris de court par le transfert, les résistants vont suivre le projet pour libérer les quelques vingt détenus encore enfermés dans le Fort. L'inter-régional « Lacuve » (Henri Favoriti) en chargea « Marty » (Rémy Sauer). « Mistral » doit participer à l'action aux côtés de « Marcel » (Roger Torreilles) avec des FTP descendus des Bouzèdes, et de Cristino Garcia avec un groupe de MOI formé de « Guérilleros » espagnols. « Mistral » est plus particulièrement chargé d'assurer le transport des évadés, avec son gazo P 45, jusqu'au camp des Bouzèdes.

Diverses circonstances vont perturber le projet, qu'il s'agisse des mesures prises par les TO à la suite des événements de Lasalle (interdiction à tous les véhicules de circuler la nuit sur les routes gardoises) ou encore d'événements imprévus, comme la blessure accidentelle de Cristino Garcia. Aussi est-ce à pied et non en P 45 que les évadés effectueront le déplacement; et ce n'est que le 10 février qu'ils parviendront dans une « jasse » perdue près de Saint-Frézal-de-Ventalon et, de là, un peu plus tard, aux Bouzèdes. Quoi qu'il en soit, l'opération, déclenchée le 4 février, avait réussi.

Entre temps les antifascistes allemands, bûcherons dans le sud de la Drôme, allaient rejoindre le camp de La Fare, tels ceux de Séderon, partis le 4 février au matin, qui y arriveront dans la soirée du 5.

L'arrestation au Collet-de-Dèze
de Louis Veylet et de trois de ses camarades
le 27 janvier 1944

Dès son arrivée dans les Cévennes, Veylet a eu à résoudre des problèmes d'intendance. S'il lui a été relativement facile d'assurer le logement, vu les possibilités offertes dans la région, le problème du ravitaillement, par contre, est, dans un premier temps, plus difficile qu'au bois de Bonnecombe. Alors que rien n'a été prévu, ce débarquement inopiné à la fin de l'automne dans une contrée où, en dehors des châtaignes, les ressources sont faibles, pose évidemment des problèmes. De plus, en cette fin 1943, la population clairsemée doit également assurer la subsistance d'un très grand nombre de « réfractaires » au STO. Ceux-ci vivent isolément chez l'habitant ou sont rassemblés en équipes, travaillant dans des coupes de bois avec la complicité de certains chefs d'exploitations forestières, ou en « maquis ». Ainsi, un groupe d'une vingtaine d'hommes est installé dans la forêt domaniale de Cassagnas, près de Solpéran.

« Veylet paie les denrées achetées chez les paysans, note un rapport de police, qui ajoute : sans demander d'argent à ses compagnons, ce qui laisse supposer qu'il en touche lui-même[17]. »

En vérité, l'argent dont dispose Veylet est celui qu'il tient de ses amis et camarades, notamment de son ancien employeur, François Mercon, à Marvejols.

C'est précisément pour demander des fonds à celui-ci que Veylet se trouve à Marvejols, le 10 janvier, ce que note un nouveau rapport de police. Mais François, ayant fait lui-même l'objet de plusieurs enquêtes policières (1.10.43 puis 30.11.43) et finalement d'un arrêté d'internement, a pris la fuite et choisi de « disparaître » dans l'anonymat d'une grande ville. A cette heure, il vit à Clermont-Ferrand où la « colonie marvejolaise » est assez nombreuse. Louis Veylet « pousse » jusque là-bas et tombe en plein repas d'amis réunis autour de François. On l'accueille avec joie, on veut le retenir... Toujours généreux, même dans les mauvaises passes, François donne ce qu'il peut... Et Louis s'en revient aux Laupies parmi ses compagnons dont il assurera le ravitaillement, payant avec l'argent de Marcon la nourriture achetée chez les paysans de la région.

Toutefois cette méthode de ravitaillement ne peut durer longtemps. Aussi Veylet envisage-t-il, avec l'accord de « Mistral », de procéder à une prise de denrées alimentaires, contre bon de réquisition, chez un grossiste. Mais pour cela il faut un camion. Et Veylet décide de soustraire temporairement le camion gazogène de la Compagnie française des mines de Dèze qui travaille pour les Allemands.

Et c'est ainsi que, le 27 janvier, à une heure du matin, à proximité de la gendarmerie du Collet-de-Dèze, Veylet, Corado Bressan, François Martin et Jean Richard sont surpris par deux gendarmes attirés par le bruit, alors qu'ils tentent de mettre en marche le « gazo ». Veylet et ses trois compagnons sont arrêtés. Les quatre maquisards sont armés, mais Veylet se refuse à employer la force ; il a la conviction que la raison, le patriotisme, restent des arguments souverains en dépit de la propagande de Vichy. Malheureusement, si l'un des deux gendarmes reste perplexe, son collègue fait preuve d'une farouche détermination... Dialogue de sourds.

Ce qui semble avoir été à l'origine une imprudence de Veylet : opérer au voisinage de la gendarmerie, s'explique par le fait que la Brigade du Collet-de-Dèze était depuis longtemps réputée comme « sûre » auprès des Résistants. Ce qu'ignorait Veylet, c'est qu'il y avait un nouveau venu, Vital, un agent muté du Pont-de-Montvert, où il avait notamment sévi contre les « réfractaires » du STO. C'est lui qui sera cause de l'arrestation[18].

Quant à la façon dont s'est opérée celle-ci, elle tient sans doute en grande partie à la personnalité de Louis Veylet. Il est probable, sinon certain, que si Kühne, « Mistral » ou « Montaigne » avaient été auprès de Veylet cette nuit-là, les choses auraient pris une autre tournure. Pour eux, en effet, fin janvier 1944, les choix étaient faits, et « qui n'était pas pour était forcément contre ».

Veylet, lui, représente un autre type de résistant, découlant peut-être d'une autre nature d'homme. Si les noms de « bandits » ou de « terroristes », utilisés par calcul pour discréditer la Résistance, le laissent indifférent, celui de « salopard », réservé par les résistants aux pro-Vichyssois ou pro-Allemands dangereux, lui reste au fond de la gorge. Naïveté ? Certes non, mais le souci constant de remonter jusqu'aux vrais responsables. Pour lui, le lampiste n'est qu'une victime, le plus souvent « manipulée »... Et puis, il y a aussi chez ce bel athlète, d'une robustesse à toute épreuve, un grand mépris pour la force brutale et « l'argument » physique. Il est bien connu que de tels hommes sont très souvent victimes de leur propre optimisme et de cette confiance qu'ils accordent aux « rapports humains ». Mais loin de provoquer une révision de leur comportement dans le sens d'une meilleure sauvegarde personnelle, les épreuves ne font que fortifier leur altruisme.

33

35

33. *François Rouan, dit « Montaigne ».*
34. *Antonin Combarmond, dit « Mistral ».*
35. *Werner Feiler.*
36. *Louis Veylet.*

34

36

37. *Le col de Jalcreste vu de la Vallée Longue.*

Le Rouve-Jalcreste — La Gare et le Café-Restaurant
SIMÉON JOUANEN

38. *La gare du Rouve-Jalcreste. Rappelons qu'en 1943, le petit train de Sainte-Cécile-d'Andorge à Florac a transporté son maximum de voyageurs : 120 988.*

Vers quatre heures du matin, un fourgon, venu de Florac, emmène les prisonniers, menottes aux poignets. Avant le départ, le lieutenant de gendarmerie se permet, sans aucun motif particulier, de gifler Louis Veylet. Finalement, les quatre hommes seront menés à la prison de Mende où aura lieu l'incarcération. Ils y resteront détenus environ quinze jours, dans des conditions relativement convenables.

La Résistance lozérienne fera connaître au procureur, ainsi qu'au commissaire spécial Rispoli et à l'inspecteur Grimoux que leur vie dépendait de celle du prisonnier. En même temps, elle préparera une tentative d'évasion de Veylet qu'elle ne put mettre à exécution, les prisonniers étant transférés à la centrale de Nîmes où le séjour sera particulièrement pénible.

Cependant, informé de l'arrestation de Veylet, le commissaire spécial Rispoli exulta. Il y avait si longtemps qu'il le pistait. Aussi, donna-t-il libre cours à sa vindicte dans le rapport « récapitulatif » qu'il adressa au préfet dès le 29 janvier :

« Veylet était affilié au PC, il était membre en 1932 de la 17e section de Paris ; il passait pour militant actif. Il s'était également manifesté à Marvejols avant la guerre en prenant la parole au cours de réunions d'extrême gauche... Il figurait sur la liste S. et avait fait l'objet de mes rapports : 528 du 6 mars 43, 603 du 19 avril 43, 1134 du 8 mai 43, 2699 du 3 novembre 43[19]. »

Les antifascistes allemands de Séderon rejoignent les Cévennes (4 et 5 février 1944)

Les Allemands, bûcherons dans le sud de la Drôme, furent avisés de la constitution d'un maquis dans le secteur de Jalcreste, où devaient être regroupés les antifascistes allemands. Les premiers touchés, semble-t-il, furent ceux qui se trouvaient à présent dans la région de Nyons, après avoir travaillé à Poët-en-Percip.

« Fritz Nickolay, écrit Franz Blume, vint nous trouver pour préparer le passage des camarades au maquis. Et il me transmit personnellement la mission de retourner à Marseille[20]. »

Si nous n'avons pas de détail sur leur voyage, nous sommes, par contre, bien renseignés sur le retour en Cévennes du groupe de Séderon. L'annonce survint assez brutalement alors que les six compagnons se sentaient de plus en plus intégrés au sein de la population locale. En témoigne un petit événement qui se produisit à cette époque, et dont se souvient Richard Hilgert :

« Un jour, je lavais ma chemise à la fontaine qui se trouvait en face de la maison. Une jeune fille m'adressa la parole. Elle me dit qu'il y avait bal ce soir-là au bistro (nous ignorions tout à fait qu'il y eût un café-restaurant si près), et qu'il nous fallait donc y aller. Le soir, nous nous rendîmes tous les six à cette maison toute proche. Le cafetier nous reçut très amicalement avec ces mots : 'Je vous ai remarqués déjà depuis longtemps. Vous êtes six et j'ai six filles : Je voudrais bien faire de vous mes gendres. Celui qui prendra l'aînée trouvera une partie du travail fait car elle a un enfant.' Nous rîmes de bon cœur de cette proposition. On mit le phonographe en marche. Il fallait à présent danser. Mais, seuls, Hermann Mayer et moi savions. Le vin était bon et il régna une joyeuse ambiance. La jeune fille qui m'avait abordé m'invita à aller la voir le prochain week-end à Carpentras. Mais je ne pus jamais exaucer ce souhait[21]. »

De son côté, Paul Hartmann met l'accent sur le côté politique des événements :

« Peu après, nous eûmes une visite dans la montagne. C'était Fritz Nickolay, que nous appelions à l'époque 'Jacques'. Il nous informa de la formation du comité 'Allemagne libre' pour l'Ouest. Par ordre de la direction du KPD pour le sud de la France à Lyon, nous signala-t-il, on allait veiller à ce que tous les camarades possédant à fond la langue française soient installés dans les villes pour effectuer un travail d'information auprès des soldats des TO. A tous les autres, il était recommandé de se rattacher aux FTPF. Sur décision de la direction du Parti à Lyon, et en accord avec les camarades français, il devait être constitué une unité de partisans antifascistes allemands sous l'appellation 'Corps-franc Allemagne libre'. Cependant, nous devions d'abord nous raccorder à un groupe de jeunes Français et de quelques émigrés étrangers. Tous les préparatifs étaient déjà faits, afin que nous puissions mettre un terme à notre existence de bûcherons[22]. »

La grande pérégrination allait donc commencer.

« C'est ainsi, précise Richard Hilgert, que le 4 février 1944, Martin Kalb, Paul Hartmann, Hermann Mayer, Max Dankner, 'Goldjunge' et moi partîmes en direction du col de Jalcreste, via Avignon, Tarascon, Nîmes et Sainte-Cécile-d'Andorge[23]. »

Voyage dangereux dont Hermann Mayer connut les premières émotions :

« Au cours de la première étape de ce voyage de retour effectuée en autobus, dit-il, j'eus un malaise dû au changement d'altitude, car nous descendions des Préalpes. Le car s'arrêta à trois kilomètres d'Avignon et, ne pouvant attendre davantage, je fus obligé de sortir et d'aller derrière un buisson. Le car partit avec ma valise. A peine étais-je sorti de derrière le fourré que je vis passer une patrouille de la feldgendarmerie. Et c'est par des chemins de traverse que je réussis à atteindre la gare d'Avignon. Là, j'eus la chance de retrouver mes camarades... et ma valise, car le train heureusement n'était pas encore parti. Sinon, je serais resté en rade, n'ayant aucun 'point de chute' où me rendre[24]. »

Nouvelle étape à Tarascon où il fallut changer de train.

« Il y eut un très long arrêt, écrit Richard Hilgert. Restant toujours par deux en cours de voyage, Hermann Mayer et moi allâmes au café. Paul Hartmann et Martin Kalb firent de même mais se rendirent dans un bistro à Beaucaire, de l'autre côté du Rhône. Là, ils purent saisir la conversation de quelques gendarmes qui parlaient entre eux d'une prochaine opération contre les maquis dans les Cévennes. Dès lors, notre désir le plus vif fut de nous rendre le plus rapidement possible au col de Jalcreste pour prévenir les camarades.

Cependant à Nîmes nous eûmes un nouvel arrêt. Les feldgendarmes contrôlèrent le train dans lequel nous nous trouvions, mais nous nous tirâmes d'affaires sans incident.

Malheureusement notre train ne se rendait pas jusqu'à Sainte-Cécile-d'Andorge. Nous sommes restés jusqu'au terminus et finalement nous avons échoué dans une gare inconnue, La Levade[25]. »

Max Dankner, lui aussi, se souvient de ce voyage :

« Enfin l'inaction était terminée. Nous allions pouvoir continuer le combat contre le fascisme allemand, aux côtés du peuple français. Cela nous causait une immense joie : nous n'étions plus la feuille morte soulevée et emportée de-ci de-là par le vent. Nous savions qu'une lutte menée dans de telles conditions contribuerait grandement à faire reconnaître par beaucoup de Français le fait qu'il existait d'autres Allemands que les nazis, des Allemands qui aimaient la paix et voulaient vivre en amitié avec tous les peuples.

Un brusque arrêt du train nous tira de ces pensées. Nous ne pouvions aller plus loin. La petite cité minière de La Levade nous retenait, car le prochain train que nous pouvions prendre ne passait que le lendemain matin. Après une brève concertation sur les possibilités de poursuivre le voyage, un peu hésitants, nous nous sommes décidés malgré tout à questionner le chef de gare. Il nous rassura en nous promettant de nous aider à trouver une solution. Nous avions cependant toutes les raisons d'être prudents. Nous nous sommes assis dans la salle d'attente, fixant devant nous l'obscurité.

Le chef de gare nous aiderait-il vraiment ?... ou bien allait-il prévenir les Allemands ?

Au bout de quelques heures, un train de marchandises roula dans la gare. Lorsque la locomotive eut reçu son plein d'eau, un employé s'avança vers nous et nous engagea à monter dans le wagon occupé par l'équipe des cheminots. Soulagés enfin, nous respirâmes à nouveau lorsque le train repartit. Il était déjà plus de minuit. Nous étions heureux que cela ait si bien marché et que nous puissions ainsi quitter sans difficulté La Levade.

Plusieurs cheminots étaient assis dans le wagon ; ils cassaient la croûte et bavardaient entre eux. Ils semblaient ne pas s'occuper de nous. Ils pestaient contre la guerre, contre Hitler,... et puis ils nous entraînèrent dans leur conversation, d'abord prudemment, puis de plus en plus ouvertement. Il s'établit très vite un excellent contact et, lorsqu'ils sûrent que nous partions pour le maquis et que nous avions combattu en Espagne, ils nous témoignèrent leur sympathie par des paroles amicales. Nous ayant invités à partager leur casse-croûte, ils nous offrirent de leur vin et nous avons trinqué à la prochaine fin de la guerre. Lorsque le train stoppa à l'endroit où, nous devions descendre, nous avons pris congé et nous sommes séparés en bons amis. Ils nous souhaitèrent beaucoup de succès contre le fascisme et ils nous promirent de faire aussi leur devoir[26]. »

Richard Hilgert poursuit sa narration.

« A Sainte-Cécile-d'Andorge, nous fûmes mis à l'abri par d'autres cheminots à qui leurs collègues avaient transmis la consigne. Nous passâmes le restant de la nuit dans un wagon de marchandises vide, à l'arrêt sur une voie de garage, qu'ils verrouillèrent pour assurer notre sécurité[27]. »

Le lendemain matin, il fallait encore prendre le petit train, le CFD qui allait de Sainte-Cécile-d'Andorge à Florac, et s'arrêter à la station du Rouve-Jalcreste, toute proche du col.

« En route vers Florac, je descendis, le temps de l'arrêt, à la petite gare de Saint-Frézal-de-Ventalon pour parler au chef de station — Raymond Brès — qui m'avait donné cent francs lorsque je partais pour la Drôme, neuf mois auparavant. Je connaissais ses attaches avec la Résistance et voulais lui faire part aussitôt du projet d'attaque contre le maquis. Mais il était déjà au courant, ce qui me permit de conclure qu'il y avait de bonnes liaisons à l'intérieur des mouvements de Résistance. Par contre, il m'apprit que le pasteur Donadille, dont je lui demandais des nouvelles, menacé d'arrestation, avait dû disparaître. Je ne pourrais donc le voir à Saint-Privat-de-Vallongue[28]. »

Max Dankner, lui, se montre plus sensible au paysage que son camarade.

« Lorsque nous avons enfin quitté le train au Rouve, c'était une fin

126

de matinée magnifique et le moral était au beau fixe. De hauts sommets et la belle forêt des montagnes cévenoles nous entouraient. Le point de chute fixé était un petit hôtel isolé, tout proche, situé au col de Jalcreste. C'est là que devait avoir lieu notre liaison avec le groupe du lieutenant 'Montaigne'. Mais, comme nous étions prévenus que, dans le secteur du maquis, l'ennemi faisait souvent des recherches, la plus grande prudence restait de rigueur. L'un de nous passa en avant pour vérifier si l'air était sain[29]. »

Il s'agissait d'aller trouver l'hôtelier pour faire connaître l'arrivée du groupe à François « Montaigne ».

« Mais, selon Hilgert, l'affaire était quelque peu risquée, parce que si le maître de céans avait bien des relations avec les partisans, il n'empêche que la Gestapo fréquentait aussi son établissement. Nous sommes donc passés par derrière et sommes rentrés directement dans la cuisine. Là, assis, se trouvait déjà notre camarade Hans Mosch, 'der Stadtrat' ['le conseiller municipal']. »

Sur ce dernier, Dankner apporte une précision :
« Mosch nous salua et nous accueillit, le visage rayonnant de joie. Nous le connaissions depuis l'Espagne, et des retrouvailles si amicales nous faisaient presque oublier la clandestinité. »

Hilgert décrit ensuite la halte à l'hôtel et la marche vers le maquis :

« Nous fûmes aussitôt conduits à la salle-à-manger où l'on nous servit un bon repas, mais nous n'osions plus quitter l'hôtel. Au bout d'un certain temps nous fûmes amenés dans une ferme isolée, assez pauvre, comme elles le sont toutes dans ce pays de châtaigniers. Et là, le paysan nous accueillit aussitôt. On vint nous prendre, la nuit venue, et on nous guida, en compagnie du 'Stadtrat', jusqu'au maquis situé plus loin dans la montagne, exactement à La Fare, au nord de Saint-Germain-de-Calberte. »

Si le lieu était reculé et donc sûr, il n'était cependant guère accueillant.

« C'était, dit Dankner, un village à demi en ruines que les gens avaient abandonné depuis bien longtemps, peut-être par manque d'eau. Une partie des camarades dormaient déjà lorsque nous sommes entrés. Mais bientôt nous étions tous assis ensemble : il y avait tant à se raconter, après être restés si longtemps sans se voir.
En plus des antifascistes allemands, anciens des Brigades Internationales, quelques Français, quelques Espagnols et un camarade luxembourgeois appartenaient aussi à ce maquis. Ainsi ce groupe, constitué depuis assez peu de temps, réalisait en somme une petite équipe internationale. »

Au cours de cette veillée, racontent Richard Hilgert et Paul Hartmann, Christian Robens trouva une pipe sur le manteau de la cheminée et demanda à qui elle était. Quelqu'un dit qu'elle avait appartenu à Karl Düll. Peu de jours auparavant, celui-ci avait rejoint le maquis et, retrouvant pour la première fois des camarades qu'il n'avait pas vus depuis longtemps, il serait mort de joie frappé par une crise cardiaque. Et Paul Hartmann précise que, rentré d'Espagne, où il avait combattu à ses côtés, malade, il était resté couché durant des mois dans une baraque, d'abord au camp de Saint-Cyprien, ensuite à celui de Gurs.

Les hommes de la « brigade Montaigne » et les questions matérielles en février 1944

Le lendemain et les jours suivants, après la joie des retrouvailles, les nouveaux arrivants découvrirent les dures réalités du camp.

« Il avait été établi une direction militaire et politique de l'unité en commun, dit Paul Hartmann, qui avait été divisée en deux groupes. Le commandant en était le jeune lieutenant français 'Montaigne', son adjoint, notre camarade allemand Ernst Butzow, surnommé 'le grand Ernest' ('der lange Ernst'), et l'officier politique, notre camarade Otto Kühne[30]. »

Un corps franc venait de se constituer en tant que groupe annexe chargé, sous l'autorité de « Victor » (Miguel Arcas), de l'approvisionnement en équipement (armes et matériel), habillement et nourriture. Sa nécessité se faisait d'autant plus sentir que Louis Veylet était en prison et « Mistral » occupé à d'autres missions, notamment l'évasion de la centrale de Nîmes. Le ralliement de « Victor » au maquis « Montaigne » en avait, d'autre part, fourni l'occasion. N'avait-il pas dirigé précédemment le corps franc du fameux maquis « Bir Hakeim » et, pendant très peu de temps, celui du maquis de Lasalle.

Miguel Arcas est un réfugié espagnol, ancien combattant de l'Armée républicaine, « un capitaine anarchiste espagnol, » dit Max Dankner[31]. De fait, officier de cavalerie, il a été commandant en chef de la 79e Brigade mixte et a assumé, à titre transitoire, le commandement de la 79e Division de choc. Il est donc particulièrement averti des exigences de la guerrilla. Bel homme, en pleine force de l'âge, d'un sang-froid à toute épreuve, tireur d'élite — notamment au pistolet —, « Victor » inspire confiance et en impose.

« Montaigne », qui l'avait connu en Espagne, était heureux de le retrouver.

« C'était un Catalan, nous a-t-il dit. Je l'avais rencontré à Barcelone, à la caserne Lénine, c'est-à-dire à la colonne d'Aragon, avant de monter à Madrid lorsqu'on a constitué les Brigades Internationales. Il y avait là deux formations, l'une dépendant de la FAI-CNT (anarchistes et anarcho-syndicalistes) : le Groupe Durruti, l'autre du POUM (Trotskistes, mais désavoués par Trotsky) : la Colonne Internationale.

A La Fare, je l'appelais personnellement 'Victor l'hidalgo', trouvant que mon qualificatif complétait bien son nom de guerre[32]. »

Quant à sa dextérité au pistolet , « Mistral » nous a raconté une anecdote à peine imaginable qui s'est passée quelque temps après :

« 'Victor' et moi allions repérer un terrain de parachutage à La Cam de l'Hospitalet, au-dessus du Pompidou. En cours de route nous voyons des perdreaux. Il avait sur lui son révolver calibre 12, modèle 1892. Ne voilà-t-il pas qu'il me dit : 'Tu vas voir celui-là ; je le tue, à la tête.' Il a tiré et l'a bel et bien tué en le frappant à la tête ! Avec un modèle 92 ! Et comme il me l'avait annoncé ! Était-ce le hasard ou bien tirait-il formidablement bien[33] ?... »

Le corps franc auquel fut rattaché Max Dankner, était dirigé par « Victor » et comprenait à l'époque quatre à cinq hommes dont déjà Albert Stierwald.

« C'était, dit Richard Hilgert, notre meilleur chauffeur. Spécialiste en mécanique auto, il avait, comme disaient certains camarades, 'des mains en or'. Il pouvait dépanner n'importe quel camion et n'importe quelle voiture automobile[34]. Il conduisait un cinq tonnes avec aisance sur les routes en lacets les plus difficiles[34 bis]. »

On comprend donc l'intérêt qu'il y avait à ce qu'il participe à toutes les actions motorisées.

Quant au maquis à proprement parler, il comprenait une trentaine de membres.

Les Français y étaient d'autant moins nombreux que quatre d'entre eux venaient d'être arrêtés. Mais les nouveaux venus ont tous été impressionnés par la présence d'un jeune pasteur que Dankner, Hartmann, Hilgert et Kalb présentent tous à peu près de la même façon :

« C'était un personnage singulier. Il avait dans la main la *Bible* et dans la poche du pantalon un révolver. Ce fils de cheminot prêchait, le dimanche, dans les localités des environs et assurait en même temps la transmission des nouvelles pour notre groupe. La semaine il participait aux différentes actions et notamment aux réquisitions chez de gros propriétaires collaborateurs[35]. »

A La Fare même, un Français fut incorporé dans des conditions toutes particulières :

« On aperçut un jour, conte Richard Hilgert, s'approchant du hameau, un homme ayant toutes les apparences du clochard. Otto Kühne l'interrogea. C'était un Lorrain, Victor Peter, que l'on allait appeler 'Victor'. Ancien de la Légion étrangère, il désirait entrer au maquis. On l'accepta. Mais, afin de l'observer, on l'employa d'abord aux cuisines. Ce n'est que plus tard, après avoir constaté sa sincérité, qu'on devait l'admettre à participer aux combats[36]. »

Les antifascistes allemands étaient de loin les plus nombreux, mais leur regroupement au maquis se poursuivait encore. Martin Kalb en témoigne :

« Depuis La Fare, Hans Mosch entreprit plusieurs voyages pour rassembler des camarades dispersés dont nous avions appris l'adresse notamment par l'intermédiaire du PCF. Mais des difficultés apparurent lorsqu'il eut à effectuer un voyage plus long en chemin de fer. Nos vêtements civils étaient en effet en piteux état. Et chacun y alla de sa contribution pour qu'il puisse partir, habillé en homme tant soit peu civilisé[37]. »

Parmi ceux qui, ainsi contactés, allaient rejoindre ultérieurement, il y aura par exemple Hermann Leipold et l'Autrichien Ernst Frankel arrivant de leur refuge de Mijavols.

Enfin deux Allemandes, qui avaient été aux Brigades Internationales en Espagne, étaient logées à La Fabrègue et assuraient certaines liaisons : Lisa Ost et l'infirmière Hedwig Rahmel-Robens, la femme de Christian Robens.

En outre, le groupe comprenait déjà quelques autres étrangers à raison d'un ou deux par nationalité, à savoir un Luxembourgeois : Alfred Probst, deux Tchèques : Joseph Vorel et Paul Skovoda ; deux Yougoslaves[38] : « Micko » et « Yosip » ; deux Autrichiens : Hans Krainer (ancien des Brigades Internationales, affecté au camp de Langlade, puis à la mine de La Grand-Combe en tant que détaché du 805e CTE), et « Wildschütz » (Karl Trinka) ; on trouvait enfin deux ou trois Espagnols.

Ainsi, sans même parler du fait qu'elle était essentiellement composée d'étrangers, et surtout d'Allemands, la « brigade Montaigne » se différenciait nettement de la plupart des autres maquis qui s'étaient constitués à l'époque. Ses hommes avaient généralement de 35 à 45 ans[39], ils bénéficiaient d'une expérience militaire acquise sur le front espagnol et, engagés politiquement, ils étaient entrés au maquis pour se battre immédiatement. Toutes ces caractéristiques faisaient son originalité vis-à-vis de maquis AS rassemblant des « jeunes » et des « réfractaires », âgés de 20 à 22 ans, n'ayant même pas fait de service militaire et que les circonstances — le STO — avaient jetés dans la clandestinité. Mais aucun engagement politique n'avait guidé la plupart d'entre eux, leur regroupement au maquis ne constituant aux yeux des responsables de l'AS du plus haut niveau qu'une solution d'attente permettant de les réserver sans bruit jusqu'au jour « J ».

Mais, pour combattre, il faut des armes. Problème majeur qui allait constituer le souci essentiel des antifascistes allemands du maquis « Montaigne ». Tous ceux, parmi eux, qui ont évoqué ultérieurement cette période se sont étendus sur l'insuffisance de l'armement aussi bien en quantité qu'en qualité. Nous nous bornerons à évoquer les témoignages de Paul Hartmann et de Martin Kalb :

« L'armement de notre unité constituait bien le problème le plus difficile à résoudre à côté de celui de l'approvisionnement en vivres. C'est des paysans que nous reçûmes nos premières armes, nous, les partisans. C'étaient des fusils et des carabines prises à l'ennemi lors de la Première Guerre mondiale. Des soldats français avaient alors ramené avec eux ces armes allemandes et les avaient conservées comme souvenir ou utilisées, tantôt légalement, tantôt illégalement, pour la chasse au sanglier. Les paysans n'avaient pas exécuté sagement l'ordre des autorités d'occupation fascistes de livrer toutes les armes[40]. Ils les avaient cachées soigneusement et à présent les transmettaient aux maquisards.

Aucun de ces paysans français n'aurait sans doute pensé, en 1918, après la défaite de l'impérialisme allemand, que ces fusils pourraient être d'une grande utilité encore une fois, dans une deuxième guerre mondiale, et ce pour le combat en France d'antifascistes allemands contre les occupants allemands.

Les armes qui étaient restées cachées durant des années furent nettoyées et remises en état. Mais elles n'offraient pas toujours les garanties souhaitables. Un camarade sarrois devait constater ultérieurement, par exemple, en ce qui concernait son fusil que, lors même qu'il tirait sur un ennemi à courte distance, celui-ci ne tombait pas. Un contrôle de cette arme — un Mauser — révéla que les balles glissaient tout juste hors du canon. Il n'y avait pas suffisamment de compression pour les projeter avec force.

Ensuite nous commençâmes la formation militaire : tirs, tactique, et-cetera. En ce qui nous concerne, l'expérience que nous avions acquise durant la guerre d'Espagne tombait à point. Au début, chacun ne put recevoir une arme personnelle ; le groupe ne disposait que de fusils de chasse, de vieux fusils d'infanterie français ou allemands, de révolvers à barillet et d'une seule et unique mitraillette allemande[41].

Mais, peu de temps après, nous possédions tous un fusil personnel, même le cuisinier, un ancien de la Légion Étrangère, originaire d'Alsace-Lorraine, qui s'était rattaché à notre unité.

Nous ne disposions, en outre, que de faibles quantités de munitions. Il s'était quand même écoulé vingt-cinq années depuis la Première Guerre mondiale et beaucoup étaient devenues inutisables. Leur manque nous gênait fortement dans l'accomplissement de nos missions et dans la perspective de rencontres armées. Ainsi les camarades chargés de se déplacer en tant que courrier, d'assurer l'approvisionnement en vivres ou d'effectuer d'autres sorties de cet ordre, ne touchaient chacun que deux balles pour leur revolver à barillet. Par ailleurs, les munitions disponibles furent partagées, chacun disposant de trente-cinq à quarante cartouches à ménager et utiliser avec beaucoup de circonspection, car il y avait peu de chances d'accéder bientôt à de nouvelles réserves. De plus, il n'était pas sûr que les coups partent chaque fois et nous eûmes de fait beaucoup de ratés.

Nous disposions aussi de grenades de notre fabrication : boîtes de conserve remplies d'explosifs et de petits bouts d'acier, de clous et de vis comme éclats ; les détonateurs et mèches provenaient — comme les explosifs — des mines de la région et nous étaient fournis par les mineurs. C'est surtout un camarade, qui avait travaillé en Espagne dans une armurerie et possédait dans ce domaine une solide expérience, qui confectionnait ces grenades. Elles étaient, en vérité, quelque peu dangereuse, mais lorsque nous allions devoir nous défendre, elles s'avérèrent efficaces. Il avait beau ne pas être moderne, notre armement suffisait, en attendant mieux, pour nous protéger des attaques ennemies[42]. »

En ce qui concerne l'approvisionnement en vivres, habillement et matériel, nous avons vu quelle avait été l'action de Louis Veylet et de « Mistral ». A présent, c'était également le rôle du corps franc.

Certes, le problème de l'habillement était à peu près résolu grâce aux fournitures (capotes, tenues, chaussures) reçues du maquis de Lasalle.

Par contre la question du ravitaillement en nourriture continuait à se poser évidemment de façon toujours renouvelée. Dans ce domaine, les châtaignes sèches — « les bajanas » — constituaient, avec le pain, l'alimentation de base.

« Un boulanger de Saint-Germain, indique Paul Hartmann, 'le camarade boulanger'[43], comme nous l'appelions, cuisait journellement du pain que des paysans nous apportaient à tour de rôle, ce qui fut régulièrement rétribué. Ils nous faisaient, par ailleurs, savoir s'ils pouvaient nous remettre du ravitaillement[44]. »

Mais cela ne suffisait pas.

« Le corps franc, raconte Max Dankner, était constamment chargé de se procurer des vivres, et particulièrement de réquisitionner des provisions auprès de collaborateurs que connaissaient bien en tant que tels les jeunes Français de la région. Ces réquisitions étaient toujours entreprises dans d'autres secteurs que celui proche du camp, considéré comme notre zone d'opération militaire ; et lorsqu'elles n'avaient pas lieu chez des collaborateurs, elles étaient effectuées contre reçu et avec le plein consentement du fournisseur.

Ainsi, par exemple, sous la direction du capitaine espagnol, je participai avec Stierwald et deux Français à la réquisition d'un cochon chez un paysan réactionnaire[45]. »

Ce que ne dit pas Max Dankner, c'est que cette action, menée le lendemain même de son arrivée, faillit mal tourner, raison sans doute pour laquelle il s'en souvient bien. Hans Krainer nous l'a précisé :

« Ils étaient quatre ou cinq dans la voiture et rentraient avec leur prise, lorsque du côté du pont de Burgen, les gendarmes leur ont tiré dessus. Il n'y eut pas de blessé... si ce n'est le cochon[46]. »

Les gendarmes, en alerte vu la circonstance, pensèrent à l'origine avoir à faire à des évadés de la prison de Nîmes, ce dont se firent l'écho, dès le 7 février, à la fois le préfet de la Lozère et Rispoli qui écrit :

« Par suite de la direction prise par le véhicule qui venait du sud du département et probablement du Gard, il y a lieu de penser que, parmi les occupants de cette camionnette, devait se trouver une partie des individus qui se sont évadés de la maison d'arrêt de Nîmes dans la nuit du 5 au 6 février 1944. Cette hypothèse est corroborée par les aveux de l'un des détenus arrêté peu après (à Saint-Chaptes) et qui a déclaré qu'ils avaient été mis en liberté par un groupe ayant son quartier dans la région du Collet-de-Dèze[47]. »

Ce fut donc la première version officielle. Mais nous aurons l'occasion de revenir sur les résultats de la fusillade tels qu'ils devaient être interprétés ultérieurement.

Les réquisitions pouvaient parfois être effectuées, non plus chez des particuliers, mais dans des entreprises, telle, par exemple, celle qui eut lieu dans un entrepôt de la compagnie des Mines et grâce à laquelle les hommes du corps franc purent se ravitailler.

Cependant, pour pouvoir mener à bien ses expéditions, le corps franc avait besoin de moyens de transport. Aussi, parmi le matériel et les produits qu'il dut se procurer dès le début, se trouvaient essentiellement des véhicules et du carburant. Dankner évoque plusieurs opérations menées dans ce sens :

« C'est le pasteur de notre maquis qui fut à l'origine d'une de nos expéditions. Il était en effet au courant du fait qu'un officier de la Milice de Vichy avait un château dans la région et se trouvait lui-même alors en Afrique. On alla prendre un camion dans son garage, et on réquisitionna en outre des voitures, de l'essence et d'autres choses qui y étaient entreposées.

On opéra de même une autre fois à un poste d'essence au sud d'Alès. Là, les camarades ayant coupé avec des pinces les fils téléphoniques et installé des sentinelles, avaient sonné à sa porte et fait sortir le pompiste qu'ils avaient tenu sous surveillance. Ils avaient alors rempli d'essence des fûts pour lesquels un entrepôt fut aménagé dans la cabane à outils d'un paysan, située en bordure de sa vigne[48]. »

Ainsi, dans cette période d'organisation, avant même d'être en état d'engager la lutte, la « brigade Montaigne » avait dû faire face à la nécessité de s'équiper, voire même tout simplement de s'approvisionner en nourriture. Mais il est intéressant de connaître le jugement que Dankner porte là-dessus :

« Evidemment, nous ne pouvions pas nous dispenser de telles actions ; toutefois, il n'est pas douteux que le commandant français —'Montaigne' — en avait fait une sorte de sport. Il va sans dire qu'il était nécessaire de se procurer du ravitaillement, mais on aurait pu 'en faire moins'. Enfin, l'important était malgré tout que l'appréciation générale portée par les gens du pays sur notre groupe de partisans était bonne, toutes les réquisitions forcées n'étant faites que chez des 'collaborateurs' considérés comme des ennemis par la population elle-même. »

Et Max Dankner trouve d'ailleurs, *a posteriori*, une preuve de ce consensus des Cévenols dans le soin qu'ils mirent à protéger le maquis vis-à-vis des attaques surprises des forces de répression :

« Il faut souligner tout particulièrement le fait que les paysans de cette région avaient mis sur pied un système de sécurité et d'avertissements parmi les habitants des moindres localités. De la sorte, en cas de changement soudain d'emplacement du maquis, ils se tenaient toujours en relation avec lui et signalaient, si nécessaire, les mouvements des patrouilles ou unités allemandes en opération, ce qui devait s'avérer plus tard extraordinairement efficace lors d'opérations plus importantes que les fascistes lancèrent à partir de Mende[49]. »

L'opération des GMR
contre le maquis « Montaigne »
les 11 et 12 février 1944

Cependant, c'est assez vite que le groupe « Montaigne » allait être attaqué par les GMR auxquels avaient été associés des gendarmes. Il est vrai que, dès le 4 février, dans un café de Beaucaire, Paul Hartmann et Martin Kalb avaient eu bruit de l'imminence de cette opération qui avait peut-être été différée à cause des recherches policières imposées par l'évasion de la centrale de Nîmes la nuit suivante. Quant à « Montaigne », il avait par ailleurs été prévenu par un vieux docteur, le docteur Desmond, qui prenait pension à Saint-Germain-de-Calberte, à l'hôtel-restaurant Martin. Celui-ci, qui lui avait déjà offert ses services en cas de nécessité, l'avait averti que son maquis avait été repéré et qu'à Montpellier la préfecture de police préparait un coup de main contre lui. Le docteur Desmond lui avait d'ailleurs précisé que ses renseignements étaient sûrs, étant donné qu'il les tenait de bonne source, un de ses amis, l'avocat de Montpellier Blanc-Ducollet, franc-maçon, étant en relation avec l'Intendant de police lui -même[50].

Rispoli, le trop fameux directeur des Renseignements Généraux de Mende et son inspecteur Grimoux avaient rassemblé, à force d'obstination, de ruse, et malheureusement aussi, grâce aux renseignements fournis involontairement par des bavards impénitents (tels certains clients du restaurant de Jalcreste dont les conversations avaient été écoutées par des policiers en civil), grâce aussi aux renseignements transmis par des « indicateurs » camouflés parmi les réfugiés, les données suffisantes sur la présence de maquis dans la région du col des Laupies. Les points suspects : Ferrus, Flandre, Nozières, avaient été désignés et, dans son rapport du 9 janvier 1944, Grimoux avait même établi un croquis pour guider un plan d'attaque-surprise.

Tout cela fut transmis à Marty, intendant de police à Montpellier qui, aussitôt, décida une opération de « nettoyage ». Marty et le commandant régional des GMR prirent personnellement la tête de l'importante colonne qui arriva dans la nuit du 10 au 11 février au col de Jalcreste.

Dans le rapport qu'il établira le 14 février, Rispoli précisera :
« Le 11 février une colonne de cent vingt hommes environ a prospecté la région du col des Laupies et a visité les baraques et bâtiments abandonnés, repérés par l'inspecteur Grimoux (rapport du 9-1-44)... Le 11, rien n'a été trouvé dans la région Jalcreste-Laupies... Le lendemain, samedi 12, la colonne a fait mouvement sur Saint-Germain-de-Calberte et s'est rendue à La Fare, hameau abandonné.

Aucune arrestation n'a pu être faite mais des individus ont été aperçus sur une crête. Des traces d'un séjour récent, des papiers au nom de Feiler Werner, Dull Karl, Mielke Rudi. Quelques fusils Mauser et pistolets en mauvais état.

Un certain nombre de vêtements de drap kaki ou de toile marron identiques à ceux portés par Veylet et ses trois complices le 27-01-44.

... Les GMR ont fait sauter les bâtiments à la dynamite. »

Et Rispoli ajoute :

« J'ai appris le 12 février à Saint-Germain-de-Calberte que le bâtiment occupé par Veylet et sa bande, du côté du col des Laupies, avait été abandonné par eux. »

Cependant la découverte à La Fare de la tombe de Karl Dull allait amener Rispoli et, par suite, le Préfet à donner une nouvelle version « officielle » de la fusillade du 6 février. Ce dernier écrit le 17 mars :

« Dans la nuit du 6 au 7 février 1944, à 20 h 30, au hameau de Passadoires, commune de Saint-Etienne-Vallée-Française, les gendarmes de la brigade de Saint-Germain-de-Calberte avaient échangé des coups de feu avec les occupants d'une camionnette automobile circulant tous feux éteints.

Le lendemain de cette affaire, les gendarmes avaient remarqué à terre, sur une certaine distance, des traces de sang. Ils en avaient conclu qu'un des occupants avait été blessé, sans pouvoir cependant étayer leur hypothèse sur un fait probant.

Des renseignements qui viennent de m'être fournis, il semble bien que l'un des malfaiteurs aurait été blessé au cours de cet engagement et serait décédé peu après. Lors d'une opération de police effectuée le 12 février 1944 dans cette région, sous la direction personnelle de M. l'Intendant régional de Police, il aurait été découvert une portion de terre fraîchement remuée et surmontée d'une croix portant l'inscription : 'Dull Karl, décédé en février 1944 au service de la liberté.' Divers papiers avaient été trouvés, paraissant établir la présence de quatre Allemands, dont Dull Charles, parmi ce groupe de terroristes : cet individu serait vraisemblablement un déserteur du 352e Groupement de TE à Crest (Drôme). »

Ainsi le Préfet entérinait l'interprétation que lui avait formulée Rispoli dans sa lettre du 16 mars, après avoir rejeté les bruits de la rumeur publique pour faire siennes les déclarations des gendarmes :

« Ils avaient conclu qu'un des occupants avait été blessé, hypothèse vivement combattue par la population de l'endroit qui n'a voulu voir, dans cette fuite de la camionnette suspecte, en raison de ses sympathies pour les 'hors-la-loi' de la région, qu'une affaire de 'marché noir' (abattage et transport clandestins d'un porc)[51]. »

Mais nous disposons également, en ce qui concerne l'attaque de La Fare, des indications apportées par les gens du maquis, et en particulier les Allemmands. Hartmann, Hilgert et Kalb en font chacun à peu près le même récit.

« C'est un paysan qui apporta au camp la nouvelle que la police de Pétain opérait dans le secteur et progressait en passant la forêt au peigne fin à la recherche de partisans. Notre groupe cacha tout ce qui ne pouvait être transporté, bien qu'encore susceptible de servir, en tant que munitions ou ravitaillement. Nos sentinelles remarquèrent à temps les GMR qui approchaient et donnèrent l'alarme. D'ailleurs, en arrivant, les policiers déclenchèrent, d'une trop grande distance, un violent tir au fusil. Lorsque cette fusillade éclata, il était exactement midi et, à la cuisine, se trouvait juste à point un goulasch que 'der lange Ernst' avait mitonné, en y mettant tout son cœur, à partir d'un cochon réquisitionné [encore le cochon du 6 février sans doute !]. C'est à regret que nous avons laissé en plan le goulasch, traversé la route, et, en empruntant une petite vallée, grimpé sur la crête située en face, quelques kilomètres plus loin. Là, nous avons trouvé, pour nous abriter, un vieux bâtiment vide, encore protégé par son toit et nous avons pu observer ce qui se passait à La Fare. Les policiers firent sauter toutes les maisons encore en état, puis s'en allèrent[52]. »

Martin Kalb, seul, fournit à ce propos une précision supplémentaire :

« Parmi les explosions, l'une d'elles fut particulièrement violente. Le feu ayant été mis dans une grange où nous avions caché une assez grande quantité d'explosifs, l'incendie fit tout sauter. Et nous avons appris par la suite que tout un groupe d'hommes avaient été blessés par la chute de pierres qui s'ensuivit[53]. »

Ainsi le maquis se tira à bon compte de cette opération. Certes, les maisons de La Fare, abritant le camp, n'existaient plus — en dehors des murs —, mais il n'y avait aucune perte humaine. Les véhicules eux-mêmes avaient été sauvés, le corps franc étant en déplacement.

Deux faits avaient été particulièrement favorables : en premier lieu, Rispoli et Grimoux avaient pensé que le groupe se trouvait toujours à proximité du col des Laupies, d'où les recherches infructueuses du 11 ; ensuite un paysan était venu en avertir les maquisards. Il faut préciser que, si ces derniers avaient décroché, c'est que leur unité ne disposait pas encore de l'armement nécessaire pour engager le combat sans qu'il y ait risque pour eux-mêmes ou pour la population.

Quant au corps franc, nous savons quelles furent ses pérégrinations durant ces deux journées des 11 et 12 février, grâce à Max Dankner :

« Nous étions allés réquisitionner un camion chez un propriétaire de véhicules ; dans la ville la plus proche nous avons pris de l'essence que le pompiste nous céda contre reçu. Nous devions prélever du ravitaillement chez un collaborateur, épicier en gros. Son magasin se trouvait éloigné d'environ trente mètres de la gendarmerie ; nous avons encerclé celle-ci pour que les gendarmes ne puissent en sortir. Mais notre opération avait été signalée, de sorte que, lors du retour, sur une route de montagne enneigée, nous fûmes stoppés par un arbre couché en travers de la chaussée, et pris sous le feu de la police. Répartis entre le camion et une automobile, nous avons dû riposter et n'avons pu passer qu'au prix de grosses difficultés ; mais, au moment de franchir le col de Jalcreste, nous avons à nouveau été arrêtés et forcés cette fois de faire demi-tour. Malgré cela nous avons réussi à placer à l'abri l'ensemble de notre chargement grâce au pasteur d'une localité voisine qui mit le temple à notre disposition en guise d'entrepôt.

Quand finalement nous sommes rentrés au camp nous avons trouvé les maisons de La Fare détruites et il nous a fallu commencer par rechercher notre groupe. Ce n'est qu'ensuite qu'il nous a été possible d'aller sortir le ravitaillement du temple et de le cacher chez différents paysans[54]. »

Dans son rapport du 14 février 1944, Rispoli apporte quelques précisions et donne la raison pour laquelle les policiers ne purent effectuer la poursuite :

« Le 11, vers 10 heures, les GMR qui assuraient, au col de Jalcreste, le barrage en direction du Collet-de-Dèze, ont vu arriver une camionnette venant de Saint-Privat-de-Vallongue par la route nationale 107. Quelques jeunes gens l'occupaient.

A la vue de policiers, éloignés d'eux, à ce moment, d'une centaine de mètres, le chauffeur a fait rapidement demi-tour, et le véhicule est reparti en direction du Collet-de-Dèze.

Sa poursuite n'a pu être envisagée, les voitures stationnées en plein air au col de Jalcreste ayant été, dès leur arrivée, vidangées, par suite du froid intense.

...On a appris par la suite que, lors du franchissement du passage à niveau de Saint-Privat-de-Vallongue, cette camionnette avait dérapé, et qu'une partie des denrées qu'elle transportait était tombée sur le sol[55]. »

Enfin, il est intéressant de noter que, si les gendarmes sont partiellementt impliqués dans cette affaire, mêlés qu'ils étaient aux GMR dans leur incursion contre le maquis, il en est qui ont su dire non. Et c'est Richard Hilgert lui-même qui évoque un cas intéressant, celui du brigadier de gendarmerie de Calvisson. Il l'avait connu lorsqu'il se trouvait au camp de prestataires de Langlade, en 1941-42.

« C'était un Lorrain. Il était évidemment là en tant que brigadier de gendarmerie chargé du camp de Langlade qui se trouvait dans son secteur. Il y venait de temps à autre faire un tour. Et on prétendait qu'il savait fort bien, en cas de besoin, laisser échapper un mot qui permettait de deviner que quelqu'un de bien précis devait être arrêté pour être expédié en Allemagne. Lorsque, le lendemain matin, lui-même ou l'un de ses collègues faisait son apparition à Langlade, l'oiseau s'était envolé : et ceci fut particulièrement important vers la fin de 1942, notamment lorsque le camp de base dont nous dépendions fut transféré à Beaucaire.

J'ai aussi de lui quelques souvenirs personnels qui témoignent de la sympathie qu'il nous portait en ces temps difficiles. Ici, il avait su fermer les yeux alors que je me procurais, sans ticket, chez le boulanger de Clarensac, du pain pour nos camarades internés à Gurs. Là, il était venu m'épauler alors que, travaillant à la gare de Caveirac, je m'échinais sans succès à pousser un wagon de marchandises vers une rampe de chargement.

Aussi ai-je été heureux d'apprendre, en septembre 1944, par le camarade Mathias Zintl, qui habitait Calvisson avec sa femme, que ce brigadier s'était refusé à prendre part avec ses huit hommes, les 11 et 12 février 1944, à l'opération contre notre maquis. Sur les huit, un seul aurait été consentant. Et ils furent tous les neuf mis en prison[56]. »

Ce témoignage nous paraît significatif car il montre, une fois encore, que les antifascistes allemands n'ont pas conservé une image stéréotypée des diverses catégories de Français durant cette époque.

Mais, non moins instructive nous semble être la façon dont la presse « vichyste » rend compte de l'opération contre le maquis de La Fare. Ce n'est que le 24 février que *L'Éclair*, peu rapide en l'occurrence, informe ses lecteurs comme suit :

« Les forces du maintien de l'ordre découvrent un maquis.

Les GMR de Montpellier viennent de réussir une rapide opération de nettoyage au sud de la Lozère où de nombreux bandits qui semaient la terreur dans les montagnes du département ont pu être arrêtés. Un important camp de 'maquisards' installé dans un village abandonné a été découvert et détruit à la dynamite. Un butin considérable d'armes, d'explosifs, de vêtements, de matériel de couchage et de vivres a été saisi par les forces du maintien de l'ordre.

L'enquête menée sur place a établi que si les effectifs de ce camp comprenaient quelques jeunes Français, sa majeure partie était composée de déserteurs et d'anarchistes appartenant à plusieurs nationalités[57]. »

Pour mémoire — car il s'agit d'une action extérieure aux Cévennes — signalons que deux jours après « l'héroïque » nettoyage de La Fare, le 14 février, en plein centre de Montpellier occupé par les TO, l'intendance de police était l'objet d'un raid particulièrement audacieux : un commando de maquisards de « Bir Hakeim » (un maquis dont nous allons faire la connaissance), venu de la région de Pont-Saint-Esprit, tombait comme la foudre sur les locaux de l'intendance pourtant gardés. Sans éclats bruyants ni « vagues », le commando se retirait en emportant quatre cents révolvers, cent cinquante mousquetons (sans ressort il est vrai...), trois mille cinq cents cartouches de divers calibres, cinquante fusils de chasse, douze motos, une camionnette, deux camions, des chaussures, des effets... Mais ni *L'Éclair*, ni *Le Petit Méridional*, journaux locaux, ne virent rien, n'entendirent rien et n'apprirent rien.

Le hameau de La Fare ayant été détruit, le groupe « Montaigne » trouva momentanément refuge à Malzac situé un peu à l'ouest de Saint-Germain-de-Calberte. Là, ce fut un bref séjour, une simple transition de moins de deux semaines, durant lequel le maquis continua à vivre comme il le faisait à La Fare.

Puis, à la fin du mois de février, il se transporta en face, au Galabartès, de l'autre côté du Gardon de Saint-Martin-de-Lansuscle.

« Notre camp, dit Paul Hartmann, fut transféré au sud-ouest, dans trois maisons abandonnées près de Raynols[58]. »

Quant aux deux Allemandes, Lisa Ost et Hedwig Rahmel-Robens, après les événements du 12 février, désormais en danger à La Fabrègue d'accès facile, elles furent déplacées dans une maison retirée, en amont du Gardon de Saint-Germain, à Nozières, où les Folcher[59] étaient fermiers. Outre le rez-de-chaussée, l'habitation se composait d'un étage comportant un appartement inoccupé. Eloi Folcher raconte :

« 'Montaigne' est venu trouver mes parents. Il leur a demandé d'accorder au maquis l'appartement vide, ce que mon père et ma mère acceptèrent très volontiers de faire, gratuitement bien entendu. C'est ainsi que nous avons vu arriver chez nous deux femmes et un homme. Nous savions évidemment qu'il s'agissait d'antifascistes allemands, membres du maquis[60]. »

La Résistance en Lozère
et notamment dans les Cévennes lozériennes
de la mi-novembre 1943 à la fin février 1944

La résistance lozérienne réorganisée se dépense sans compter, mais durant cette période, tout au moins jusqu'au 27 février, elle bénéficie d'une accalmie relative. Cependant elle s'oriente de plus en plus, même en haute Lozère, vers l'action directe.

« D'après Peytavin, dans le secteur de Marvejols, Max (Roy), qui a remplacé Veylet, prévoit à Chantejals, à côté de Termes, un terrain de parachutage et y installe chez Marcel Malige une équipe permanente dont celui-ci est en même temps l'hôte et le chef. Max (Roy) vient régulièrement à Mende chez les Rousseau qui, à plusieurs reprises, accomplissent des missions de reconnaissance et d'organisation sur les terrains de parachutage[61]. »

Et c'est ainsi notamment qu'Anna et Jean Rousseau ont l'occasion de séjourner quelque temps à Chantejals, avec Jean Farelle intégré à l'équipe spéciale.

Dans les Cévennes lozériennes, Jean Huc, qui, sous le nom de « Francis », est à présent le responsable de la Résistance dans l'arrondissement, voudrait coordonner les actions.

« J'essaye, écrit-il, de contacter à Florac, le 17 décembre, les responsables ; mais je ne trouve que Tour, Meissonnier et Couderc. Je donne quelques ordres et m'en retourne m'occuper de mes Cévennes[62]. »

Ainsi y a-t-il une certaine fragmentation, une certaine sectorisation, notamment en ce qui concerne les maquis, ce qui favorise certains particularismes.

Nous avons vu, par exemple, que dans la région du Col de Jalcreste Saint-Germain-de-Calberte c'est Peytavin et Mazel d'un côté, « Mistral » de l'autre, qui viennent épauler « Montaigne », et parfois même « Villars » jusqu'à sa mutation à Clermont-Ferrand à la fin janvier. Par contre, son remplaçant comme Chef régional maquis : « Marignan », dit aussi « Delaunay » (de Martel), ne semble pas être venu dans le secteur durant le mois de février.

Dans la région de Saint-Etienne-Vallée-Française, ce sont deux résistants locaux, Marceau Lapierre, instituteur à Saint-Jean-du-Gard, et son ami Georges Lafont, filateur et maire de Saint-Etienne-Vallée-Française, qui organisent à La Picharlerie un maquis-école à l'intention des réfractaires au STO qu'ils ont eux-mêmes placés dans les diverses fermes des environs au cours des derniers mois.

Par contre « Francis » se trouve bien chez lui dans le secteur du Collet-de-Dèze avec Albin Gabriac, le maire socialiste de Saint-Michel-de-Dèze, qui est aussi membre de l'AS, mais également aux côtés des communistes Charles Pantel, Henri Jouanen et Fernand Soustelle, ou du pasteur Marc Donadille de Saint-Privat-de-Vallongue qui a été contraint de disparaître dans la clandestinité.

« Quant à Charles Pantel, note Jean Huc, surmené, gravement malade, il va devoir, au début janvier, nous quitter pour entrer à l'hôpital à Lyon. Et en le perdant nous perdons un camarade dynamique qui faisait un travail formidable[63]. »

Cependant, dans cette région, des maquis FTP sont maintenant en place.

« D'ailleurs au début, rappelle Jean Huc, une convention avait été passée entre AS et FTP. L'AS devait fournir les fonds, le ravitaillement, les armes, et les FTP les équipes chargées d'effectuer les coups de main. »

Dans un premier temps, les engagements de l'AS avaient été tenus, « Mistral » fournissant l'équipement et les fonds, le complément étant assuré par une souscription ouverte avec discrétion auprès de la population. Mais à la fin de l'année 1943, « Montaigne » était venu installer son maquis à proximité.

« Aussitôt nous avons l'impression, poursuit 'Francis', que les difficultés vont commencer. Et en effet, dès ce jour, nous ne recevons plus de fonds et les souscriptions ne suffisent plus[64]. De plus, 'Montaigne' commet de telles imprudences que tout le monde connaît son existence et celle de son maquis[65]. »

« Certains jeunes éléments du groupe sont très imprudents, précise Peytavin, et il leur confie des missions pour lesquelles ils ne reçoivent ni instructions précises, ni conseils éclairés. C'est ainsi que trois d'entre eux, venant à Mende pour s'emparer d'une voiture, prennent publiquement contact avec Mazel. Après cela, dans la nuit, ils fuient avec l'auto du docteur Delmas, ont un accident à Balsièges, et, blessés, téléphonent en clair à l'hôtel Teissier à Marvejols pour informer leurs camarades. Ce fut un jeu pour la police de retrouver leur trace.

Mais il arrive aussi à « Montaigne » lui-même de téléphoner en clair à ses camarades de Mende. Il se livre à des manifestations de vantardise auprès de la population. Il abandonne dans sa chambre, à Jalcreste, les plans les plus secrets...

Aussi, quand il se présente aux FTP en se prétendant chef départemental, est-il accueilli avec beaucoup de circonspection.

Un rapport est adressé à la région, rapport qui a pour suite la visite des camps par 'le Gaulois', commissaire régional aux effectifs, et

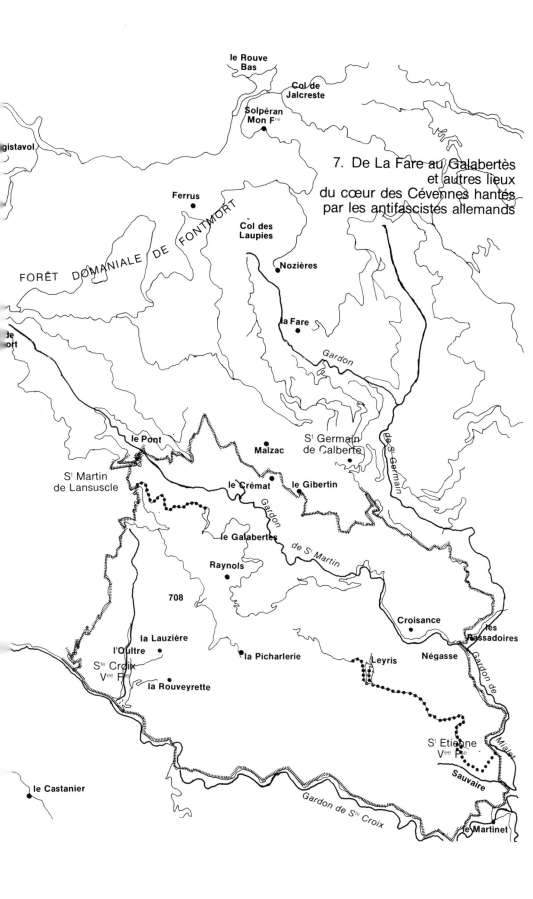

le Rouve
Bas

Col de
Jalcreste

Solpéran
Mon F^re

gistavol

Ferrus

7. De La Fare au Galabertès
et autres lieux
du cœur des Cévennes hantés
par les antifascistes allemands

Col des
Laupies

FORÊT DOMANIALE DE FONTMORT

Nozières

la Fare

Gardon

de St-Germain

le ...
.ort

le Pont

Malzac

St Germain
de Calberte

St Martin
de Lansuscle

le Crémat

le Gibertin

le Galabertès

Gardon de St Martin

Raynols

708

Croisance

les
Rassadoires

Gardon de

la Lauzière

l'Oultre

la Picharlerie

Leyris

Négasse

Ste Croix
V^ee F^re

la Rouveyrette

le Castanier

St Etienne
V^ee F^re

Milard

Sauvaire

Gardon de Ste Croix

le Martinet

'Martin', commissaire régional technique. Ordre est donné aux camps - conformément à la décision de la Commission militaire nationale - d'interdire l'accès des maquis FTP à toute personne non munie du mot de passe réglementaire[66]. »

C'est alors qu'a lieu, chez Fernand Soustelle, à la Cure, commune de Saint-Frézal-de-Ventalon, une entrevue pour le notifier à « Mistral » et à « Montaigne »[67]. Mais ce dernier tente, quelques jours plus tard, de passer outre. Il est expulsé militairement du camp du Crespin[68].

Et l'on comprend ainsi pourquoi, lorsque, La Fare ayant été détruite, la « brigade Montaigne », que l'on qualifie parfois déjà de MOI bien qu'elle n'ait aucune liaison organique directe avec ce mouvement de Résistance, quittant Malzac, s'oriente plutôt vers la Vallée Française et son maquis AS que vers la Vallée Longue, domaine des FTP.

Les deux camps FTP installés dans la commune de Saint-Frézal-de-Ventalon n'eurent aucun problème de sécurité jusqu'au début de l'année 1944. Mais, à la suite de dénonciations, le 12 janvier, le maquis du Crespin déménage et va s'installer aux Bouzèdes, au-dessus de Vialas, à plus de 1200 mètres d'altitude, et, le 15 février, celui des Souts, à Leyris, se replie à Lavit, dans la commune de Saint-Martin-de-Boubaux.

Ici et là les hommes vont se nourrir essentiellement de châtaignes.

« Les propriétaires, dit 'Francis', leur en avaient donné à la seule condition qu'ils les ramassent et les sèchent eux-mêmes. Aussi les châtaignes blanches vont être à la base de leur alimentation durant tout l'hiver[69]. »

Ils en montent donc jusqu'aux Bouzèdes où elles sont accommodées, non point selon des recettes cévenoles, mais à la mode sarroise. Car les hommes mangent la cuisine préparée par deux Sarrois : « Charles » (Emmanuel Schwarz) et « Louis » (Stephan Backes).

« Une cuisine souvent bizarre, raconte 'Raymond' (Joseph Duhart), avec des pâtes à la confiture, ou des châtaignes blanchettes assorties de morceaux de crème de gruyère que nous avions récupérés avec un camion de ravitaillement. »

Ce à quoi « Arthur » (Marcel Mallol) ajoute :
« C'est d'une façon inimitable que 'Charles' nous préparait son excellent 'bajana'[70]. »

Le groupe des Bouzèdes verra d'ailleurs son contingent d'étrangers renforcé par l'arrivée, le 10 février, des vingt évadés de la centrale de

Nîmes, dont sept Italiens et un Polonais. Mais, dit Bouladou : « Certains gagnèrent les MOI après un repos au camp[71]. » Cependant, il semble que ce soit bien plus tard.

Quant au camp de Lavit, il a hérité des étrangers (surtout des Soviétiques) qui avaient rejoint Les Souts.

Le 28 février 1944 : une journée qui fait date

« Le 25 février, dit Peytavin, je suis à Banassac où a lieu une réunion de l'état-major. Il y a là, entre autres, Chauliac, chef régional, 'Delaunay', chef régional maquis — il avait remplacé 'Villars'[72] et une jeune femme, agent de liaison. 'Delaunay' me confie une lettre et des instructions à faire tenir immédiatement à 'Montaigne' au col de Jalcreste.

Je décide donc de partir à Jalcreste par le premier autobus, le lundi matin 28 février. Mazel accepte de m'accompagner. Nous devons trouver 'Montaigne' et 'Mistral' que Mazel a fait prévenir.

A Jalcreste, les GMR, la Gestapo et les SS ont établi un barrage. Ils font descendre les voyageurs de l'autobus et nous rassemblent à l'hôtel Nogaret. Dans une salle-à-manger, quelques hommes sont déjà arrêtés. Parmi eux : Nogaret et deux gardes forestiers qui ont un regard bref vers Mazel et moi. Marty, le féroce intendant de police est là. Il écume : 'Je sais, dit-il, qu'une réunion de chefs de maquis doit se tenir ici, aujourd'hui[73].' »

Que s'est-il passé ?

Nous avons à ce sujet un document, un rapport de Marty lui-même :

« J'ai été averti le 28 février, vers minuit trente, que le chef départemental des maquis de la Lozère se rendrait aux premières heures du matin à l'hôtel Nogaret à Jalcreste pour y rencontrer deux de ses lieutenants de la région.

J'alertai immédiatement le commandant régional des GMR et lui demandai de me fournir vingt hommes en vue d'opérer le siège de l'hôtel, sachant que si le chef en question s'y trouvait, il se défendrait énergiquement, le connaissant de réputation.

... J'ai quitté Montpellier vers 3 heures du matin[74]. »

Vers 9 heures — 9 h 30, Marty et ses hommes arrivent au col de Jalcreste. Une trentaine de SS occupent déjà l'hôtel. Marty est stupéfait et furieux à la fois. « Manque de liaison, maladresse brutale d'une telle action qui a dû inciter les deux lieutenants du chef départemental à rester hors de portée... peut-être celui-ci a-t-il été également alerté ». Marty sent qu'une fois encore le coup est raté. Il ne sait pas, heureusement, que Peytavin, le chef départemental attendu, est bien dans l'hôtel, collé au mur, ainsi que son adjoint Mazel, parmi les voyageurs du car Florac-Alès, que les SS ont fait descendre. Après une rapide prise de contact avec les officiers allemands, Marty prend les choses en mains.

Madame Nogaret fait face et, avec cran, dit ne connaître personne : on l'enferme avec violence dans la cuisine. Le garde forestier Elie Désiré est lui aussi malmené, mais c'est Nogaret surtout qui fait les frais d'un « interrogatoire » sans ménagements. Dans la salle de restaurant, les rares clients de l'hôtel, les passagers du car, sont face au mur, bras levés.

« Je sais que le chef des terroristes est ici ! » hurle Marty.

Peytavin qui avait noté sur un papier quelques points à discuter avec « Mistral » et « Montaigne », à moins qu'il ne s'agisse de la lettre remise par Delaunay, avale avec peine la feuille vivement chiffonnée qu'il a réussi à dissimuler dans sa bouche en descendant du car ; il n'en finit pas de mâchouiller et de déglutir « à sec » !

Sur un ordre, tout le monde fait face aux policiers qui exigent vainement de Nogaret, de sa femme, de sa fille, des noms :

« On fera tout sauter, et vous, on vous embarque si vous persistez à ne vouloir connaître personne ».

Le chauffeur du car, lui non plus, n'est au courant de rien.

Parmi les passagers du car, aucun ne présente une silhouette de « chef de terroristes » : plusieurs Cévenols du cru allant à Alès ; un citadin aux cheveux blancs, intellectuel amaigri en quête de ravitaillement, affectant une résignation impénétrable et tranquille et qui n'intéresse pas les GMR ; un jeune Eurasien plutôt fluet, dont les traits et les expressions de visage sont tout d'amabilité et de douceur ; des femmes silencieuses...

Quant à Peytavin et Mazel, qui ignorent que les SS d'Alès ont entrepris de façon tout à fait indépendante une vaste opération de ratissage dans cette partie des Cévennes, ils croient que ceux qui se trouvent là n'ont d'autre mission que de prêter main-forte aux GMR de Marty.

Cette action intempestive des SS a tout gâché, pense par contre l'Intendant. Après quelques menaces sans conviction et les dernières vociférations lancées tantôt par des SS, tantôt par des GMR déçus, les voyageurs ont le sentiment que l'étau se relâche.

L'orage est passé ; les voyageurs peuvent en effet remonter dans le car et poursuivre leur route. Silencieux, mais intérieurement tendus pour maîtriser toute expression de joie intempestive, Peytavin et Mazel n'échangent même pas un regard. A Alès, on verra.

Ce n'est que plus tard qu'ils sauront pourquoi l'intendant Marty était là et comment ils s'en sont tirés :

« C'est la jeune femme qui était trois jours plutôt à Banassac qui nous avait livrés. Heureusement, elle ne connaissait pas les noms portés sur les cartes d'identité[75]. »

Mais, pour l'instant, c'est vers « Mistral » et « Montaigne » que vont toutes leurs pensées. Comment ont-ils pu éviter le traquenard ? Car, de toute évidence, s'ils avaient été arrêtés, Marty aurait procédé à une spectaculaire confrontation avec les voyageurs pour tenter sa dernière chance.

Est-ce avant l'arrivée du car de Mende, ce qui est le plus probable, ou après son départ pour Alès ? En tout cas, « Mistral » a effectivement échappé lui aussi à l'arrestation. Il nous a raconté son aventure :

« Je logeais à l'époque à Saint-Hilaire-de-Lavit où j'étais sensé faire du charbon de bois. Pour une fois, j'avais sur moi des pièces d'identité irréfutables qui en faisaient foi. Et, au lieu de circuler comme d'ordinaire en 'celtaquatre' rouge, c'est en moto que j'arrivai devant l'hôtel Nogaret où une chambre m'était réservée dans laquelle j'avais laissé des documents et des armes ! Heureusement d'ailleurs, le jeune garde forestier, Elie Désiré, qui prenait pension là, avait pu la débarrasser de ces objets compromettants et tout liquider dès qu'il avait vu apparaître les SS.

Alors que l'hiver, je rentrais normalement ma moto du fait qu'elle démarrait très mal avec le froid, je l'avais laissée dehors. C'était — du moins pour l'instant — une chance, car je transportais sur celle-ci un uniforme du 1er Régiment de France, ayant un pétard dans une poche, le tout pour Ferraci, un des hommes du corps franc de 'Victor'.

Enfin ce jour-là je n'avais pas avec moi mon berger allemand qui m'accompagnait partout quand je voyageais en auto et que j'avais l'habitude de tenir en laisse.

Dans l'hôtel, je tombai sur l'intendant Marty flanqué de sept individus et de quelques-uns des cinq ou six cents SS qui avaient investi la région. Nogaret était là, avec sa fille. Et je me suis dit : 'Pourvu qu'elle ne parle pas !' Mais non ; elle est restée très digne. Quant à son père, je le vois encore [nous sommes en 1984] se retournant légèrement, comme par hasard, pour me montrer qu'il avait derrière le dos les mains enchaînées par des menottes. Ce sont des souvenirs que l'on n'oublie pas !

Enfin, toujours est-il que, grâce à ma fausse carte d'identité, à mon alibi — le charbon de bois —, et à l'absence de mes compagnons ordinaires — ma voiture et mon chien —, 'ils' ne se sont pas doutés que c'était moi et ils m'ont relâché.

Je suis sorti. Il faisait un froid terrible : mon nez coulait et la 'mèche' [la morve] se figeait sur le visage. Eh bien ! Ce que c'est que la baraka ! La moto, ordinairement récalcitrante, a démarré cette fois-là au quart de tour. Or, d'après ce qui m'a été rapporté par la suite, je n'avais pas fait cent mètres sur la route de Saint-Germain-de-Calberte que, subitement inspiré, un des policiers français a dit : 'Un des types que nous recherchons ! C'est lui[76] !' »

« Montaigne », pour sa part avait été averti de la montée des colonnes SS ; la mise en alerte des maquis de la contrée, du Ventalon à Fontmort, était réalisée en dépit des précautions prises par « l'ennemi » pour surprendre « les terroristes ». Ni l'Administration, ni la police française en effet, y compris Rispoli (pourtant si coopérant !), n'avaient été avertis. Les seuls documents français sur cette action sont les messages téléphonés par les brigades de gendarrmerie pour informer leurs chefs du passage de TO. Ces communications permettent de dire que l'entreprise des TO avait de l'envergure. Si le résultat à l'égard des maquis fut un échec complet, c'est que ceux-ci étaient vigilants et que les Allemands, tout SS qu'ils fussent, hésitaient à s'engager hors des routes. Deux communications téléphoniques, du Collet de Dèze et de Saint-Germain-Calberte signalent le passage d'une colonne au Pendedis.

Toutefois, s'ils ne se sont pas aventurés à aller chercher les maquis dans leurs repaires, à l'écart des voies passagères, tout au long de leur itinéraire d'Alès à Florac, les Allemands, visiblement en possession de renseignements sur la « subversion » dans les Cévennes lozériennes, tentent plusieurs arrestations par surprise.

Au Collet-de-Dèze, « Francis » s'enfuit par une fenêtre donnant sur le Gardon et échappe de justesse aux hommes de Marty qui accompagnent les troupes à leur retour. Moins heureux, le gendarme Tauvy est arrêté, mais il sera libéré plus tard.

A Cassagnas, une compagnie de SS tente en vain d'arrêter Salomon Grumbach, ancien député socialiste qui, après l'arrivée de Hitler au pouvoir, avait pris maintes fois des positions très en pointe en faveur des exilés allemands.

« Il était réfugié chez Albert Rouvière aux Felges, précise Marcel Chaptal. Et il n'avait été averti que tardivement du danger à rester là par un message codé : 'il est urgent d'enlever la marchandise'. Peu avant l'arrivée des Allemands, il était passé par une porte dérobée et s'était rendu chez madame Bonnafoux à Cassagnas. Malheureusement, il y avait une petite couche de neige qui pouvait permettre de le suivre à la trace. Pour brouiller la piste, le gendre de madame Bonnafoux employa un subterfuge que les braconniers empruntent quelquefois au lièvre qui se remise. Il alla aux Felges en passant exactement dans les empreintes de pas laissées par Grumbach, mais en sens inverse. Toujours est-il que Grumbach ne fut pas découvert[77]. »

A Florac, par contre, Tour sera appréhendé le lendemain 29. Pourquoi seulement un jour après les autres ? Peut-être parce que l'ennemi l'avait mis sur écoute, espérant prendre connaissance des messages qu'il était susceptible d'envoyer de la poste de Florac.

Mais, au même moment, les SS mènent des opérations dans d'autres secteurs, ce qui laisse supposer qu'il s'agit d'actions concertées.

Ainsi interviennent-ils dans les basses Cévennes gardoises et vers la basse vallée du Rhône où ils ont entrepris, dès le 27 février, des incursions contre le maquis « Bir Hakeim » : celles-ci devaient aboutir, le 3 mars, au massacre de quatorze habitants du hameau des Crottes.

Toutes ces opérations sont le fait de la 9e Panzerdivision SS « Hohenstaufen ». Celle-ci, venant de Belgique, est arrivée le 20 février 1944 dans le Midi pour s'y mettre « au repos ». L'état-major du Général de Division SS, Wilhelm Bittrich, s'installe à Nîmes ; les unités la composant sont réparties dans le Gard et les départements voisins. C'est à elle qu'incombe la mission de détruire les maquis établis dans toutes les Cévennes et dans l'est du département du Gard[78].

Cependant, en haute Lozère, ce 28 février, se sont produits d'autres événements importants. Là, c'est la Gestapo qui est intervenue, en synchronisation avec les actions dont nous venons de parler. La coïncidence est en effet trop nette pour être, semble-t-il, purement fortuite.

« Arrivés à Alès, raconte Peytavin, nous envisageons de regagner Mende par un prochain car. A l'heure du retour, nous trouvons un message téléphoné au bureau de l'autobus qui nous demande de ne pas rentrer. C'est Jasse qui prévient. Que se passe-t-il donc à Mende ?

Mazel téléphone chez lui ; pas de réponse. Il téléphone à Pages ; celui-ci confirme le message.

Nous sommes tous deux dans l'incertitude et l'angoisse et voulons avoir à tout prix des nouvelles exactes. Nous décidons de rentrer en Lozère par le train (via Nîmes et Béziers). A Banassac, nous nous arrêtons chez Foulquier qui nous apprend l'arrestation de Bourrillon ; de Michel à Langogne ; les perquisitions chez Mazel et chez moi ; l'arrestation de Max Roy, de Sarrus, de Charbonnier à Marvejols ; de Tour à Florac, et celle, manquée, de Huc au Collet-de-Dèze.

Jean et Anna Rousseau sont obligés de quitter Mende précipitamment, les Allemands perquisitionnant chez eux[79]. »

Ainsi, en ce 28 février, la Gestapo et ses collaborateurs avaient bien failli décapiter à nouveau totalement la Résistance lozérienne en visant personnellement les chefs départementaux Bourrillon et Peytavin, ainsi que Mazel pour le secteur de Mende, Michel pour Langogne, Max Roy pour Marvejols, « Francis » pour les Cévennes. Heureusement que les plans policiers les mieux établis laissent toujours quelque chance au hasard : Peytavin, Mazel et « Francis » ont échappé à l'arrestation ainsi que Michel qui avait pu déjouer les manœuvres de la Gestapo.

A La Castelle et à Mijavol, en cet hiver 1944

Cependant la Gestapo ne vise pas que les résistants français ; elle s'intéresse aussi aux exilés allemands, notamment lorsqu'ils sont demeurés dans la légalité et qu'elle peut, de ce fait, savoir où ils se trouvent. C'est le cas de Ernst Friedrich fils, qui, peut-être resté sous surveillance depuis sa première arrestation, figure toujours sur les tablettes du 321e GTE de Chanac.

C'est donc un jeu pour la Gestapo d'aller le cueillir « chez lui », à La Castelle, un jour de la mi-janvier 1944. Un rapport de la gendarmerie de Barre des Cévennes fournit à ce sujet les renseignements suivants :

« Ce jeune homme vivait seul à La Castelle. Les animaux lui appartenant (un porc, une chèvre et des volailles) ont été pris en même temps que lui, à l'aide d'un camion où se trouvaient, paraît-il, des militaires allemands. Sa destination est inconnue, ainsi que les motifs de son arrestation[80]. »

Où était passé son père ? Nous l'ignorons. Mais quant à lui, nous savons que, malheureusement, il a été conduit à la Gestapo à Mende. Et il va, dès lors, accepter de se mettre à son service comme interprète, lors d'interrogatoires parfois très sévères de résistants.

Par contre, ce sont les antifascistes allemands en train de monter leur maquis qui s'intéressent à la présence à Mijavol de Hermann Leipold et Ernst Frankel.

« Un jour, nous a dit Marcel Chaptal, aux alentours du nouvel an 44, j'ai eu la visite d'un gars qui se disait Lorrain et se faisait appeler 'Walter'. Nous nous connaissions car il avait été pendant un certain temps plus ou moins caché dans la région ; puis il était allé au maquis du côté de Saint-Frézal-de-Ventalon. Il savait donc que j'avais un Allemand et un Autrichien réfugiés chez moi, et à présent il venait avec

150

un certain 'Paul' (Paul Huber) pour les contacter. Ils leur ont parlé et sont repartis. Puis, vers la mi-février, ils sont venus les chercher : 'Il faut nous suivre maintenant', leur ont-ils dit[81]. »

Et c'est ainsi que, le 20 février 1944, Leipold et Frankel ont rejoint le maquis « Montaigne » à Malzac, peu avant qu'il ne parte au Galabartès.

NOTES DU CHAPITRE V

1. Allusion au fait qu'il avait été un moment envisagé que le responsable AS de l'Aveyron : Freychet (« Blanc ») « coiffe » la Lozère, mais ce projet avait été abandonné.

2. Ernest Peytavin, *op. cit.*

3. Jean Huc, *op. cit.*

4. Ernest Peytavin, *op. cit.*

5. *Ibid.*

6. Aimé Vielzeuf, *Demain du sang noir*, Peladan, Uzès, 1970.

7. Ernest Peytavin, *op. cit.*

8. Arch. dép. Lozère.

9. Ernest Peytavin, *op. cit.*

10. Jean Huc écrit : « 'Mistral' me livre à ce moment-là 70 tenues du Premier Régiment de France. Je les reçois une nuit avec l'aide de Henri Jouanen, de Laurent Joël et Joseph, et du fils de ce dernier (Jacques). Le lendemain : distribution. Les hommes sont fiers d'être habillés en soldats. » René Rascalon, *Résistance et Maquis FFI-Aigoual-Cévennes*, Montpellier, 1945.

11. Institut für Marxismus-Leninismus, Relation de Dora Nickolay.

12. Otto Kühne, abandonnant le chantier de bûcherons de Poët-en-Percip dans la Drôme, était revenu en Lozère pour assumer au Maquis des responsabilités de direction en ce qui concerne les antifascistes allemands. Werner Feiler, en mission à Marseille et chargé d'orienter des compatriotes vers ce camp se constituant dans les Cévennes, avait été mandé pour participer à son installation. C'est lui qui a pris à Ferrus la photographie représentant Otto Kühne et Louis Veylet.

13. Institut für Marxismus-Leninismus, Relation de Hanns et Lya Kralik.

14. En ce lieu, les camisards avaient été accrochés le 28 juillet 1702 par les soldats du capitaine Poul. Ils devaient par la suite y revenir à plusieurs reprises, tout comme le feront plus tard les maquisards allemands.

15. René Rascalon, *op. cit.*

16. Aimé Vielzeuf, *op. cit.*

17. Arch. dép. Lozère.

18. Ce gendarme sera tué dans les combats de la Libération après s'être joint, à une colonne allemande en retraite. Le second, traduit ultérieurement en cours de justice, rappellera, lors de l'instruction de cette affaire, le refus de Veylet d'utiliser les armes, et les arguments de patriotisme qu'il avait opposé à l'obstination aveugle de son collègue.

19. Arch. dép. Lozère.

20. Témoignage de Franz Blume.

21. Témoignage de Richard Hilgert.

22. Dora Schaul, *op. cit.*, récit de Paul Hartmann.

23. Institut für Marxismus-Leninismus, Relation de Richard Hilgert.

24. *Ibid.*, Relation d'Hermann Mayer.

25. *Ibid.*, Relation de Richard Hilgert ; témoignage de Richard Hilgert.

26. *Ibid.*, Relation de Max Dankner ; témoignage de Max Dankner.

27. Institut für Marxismus-Leninismus, Relation de Richard Hilgert.

28. *Ibid.*, Relation de Richard Hilgert ; témoignage de Richard Hilgert.

29. Institut für Marxismus-Leninismus, Relation de Max Dankner.

30. Dora Schaul, *op. cit.*, récit de Paul Hartmann.

31. Institut für Marxismus-Leninismus, Relation de Max Dankner.

32. Témoignage de François Rouan.

33. Témoignage d'Antonin Combarmond.

34. René Nicolas nous signale, par ailleurs, qu'il n'y en avait pas un autre comme lui pour réparer une arme, nettoyer un pistolet ou remettre en état de marche une mitrailleuse enrayée.

34 bis. Témoignage de Richard Hilgert.

35. Institut für Marxismus-Leninismus, Relations de Richard Hilgert et de Martin Kalb.

36. *Ibid.*, Relation de Richard Hilgert.

37. *Ibid.*, Relation de Martin Kalb.

38. D'après Richard Hilgert d'une part et Hans Krainer de l'autre, les deux Yougoslaves étaient d'anciens gendarmes et l'on racontait même qu'ils avaient appartenu à la garde du roi Paul de Yougoslavie assassiné à Marseille. Les Allemands les avaient embarqués, habillés en SS et amenés au Vigan. Là, ils auraient déserté et rejoint le maquis.

39. La moyenne d'âge des trente-deux Allemands ou Autrichiens dont nous connaissons la date de naissance était de 40 ans.

40. Allusion à la réquisition de tous les fusils de chasse du 1er avril 1942.

41. Il doit s'agir de la mitraillette que le Sarrois « Mandoline » (Norbert Beisäcker) avait dérobée à Alès à un sous-officier de la Wehrmacht.

42. Dora Schaul, *op. cit.*, récit de Paul Hartmann ; Institut für Marxismus-Leninismus, Relation de Martin Kalb.

43. En français dans le texte.

44. Institut für Marxismus-Leninismus, Relation de Paul Hartmann.

45. *Ibid.*, Relation de Max Dankner.

46. Témoignage de Hans Krainer.

47. Arch. dép. Lozère.

48. Institut für Marxismus-Leninismus, Relation de Max Dankner.

49. *Ibid.*

50. Témoignage de François Rouan.

51. Arch. dép. Lozère.

52. Institut für Marxismus-Leninismus, Relation de Paul Hartmann ; témoignage de Richard Hilgert.

53. *Ibid.*, Relation de Martin Kalb.

54. *Ibid.*, Relation de Max Dankner.

55. Arch. dép. Lozère.

56. Institut für Marxismus-Leninismus, Relation de Richard Hilgert ; témoignage de Richard Hilgert.

57. Arch. dép. Lozère.

58. Institut für Marxismus-Leninismus, Relation de Paul Hartmann.

59. Les Folcher constituaient une famille nombreuse. Outre la grand-mère maternelle, le père — Elie —, et la mère — Louise —, quatre enfants demeuraient à Nozières : Eloi, Rémy, Eliette et Ginette, âgés respectivement de 21, 19, 15 et 12 ans. Les deux filles aînés Paulette et Ida, habitaient à Saint-Rémy-de-Provence. Eloi, déserteur des chantiers de Jeunesse, appartenait à un groupe du « maquis Martin ».

60. Témoignage d'Eloi Folcher.

61. Ernest Peytavin, *op. cit.*

62. Jean Huc, *op. cit.*

63. *Ibid.*

64. Il est vrai que « Mistral » continue à faire bénéficier les maquis FTP des Cévennes de diverses fournitures, notamment en matière d'habillement.

65. Jean Huc, *op. cit.*

66. Ernest Peytavin, *op. cit.*

67. Gérard Bouladou, *Les Maquis du Massif Central méridional, 1943-1944*, Service de reproduction des thèses, Lille, 1975.

68. Ernest Peytavin, *op. cit.*

69. Jean Huc, *op. cit.*

70. Aimé Vielzeuf, *On les appelait « Les Bandits »*, *op. cit.*

71. Gérard Bouladou, *op. cit.*.

72. Villars avait été muté dans la région de Clermont-Ferrand où il devait être très rapidement arrêté.

73. Ernest Peytavin, *op. cit.*

74. Arch. dép. Lozère.

75. Ernest Peytavin, *op. cit.*

76. Témoignage d'Antonin Combarmond.

77. Témoignage de Marcel Chaptal.

78. Les SS de la 9e Division blindée, qui allaient ainsi se faire la main, n'en étaient pas à leur coup d'essai : ils s'étaient tragiquement illustrés, notamment en Yougoslavie, au cours de ratissages terribles. Il est à noter aussi que le général SS Wilhelm Bittrich, avant de commander la division « Hohenstaufen », avait été à la tête de la sanglante division SS « Das Reich » qui devait, quelques mois plus tard commettre le crime d'Oradour-sur-Glane.

79. Ernest Peytavin, *op. cit.*

80. Arch. dép. Lozère.

81. Témoignage de Marcel Chaptal.

VI

LA RÉUNION DES TROIS MAQUIS ET LE COMBAT DE SAINT-ÉTIENNE-VALLÉE-FRANCAISE
(début mars à mi-avril 1944)

Le maquis « Montaigne »
au Galabertès et à Croisance

Ainsi voilà abandonnées définitivement La Fare et la vallée du Gardon de Saint-Germain. Et, après un bref intermède à Malzac, c'est au-dessus du Gardon de Saint-Martin, côté rive droite, que s'installent, en ce début mars 1944, les hommes de la brigade « Montaigne ».

Ce sont des raisons de sécurité qui ont déterminé ce déplacement du camp. Malzac était bien caché mais, par contre, exposé à un encerclement par surprise ; en effet, on ne pouvait organiser des postes de garde assurant une surveillance efficace, susceptibles de donner l'alerte suffisamment à l'avance, étant donné la proximité relative de la route.

Ferme autrefois prospère, mais à présent délabrée, perdue dans la houle des « serres », à proximité de Raynols, le Galabertès était niché pas très loin d'un sommet, dans une petite combe, invisible de toute part. Il comprenait une maison d'habitation au toit de schiste, aux ouvertures béantes (sans portes ni fenêtres), au plancher encore solide, et plusieurs dépendances — « clède » et bergerie —pouvant abriter la « cuisine » en cas de mauvais temps.

Cependant, si le Galabertès était bien dissimulé, il n'offrait aucun point d'observation sur la route allant de Saint-Germain-de-Calberte à Barre-des-Cévennes, par le col de Malaussette ; aussi, après avoir tracé un sentier jusqu'à la crête de la montagne, les maquisards purent-ils y établir un poste de guet qui allait être ultérieurement pourvu d'une mitrailleuse. Chaque jour, à tour de rôle, un petit groupe venait y monter la garde pendant vingt-quatre heures.

« De plus, raconte Hilgert, derrière les bâtiments, nous avions aménagé une sortie secrète. La pente abrupte de la montagne était couverte d'une végétation épaisse et parsemée d'affleurements rocheux. Et, à travers tout cela, nous nous étions fait une sorte de sentier en zigzag par lequel nous aurions pu, en cas d'attaque à l'improviste, disparaître rapidement[1]. »

Le ravitaillement provenait surtout de Saint-Germain-de-Calberte. Il était également acheminé de nuit, à dos d'homme, par le trajet le plus court passant par Le Gibertin ou Le Crémat, dégringolant ensuite dans la vallée du Gardon pour grimper enfin jusqu'au Galabertès.

Ce que précise Paul Hartmann :

« Là, comme à Malzac, comme à La Fare, nous avons conservé nos relations avec le boulanger de Saint-Germain-de-Calberte. Nos pérégrinations s'effectuaient, disions-nous, sur un cercle dont il était le centre. Il jouait pour nous un rôle important ; non seulement en tant que ravitailleur en pain, mais encore comme agent de liaison et camarade de lutte[2]. »

Bientôt, une deuxième source de ravitaillement allait se trouver au moulin de Croisance où s'installa le corps franc dirigé par « Victor », toujours chargé de l'approvisionnement en vivres et en armes. Comme celui-ci « sortait » souvent et que le Galabertès, inaccessible aux véhicules automobiles, était trop éloigné des routes, il avait paru bon de lui trouver un emplacement adéquat et l'on avait choisi ce lieu à la fois retiré et d'accès facile. Cependant, une bonne partie de l'approvisionnement ramené par le corps franc continuait d'être déchargée au château du Crémat et entreposée là plus ou moins momentanément.

Le corps franc était fort de sept à huit hommes. Outre « Victor » (Miguel Arcas), il comprenait « Jimmy » (Aimé Sauvebois), son fidèle lieutenant ; Albert Stierwald ; Max Dankner ; Rolland Ferraci ; « Charlet » (Max Guillon) ; et « Maurice », un ouvrier polonais. Deux antifascistes allemands au moins en faisaient donc toujours partie.

Durant le mois de mars et le début avril quelques Allemands encore rejoignirent le camp du Galabertès, ramenés notamment par Hans Mosch. Combien furent-ils alors en tout ? De trente à quarante. Ce que, dans son rapport, Hermann Mayer, après avoir évoqué son arrivée à La Fare, confirme un peu prématurément.

« Là nous avons constitué une unité de soixante maquisards [chiffre qui semble quelque peu exagéré]. Elle comprenait des camarades français, belges, espagnols, yougoslaves, polonais, mais surtout des antifascistes allemands. De ceux-ci j'ai retenu trente noms : Martin Kalb, Paul Hartmann, Hans Reichard, Hermann Mayer, Ernst Butzow, Otto Kühne, Richard Stanick, Richard Hilgert, Max Dankner, Karl Klausing, Hermann Leipold, Willi Nett, Albert Rucktäschel, Albert Stierwald, Max Frank, Karl Heinz, Fritz Weyers, Paul Huber, Anton Lindner, Fred Bucher, Hans Mosch, Heinz Hasselbring, Christian Robens, Emil de Hambourg (Ganzert), André le Sarrois (Volz), les Sarrois Felix (Herger) et Norbert (Beisäcker), les Autrichiens 'Johann (Hans Krainer), 'Wildschütz' [c'est-à-dire 'Braconnier'] (Karl Trinka) et 'Stritzelbeck' (Ernst Frankel). Plus tard, s'ajoutèrent Emil Kalweit, Lisa Ost et Hedwig Robens (Rahmel). D'un camarade sarrois, je ne me souviens ni du prénom ni du surnom. Notre agent de liaison, à Lyon, était Fritz Nickolay, appelé 'Jacques'[3]. »

Si nous n'avions pas encore donné cette liste c'est qu'à la date du 5 février, certains des Allemands cités n'avaient pas encore rejoint la brigade « Montaigne », tel Hermann Leipold. Nous noterons d'autre part que Fritz Weyers n'a jamais fait partie des maquis des Cévennes. Par contre, au Galabertès, il y avait également le Berlinois Paul Mundt.

Par contre, peu de Français rallièrent le groupe. Pour Louis Veylet, bien sûr, la chose allait de soi. Après trois ou quatre semaines de dure attente à la centrale de Nîmes, il passe en jugement, le 17 mars 1944, devant le Tribunal spécial, en compagnie de ses trois camarades. L'arrêt rendu surprend par sa modération. Seul Jean Richard, qui a déjà eu une condamnation, ne bénéficie pas de sursis et devra faire un an et un jour de prison. Par contre, Louis Veylet, Corado Bressan et François Martin écopent, avec sursis, le premier de deux ans de prison et les deux autres d'un an chacun. Libérés le jour même, ils sont « mis à la disposition du Travail Obligatoire à Nîmes », mais prennent aussitôt le train pour Marvejols.

Corado Bressan, malade, peut heureusement se mettre momentanément à l'abri. Et c'est chez « la mère Teissier » que François Martin, très éprouvé physiquement, pourra se remettre sur pied, à l'insu de ceux qui le recherchent. Quant à Veylet, interdit de séjour à Marvejols, il doit se cacher. Mais trois jours seulement après son arrivée, une occasion inespérée s'offre à lui de rejoindre ses camarades de combat laissés dans les Cévennes : madame Favier, belle-mère de Corado Bressan, se rend à Saint-Etienne-Vallée-Française en camionnette prendre livraison de châtaignes sèches. Il va donc l'accompagner et retrouver ses camarades au Galabertès. Il y découvre bien sûr une situation nouvelle : un groupe beaucoup plus étoffé, associé par ailleurs, comme nous allons le voir, à deux autres maquis.

Il y reprendra sa place, ne rechignant pas à assumer sa part de corvées.

« Et c'est ainsi que, peu de temps après son retour, nous a dit René Nicolas, un soir, alors qu'il faisait nuit, il rentrait au camp, peut-être chargé de pain. Passant de Malzac au Gibertin, il avait glissé sur une murette et, en tombant, s'était blessé à la jambe. Il avait pu cependant gagner le Gibertin. Le docteur l'avait plâtré et il était resté là quelques jours. Ce n'est qu'au début avril qu'il avait pu rejoindre le camp[4]. »

Hilgert, de son côté, dramatise quelque peu les conséquences de l'accident :

« Un jeune sous-lieutenant avait aussi rejoint notre groupe. Peu de temps après son arrivée, il est tombé depuis la route dans un ravin. Il faisait nuit et il portait un sac à dos rempli de pain. Gravement blessé il a été accompagné jusqu'à un hôpital[5]. »

Au début mars, étaient arrivés de haute Lozère Anna et Jean Rousseau, accompagnés de Jean Farelle. Après avoir échappé, à Mende, aux arrestations du 28 février, Anna et Jean Rousseau étaient allés à Chantejals, chez Marcel Malige. Là, ils n'avaient pu rencontrer Ernest Peytavin comme ils l'espéraient, mais, avec leur ami « Jeannot » (Farelle), ils avaient décidé, de leur propre initiative, de rejoindre le maquis « Montaigne » dans les Cévennes.

Anna Rousseau était une femme remarquable, aussi bien par sa culture que par son engagement. Elle était très solide du point de vue politique et on pouvait lui faire entière confiance en tant que résistante. Par ailleurs, vu la situation, elle allait trouver de quoi utiliser sa connaissance de la langue allemande, soit qu'elle servît à l'occasion d'interprète, notamment à Otto Kühne, soit qu'elle aidât, dans l'accomplissement de leurs missions, les agents de liaison Hans Mosch et Paul Huber.

Enfin René Nicolas devrait rejoindre la brigade « Montaigne », fin mars-début avril 1944.

« Ayant déserté le ST0, nous a-t-il dit, j'étais camouflé depuis le début de l'année, dans une ferme du secteur, très exactement au château du Crémat. Quand les maquisards avaient dû fuir La Fare et s'étaient installés à Malzac d'abord et au Galabertès ensuite, j'étais

Le Gardon de Mialet, après la réunion du Gardon de Saint-Martin-de-Lansuscle et du Gardon de Saint-Germain-de-lberte, peu après le pont de Negase.

Nid de mitrailleuse entre le Galabertès et la Picharlarié.

41. *Jean et Anna Rousseau.*

42. *René Nicolas.*

43. *Jean Capel, dit « Barot ».*

entré en contact avec eux, leur assurant des liaisons lorsque le besoin s'en faisait sentir. C'était notamment le cas lorsque le corps franc amenait là du ravitaillement. Etant donné que le Crémat se trouvait sur le trajet — pédestre — de Saint-Germain au Galabertès, les occasions de rencontre étaient fréquentes. Et c'est ainsi que j'avais eu assez souvent à faire à eux, notamment à Louis Veylet, pour aussi réduit qu'ait été au mois de mars son séjour au camp auprès des antifascistes allemands. C'est parce que j'avais pu les apprécier que j'ai décidé un jour tout naturellement de les rejoindre[6]. »

Le « Maquis Ecole » à la Picharlarié

Le choix de René Nicolas, réfractaire au STO, constitue, en tant que tel, un cas assez exceptionnel, étant donné qu'il existe précisément dans le même secteur un maquis spécifiquement réservé à l'accueil de ceux qui ont refusé d'aller travailler en Allemagne. Celui-ci se trouve à la Picharlarié. Voici son histoire :

Marceau Lapierre, instituteur à Saint-Jean-du-Gard, aidé de son ami Georges Lafont, filateur à Saint-Etienne-Vallée-Française, et de Roger Martin, hôtelier à Saint-Germain-de-Calberte, place dans les fermes de ce canton, de Saint-Etienne à Barre-des-Cévennes et de Jalcreste au Pendedis, tous les proscrits, communistes, juifs, réfractaires à la relève, puis au STO, que les résistants alésiens lui adressent. Ces clandestins, hébergés gracieusement par les familles d'agriculteurs, participent aux travaux des champs et partagent la vie rude de leurs hôtes.

Cependant, si, au début, les possibilités locales semblaient devoir permettre de faire face, il n'en a bientôt plus été de même, à la suite de la loi du 16 février 1943 instituant pour tous les hommes nés en 1920, 1921 et 1922 un « Service Obligatoire du Travail » (SOT), que l'on allait bientôt plus simplement appeler « Service du Travail Obligatoire » (STO). Si les agriculteurs des classes 40 et 41 en étaient exemptés, ceux de la classe 42 y étaient même astreints. Et, comme nous l'avons vu, le nombre des réfractaires était allé croissant.

Dès l'automne 1943, dans le canton de Saint-Germain, la quasi-totalité des fermes ayant leur « jeune » — certaines même en abritent deux, voire trois —, il faut trouver un refuge pour loger les nouveaux arrivants. Marceau Lapierre envisage alors la création d'un « réduit », d'un maquis, et fait part de son projet à Lafont. Celui-ci ne tarde pas à trouver ce qu'il faut.

Le local où seront logés les jeunes s'appelle la Picharlarié, parfois francisé en la Picharlerie. Cette ferme isolée et inoccupée, offerte par son propriétaire, Albin André de Saint-Etienne-Vallée-Française, avait abrité, en 1940 et 1941, un groupe des chantiers de Jeunesse. Elle est située sur le territoire de la commune de Moissac, à l'adret de l'arête montagneuse qui sépare les Gardons de Saint-Martin-de-Lansuscle et de Sainte-Croix-Vallée-Française, donc du côté de ce dernier.

Pour y accéder on emprunte une route très étroite, sinueuse et grimpant dur, qui mène de Saint-Etienne à Leyris et Andajac. Un kilomètre après l'embranchement de Leyris, il reste encore un kilomètre et demi à parcourir ; on doit alors prendre sur la gauche un chemin de traverse qui va jusqu'à un col, près de la crête dominant la Picharlarié d'une centaine de mètres. De là, on dégringole jusqu'à la ferme par un sentier non carrossable.

Collée contre un « serre » culminant à 721 m, elle se compose d'un vaste corps de bâtiment crépi de blanc, comprenant un étage sur cave ou bergerie, dont les fenêtres s'ouvrent au sud-ouest, coiffé d'un vaste grenier servant jadis de magnanerie, et de plusieurs autres petites bâtisses, à usages divers. Au premier étage de la construction principale, une trentaine d'hommes peuvent facilement trouver place, et davantage dans le grenier et les appentis annexes. Des couchettes peuvent être installées sans peine et la batterie de cuisine est suffisante. Une citerne en bon état et une mince source coulant à deux cent mètres fourniront l'eau indispensable.

Les premiers réfractaires au STO qui aboutissent là, à la fin de l'été 1943, sont une dizaine. Leur chef de groupe est un jeune de haute taille, Adrien Toussaint, que ses camarades qualifient parfois d'« armoire à glace », mais surnomment par antithèse « Tout Petit ».

Ils dépendent de l'équipe de résistants de la région, dirigée par Marceau Lapierre, constituant ce qu'on appelle « le Comité de Saint Jean ». Le délégué de celui-ci, Lucien Goillon, participe au recrutement et à l'instruction des « jeunes » dispersés dans les fermes, organisant à leur intention, dans divers hameaux ou maisons isolées, le soir, à la veillée, des réunions de travail, d'information et de discussion.

Bientôt, cette campagne d'explication et de recrutement portant ses fruits et de nouveaux réfractaires arrivant des villes, la Picharlarié abrite, à l'entrée de l'hiver, une trentaine de maquisards.

Pendant trois mois environ, on s'est contenté de soustraire des jeunes au STO, mais — souligne Marceau Lapierre — « Le camouflage des réfractaires n'était pas l'essentiel. » Il fallait préparer la lutte armée, donner aux maquisards n'ayant, pour la plupart, fait aucun service militaire un minimum de formation. Ils doivent apprendre la discipline, le maniement d'armes, le tir, les transmissions. Ainsi est née l'idée de tranformer le maquis de la Picharlarié en « Maquis Ecole »

160

dans lequel tous les réfractaires de la région — ils étaient près de deux cents — viendraient à tour de rôle faire un stage.

« Pour cela il nous fallait de l'armement et des instructeurs, explique Marceau Lapierre. Comme armement nous disposions de vingt-sept vieux fusils mauser, de quelques révolvers de tous calibres et de toutes provenances, et de cartouches. Le capitaine de réserve Basset, de Moissac, instruira les recrues. L'étude des armes, de leur maniement, des exercices d'attaque, des exercices d'alertes simulées seront au programme de chaque session qui durera environ trois semaines.

La sécurité du camp est garantie par son isolement ; mais un poste de guet avec deux sentinelles — relié à la vieille ferme par un téléphone de campagne allemand de la guerre 14-18, ramené comme trophée par le père de Lucien Goillon — veille en permanence d'un observatoire dominant un très vaste paysage[7]. »

Au « Maquis Ecole », le groupe initial de la Picharlarié, sous la direction de Toussaint, assure la bonne marche du camp. Le capitaine Basset s'acquitte de sa tâche avec beaucoup de compétence et de dévouement ; mais comme il n'est là que temporairement et à titre de bénévole, Lapierre et Lafont souhaitent qu'un militaire de carrière, restant à demeure au camp, soit chargé de cette fonction.

Or, c'est précisément le moment, début mars 1944, où « Victor » (Miguel Arcas) s'installe au Moulin de Croisance avec le corps franc de la brigade « Montaigne ». Les deux responsables de la Picharlarié, ayant eu connaissance de ses capacités militaires, le convoquent et lui offrent le poste d'instructeur. « Victor » accepte, sans abandonner pour autant la direction de son corps franc. C'est avec « Jimmy » (Aimé Sauvebois), son lieutenant, qu'il instruira les « jeunes » du « Maquis Ecole ».

André Bruguerolle, l'un des premiers maquisards de La Picharlarié, se souvient de cette époque :

« C'étaient des militaires remarquables. Ils sont venus faire notre instruction car nous ne connaissions absolument rien. A l'aide de vieux mausers, que les paysans avaient rapportés de la guerre 14-18, nous faisions nos classes. Nous apprenions aussi à fabriquer des bombes avec des boîtes de conserves que nous bourrions de dynamite et de bouts de ferraille. On s'entraînait sans relâche à la Picharlarié. A tour de rôle, les jeunes, qui étaient dans les fermes, venaient passer quinze ou vingt jours avec nous. Ils étaient encadrés par les permanents de La Picharlarié et instruits par 'Victor' et par 'Jimmy'[8]. »

Mais « Victor » et « Jimmy » assureront avec compétence cette charge seulement quelques jours, jusqu'à l'arrivée du maquis « Bir Hakeim ».

L'arrivée du maquis « Bir Hakeim » à la Picharlarié

C'est en effet vers la mi-mars que « RM » —ainsi appelle-t-on Christian de Roquemaurel — rejoint la Picharlarié avec ses hommes, après accord entre Lapierre-Lafont d'une part, et le commandant « Barot » (Jean Capel) d'autre part. Ils arrivent des basses vallées de la Cèze et de l'Ardèche, d'où ils ont été chassés par des opérations répétées menées contre eux fin février-début mars, en particulier par des détachements de la 9. Panzer Division Hohenstaufen.

Le maquis « Bir Hakeim » est très différent des deux précédents, caractérisés l'un et l'autre par l'homogénéité même de leur recrutement : d'un côté, de jeunes réfractaires au STO ancrés dans la région, de l'autre, des anciens des Brigades internationales pour la plupart Allemands et communistes. « Bir Hakeim », lui, regroupe les éléments les plus divers, des Français pour la plupart : officiers d'active, gaullistes, communistes, trotskistes, anarchistes, anciens combattants de la guerre d'Espagne, mais aussi et surtout jeunes réfractaires au STO relevant d'idéologies politiques diverses recrutés ici ou là.
Cependant ils en ont en commun la détermination de lutter contre les troupes du Troisième Reich et leurs satellites, d'où le caractère baroudeur et un certain goût de l'aventure qui fait accepter sans problème le dépaysement. Créé vers le 1er juin 1943 dans la région de Villefranche-de-Rouergue (Aveyron), il se déplace à la fin août dans le secteur de Bédarieux (Hérault), pour émigrer ensuite à la mi-octobre jusqu'aux environs d'Eaux-Bonnes (en pleine zone interdite dans les Basses-Pyrénées). Il se transporte enfin début décembre dans la région de Pont-Saint-Esprit (au nord-est du Gard). Un tel régime crée d'une part une véritable sélection, les plus timorés ne suivant pas, et il trempe d'autre part le caractère de ceux qui restent, d'autant qu'ils sont entraînés — avec succès jusque-là — dans les aventures les plus folles, telle l'attaque de l'Intendance de Police de Montpellier, dont nous avons déjà parlé.
Le maquis « Bir Hakeim », venu dans la région R 3 Montpellier alors qu'il était en plein développement, a également récupéré à la fin de l'année 1943 d'autres groupes de moindre importance ; ceci de par la volonté même de leurs chefs disposés à accorder allégeance à celui qui l'a fondé et en a la haute direction : Jean Capel, dit « Barot ». Il s'agit de

la section « coup de main » de Clermont-l'Hérault, groupe de combat créé par le capitaine Demarne, du corps franc Eugène Donati à Montpellier, et du maquis constitué par Maurice Allion à La Vacquerie, à une vingtaine de kilomètres au nord-est de Lodève.

Tout ceci tient à la personnalité du commandant « Barot ». Il a 34 ans, en impose à tous par sa belle prestance et ses allures de gentleman. Toujours rasé de près, le corps moulé dans une vareuse à martingale, une culotte de cheval et des bandes molletières, la cravate impeccable, le béret noir tiré sur l'œil, il jette dans le camp comme une note d'élégance. On devine l'homme cultivé, très maître de soi, à l'aise partout. Beau parleur, très diplomate, il garde dans les moments critiques une assurance et un sang-froid qui confondent l'adversaire. Si celui-ci s'emporte, « Barot » sourit dédaigneusement. Il hait farouchement les occupants et ceux qui pactisent avec eux ; il n'est pas de stratagème qu'il n'invente pour les berner. La fausse carte d'intendant de police dont il est porteur lui permet de franchir n'importe quel barrage et lui vaut, par surcroît, le salut déférent des gendarmes ou des Allemands préposés à la surveillance.

Curieusement, les antifascistes allemands du Galabertès devaient toujours le considérer comme un officier de carrière, alors que ce fils d'avocat, après avoir travaillé à Nice, au cabinet ouvert par son père, et milité au parti communiste, s'était installé à Toulouse. Il s'y était créé une situation toute particulière, mais prospère, celle d'intermédiaire entre les docteurs et les travailleurs assujettis aux Assurances sociales. C'est par idéal, comme tant d'autres, qu'il est rentré dans la Résistance. Mais l'organisation, qu'il avait mise en place avec quelques amis n'avait d'abord pas été reconnue par l'Armée Secrète, ce qui ne fut fait qu'après l'installation et le premier équipement du maquis « Bir Hakeim », le 2 juin 1943, par « Pagnol » (le lieutenant-colonel Albert Sarda de Caumont) qui était chef Maquis de la R.4 (Toulouse).

Mais comment un tel maquis est-il arrivé dans les Cévennes ?

« Barot » est en relation avec « Jérôme » (Michel Brault), le chef national Maquis, qu'il a bien connu en octobre 1943 au château d'Auriac. C'est lui qui l'a orienté sur la R.3. Or, lors du départ de « Villars » (Albert Pavelet) à Clermont-Ferrand, fin janvier 1944, les fonctions de chef régional Maquis furent dévolues à « Delaunay » (de Martel). Il semble précisément que « Barot » espérait, avec quelques raisons, être investi de cette charge qui lui aurait permis de poursuivre la concentration effective, sous sa houlette, de tous les maquis de la R.3. Le succès qu'il avait eu dans l'Hérault auprès de Demarne, de Donati et d'Allion n'était-il pas déjà encourageant ?. Et c'est sans doute à titre de compensation que « Delaunay » lui confia le regroupement des maquis AS du Gard et de la Lozère.

Le 26 février 1944, au sortir d'une réunion de chefs tenue à Alès, « Barot » avait rencontré Marceau Lapierre. Or, ce même jour, un détachement de SS arrive à Pont-Saint-Esprit où il s'installe. C'est que la veille, vers 3 ou 4 heures du matin, une patrouille du maquis « Bir Hakeim », qui a alors établi son camp depuis trois semaines au mas de Serret, dans la commune de La Bastide-de-Vitrac, près des gorges de l'Ardèche, a attaqué en embuscade, à côté du village de Saint-Julien-de-Peyrolas, une colonne de sept véhicules allemands et tué les quatre officiers qui occupaient le premier.

Dès le lendemain 27 février, 8 h 30, une colonne allemande forte de quatre cents hommes attaque le maquis qui pourra décrocher dans la vallée de l'Ardèche en n'ayant qu'un tué.

Le 28 février, tandis que quinze hommes restent dans le secteur sous le commandement de « R.M. » pour sauver tout ce qui s'y trouve entreposé, cinquante-cinq autres sont regroupés à La Sivadière, commune de Méjannes-le-Clap, située près de la vallée de la Cèze, dans les bâtiments mêmes qui avaient servi précédemment de camp au maquis. Attaqués à nouveau dès le lendemain matin, les jeunes de « Bir Hakeim » réussissent à décrocher en n'ayant qu'un blessé. Quant à leurs quinze camarades, ils se sont installés aux Crottes, le temps nécessaire à la récupération du matériel, sous la direction effective de « Barot », celui-ci suppléant « R.M. » qui est allé rechercher son frère Marcel, victime avec d'autres d'un accrochage à Saint-Hippolyte-du-Fort. Tous deux étant revenus, le groupe n'échappera à une nouvelle incursion des SS, qui aura lieu le 3 mars à 5 h 30, que grâce à son départ la veille à 23 heures. Malheureusement, les quatorze habitants du hameau et un inconnu seront massacrés.

C'est dans de telles conditions que « Barot » envisage d'amener son maquis dans les Cévennes avec un double objectif : le soustraire à la pression allemande dans une région où il se trouvait parfaitement repéré et assurer, sous son égide personnelle, le regroupement des maquis AS du Gard et de la Lozère, afin de remplir la mission qui lui a été confiée.

Après les attaques consécutives du mas de Serret et de La Sivadière, suivies de l'incursion aux Crottes, les maquisards de « Bir Hakeim » se sont égaillés dans toutes les directions. Les uns errent par petits groupes dans les parages de Bidon et de Ruoms, sur la rive droite de l'Ardèche ; les autres cherchent un refuge temporaire dans les fermes de la région de la Cèze qui leur étaient familières. Cependant des ordres mystérieux circulent et, en moins de dix jours, les maquisards se sont ressoudés les uns aux autres, par paquets d'abord, puis par groupes. Et, tandis que « Barot » prospecte les Cévennes et Sevestre la région de Bessèges pour découvrir un emplacement convenable, « R.M. » s'affaire à rassembler et à compléter les stocks d'armes, de munitions et de vivres qui ont échappé à l'ennemi. Il s'occupe d'abord de remonter le parc automobile détruit, réquisitionne à cet effet trois voitures et un camion sept tonnes, fait réparer le P.45 que les Allemands avaient détérioré et abandonné. A l'aide de ce matériel, il transporte des conserves et du carburant qu'il s'est fait livrer à Aubenas et il poursuit son ramassage.

Durant ce temps, « Barot » est à Lasalle, ayant élu domicile chez Rascalon, à La Maillerie. Il prospecte la région, appréciant le pays et la discrétion de ses habitants et jugeant qu'avec l'arrivée du printemps le couvert de la châtaigneraie cévenole vaudra bien celui de la garrigue gardoise. Ayant jeté son dévolu sur la Picharlarié, il monte au camp avec Suzy, sa femme, et entre en pourparlers avec les responsables du maquis, pourparlers qui aboutissent à un accord.

C'est ainsi que « Barot » enverra à « R.M. » l'ordre de rallier Saint-Etienne-Vallée-Française. Cet ordre parvient à celui-ci alors que, le 10 mars encore, un groupe, sous la conduite du chef Lucas, transportant des munitions et du gaz-oil avec le P.45, était tombé sur un convoi de camions chargés d'Allemands auxquels il aurait infligé une dizaine de tués ou de blessés, n'ayant de son côté que des blessés, mais perdant le P.45 qui avait explosé sous le feu de l'ennemi.

D'autre part, durant ce début mars 1944, dans les cantons de Pont-Saint-Esprit et de Bourg-Saint-Andéol, une vague de rafles et d'arrestations s'abat sur les résistants locaux, en particulier sur ceux qui ont aidé « Bir Hakeim ». Elles vont d'ailleurs se poursuivre au moins jusqu'au 3 avril, la Gestapo ayant pris la relève des SS partis de Pont-Saint-Esprit, et remplacés dans leurs locaux par des Français de la LVF en cours d'instruction. Il est temps pour les maquisards de quitter la région.

Dès lors « R.M. » embarque sur trois camions ses vivres et ses armes et part avec les quarante-cinq hommes regroupés autour de lui, le reste ayant été confié au chef Sevestre. Pour gagner Saint-Etienne, le convoi traverse délibérément la ville d'Alès, infestée d'Allemands, emprunte la route de Mialet, attend près de cette localité l'arrivée de Demarne et parvient sans incident à la Picharlarié. L'installation commence.

La cohabitation des trois maquis

Ainsi trois maquis allaient se trouver concentrés sur un même secteur et leur cohabitation ne pouvait se faire dans l'harmonie que si elle était gérée par des accords précis.

Cela était évidemment plus particulièrement indispensable pour les hommes de « Barot » et les jeunes de Lapierre qui allaient loger dans les mêmes bâtiments, question qui avait effectivement été réglée au préalable entre les deux hommes.

Comme nous l'avons vu, le « Maquis Ecole », comptant déjà lui-même une trentaine de permanents, recevait à tour de rôle des groupes de réfractaires au STO du secteur. Ils suivaient des cours d'initiation militaire, sous la direction d'un instructeur, au départ le capitaine Basset, actuellement « Victor ». Mais il ne disposait que de vieux mausers et était dépourvu d'armes automatiques. « Barot » s'offrit à fournir de l'armement — en particulier des FM et des mitrailleuses —, ainsi qu'un « officier d'active » pour aider à l'instruction des recrues. Il ne demandait, en retour, que l'autorisation d'installer ses propres hommes dans le grenier, au second étage de la ferme.

L'accord conclu, le capitaine Demarne fut officiellement investi par « Delaunay » du titre d'instructeur militaire de la Picharlarié.

Au cours d'une réunion tenue au domicile de Marceau Lapierre, il fut entendu que les deux maquis, quoique cohabitant, garderaient chacun leur autonomie et leur liberté d'action. Comme par le passé, la direction générale du « maquis Lapierre » continua d'être assurée par Toussaint.

« Montaigne » et les hommes de son groupe, quant à eux, acceptèrent de se mettre en quelque sorte sous la dépendance de « Barot » avec, en contrepartie, la promesse d'être armés par ses soins de façon convenable. Cependant, installés au Galabertès, il fut convenu qu'ils continueraient à vivre à part, étant seulement spécifié qu'en cas d'attaque ils uniraient leurs forces à celles des maquisards de la Picharlarié.

Il se peut toutefois que quelques-uns d'entre eux — quatre Allemands d'après Dora Nickolay[9], six d'après les auteurs de *Gefechte in den Cévennen*[10] — aient été détachés et incorporés au camp de « Bir Hakeim ». D'après Manfred Drews et Max Stoll, qui ne les désignent que par leur prénom, il semblerait qu'il s'agisse d'Albert Stierwald et de Karl (Heinz) qui avaient compté parmi les premiers combattants des Brigades Internationales en Espagne où ils avaient conduit des blindés, Max (Dankner), Heinz (Ernst Butzow), Christain (Robens) et Karl (Klausing) qui avait été lieutenant dans les Brigades Internationales[11].

Quant à Max Dankner — quarante ans après — il ne se souvient pas qu'Ernst Butzow et Christian Robens aient jamais fait partie du groupe, rejoignant donc l'indication fournie par « Jacqueline »[12].

Ainsi, ce serait en particulier les Allemands appartenant jusque-là au corps franc dirigé par Miguel Arcas à Croisance, qui auraient été rattachés à la Picharlarié. Et l'on peut se demander si l'ensemble de l'équipe en dehors de ses chefs, « Victor » et « Jimmy » (Aimé Sauvebois), n'avait pas eu le même sort. En effet, à la fin du mois de mars, deux Français qui en avaient fait partie, Roland Ferraci et « Charlet » (Max Guillon), allaient être envoyés, entre autres, par « Barot » à Bagnères-de-Bigorre, en expédition punitive contre le milicien Loubet.

Le détachement des antifascistes allemands semble s'être produit aux termes d'un accord passé entre Kühne et « Barot », lorsque ce dernier aura, comme promis, effectivement équipé la brigade « Montaigne », avec des armes ramenées de Toulouse.

« Lorsque Kühne est venu nous annoncer le résultat de ses négociations avec 'Barot', nous a dit René Nicolas, c'est Anna Rousseau qui a traduit pour les Français ce qu'il disait à ses compatriotes en allemand. Elle a évoqué le fait que nous gardions une certaine indépendance, mais qu'en échange des armes fournies, en cas d'attaque, nous serions associés à 'Bir Hakeim' et placés en cette circonstance sous l'autorité de 'Barot'. »

Et comme nous avions interrogé René Nicolas au sujet précisément du détachement de quelques Allemands auprès de « Bir Hakeim », il nous a précisé :

« Nous n'avons pas été mis au courant à ce sujet. Mais lorsqu'Anna Rousseau a eu terminé, Alain Probst, le Luxembourgeois, qui était à côté de moi et connaissait bien l'allemand, m'a dit : 'Elle n'a pas tout traduit'. Peut-être faisait-il allusion à cette clause de la convention, concernant le détachement de quelques Allemands. Certains étant déjà à Croisance, il nous était difficile de vérifier s'il y en avait aussi à La Picharlarié[13]. »

Quoi qu'il en soit, aux yeux des antifascistes allemands, l'accord initial allait se traduire en une sorte de passation des pouvoirs, « Montaigne » cédant à « Barot » ses attributions en tant que chef de groupe. Par contre, Otto Kühne reste responsable politique et Ernst Butzow responsable militaire adjoint. Il est vrai que, vu l'importance numérique des Allemands, « Montaigne » se trouvait personnellement un peu isolé au sein de sa propre brigade et se rapprochait de plus en plus des responsables de « Bir Hakeim », éprouvant une attirance personnelle à l'égard de son commandant dont la manière d'agir correspondait plus à son tempérament que les conceptions d'Otto Kühne.

Quant à « Victor », qui connaît bien « Barot » et « R.M. », il pose pour sa collaboration, en particulier en tant qu'instructeur, « certaines conditions militaires » que ses interlocuteurs acceptent. Cependant, très rapidement, considérant que celles-ci ne sont pas tenues, il se retire de la Picharlarié et rejoint, en compagnie de son adjoint « Jimmy »

(Aimé Sauvebois), le moulin de Croisance où se trouve toujours alors le corps franc de la brigade « Montaigne » qu'il n'avait cessé de diriger.

Mais ce que les accords entre Lapierre et « Barot » n'avaient pas prévu, c'est le comportement même des hommes de « Bir Hakeim », le style « Bir hakeim ». Celui-ci est empreint de beaucoup de désinvolture, de provocation et de témérité.

C'est sans restriction et pour des riens que l'on expose sa vie et le matériel. Ainsi, on utilise sans ménagement les véhicules comme les armes, considérant que ce que l'on perd ou l'on casse ici, pourra toujours être récupéré là. On roule à folle allure et on traverse les villes occupées avec, tout aussi bien, à l'avant, un fanion tricolore portant l'inscription « Bir Hakeim », et sur la carrosserie une croix de Lorraine peinte. Et les paisibles populations cévenoles se lamentent en contemplant les carcasses de camions et de voitures basculés dans les fossés.

Des opérations sont menées sans discrétion dans le secteur même, risquant d'attirer des représailles susceptibles d'atteindre également la population amie qui permet aux maquisards de survivre. Cette erreur est dénoncée par Marceau Lapierre qui cite le proverbe cévenol : « Lo lop fai pas jamai de mal a l'entorn de sa bauma » (le loup ne fait jamais de mal à proximité de sa tanière).

Cependant « Bir Hakeim », profitant de l'aura que son dynamisme et le récit de ses exploits lui confèrent auprès des jeunes, pratique le débauchage, à la faveur notamment des stages d'instruction de Demarne. Le « Maquis Ecole » de la Picharlarié s'intègre de plus en plus à « Bir Hakeim » par le choix des hommes, contre la volonté des organisateurs.

Dès la fin du mois de mars, survient donc une brouille sérieuse entre les chefs de « Bir Hakeim » et les responsables du « Comité de Saint Jean ». Or, au même moment, sur un ordre venu de Paris, une assemblée de chefs régionaux réunis au château de Séverac confirme la nomination de « Barot » comme chef des maquis AS Gard-Lozère.

Les tentatives de « Barot »
pour chapeauter d'autres maquis

Tant qu'elle ne fut pas suivie d'exécution, la nouvelle parut être acceptée par les dirigeants des autres maquis cévenols dépendant de l'AS. En fait, instruits par la mésaventure de la Picharlarié, ils étaient bien résolus à résister à l'absorption et à sauvegarder l'autonomie administrative et militaire de leur groupe.

Le premier maquis touché par « Barot » fut celui de Lasalle :

« Je suis averti, écrit Rascalon, que 'Barot' veut me voir. Je lui fais savoir que je peux le recevoir, non à mon PC, mais dans une maison de la famille de Guy Arnaud. 'Barot' arrive en voiture avec 'Mistral'. Ce dernier nous quitte un instant. Nous sommes là avec 'Barot' et madame Guy Arnaud qui est restée après y avoir été invitée. 'Barot' m'annonce qu'il arrive de Paris, qu'il a vu le chef national 'Cheval' et qu'il a pleins pouvoirs pour rassembler les maquis au 'cirque de Navacelles' non loin du Vigan. Il ajoute que 'Montaigne', Lapierre et 'Mistral' sont d'accord et qu'il ne manque plus que mon acceptation. Devant mon refus, il se met dans une colère furieuse et va même jusqu'à me faire des menaces. Mon attitude intransigeante et l'approbation de Guy Arnaud, maintenant présent, le calment immédiatement. Je lui demande de me montrer les ordres qu'il a reçus de Paris. Il n'en a pas, il s'embrouille dans ses dires. Je lui dis que, quant à moi, je n'exécute que les ordres de la BBC de Londres. Sur ces mots il nous quitte et nous ne le reverrons plus[14]. »

Après ce refus, « Barot » va effectuer une démarche analogue auprès des représentants du maquis de « la Soureillade » que le pasteur Olivès avait créé dans le Gard, à Ardaillès, près de Valleraugue. Celui-ci avait lui même été victime, fin février de l'attaque des SS et s'était divisé alors en trois groupes qui s'étaient installées en Lozère : le premier près de Vébron, le deuxième juste au nord de Barre-des-Cévennes, et le troisième au Sud-Ouest du Pont-de-Montvert. Ils étaient dirigés respectivement par Jacques (Poujol), « Félix » (Jean Faucon) et « Milou » (Pierre Vernet). Ce sont les deux premiers que rencontrera le chef de « Bir Hakeim ». Robert Poujol écrit à ce propos :

« Le 2 avril 1944, Jacques Poujol reçoit une convocation d'avoir à se présenter le lendemain devant le commandant 'Barot'. Cette rencontre a lieu à la Picharlarié, où Jean Faucon se trouve aussi le 3 avril. Les deux lieutenants d'Olivès sont impressionnés par l'armement dont disposent les officiers et les jeunes du maquis 'Bir Hakeim'. Ils se retranchent derrière l'autorité du pasteur Olivès pour remettre à plus tard une éventuelle fusion. Mais l'effet produit par l'équipement et par le style guerrier de 'Bir Hakeim' est tel, sur notre groupe, que deux de ses membres nous quittent pour rejoindre les 'Biraquins' : Maxime Samama et Jean Vagny, dit 'Tarragone'[15]. »

Les événements, qui allaient survenir quelques jours plus tard dans le secteur de la Picharlarié, allaient pour le moins suspendre les tentatives faites par « Barot » pour rassembler sous son autorité les maquis cévenols, aussi bien du Gard que de la Lozère.

Des actions au long-cours

Il faut reconnaître cependant qu'entre temps « Barot » avait scrupuleusement rempli son contrat, tout aussi bien à l'égard de la brigade « Montaigne » que du « Maquis Ecole ».

L'instructeur qu'il avait annoncé, nous avons vu qu'il l'avait fourni. Les armes qu'il avait promises, il les avait procurées ; ceci, au prix notamment d'une de ces actions à grande distance dont il avait le secret, ne craignant pas de faire traverser à ses hommes des zones dangereuses pour accomplir les missions qu'il leur assignait.

Ainsi, ayant appris que, dans un jardin de la banlieue toulousaine, à proximité du camp d'aviation du Bréguet qu'utilisaient les troupes allemandes d'occupation, avait été enterré un stock d'armes et de munitions provenant de l'Armée d'Armistice, il chargea Robert Fiol (« Saphi ») de procéder à son enlèvement. « Saphi » qu'accompagnent quatre camarades : « Pierrot » Manzanera, François Arjo, « Armand » (Paul Hartmann ?) et Albert (Stierwald), part de Clermont-l'Hérault et arrive à Toulouse où, sur les indications de Jolly, il détermine, le long de la voie ferrée, le fameux jardin. Dans la nuit, les cinq hommes fouillent la terre. Il faut agir avec prudence à cause des veilleurs de nuit et des gardes qui vont et viennent le long de la voie. Sous une planche de navets, on découvre enfin ce que l'on cherchait : de lourdes caisses à munitions qu'on transporte sans bruit jusqu'au camion.

Au retour on bouscule deux barrages que les Allemands étaient en train d'organiser. A Mazamet, les gendarmes font stopper le camion. Interrogés sur la nature de leur chargement, les jeunes déclarent transporter des parapluies. Sceptiques, les gendarmes soulèvent un coin de la bâche et aperçoivent, braqué sur eux, un fusil-mitrailleur. Ils reculent vivement, libérant le passage. Le butin — douze fusils-mitrailleurs, quatre mitrailleuses, cinquante pistolets automatiques et des munitions à profusion — fut partagé entre le premier maquis de La Picharlarié et celui du Galabertès.

Le chauffeur du camion était Albert Stierwald, « emprunté » pour l'occasion au corps franc de la brigade « Montaigne ». Voici d'ailleurs comment Paul Hartmann évoque cette opération :

« C'est avec la participation de certains d'entre nous que quelques actions furent menées en vue de se procurer des armes pour l'ensemble du groupe. Ainsi, par exemple, Stierwald avait particulièrement rendu service en tant que chauffeur du camion lorsqu'on alla prendre dans la région de Toulouse des mitrailleuses, des colis d'abondantes munitions qui convenaient notamment à nos vieux mausers, des grenades à main ovales, etc.[16] »

Une autre opération, en vue de récupérer des armes, n'eut malheureusement pas des résultats aussi heureux.

Le 27 mars on avait appris à la Picharlarié qu'un parachutage avait eu lieu dans la région de Lussan (Gard), à l'intention d'une formation de l'ORA, mais les gendarmes avaient intercepté les containers qui avaient été entreposés dans la gendarmerie. Marcel (de Roquemaurel) organisa donc une expédition pour tenter de les reprendre : un groupe bien armé avec quatre voitures. Il s'avéra malheureusement que les gendarmes avaient été devancés par les soldats de la garnison allemande d'Uzès, prévenue par un collaborateur.

Les hommes de Marcel ne revinrent cependant pas bredouilles : dans un moulin de la région, ils réquisitionnèrent mille litres d'huile en partance pour l'Allemagne.

A la fin mars également, parvint au camp une nouvelle alarmante. La radio de Londres venait de passer en clair le message suivant : « Pour 'Bir Hakeim' — Loubet, milicien déguisé en réfractaire, a tout vendu de votre organisation. » Ses dénonciations sont déjà, entre autres, à la base des arrestations de résistants effectuées dans la région de Pont-Saint-Esprit — ce qu'ignore peut-être « Bir Hakeim » —, mais elles risquent d'avoir encore les pires conséquences en ce qui concerne le maquis lui-même.

« Barot » décide qu'une expédition partira de Saint-Etienne-Vallé-Française pour s'emparer de Loubet, réfugié à Bagnères-de-Bigorre (Hautes Pyrénées) et le ramener mort ou vif. Quatre hommes dont « Charlet » (Max Guillon) et Roland Ferraci, du corps franc de la brigade « Montaigne », partent donc en voiture et prennent au passage le Chef Mallet (« Toubib »). Ils retrouvent Loubet mais, par imprudence, ils se font arrêter, Mallet étant lui-même grièvement blessé[17].

Le 31 mars 1944, dès que la nouvelle de l'échec parvient à La Picharlarié, « Barot » fait préparer deux voitures, deux camions et une ambulance, prend avec lui « R.M. » et une quarantaine d'hommes bien armés et se dirige sur Bagnères. A Toulouse, il se détache, va aux informations et revient à la nuit tombée. Il a appris que Mallet a été délivré par le maquis de la région et amené chez des amis, et que ses quatre compagnons ont été transférés à la prison de Tarbes. Impuissant, le camion rebrousse chemin. Au retour, on désarme quelques gendarmeries, on met en fuite, à Aniane, un barrage de gendarmes et on capture un lieutenant de l'Organisation Todt qui allait se ravitailler à la campagne. Cet officier allemand, emmené à la Picharlarié, y fut promu aux fonctions de cuisinier.

Situation des antifascistes allemands

Ces derniers, à peine rassemblés en nombre dans la brigade « Montaigne » où ils sont nettement majoritaires, se trouvent subitement confrontés à une situation inattendue. Eux, qui envisageaient de créer le « corps franc Allemagne libre », sont sur le point d'être absorbés dans une entité plus vaste et ont l'impression d'être à nouveau dépersonnalisés.

Certes, ils ont trouvé une solution à ce qui était un de leurs problèmes majeurs : celui de l'armement. De plus, ils appartiennent à un groupe plus important, mais cela ne comporte-t-il que des avantages ? Ils ont en tout cas le sentiment d'être quelque peu dépassés par les événements, de n'être plus maîtres de leur propre situation.

« A cette époque, dit Paul Hartmann, nous étions encore rattachés à une unité gaulliste et sous l'autorité militaire de son commandant. Cependant, nous maintenions entre nous une cohésion étroite. Toutes les questions particulières étaient discutées collectivement et chaque directive du commandant était de ce fait étudiée et analysée par Kühne, Dankner... et moi-même. Toutefois nous étions liés par discipline militaire à respecter les instructions données par l'officier gaulliste. D'ailleurs, les gaullistes disposaient de l'ensemble de l'armement, de sorte qu'à l'origine nous n'avions aucun moyen de nous séparer d'eux et de nous armer par nous-mêmes. Nous ne pouvions qu'apporter notre collaboration à des actions ayant pour but de procurer des armes à l'ensemble du groupe.

Notre union avec les Français, sous la direction du commandant 'Barot' de 'Bir Hakeim', était évidemment un avantage en ce qui concerne la force de combat (de notre côté environ quarante camarades, la plupart anciens combattants d'Espagne, et de l'autre soixante hommes du maquis gaulliste) ; mais elle n'en constituait pas moins, en ce qui nous concerne, une erreur du point de vue politique, comme nous le ressentions toujours plus clairement. Les engagements avaient lieu suivant la tactique gaulliste, en se plaçant principalement du point de vue de la simple sauvegarde du maquis, au lieu d'avoir pour but de harceler les unités allemandes, de perturber leurs lignes de communication et autres moyens de liaison, etc., ce qui était à nos yeux la mission essentielle des partisans. Ainsi les incursions auxquelles se livraient les gaullistes avaient, comme fin en soi, de se procurer du ravitaillement, des armes, des véhicules, du carburant,... et d'attendre[18]. »

Or, c'est la direction du KPD de Lyon et le TA qui ont organisé, à l'origine, le regroupement des Allemands dans le maquis « Montaigne » et ceux-ci découvrent peu à peu qu'il dépend de l'AS et non des FTP. Aussi Dankner, *a posteriori* tout au moins, regrette qu'au niveau supérieur, on n'ait pas pris davantage de précautions à cet égard.

Voici son analyse :

« Je pense qu'une erreur involontaire a été commise par la Direction du Parti à Lyon : c'est de ne pas nous avoir dirigés dès le début sur un groupe FTP, faute d'une liaison indispensable avec le PCF et par manque d'un véritable contrôle concernant la nature du maquis. Cela provient peut-être aussi du fait que les camarades Mosch et Robens se trouvaient déjà dans cette région et étaient en relation avec le lieutenant 'Montaigne'. Il est vrai que celui-ci, qui était gaulliste, s'était présenté à nous en camarade du Parti. Mais il nous apparut bientôt qu'il n'en était pas membre ni, à plus forte raison, mandaté par lui pour conduire cette unité de partisans. En matière d'action, toutes ses conceptions étaient fausses (tout au moins en prenant comme critère et en considérant comme justes les conceptions des FTP). En outre, il se référait constamment à un industriel, propriétaire d'une distillerie, nommé 'Mistral', et prétendu membre du PCF. Ce dernier venait de temps à autre au maquis où il était désigné sous l'appellation de 'Chef'. En réalité, d'après ce que nous devions apprendre ultérieurement, cet industriel aurait eu dans le passé des divergences avec le PCF auquel il n'adhérait plus. Ainsi, à cette époque, d'une part nous ignorions comment la liaison avait été établie avec 'Montaigne', d'autre part nous n'avions aucun contact avec le PCF[19]. »

Cependant les liaisons avec l'organisation du KPD à Lyon étaient maintenues, toujours assurées par « Jacqueline » (Dora Nickolay). Nous avons vu comment elle avait été introduite la première fois auprès des Allemands du maquis « Montaigne » par Fritz Nickolay, et était revenue seule ensuite. Un beau jour, en arrivant au col de Jalcreste, elle apprit que le camp avait été déplacé au Galabertès.

« Cette fois-là, la Gestapo se trouvait à l'hôtel du col de Jalcreste. Quelques stations auparavant, plusieurs camarades allemands, dont 'Lischka' (Kurt Walder), étaient montés dans le train et m'avaient prévenu, me conseillant de descendre à Cassagnas. Mais cela me mettait dans l'embarras, car je ne savais comment m'orienter à partir de là, de sorte que je m'étais arrêtée malgré tout à Jalcreste. Or, le maquis venait de transférer son camp ; aussi les camarades avaient pris soin de poster, à mon intention, un guide aux abords de chacune des deux stations, de sorte que je trouvai quand même quelqu'un à Jalcreste. C'était Paul Huber avec son allure caractéristique : grand, les cheveux gris, l'air jeune. Il me conduisit jusqu'au maquis du côté de Raynols. Nos compatriotes avaient établi leur camp à quelques kilomètres de celui de 'Bir Hakeim' dirigé par le commandant 'Barot', auprès duquel se trouvaient d'ailleurs détachés quatre de nos camarades.

Lors d'une autre visite, ce sont les hommes de 'Barot', en armes, qui me raccompagnèrent, en empruntant un autre itinéraire, jusqu'à Saint-Etienne-Vallée-Française, chez le maire de cette petite localité. Celui-ci me donna une escorte de trois hommes armés de pistolets mitrailleurs et en tenue avec des blousons bleus. Ordre leur avait été donné d'assurer ma garde jusqu'à ce que je prenne le car ; aussi passèrent-ils la nuit, comme moi, à l'hôtel du bourg d'où partait celui-ci.

Je me trouvais également au camp lorsqu'arrivèrent les armes que l'on venait de récupérer à Toulouse. C'est peu après que Stierwald devait accidentellement blesser 'der lange Ernst' d'une balle dans la jambe.

Ma mission principale était de permettre aux camarades de se tenir au courant de l'information. Je leur apportais de la documentation écrite en allemand[20]. »

« Jacqueline » ne semble donc pas évoquer le problème du rattachement des antifascistes allemands à l'organisation des FTP, à moins qu'il n'eût pas encore été soulevé de façon précise. C'est ultérieurement, semble-t-il, que cela devait être envisagé d'une manière concrète.

Des relations ralenties
avec la Résistance Gard-Lozère

Nous avons vu que lors de son installation dans les Cévennes, la brigade « Montaigne » avait été fortement épaulée par Peytavin et Mazel, soutenus par « Villars », chef Maquis de la R.3, et par « Mistral ».

Après le transfert du maquis au Galabertès et de son corps franc à Croisance, le soutien extérieur apporté par la Résistance à travers ses responsables a nettement diminué, le groupe étant capable de mener une existence plus autonome.

De plus, Peytavin était fortement occupé par la réorganisation de la Résistance lozérienne démantelée pour la deuxième fois. Il va heureusement être bientôt aidé par Henri Cordesse rentrant en Lozère

44. *Ce qui subsiste aujourd'hui de la Pichari̇arié.*

45. *Saint-Etienne-Vallée-Française. Sur la droite, le château.*

46. *Entre Saint-Martin-de-Lansuscle et le Plan de Fontmort.*

au début avril et désigné alors par le directoire régional pour occuper le poste de chef politique en remplacement de Bourrillon, confirmé comme chef militaire.

Quant à « Mistral », son rôle auprès du maquis se trouve également quelque peu réduit, d'abord du fait de l'activité du corps franc de « Victor », et bientôt à cause du ralliement à « Bir Hakeim ».

Enfin le responsable de l'arrondissement de Florac, « Francis » (Jean Huc), a dû lui aussi se perdre quelque temps dans la nature après être passé par mailles au travers du filet tendu par la Gestapo le 28 février. Ayant bientôt repris son poste, il est accaparé par l'activité de son propre secteur avec le développement des FTP qui se lancent dans le sabotage contre les chemins de fer et les mines travaillant pour l'occupant.

« En mars, écrit-il, les FTP mènent des opérations combinées contre la voie ferrée Nîmes-Paris : le tunnel de Prévenchères est obstrué pendant soixante-douze heures, avec déraillement du train dans le tunnel ; la voie saute à Sainte-Cécile-d'Andorge et entre Alès et La Grand-Combe. Une récupération importante de poudre, détonateurs et matériel aux mines de La Jasse permet le sabotage par explosifs aux mines de Dèze et de Saint-Privat-de-Vallongue le 27 mars[21]. »

7 et 8 avril — Anéantissement d'une patrouille de la Feldgendarmerie et échec d'une première riposte

Le 7 avril 1944, Vendredi Saint, Saint-Etienne-Vallée-Française venait de s'éveiller. Ce matin-là, sur la place du village, en face la mairie, une voiture était restée en stationnement, laissée là par le maquis, une mitraillette bien en vue sur le siège arrière. Le maire, Georges Lafont, l'ayant remarqué, fit observer au commandant « Barot », qui logeait alors avec ses officiers à l'auberge du village, que ce n'était pas prudent et il lui avait demandé de faire disparaître ce véhicule. Mais « Barot » avait répondu : « Cette voiture est bien là, et elle y restera. » Lafont n'avait pas insisté. De son côté, « Victor » (Miguel Arcas), devait demander par deux fois à « R.M. » (Christian de Roquemaurel), en lui adressant Diné Lafont, le fils du maire, d'enlever de cet endroit l'arme compromettante. Sans plus de succès.

Or, dans l'après-midi, Georges Lafont reçoit de la gendarmerie de Saint-Germain-de-Calberte, où la Résistance compte des amis — mais aussi des adversaires déterminés —, un coup de téléphone du gendarme Affre : « Vous réserverez chez le boucher des os à moelle pour mes enfants. » Ce message codé, convenu de part et d'autre, est une mise en alerte, alerte aussitôt transmise à la Picharlarié. Il signifie qu'une formation hostile au maquis se dirige sur Saint-Etienne-Vallée-Française.

Le maire, qui évite systématiquement de recevoir en tant que tel les Allemands ou leurs émissaires, quitte mairie et maison, comme d'habitude, et se rend à son jardin. En vérité, il ne s'agit en l'occurrence que d'une voiture de la Feldgendarmerie. Quelle est la mission de ses quatre occupants ? Passent-ils dans les villages, comme l'indique Max Dankner, pour s'informer sur les « jeunes » soumis au STO[22] ?. Toujours est-il qu'arrivés vers 16 heures, ils voient sur la place de la mairie l'automobile et la mitraillette. Ils interrogent à ce sujet l'aubergiste et les gens du quartier. Comme chacun déclare ne rien savoir, ils se rendent chez le maire. En l'absence de Lafont, c'est sa femme qui les reçoit. Très diplomate, celle-ci les invite à se désaltérer, à se restaurer et les fait bavarder. Lorsqu'ils paraissent suffisamment calmés, elle fait appeler son mari. Lafont soutient sans se troubler qu'il n'y a pas de maquis sur le territoire de sa commune (ce qui est rigoureusement vrai attendu que la Picharlarié est sur le territoire de Moissac), pas de terroristes, et que si quelques voitures circulent la nuit, il ne se lève pas pour les contrôler. Rassurés par ces déclarations, les feldgendarmes reprennent leur route vers le sud.

Lorsque l'information concernant le message du gendarme Affre arriva à la Picharlarié, « Barot » et Demarne étaient absents. « R.M. » (Christian de Roquemaurel) envisagea le pire et crut avoir affaire à tout un convoi. Aussi disposa-t-il aussitôt ses hommes pour le combat : au nord du village, vers Saint-Germain, le « groupe Toussaint » ; au sud, à 400 m des dernières maisons, de part et d'autre de la route menant à Saint-Jean-du-Gard ou à Moissac, à hauteur du pont de Sauvaire, côté est, le groupe « Bir Hakeim » ; côté ouest, le groupe « Montaigne ».

Lafont, qui avait vu tous ces préparatifs et qui sait maintenant à quoi s'en tenir sur le nombre et les intentions des Allemands, voudrait éviter un geste qui ne manquerait pas d'attirer sur le pays de fâcheuses représailles. Tandis que sa femme retient les gendarmes, il va demander à « R.M. » de ne rien tenter. Mais il est trop tard, le groupe situé à la sortie de Saint-Etienne, côté aval, ne pouvant être prévenu à temps.

« Arcas, écrit Henri Faure, s'était posté à la Coconnière, maison où l'on mettait chaque année les vers à soie en incubation, et là, avec son fusil mitrailleur, prenant de biais la route se présentant bien à découvert, au passage de la voiture automobile, il faisait mouche. Trois hommes étaient tués ; le quatrième, le chauffeur, au pied bot, non

176

touché, se réfugiait sous la pile du ponceau, où il fut maîtrisé sans difficulté et fait prisonnier[23]. »

Les choses semblent s'être passées différemment, les maquisards ayant laissé passer la voiture des Feldgendarmes avant d'ouvrir un feu nourri. Prise entre deux fusils mitrailleurs, elle fait une embardée, puis s'immobilise dans le virage. Un des passagers est tué sur son siège ; un second tombe sur le talus mortellement blessé ; les deux autres se faufilent sous le pont. Courant vers « R.M. », « Victor » lui dit : « Il ne faut pas qu'un seul Allemand s'échappe, sinon demain d'autres viendront. » Et, suivi de son ami Crespon, le pistolet au poing, « Victor » s'approche du pont, tue l'un des Feldgendarmes d'une balle dans la tête, et crie aux maquisards de cesser le feu. Au bout de quelques instants, le calme revient. Le dernier Allemand, indemne, est encore sous le pont. « Victor » s'avance, seul, et lui ordonne de se rendre. L'homme lève les bras ; « Victor » le confie à « R.M. » en lui disant : « Je te donne un prisonnier ; je te défends de le fusiller ! »

Les corps des trois Feldgendarmes, chargés dans une camionnette, furent transportés sur un terre-plein de la vallée du Gardon, près du garage Fabre, et sommairement enterrés. Quant au prisonnier de « Victor », il fut conduit au Galabertès et remis aux antifascistes allemands.

Aussitôt, Lafont, ayant pris contac avec les « jeunes » du « Maquis Ecole » de la Picharlarié, leur avait fait ressortir le danger qui pouvait résulter de cette embuscade.

« A la suite de quoi, raconte André Bruguerolle, j'ai indiqué à 'Barot' qu'étant donné les événements, nous obéirions aux responsables de la Résistance locale, et qu'en conséquence nous abandonnerions le maquis 'Bir Hakeim' huit jours après la fin des combats qui allaient sans doute avoir lieu après l'attaque des Feldgendarmes[24]. »

La population de Saint-Etienne, comme son maire, ne se fit pas d'illusions sur les suites de l'affaire, persuadée que les représailles n'allaient pas tarder. Lafont, tenu de prévenir les autorités, chercha à gagner du temps. Au lieu d'informer directement la préfecture de Mende, il en chargea la gendarmerie de Saint-Germain. Pendant ce temps, le village se vidait de ses habitants qui partirent à travers bois se réfugier dans des fermes amies perdues dans la montagne. En deux ou trois heures, presque toute la localité fut évacuée. Accompagné de « Victor » et de plusieurs de ses hommes, Georges Lafont et sa famille, passant par Valmalette et Bédière, se rendirent au Salt, chez Paul Benoît, où ils devaient demeurer plusieurs jours.

Le soir même, « Barot », prévoyant lui aussi la réaction allemande, installe un double dispositif de défense, de chaque côté du bourg, sur la route départementale 984 qui traverse Saint-Etienne : à six kilomètres au nord en direction de Saint-Germain, il établit, sous le commandement de Toussaint, un poste de cinq hommes qui descendent, dans la nuit, vers le pont de Négase plus près des bases ; à moins d'un kilomètre au sud du bourg, au niveau du pont du Martinet, à l'endroit où la route bifurque vers Saint-Jean-du-Gard et vers Sainte-Croix-Vallée-Française, il met en place un groupe beaucoup plus important avec fusils mitrailleurs et mitrailleuses, sous la direction de « R.M. »

Cependant, à Mende, l'administration apprend les nouvelles par les messages de la gendarmerie de Saint-Germain, transmis dans l'après-midi :

« Le village de Saint-Etienne est cerné par les terroristes, qui ont placé des barrages à l'entrée et à la sortie de la localité. [...] Une troupe de dissidents d'une trentaine d'hommes environ, armés, a traversé en ordre et au pas cadencé le village de Saint-Germain-de-Calberte, se dirigeant vers Saint-Etienne-Vallée-Française[25]. »

Le Préfet et le commandant Bräuer, chef de l'état-major allemand de liaison, échangent leurs informations. Le Préfet saisit immédiatement l'Intendant de police de Montpellier tandis que, de son côté, le commandant Bräuer « prend des dispositions ». Dès vingt heures, partent deux voitures de « tourisme » et quatre camions de troupes.

Le samedi 8 avril allait donc être une journée chargée.
A Mende, à une heure du matin, le commandant de gendarmerie informe le Préfet que le détachement armé vient d'arriver à Saint-Germain-de-Calberte où il prend contact avec la gendarmerie française.
Sur le terrain, à 2 heures, « Barot » envoie un agent de liaison porter à « Montaigne » la consigne de se rendre avec ses hommes sur la route de Saint-Etienne à Saint-Germain pour épauler le groupe Toussaint.

« Nous avons été répartis en deux groupes, dit Richard Hilgert. Le plus important s'en est allé. L'autre, dont je faisais partie, est resté sur place, et j'étais personnellement chargé de surveiller le prisonnier. Nous devions simplement attendre le retour de nos camarades[26]. »

D'après ce qui est généralement admis, « Montaigne » aurait malencontreusement commis une erreur d'emplacement et, quand la colonne allemande se présenta, elle n'aurait trouvé devant elle que le poste avancé. Celui-ci ouvrit le feu résolument de sorte que l'engagement se produisit au lieu-dit les Passadoires — le pont de Négase.
Il était 5 heures du matin lorsque la brigade de gendarmerie de Saint-Germain communiqua à Mende :

« Les troupes allemandes et les terroristes sont aux prises dans la direction du sud. »

Mais que peuvent cinq maquisards contre une colonne ennemie évaluée à plus de deux cents hommes ? Un instant contenus, les Allemands, précédés d'une automitrailleuse, reprennent leur marche sur Saint-Etienne.

« R.M. » et ses hommes, postés au pont du Martinet, ont nettement perçu le bruit de la fusillade. Immédiatement, comme il était convenu, le groupe quitte son emplacement et, dans la nuit, empruntant tantôt les bas-côtés, tantôt les fossés bordant la route actuelle, ou, le plus souvent, le terrain compris entre celle-ci et l'ancienne, il s'avance silencieusement au-delà de Saint-Etienne, afin de porter secours à Toussaint.

Soudain, dans la grisaille de l'aube, apparaissent l'automitrailleuse et des silhouettes de soldats allemands. « R.M. » place ses forces en tirailleurs à quelques mètres de la route : côté ouest, près de La Vignette, un fusil mitrailleur et deux hommes. Puis, il dispose un peu au-dessus, à flanc de montagne, le reste de son groupement. Après quelques minutes d'un tir intense, un détachement ennemi, empruntant la vieille route, dessine un mouvement d'encerclement, tandis qu'un autre, ayant franchi le Gardon de Mialet, installe une mitrailleuse en face des maquisards, à une centaine de mètres. La position devenant intenable, il faut décrocher.

« 'R.M.' a sifflé, raconte André Bruguerolle. Je n'ai pas entendu. Je tiraillais tant que je pouvais sur les ennemis qui se cachaient de chaque côté ; sur la route et au-dessus. On m'a tapé sur l'épaule. C'était Anton (Lindner) — un Allemand de chez 'Montaigne'. Il me dit : 'Raus ! Raus !' tandis qu'il continuait de tirer[27]. »

Malheureusement les trois hommes postés au bord de la route ne peuvent se dégager. Deux d'entre eux, « Jimmy » (Aimé Sauvebois), blessé, et « Lacaze » (Francis Gaussen), sont capturés. Le troisième, « Girafe » (Jean-Paul Paradon), réussit à se cacher, échappant ainsi au sort de ses deux compagnons. Le reste de la troupe se replie en combattant vers la Picharlarié, où il prend des postes de défense aux sommets de la crête.

Au cours de cette action, les Allemands perdirent dix à quinze des leurs, tués ou blessés. Mais on ne peut fournir un chiffre précis car, selon un principe toujours respecté quels qu'en soient les risques, ils enlevèrent immédiatement leurs morts.

La version donnée par Paul Hartmann d'un côté et Hermann Mayer de l'autre — la même en somme — est quelque peu différente de ce que nous venons de voir et semblerait indiquer que certains du groupe « Montaigne », tout au moins des Allemands auraient participé au premier accrochage.

François Rouan conteste avoir commis une erreur de position : s'il a choisi de venir à hauteur de Négase et non d'aller plus en amont sur le

Gardon de Mialet, vers Saint-Germain, c'est parce qu'il voulait surveiller également la route qui, à partir de là, remonte le Gardon de Saint-Martin[27 bis]. Les témoignages de Paul Hartmann et d'Hermann Mayer qui vont suivre, notant l'arrêt des officiers allemands à l'embranchement, viennent confirmer le fait. Et l'intervention de la brigade « Montaigne » au côté de cinq maquisards conduits par Toussaint, eux-mêmes repliés là, expliquerait qu'à la faveur de l'accrochage, les hommes de « R.M. », alertés par des coups de feu, aient eu le temps de se déplacer depuis le pont du Martinet jusqu'au Nord de Saint-Etienne-Vallée-Française où se produisit le deuxième engagement. C'est ce que confirme Paul Hartmann :

« Nous avons occupé les abords de la route en direction de Saint-Germain, prenant position à un endroit où un pont, situé dans une partie encaissée, pouvait être surveillé des deux côtés depuis les hauteurs voisines. Il était environ 4 heures du matin lorsque nous aperçûmes six camions qui approchaient, phares éclairés. Ils s'arrêtèrent près du pont et des officiers allemands en descendirent. Des camarades grimpèrent sur la hauteur la plus proche et tirèrent sur les camions qui reprenaient leur route dans la vallée. Mais les hommes de la Wehrmacht se retirèrent assez rapidement car ils avaient des morts et des blessés, alors que nous n'en avions pas de notre côté. Un autre groupe de notre unité se heurta ensuite à la même colonne allemande en un autre lieu, et là aussi il y eut des pertes[28]. »

Mais Paul Hartmann ne précise pas que, là, « Jimmy » et « Lacaze » furent fait prisonniers. Hermann Mayer, de son côté, donne une version assez voisine des faits, sans mentionner toutefois le deuxième accrochage auquel ne participaient pas les antifascistes allemands de la brigade « Montaigne » :

« Dans la nuit, nous fûmes alertés par de forts vrombissements de moteurs. Les soldats stoppèrent leurs véhicules, cinquante mètres avant notre position pour s'orienter. Nous eûmes la chance qu'ils se trouvent éclairés par la lune tandis que nous restions dans 'l'ombre' portée de la montagne. Nous réussîmes, sans faire le moindre bruit, à nous faufiler vers un point plus élevé. De là nous ouvrîmes le feu et leur infligeâmes une sévère défaite ; leurs pertes furent si élevées qu'ils s'abstinrent de nous poursuivre[29]. »

A l'issue du deuxième accrochage, pendant qu'un de ses détachements essaie, mais en vain, de pourchasser les maquisards en retraite vers leur camp en s'avançant jusque sur la crête de Leyris, l'ennemi parvient à Saint-Etienne et pénètre dans la plupart des maisons abandonnées qui sont livrées au pillage.

Après l'arrivée de GMR venus en renfort de Montpellier, montant jusqu'au château du baron de Molembaix, les assaillants trouvent, dans une des pièces, les uniformes des Feldgendarmes tués la veille et leur équipement. La nuit précédente, l'état-major de « Bir Hakeim » avait fait du château son quartier général et abandonné là ses trophées. Les Allemands, fous de rage, récupèrent leur bien, mais s'approprient aussi les objets de valeur, puis lancent des grenades incendiaires dans les salles du premier étage. Le château flambe.

Vers 2 heures de l'après-midi, emmenant Sauvebois et Gaussen, les Allemands se replièrent sur Saint-Jean-du-Gard d'où, par téléphone, ils demandèrent du renfort.

Les 9, 10 et 11 avril,
trois journées d'attente

Il était évident que les forces répressives des occupants ne pouvaient rester sur cet échec. Cependant elles n'allaient pas se lancer aveuglément dans l'aventure. Elles allaient donc utiliser les jours suivants, qui étaient précisément le dimanche et le lundi de Pâques, à préparer une intervention plus importante, alors que les trois maquis pouvaient en profiter pour mettre au point une riposte ou, tout au moins, trouver le moyen d'assurer leur sauve garde.

Le 9 avril, dimanche de Pâques, est une journée relativement calme. Les troupes d'occupation et leurs supplétifs ne se manifestent pas, ce qui permet aux divers groupes de maquisards de quitter leurs postes pour regagner leur camp en fin de journée.

« Ce n'est qu'alors, dit Richard Hilgert, que nos camarades sont revenus et que nous, qui étions restés au Galabertès, avons appris par eux comment s'étaient déroulés les combats de la veille[30]. »

Le 10 avril, lundi de Pâques, par contre, va être beaucoup plus animé. De Mende, sans attendre, le commandant Bräuer et son adjoint, le capitaine Ernst, vont se mettre en quête de renseignements concernant les lieux où les « terroristes » se sont retirés.

Vers midi un avion de reconnaissance allemand est sur place, faisant du repérage au-dessus du secteur des maquis. Vers 15 heures, le commandant Bräuer demande qu'ordre soit immédiatement donné aux gendarmes de Saint-Germain-de-Calberte de rechercher le lieu où les terroristes ont pu s'arrêter.

Et c'est ainsi que, durant cette journée, le capitaine Ernst reçoit divers messages téléphonés qui seront également communiqués à l'Intendant de police de Montpellier :

« — 16 heures : les terroristes signalés tout à l'heure (six ou sept traversent Saint-Germain) se sont dirigés à la sortie de Saint-Germain-de-Calberte par des sentiers de montagne. Ils étaient fortement armés.

— 16 h 10 : Groupes importants de terroristes se dirigeant de Saint-Germain vers Saint-Etienne. Ce village, toujours abandonné par ses habitants, se trouve soumis au pillage[31]. »

En réalité ce sont les Allemands qui s'en étaient chargés le 8 avril et allaient recommencer les 12 et 13.

Mais des enquêtes de gendarmerie ont également lieu sur le terrain. Franc André par exemple, cultivateur à Leyris, connu pour ses sympathies à l'égard des réfractaires, reçoit la visite de deux gendarmes de Saint-Germain. Ils requièrent l'un de ses fils pour leur montrer le chemin de la Picharlarié. « Allez-y si vous voulez, dit Franc André, mais on ne vous accompagne pas... Si une balle siffle à vos oreilles, vous aurez compris... » Et c'est un fait que, prenant la direction des crêtes, l'un des deux gendarmes (l'autre étant beaucoup moins curieux) fait rapidement demi-tour et n'insiste pas.

Par ailleurs, les deux prisonniers, « Jimmy » (Aimé Sauvebois), bien que blessé, et « Lacaze » (Francis Gaussen), sont soumis à des contraintes brutales.

Pendant ce temps, le commandant « Barot » décidait de la tactique à adopter : attendre l'attaque de l'ennemi et se défendre sur place. Cette conception n'était pas partagée par la plupart des antifascistes allemands forts de l'expérience qu'ils avaient acquise en Espagne. Il devait en résulter de véhémentes discussions relatées notamment par Paul Hartmann et Martin Kalb.

« Nous avions donc gagné Raynols (le Galabertès) le soir du dimanche de Pâques. Mais les Allemands savaient alors à peu près où se trouvait le maquis. Le lendemain, en milieu de journée, un appareil de l'aviation allemande tourna pendant des heures au-dessus du secteur. Sa présence, comme d'autres indices, donnait à penser que nous serions attaqués d'ici peu. Il y eut alors une discussion parmi les camarades allemands et le point de vue se fit jour que nous devions quitter ces hauteurs, car l'armée risquait de les investir avec des unités très importantes afin d'anéantir l'ensemble du groupe des partisans. Il nous paraissait ainsi dangereux d'engager le combat sur nos positions. Par contre nous pouvions, pour être en toute tranquillité, transférer notre camp quelques kilomètres plus loin, ou, mieux encore, aller contrarier, par l'embuscade, l'approche de la Wehrmacht et disparaître ensuite. Mais le commandant gaulliste de notre groupe, lui, avait décrété que nous devions rester là et livrer sur place le combat..., jusqu'au dernier si besoin. Cela signifiait que c'était des rochers et des arbres que nous allions défendre face à l'armée allemande. A l'intérieur du groupe, l'atmosphère était houleuse. On disserta à propos du total non-sens d'une telle décision. Hans Mosch voulait que nous quittions nos positions et, avec fougue, il demandait à ce que l'on se sépare aussitôt des camarades français, pour ne pas participer à une telle folie. Kühne, Hartmann, Dankner et d'autres étaient, sur le fond, complètement d'accord pour envisager une rapide séparation, mais ils attirèrent l'attention sur le fait que le moment leur semblait mal choisi : ce n'était pas maintenant, alors que la situation était particulièrement dangereuse, que le groupe des anciens combattants allemands en Espagne devait se dissocier de leurs camarades. Si ensuite le commandant et son groupe de jeunes Français étaient victimes de l'importante attaque prévisible des fascistes allemands, les camarades allemands du maquis passeraient aux yeux de la population locale pour des traîtres. Il leur serait alors absolument impossible de regagner à nouveau la grande considération dont ils jouissaient actuellement dans toute la région. Et c'est ainsi qu'à la majorité il fut envisagé de rester sur place, la direction du Parti décidant d'exécuter l'ordre tout à fait erroné de l'officier français, ['Barot'], quelles qu'en soient les conséquences[32]. »

Nous avons, sur ce point, le témoignage de René Nicolas (« Nic ») qui se trouvait au Galabertès avec les antifascistes allemands.

« Otto (Kühne] aurait voulu effectivement déplacer le camp sans attendre d'être attaqués, car nous savions l'attaque imminente. Il aurait voulu quitter cette zone repérée par l'ennemie et favorable à l'encerclement avec les routes qui en faisaient le tour. Il voulait partir, sans pour autant aller bien loin : mais passer pour le moins de l'autre côté du Gardon de Saint-Martin et de la route, en allant s'installer par exemple au vieux mas que Pin avait à Malzac. Il souhaitait éviter la rencontre en position défensive. Mais il ne voulut pas que les Allemands se dissocient des autres[33]. »

Nicolas se souvient de la visite de Toussaint venant s'enquérir de la décision prise :

« Il s'adressa à Otto [Kühne] et au 'Petit Max' [Dankner] en disant : 'A la Picharlarié, nous restons tous'. Et ils discutèrent à ce sujet. Otto et 'le Petit Max' n'étaient pas contents. Otto Kühne dit : 'Nous restons donc aussi. C'est contre notre idée, mais par discipline nous restons.' En insistant là-dessus : 'par discipline'.

Il faut dire, poursuit René Nicolas, que 'Bir Hakeim' et la 'brigade Montaigne' avaient des conceptions différentes en matière de tactique. Nous, c'était l'action de guérilla : attaquer et disparaître. Eux cherchaient le coup dur : provoquer et attendre. Or, nous n'étions pas en situation pour attendre, manquant de l'armement nécessaire pour 'recevoir' deux mille bonshommes. D'autre part, Otto craignait pour la population locale, et ce d'autant plus que, dans d'autres patelins où

183

'Bir Hakeim' était passé, la population avait trinqué, et trinqué sec. C'est pourquoi il aurait souhaité éviter de courir des risques parfaitement inutiles et de les faires courir à d'autres[34]. »

Ainsi, ce que René Nicolas avait perçu de la conception des uns et des autres correspond exactement à ce que les antifascistes allemands en ont dit de leur côté.

Le mardi 11 avril, en ultime recours, les occupants allemands vont utiliser un stratagème pour tenter de recueillir des renseignements plus précis. Deux voitures automobiles appartenant à l'état-major s'arrêtent à Sainte-Croix-Vallée-Française. Leurs occupants, vêtus en civil, déclarent avoir l'intention de gagner le maquis et demandent au café Chaptal qu'on leur indique un groupement susceptible de les accueillir. À Saint-Germain-de-Calberte, ils entrent dans quelques maisons particulières et sollicitent le même renseignement. Le soir ils passent par Sainte-Croix, puis filent sur Saint-Jean-du-Gard. Le stratagème était grossier ; les Cévenols ne furent pas dupes. On eut la preuve, le lendemain, que les Allemands n'avaient rien découvert de nouveau.

Les 12 et 13 avril 1944 : L'encerclement des maquis et son échec

Le mercredi 12 avril, d'après les chroniqueurs français Cordesse et Vielzeuf, entre 10 et 11 heures, de longues colonnes de camions allemands bourrés de troupes, d'automitrailleuses, de canons de montagne, de mortiers..., arrivent par la route de Saint-Jean-du-Gard jusqu'au Martinet, à un kilomètre environ de Saint-Etienne. En tout, quelques deux mille hommes appartenant presque tous à la 9. Panzer Division Hohenstauffen et provenant des garnisons de Nîmes et d'Alès. But de la manœuvre : à partir du Martinet, encercler la zone tenue par les maquisards par deux détachements motorisés prenant la direction de Saint-Martin-de-Lansuscle, l'un par Moissac et Sainte-Croix-Vallée-Française, l'autre par les abords de Saint-Germain-de-Calberte. L'investissement ainsi réalisé formait un parallélogramme délimité par les routes.

D'après une carte d'origine allemande, les assaillants auraient abordé le secteur en trois détachements, l'un venant du nord par Saint-Germain-de-Calberte, l'autre du sud-est par Le Martinet, et le dernier de l'ouest par Sainte-Croix-Vallée-Française. Ils auraient ensuite cerné le massif montagneux abritant le Galabartès et la Picharlarié, en prenant position, non seulement sur les routes, mais encore et surtout dans les vallées des Gardons et d'un affluent, le ruisseau de l'Oultre, qui limitent et ceinturent le secteur en formant un parallélogramme encore plus parfait.

Quoi qu'il en soit, les deux mille hommes de la Wehrmacht avaient ainsi bouclé la ligne des crêtes — « lo sèrra » — qui s'allonge entre le Gardon de Saint-Martin et celui de Sainte-Croix, depuis Saint-Martin-de-Lansuscle, au nord-ouest, jusqu'à Saint-Etienne-Vallée-Française au sud-est.

L'alerte fut donnée au Galabertès.

« Dès lors, écrit Richard Hilgert, nous nous sommes tous enfoncés plus profondément dans la nature à flanc de montagne, emmenant avec nous le prisonnier. Mais je n'en avais plus la garde. En cours de route j'ai entendu un coup de feu. Le prisonnier était mort[35]. »

C'est qu'en la circonstance il était difficile d'agir autrement.

« Certes, précise Max Dankner, ce feldgendarme s'était prétendu membre de la SPD, mais ceci ne l'avait pas empêché de venir espionner dans la région. Et c'est après une discussion de fond que la direction du Parti avait décidé de le supprimer, estimant qu'il n'y avait pas d'autre possibilité étant donné l'encerclement dans lequel nous nous trouvions[36]. »

Il convient de noter qu'aucun rapport présenté par d'anciens maquisards allemands ne fait mention de l'exécution par eux de l'officier de l'organisation Todt que « Bir Hakeim » avait fait prisonnier en revenant de Bagnères-de-Bigorre et utilisé ensuite à La Picharlarié comme cuisinier, bien que celle-ci ait en général été mise sur leur compte.

Vers 13 heures l'attaque commence. Parties des deux extrémités, deux colonnes, puissamment armées, bénéficiant des renseignements de l'avion « mouchard » qui ne cesse de survoler le terrain, progressent de façon convergente en se dirigeant vers la ligne des crêtes au centre.

La première colonne monte de Saint-Etienne par la petite route à peine carrossable, étroite et sinueuse qui mène à Andajac. A hauteur de Leyris, les hommes descendent des camions. De toute évidence, ils sont renseignés sur l'emplacement de la Picharlarié et sur les premières lignes de défense car, observe Franc André, ils se montrent prudents pour avancer dans la châtaigneraie.

La deuxième colonne aborde la zone des maquis par Saint-Martin où elle organise un « point d'appui » : les habitants sont enfermés dans les maisons (à l'exception de deux d'entre eux, emmenés comme guides contre leur gré), et des mitrailleuses sont mises en batterie, prenant en enfilade les chemins de terres et les découverts. Le gros des forces se déploie en direction du sud-est, vers la Picharlarié, ayant comme objectif de faire jonction avec la première colonne montant de Saint-Etienne. Elle passe à côté du Galabertès qu'elle laisse à sa gauche, ignorant sans doute qu'il y a là le camp de base de la brigade « Montaigne ».

Les maquisards, qui ont pris position par petits groupes dispersés sur tout un secteur de la ligne de crête et de ses abords, se trouvent donc non seulement encerclés de façon assez large par le rideau mis en place le long des routes et des rivières, mais encore pris, à leurs extrémités, entre deux feux. A cette heure, leur dispositif est le suivant :

— au sud-est, le « Maquis Ecole » dirigé par Toussaint, occupant la crête du côté de l'éperon qui s'avance en direction de Moissac, situé exactement au sud et au pied de celui-ci ;

— au centre : le groupe « Bir Hakeim », à proprement parler ; il est commandé par Marcel (de Roquemaurel), car « Barot » et « R.M. » (Christian de Roquemaurel) sont absents, se trouvant avec Torreilles à une réunion chez « Mistral », à Saint-Geniès-de-Malgoirès, ainsi que Demarne, qui est à Clermont-l'Hérault.

— au nord-ouest, plus près de Saint-Martin : la brigade « Montaigne », dirigée par Otto Kühne ; l'autorité de « Montaigne » en tant que responsable française ayant été en somme transféré à « Barot » depuis le rattachement de son groupe à « Bir Hakeim », et « Victor » ayant accompagné la famille Lafont dans son exode.

L'effectif total doit être au maximum de cent vingt hommes. En outre, l'armement laisse à désirer quant à la qualité. Nous avons vu notamment qu'un récent coup de main effectué à Toulouse sur une « cache » d'armes enterrées par l'armée d'Armistice avait permis à « Bir Hakeim » d'équiper les hommes des deux autres maquis en ramenant notamment quatre mitrailleuses, douze fusils-mitrailleurs et les munitions. Mais, beaucoup de munitions avaient souffert et les vieilles mitrailleuses lourdes Hotchkiss à trois pieds s'enrayaient facilement. Pour l'heure, deux au moins ont été mises en batteries. Celle du groupe « Montaigne » est tenue par Louis Veylet qui assure le guet au nord-ouest sur une position dominant le secteur, face à Saint-Martin. Celle du groupe « Bir Hakeim », plus au centre, a été confiée à Anton Lindner.

En dépit de l'énorme disproportion des forces et des moyens, les combats vont durer jusqu'à la nuit, les attaquants s'efforçant d'investir les « nids » de résistance préparés à l'avance et prenant ensuite en chasse les petits groupes mobiles au cours des opérations de ratissage qu'ils vont mener à partir de l'axe de pénétration et du rideau d'encerclement. Les jeunes du « Maquis Ecole », qui avaient eu à la Picharlarié des instructeurs de classe — Basset, capitaine de réserve, « Victor » et Demarne, officier d'active — résistent courageusement.

Quant aux hommes de « Bir Hakeim », ils sont bien connus pour leur courage à toute épreuve et leur hardiesse, sinon leur témérité. La brigade « Montaigne » qui comportait surtout des antifascistes allemands anciens combattants de la guerre d'Espagne, disposait d'une riche expérience dans ce type de guerre. Toujours est-il que l'assaillant subit de lourdes pertes.

Parvenus sur les crêtes, les hommes de la Wehrmacht bombardent à distance la Picharlarié. Mais ils ne s'y aventurent pas, pensant peut-être que les locaux sont « piégés ». A un moment donné, le feu est mis aux broussailles, soit accidentellement, du fait des tirs d'artillerie, soit volontairement par les soldats eux-mêmes. Mais l'incendie ne se développera pas, étant stoppé par la pluie. Les Allemands fouillent les fermes. Chez Bruc, à La Rouveyrette, ils ne trouvent rien. Par contre, au Ginestas, ils découvrent un dépôt de vivres, pillent la maison à laquelle ils mettent le feu et emmènent Marius Grandon, son propriétaire[37].

A la tombée de la nuit les troupes abandonnent leur ratissage et, emportant leurs morts avec elles, redescendent dans les vallées pour étoffer le filet d'encerclement mis en place le long des routes. C'est ce qu'observe par exemple Bruc, de sa ferme située sur le versant sud-sud-ouest :

« Quand la nuit est venue, de nombreuses fusées éclairantes ont été tirées au-dessous de la crête, à l'ouest de la Picharlarié, illuminant les parties boisées... A la pleine nuit cependant, il n'y avait plus de soldats sur le terrain. Tous avaient rejoint la route nationale ou Sainte-Croix. »

Les maquisards vont s'efforcer de franchir ce barrage en s'orientant vers deux points de repli. Ceux de la Picharlarié marchent vers le sud jusqu'à Saint-Roman-de-Tousque ou au Castanier sur la route des crêtes ; ceux du Galabertès se dirigent vers le nord, pour rejoindre le Plan de Fontmort, en passant par Malzac ; enfin, quelques isolés se frayent un passage vers Castel-Viel et se réfugient à Trabassac, où deux d'entre eux, blessés, recevront les soins d'un médecin. Il s'agit vraisemblablement de Ernst Butzow dont la récente blessure accidentelle par balle n'était pas guérie et de Lisa Ost qui souffrait d'un genou.

En effet, Lisa, venue auprès de Ernst pour lui apporter des soins, y avait été surprise par l'attaque de la Wehrmacht. Un peu forte et toujours chaussée de bottines, pourtant favorables à la marche, elle avait fait une chute malencontreuse et s'était blessée au genou. Cependant, nous ignorons si c'est le 12 avril ou auparavant, le 8 par exemple. Mais comment Lisa et « der lange Ernst » ont pu se dégager malgré leur handicap et être évacués jusqu'à Trabassac ?

« Quant à Hans Mosch, précise Paul Hartmann, il avait réussi, avant l'engagement, à se frayer un chemin avec un groupe de Français jusqu'au Marchet[38]. »

Le groupe de Toussaint et de Marcel (de Roquemaurel) avait amorcé le mouvement avant même la tombée de la nuit.

« Au cours de notre repli, dit André Bruguerolle, nous avons subi un bombardement au mortier et au canon de 77. Nous avons suivi la crête qui prolonge celle de la Picharlarié et nous sommes venus au-dessus de Moissac. A mi-côte, nous avons attendu la pleine nuit, tout près du château de Fauguière. Sur la route nationale 583 toute proche, circulaient sans cesse des patrouilles ennemies — à pied ou en automobile. Très tard, un orage épouvantable a éclaté. Nous en avons profité pour passer. Nous nous sommes partagés en trois fractions ; nous avons franchi la route et traversé la rivière en pataugeant dans l'eau glacée. Nous avons rejoint, sur la route des Crêtes, le Castanier, une grosse ferme abandonnée, dans un paysage extraordinaire, à la limite du Gard et de la Lozère. »

Arjona raconte, de son côté, comment ses camarades furent obligés d'étrangler leur chien mascotte dont la moindre réaction les aurait trahis lors du passage de la route et du Gardon.

Quant aux hommes de la brigade « Montaigne », c'est de façon beaucoup plus dispersée — et dans l'espace et dans le temps — qu'ils arriveront plus tard à se dégager de l'encerclement, certains profitant de la nuit, mais d'autres devant faire preuve de patience.

Le 13 avril, dès le point du jour, les soldats reprennent le ratissage à la recherche des maquisards encore encerclés. Ils retrouvent malheureusement Louis Veylet blessé et l'achèvent.

Ils relancent par ailleurs certaines opérations de représailles déjà commencées la veille. Ainsi ils poursuivent la mise à sac de quelques maisons de Moissac, en particulier celle du capitaine Basset, premier instructeur des « jeunes de Lapierre », et achèvent le pillage de Saint-Etienne.

Sur le terrain même, les choses ont également l'air de devoir se gâter, comme par exemple à Leyris.

« Dès l'aube, dit Franc André, le paysage était de nouveau plein de soldats. Ils nous ont menacés de mort, ont tiré au canon et au mortier sur le village ; l'école notamment a été touchée. Brusquement, vers 10 ou 11 heures, après le passage d'un avion et le lancement de fusées, les troupes se sont repliées rapidement sur Saint-Etienne. Ce départ précipité nous a sauvés fort probablement de dures représailles[39]. »

Tous les témoins ont d'ailleurs établi la même relation entre la venue de l'avion et le retrait hâtif des troupes de la région qui ne se sont même pas arrêtés à Saint-Etienne ! Certains auraient également vu des motocyclistes arrivant à toute vitesse. Que s'est-il passé ? On en est réduit aux hypothèses, mais il semble bien que l'explication donnée depuis lors, selon laquelle le message lancé par les Alliés : « les poissons tricolores sont dans le lac », interprété par les Allemands comme signifiant un débarquement imminent sur la côte méditerranéenne (région d'Agde), soit le bon.

Ainsi, le hasard seul faisait que les craintes des antifascistes allemands quant au dénouement du combat ne s'étaient pas vérifiées, puisqu'il n'y avait eu qu'un maquisard tué et un seul civil enlevé, alors que les assaillants avaient subi des pertes notables. Cela était sans doute dû au fait que, d'un côté, l'attaque avait été déclenché trop tardivement dans la journée du 12 avril et que, de l'autre, le départ avait été précipité le 13 pour des causes imprévisibles[40].

La mort de Louis Veylet

Ainsi les pertes subies au cours des deux journées du côté du maquis ont été numériquement peu importantes. Mais le rôle primordial que Louis Veylet avait joué à l'origine, lors de la constitution du premier maquis allemand, embryon du maquis actuel, nous impose de nous arrêter sur sa mort.

On peut d'ailleurs s'étonner que, dans leurs récits — écrits pour la plupart une douzaine ou une quinzaine d'années après les événements —, les antifascistes allemands ne désignent pas nommément Louis Veylet, ne serait-ce que par son prénom comme on le faisait alors. Paul Hartmann a même écrit que le mort du 13 avril faisait partie « du groupe français » (entendez par là celui de la Picharlarié)[40 bis] et Hermann Mayer qu'« il était avec nous seulement depuis un jour[41] ! ». Il est vrai que, parmi les Allemands dont nous avons le témoignage, aucun n'était à Bonnecombe ; tous sont arrivés à La Fare après l'arrestation de Veylet, le 27 janvier. Or, lorsque celui-ci a rejoint Le Galabertès, après avoir été libéré le 17 mars, cela n'a été que pour s'absenter à nouveau à cause de sa blessure accidentelle à la jambe. Il n'avait donc rejoint ses camarades que depuis très peu de jours, ce qui explique la réflexion d'Hermann Mayer.

Louis Veylet avait donc pris position avec sa mitrailleuse lourde à la côte 708. Un groupe d'une dizaine d'hommes, sous la direction de Martin Kalb, se trouvait en contrebas pour protéger les abords. Mais ceux-ci durent décrocher et se replier en ordre dispersé.

Qu'advint-il ensuite de Louis Veylet ?

« Le 13 au matin, dès les premières heures de l'aube, raconte Bruc, j'ai pu voir, à travers la fente étroite réservée entre mes volets presque clos, les soldats reprendre possession du terrain. Il faisait bien jour lorsque je vis, cent mètres en contrebas de la maison, plusieurs soldats immobiles regardant en direction du ravin, comme intéressés par quelque chose.

Curieux de savoir, je pris un outil et allai arracher des topinambours dans le champ même où se trouvaient les soldats immobiles. Ils me laissèrent arracher quelques pieds, puis m'intimèrent, l'ordre de ne pas bouger et me retinrent sur place assez longtemps. C'est là que je vis passer Veylet (je ne savais pas alors de qui il s'agissait), allongé sur une civière que des soldats remontaient avec beaucoup de difficultés, car la pente du ravin de l'Ourjal est très raide. J'étais à vingt mètres à peine ; la civière fut posée un instant au bord du champ pour permettre aux porteurs de souffler. Le maquisard était vivant à ce moment-là.

...Après le départ des troupes allemandes, je refais, en sens inverse, le trajet suivi par les brancardiers du matin ; je remonte le ravin difficile de l'Ourjal, remarque de nombreuses traces dans le lit du torrent du Campès situé sur sa rive droite. Le Campès n'a que très peu d'eau ; celle-ci est retenue de palier en palier dans les « gourgs » creusés dans les bancs rocheux. La plupart de ces retenues sont rougies de sang et, sur les berges, la végétation broussailleuse a été piétinée. Des restes de coton, de pansements, attestent que des soins ont été donnés là à des blessés.

Est-ce que Veylet a été retrouvé par les soldats effectuant le ratissage du valat de l'Ourjal ? C'est probable, à en juger par ce que j'avais vu le matin même. Vraisemblablement, il avait été blessé la veille, au cours de l'intense fusillade qui s'était poursuivie jusqu'à la nuit, sous la lueur des fusées éclairantes. Le matin, en effet, le ratissage n'avait pas été accompagné de coups de feu, les maquisards ayant réussi à franchir, de ce côté en particulier, au cours de la nuit, le rideau mis en place sur les routes[42]. »

Restent les circonstances de la blessure de Louis Veylet. En l'absence de témoignages directs, nous ne pouvons envisager que des hypothèses, mais des hypothèses qui nous paraissent sérieusement fondées. Il est probable que le décrochage des maquisards n'eut lieu qu'en toute dernière extrémité, décrochage couvert par les mitrailleuses. Ainsi le mitrailleur, resté à son arme jusqu'au bout du possible, n'avait, lui, aucune « couverture de feu » pour protéger son propre décrochage.

« Ce qui arriva à Anton Lindner, raconte Cordesse, en apporte la preuve : Anton veut tirer jusqu'aux dernières bandes. Brusquement la vieille Hotchkiss s'enraye. Le feu ayant cessé, l'ennemi progresse. Anton se jette dans les fourrés ; il rampe, roule, se coule en souplesse, puis se tapit et ne bouge plus.

Il entend dans sa langue maternelle un sous-officier dire : 'La mitrailleuse est encore chaude ; cherchez-le ; il n'est pas loin'...

190

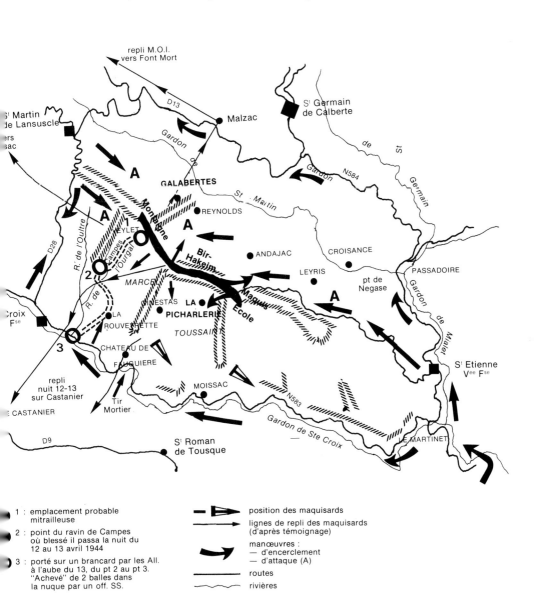

8A. L'attaque menée contre les maquis du Galabertès
et de la Picharlarié les 12 et 13 avril 1944
(Carte établie d'après Henri Cordesse)

repli M.O.I.
vers Font Mort

D 13

S¹ Martin
de Lansuscle

Malzac

S¹ Germain
de Calberte

Gardon

de

S¹

A

GALABERTES

N 584

Germain

REYNOLDS

St · Martin

A

Montagne

CYLET

Campes

R. de l'Oultre

D 28

Bir-
Haksim

ANDAJAC

CROISANCE

PASSADOIRE

Tourgar

MARCE

R. de

2

LEYRIS

pt de
Negase

A

Gardon de Mialet

NESTAS

LA
PICHARLERIE

Ecole

Maquis

Croix
F^se

LA
ROUVELETTE

TOUSSAINT

3

CHATEAU DE
FAUGUIERE

S¹ Etienne
V^ee F^se

repli
nuit 12-13
sur Castanier

Tir
Mortier

MOISSAC

N 583

CASTANIER

D 9

S¹ Roman
de Tousque

Gardon de Ste Croix

LE MARTINET

1 : emplacement probable
mitrailleuse

2 : point du ravin de Campes
où blessé il passa la nuit du
12 au 13 avril 1944

3 : porté sur un brancard par les All.
à l'aube du 13, du pt 2 au pt 3.
"Achevé" de 2 balles dans
la nuque par un off. SS.

position des maquisards

lignes de repli des maquisards
(d'après témoignage)

manœuvres :
— d'encerclement
— d'attaque (A)

routes

rivières

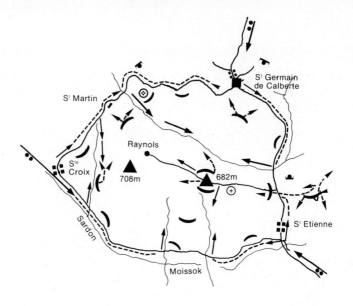

8B. L'attaque menée contre les maquis du Galabertès et de la Picharlarié les 12 et 13 avril 1944
(Carte établie par la Wehrmacht)

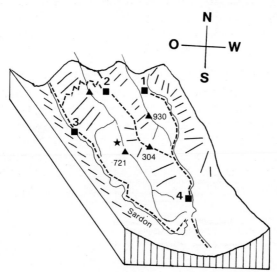

TIRÉ DE "GEFECHTE IN DER CEVENNEN"

1 ■ Saint-Germain-de-Calberte
2 ■ Saint Martin de Lansuscle
3 ■ Saint Croix Vallée Française
4 ■ Saint Etienne

★ La Picharlerie
‒ ‒ ‒ Manœuvre d'encerclement de la Wehrmacht
Einkesselungsmanöver der Wehrmacht
▲ Diverses altitudes
Höhenunterschiede

Le lendemain, après le départ des soldats, Anton émergea sain et sauf des buissons. Il raconta son aventure à un paysan dont il avait fait la connaissance et de qui nous tenons ce récit[43]. »

Louis Veylet, comme Anton Lindner, comme ceux qui couvraient le décrochage, a dû tenir le plus possible, poussant certainement le courage jusqu'à la témérité. René Nicolas pense qu'il a pu, de plus, être handicapé par son ancienne blessure à la jambe. Quoi qu'il en soit, il semble évident qu'il se trouvait alors seul. Dans son repli, sans protection, une balle l'a blessé à la cuisse, fracturant le fémur. Le garrot sommaire, mais fortement serré, était fait de lanières tirées de ses propres vêtements, probablement réalisé par lui-même.

Dans le secteur sud-ouest des combats où il a été retrouvé, tandis que certains maquisards s'étaient faufilés entre les patrouilles allemandes au pont de La Rouveyrette, François Rouan (« Montaigne »), lui-même retardé, était resté caché derrière la chute d'eau d'un vieux moulin, en un point situé très en aval du torrent du Campès. Il est évident que si Veylet ne s'était pas trouvé plus en retard encore, et donc en arrière, son camarade, qui suivait ce même « valat » l'aurait vu et secouru.

Le 13, en fin de matinée, les Allemands se retirent rapidement. Camions, armes motorisées..., le convoi reformé en hâte reprend la direction du Martinet. Au pont de La Rouveyrette, sur le bord de la route où il a été déposé par ses brancardiers, Louis Veylet assiste au départ précipité. Sa jambe est énorme, mais il vit. Brusquement un officier fait arrêter sa voiture, descend, tire son pistolet... Deux balles dans la nuque viennent de mettre un terme aux souffrances atroces que Louis Veylet endure depuis quinze à dix-huit heures, et d'éteindre la petite lueur d'espoir qui, peut-être, venait de naître.

Les derniers Allemands partis, le corps est amené dans une pièce de la mairie de Sainte-Croix aménagée en une sorte de chambre mortuaire. Personne ne reconnaît dans ce maquisard l'un des gars de la Picharlarié et ne peut donner le moindre indice permettant de l'identifier. Dans l'après-midi, cependant, deux responsables de « Bir Hakeim », sont là, le chef lui-même, « Barot », et son adjoint, Demarne, arrivé en toute hâte de Saumane. « C'est Veylet, disent-ils, un instituteur de Marvejols, qui nous avait rejoints il y a quelques jours ».

Toute la population de Sainte-Croix, et quelques maquisards, revenus pour la circonstance, assisteront aux obsèques qui auront lieu le lendemain.

Ce qu'ont vécu entre Gardons
les hommes de la brigade « Montaigne »

Par les récits des intéressés[44], nous savons comment le dispositif de défense mis en place par ceux du Galabertès, conjointement à ceux de la Picharlarié, allait être submergé par le nombre.

« La veille, se souvient Richard Hilgert, nous avions été prévenus par un message : 'Vos cousines arrivent demain de bonne heure.' Comment cette information codée nous est-elle parvenue ? Je ne saurais le dire à présent. Quoiqu'il en soit, notre maquis se trouvait alors sous la direction de Otto Kühne et il avait été décidé de rester sur place et d'attendre.

Ce matin-là, il y eut une brume épaisse et c'est sans doute à cause d'elle que l'attaque ne se produisit pas tout de suite, mais seulement vers midi passé. »

Tous les hommes de la brigade « Montaigne » étaient là sauf deux.

« Au lever du jour, dit Martin Kalb, Emil 'Franchet' et Albert Rucktäschel avaient disparu, en nous laissant cependant leur boîte à pharmacie (ils exerçaient chez nous le rôle d'infirmiers). Ils avaient filé en douce durant la nuit, n'ayant pu admettre que l'on exécute l'ordre absurde de se maintenir sur les positions. »

Ils avaient par ailleurs une autre excuse, indique Max Dankner :

« Comme aucune liaison n'existait entre le Parti et les FTP, il avait été convenu que tous deux se mettraient en route pour essayer d'établir le contact. C'est là-dessus que nous était parvenue l'information que des unités fascistes allemandes allaient pénétrer dans le secteur du maquis, d'où il fut décidé que tous les hommes devaient rester sur place. Cependant l'un et l'autre s'en étaient allés.

Ce comportement entraîna d'ailleurs une rude discussion de principe entre nous, et tous les camarades exprimèrent des critiques acerbes. La question fut débattue de savoir si l'on devait considérer cette action comme une désertion. Après de fortes empoignades verbales, on se résolut à maintenir dans le groupe les deux camarades qui auraient à faire leurs preuves. »

« Quant aux autres, poursuit Martin Kalb, nous avions pris position en petites équipes. Et voilà que les soldats allemands débouchaient de tous côtés. Le tir des mitrailleuses, des mortiers et des canons commença. Mais ceux qui avançaient furent pris sous le feu de nos divers groupes. Lorsque nous eûmes un aperçu de l'importance

194

approximative des forces qui nous attaquaient, sans ordre préalable, les groupes isolés décrochèrent de leur propre chef.

On doit ajouter ceci : quand le maquis gaulliste avait vu l'armée allemande s'approcher de ses positions, il abandonna — mais n'était-ce pas raisonnable ? — son emplacement le premier, alors qu'il avait bien été décidé que chaque groupe devait tenir son secteur et se battre sur place. Il put ainsi se frayer bientôt un chemin jusqu'au-delà du rideau d'encerclement et être alors en sécurité. Quant à nous, nous étions toujours dans la zone bouclée. Il s'en suivit que nous dûmes seuls supporter l'attaque à la fois de front et de flanc. »

Par contre, les hommes de Toussaint et de Marcel de Roquemaurel s'étaient de leur côté trouvés bien seuls pour soutenir le premier choc. Ce qui ne les avait pas empêché, au cours du décrochage et des opérations de dégagement, d'infliger des pertes sévères à l'ennemi.

« Plus tard, il s'avéra que les petites équipes du « groupe Otto Kühne » avaient réagi les unes et les autres de manière assez analogue. Fortes à l'origine de dix à douze hommes, elles se divisèrent d'abord en deux, puis se dispersèrent en groupuscules de trois ou quatre hommes, ou moins, en partant de l'hypothèse juste que ceux-ci parviendraient mieux à s'échapper.

Les troupes allemandes, quant à elles, opéraient en unités fortes d'à peu près l'effectif d'une compagnie. Nous apportions la confusion au sein des détachements isolés, non seulement par nos tirs bien camouflés, mais encore par nos appels en langue allemande qui les induisaient en erreur. Cela nous était d'autant plus facile que nous avions pu observer que, dans cette région sauvage sillonnée de profonds ravins, nos ennemis se plaçaient malencontreusement, au point de se tirer dessus.

Les soldats allemands avaient vraisemblablement compté sur le fait que l'ensemble des maquisards seraient restés entassés en un seul lieu et non que nous attendrions l'attaque dispersés en petits groupes sur un espace plus important. Notre tir les avait obligés à se déployer très vite, ce qui sema manifestement la confusion dans leur plan d'attaque, en les contraignant de déclencher prématurément l'assaut direct contre nous. Le combat, commencé au milieu de la journée, dura jusqu'au crépuscule. Il a dû occasionner chez les assaillants d'assez lourdes pertes. D'après ce que nous ont dit plus tard des paysans, ils avaient enlevé leurs morts et leurs blessés dans plusieurs camions. »

Et si les maquisards n'ont eu qu'un tué, les témoignages de quelques hommes faisant partie de trois des quatre ou cinq équipes mises en position par Otto Kühne, nous permettent de savoir comment eux et certains de leurs camarades ont pu s'en tirer : L'équipe située aux abords de la côte 708 était dirigée par Martin Kalb et comprenait Karl

Klausing, Paul Hartmann, Hans Reichard, Norbert Beisäcker, les deux Tchèques Joseph (Vorel) et Paul (Skovoda), le Luxembourgeois Alfred Probst et le Français René Nicolas.

« Vu notre position, précise celui-ci, nous avons été les derniers à décrocher lors de l'assaut des soldats allemands. »

« A un moment donné, ajoute Martin Kalb, une colonne allemande passa tout près de notre petit groupe sans nous voir - nous étions accroupis, cachés dans un fourré de hauts genêts — et un soldat allemand dit à son lieutenant : 'Mon Lieutenant, à voir ce qu'ils bouffent, les cochons ne vivent pas mal du tout, ici.' — Ils avaient déniché un de nos dépôts de vivres. Quant à nous, nous pouvions observer qu'un officier se détachait de cette colonne et grimpait sur un rocher pour scruter les alentours avec ses jumelles. La colonne s'éloigna. Norbert (Beisäcker), un Sarrois, me regarda. Je lui fis un signe de tête. Il leva son arme et visa promptement. Au coup de feu, l'Allemand tomba, la tête la première, au bas du rocher. (Nous pûmes établir plus tard qu'il s'agissait d'un capitaine).

Au cours de notre tentative pour nous dégager de l'encerclement, nous remarquâmes qu'un détachement de soldats plus important, armés de mitraillettes et de mortiers, avançait en droite ligne sur nous. Nous les laissâmes s'approcher suffisamment et les accueillîmes avec des grenades, des coups de fusil, ainsi que par le tir de ma mitraillette.

Un camarade tchèque, qui jugeait la situation sans issue [Paul sans doute], voulut se tuer avec son pistolet pour ne pas tomber vivant entre les mains des Allemands. Je lui fis lâcher l'arme. »

« Alors que notre petit groupe n'était plus constitué que de Martin [Kalb], 'Goldjunge' [Hans Reichard] et moi, raconte Paul Hartmann, nous arrivâmes au contact des Allemands, mais ne nous laissâmes pas engager dans un combat de face. Servis par notre excellente connaissance des lieux, nous avons tiré quelques coups de feu depuis la vallée et nous sommes dépêchés de traverser des ravins pour grimper sur un escarpement rocheux d'où nous avions une vue sur toute la région, position qui ne pouvait être atteinte en venant d'en bas que par un seul accès. Là, à sept ou huit, nous pûmes nous maintenir jusqu'au soir. Et vers 19 heures nous perçûmes des signaux indiquant que les troupes se retiraient pour la nuit du secteur boisé, tandis que les routes et villages d'alentour restaient occupés et que la hauteur 708 demeurait pratiquement verrouillée.

A la faveur de l'obscurité, nos camarades sont parvenus à passer à travers le dispositif ennemi, mais Martin Kalb et moi, nous étant égarés, nous nous sommes retrouvés purement et simplement dans la zone bouclée, avant de pouvoir finalement trouver une sortie. »

D'autres, cependant, ont connu quelques émotions avant de pouvoir s'échapper. Ce fut notamment le cas de René Nicolas dont voici le récit :

« Certains d'entre nous ont eu des difficultés pour se dégager. C'est ainsi qu'Alfred Probst, le Luxembourgeois, et moi sommes restés ensemble, coincés sur le terrain. Notre groupe avait été pris très violemment à partie par des tirs de mitrailleuses. Et tous deux, fermant la marche, n'avons pu suivre les autres qui se faufilaient à travers chênes verts, genêts et fourrés. Heureusement d'ailleurs que le secteur était broussailleux, car nous pûmes nous cacher dans d'épais buissons épineux. Mais, un moment séparés, je me faisais du souci pour mon camarade : l'ayant vu tomber lourdement, je craignais qu'il fût blessé. Heureusement, je devais bientôt le retrouver sain et sauf. Des soldats de la Wehrmacht sont passés à côté de nous sans nous voir, et nous n'en menions pas large. Par contre, nous avons pu les observer : ils détruisaient et brûlaient le matériel que nous n'avions pu faire suivre ; puis, avant de quitter le secteur, ils essayèrent de mettre le feu aux broussailles. Enfin, il y eut des coups de sifflet et ils se retirèrent.

Plus tard, voyant le calme revenir, et comme il pleuvait — ce qui a empêché les foyers d'incendie de s'étendre — nous avons cherché un autre refuge. Tout en marchant, nous avons découvert une sorte de grotte où était entassé du bois, et où nous avons pu nous faire une petite place pour nous allonger. Epuisés de fatigue et tout mouillés, nous nous sommes endormis, serrés l'un contre l'autre. Il ne nous restait que nos deux fusils mauser et nos munitions.

Nous avons été réveillés dans la matinée par une vieille paysanne qui venait chercher du bois et à été toute apeurée de nous voir. Nous l'avons rassurée. Elle nous conseilla de ne pas nous montrer pour l'instant et nous dit qu'elle reviendrait plus tard, ce qu'elle fit d'ailleurs dans la journée en nous portant à manger et à boire. Après nous être reposés jusqu'à la nuit, nous nous sommes remis en route pour rejoindre notre groupe qui devait être dans les environs de Malzac. Quarante-huit heures après les événements, nous avons retrouvé nos camarades qui s'inquiétaient pour nous, et ce fut un grand moment de joie. Malheureusement Karl [Klausing] nous apprit la mort de Veylet. »

Mais Malzac ne constituait qu'une étape :

« Le point de ralliement convenu pour l'ensemble du groupe, précise Paul Hartmann, se trouvait dans le secteur boisé proche du Plan de Fontmort, où, peu à peu, les uns et les autres avons fini par nous retrouver, guidés en partie vers cet endroit par les paysans d'alentour. Il faut dire que les paysans des diverses localités de la région avaient suivi de loin les combats avec peur et inquiétude et, après le retrait des troupes allemandes, ils avaient fêté les partisans comme des héros en les invitant à manger. C'est le jeudi soir que Martin Kalb et moi sommes parvenus à Fontmort, notre lieu de rendez-vous. »

Hermann Mayer qui appartenait à une autre équipe a fait de son côté le récit de ses aventures :

« Naturellement, face à la supériorité des fascistes, nous ne pouvions opposer une longue résistance. Aussi l'ordre fut-il donné de nous diviser en petits groupes épars afin que les fascistes ne réussissent pas à encercler notre unité en bloc. Le groupe dont je faisais partie était fort de dix hommes : six Allemands dont Max Frank, Willi Nett et moi ; deux Français, dont François Rouan ; un Polonais : Kazimierz et un Yougoslave : 'Yosip'.

Nous avons ainsi réussi à échapper momentanément à la poursuite des assaillants et à descendre au fond de la vallée où nous nous sommes placés de nouveau en ligne derrière une murette, dissimulés en outre par des chênes yeuses.

Au bout d'une demi-heure, nous vîmes une patrouille, ayant l'effectif d'une section, avancer directement sur nous par un sentier de terre battue. Notre plan était de les laisser s'approcher tout près. Mais malheureusement les nerfs du jeune partisan yougoslave craquèrent et il fit un bond. Aussitôt, les fascistes ouvrirent le feu à la mitraillette. Il ne nous restait qu'à nous sauver. Trois de nos camarades réussirent à se faufiler sur le côté, mais les sept autres n'avaient qu'une possibilité de fuite : traverser à gué le trou d'eau qu'avaient creusé les crues du torrent. Il avait peut-être 3 m de large, 10 m de long et 1,40 m de profondeur ; les parois latérales étaient crevassées et les bords envahis par des broussailles, de sorte qu'il n'y avait qu'un petit passage propice pour s'en sortir. Trois d'entre nous parvinrent à s'y glisser, mais pour moi qui étais le quatrième, le chemin était déjà barré par les soldats. Avec Max Frank, Willi Nett et l'ingénieur François [Rouan], nous étions dans une situation désespérée. Pour comble de malchance, notre camarade français avait perdu son arme dans l'eau et Willi Nett commençait à être secoué par une crise de nerfs. En outre, il était douteux que nos armes tirent encore, car nous venions de nous enfoncer profondément dans l'eau avec elles.

Les soldats poussèrent des cris de joie, sentant bien que nous restions quelques-uns dans le trou, et, en français, ils nous enjoignirent de nous rendre : 'Rendez vous, petits !' Cependant, leur sommation fut sans effet. Mais alors c'est en allemand que j'entendis le commandement : 'Prenez les grenades ! On va réduire cette engeance en chair à saucisse !' Il est impossible de décrire par des mots ce que nous avons éprouvé : qui, à notre place, aurait encore donné cher de sa vie ? Lorsque j'entendis le nombre 'vingt et un' [selon la règle, avant d'envoyer sa grenade, le lanceur comptait : vingt et un, vingt-deux, vingt-trois, et le jet suivait, de sorte que la grenade explosait sitôt l'impact, sans que l'on ait éventuellement le temps de la rejeter]... Lorsque j'entendis donc : 'vingt-et-un', je risquai le tout pour le tout : je fis un bond pour avoir la tête nettement au-dessus de la berge, vis devant moi le lanceur de grenade et l'abattis avec mon révolver à barillet. Et alors, en explosant au milieu des fascistes eux-même la grenade fit du joli travail. De ce fait, grâce aux coups de feu bien ajustés de Max Frank, qui tirait de l'autre côté du trou d'eau, et des miens propres, nous avons créé le désarroi chez l'assaillant. Et nous en avons profité pour nous échapper tous les quatre à travers les touffes de genêts. »

Finalement, à une exception près outre Veylet, tous les hommes du groupe purent traverser le dispositif ennemi et rejoindre le Plan de Fontmort.

« Seul Max Frank, raconte Paul Hartmann, ayant tourné en rond, resta dans le secteur encerclé. Martin Kalb et moi devions le découvrir, tout à fait par hasard, caché dans une grange, trois jours après le retrait des troupes allemandes. »

Enfin Richard Hilgert a conservé dans sa mémoire les souvenirs suivants :

« Devant l'importance numérique des assaillants, Otto Kühne nous fit répartir en groupes réduits de six hommes chacun, et nous donna l'ordre de passer ainsi à travers le rideau d'encerclement. Lorsque ma petite équipe et moi nous sommes mis à dégringoler la pente de la montagne, nous nous sommes aperçus subitement que nous nous précipitions presque en droite ligne sur un groupe de soldats de la Wehrmacht. Nous avons fait aussitôt demi-tour et remonté en courant à toute vitesse. Les soldats avaient été tout aussi stupéfaits que nous. Mais, l'instant de surprise passé, ils se sont mis à nous tirer dessus et les balles sont venues frapper à nos pieds, juste à côté. Parvenus plus haut, c'est de flanc que nous avons reçu des coups de feu : un tir de mitrailleuse assez sévère.

Là, notre groupe s'est divisé involontairement. Dès lors je ne me trouvai plus qu'avec le Berlinois Paul Mundt et avec le Lorrain 'Victor' [Peter]. Je donnai le conseil de ne pas descendre en courant jusqu'au fond de la vallée où une petite rivière se glissait au milieu des broussailles, car c'était là-bas qu'on risquait de nous chercher. A mi-pente s'étendait une prairie au milieu de laquelle coulait un ruisselet empruntant une légère dépression. Il n'y avait pas de buissons, mais l'herbe était à cet endroit bien plus haute. Nous nous sommes aplatis dans cette sorte de gouttière. Et de là nous pouvions pratiquement voir tous les environs et les surveiller sans qu'on nous aperçoive nous-mêmes. Nous entendions de nombreux coups de feu tirés depuis la vallée. De notre position, nous avons observé comment les soldats de la Wehrmacht découvraient le camp que nous avions définitivement abandonné. Nous avions en effet mission d'atteindre une ferme pour nous rendre de là au Plan de Fontmort.

Le lendemain matin, une patrouille passa tout près de nous, mais heureusement sans nous découvrir, alors que de l'endroit où nous étions, nous pouvions comprendre ce qu'ils disaient en allemand. A ce moment-là, nous avons enlevé la sûreté de nos grenades à main, car nous ne voulions pas nous laisser prendre...

Nous sommes arrivés finalement les derniers à la ferme. Là nous avons appris qu'un camarade avait été fait prisonnier et ensuite abattu. Puis nous avons continué notre route avec Otto Kühne en direction du Plan de Fontmort. »

Sauvés mais séparés

Et c'est ainsi que ces événements de Pâques 1944 n'eurent pas, pour le maquis et la population de la région, les conséquences tragiques qu'ils auraient pu avoir.

A trois exceptions près — mais les pertes allemandes avaient été tellement plus importantes — les hommes du maquis étaient sauvés... Mais ils se trouvaient séparés : les uns — ceux de Galabertès — se rendant au Plan de Fontmort ; les autres — ceux de la Picharlarié — au Castanier, où devait les rejoindre François Rouan. Cependant, la séparation ne s'évaluait pas qu'en kilomètres ; elle se traduisait surtout par des cassures infiniment plus larges exprimant des différences de conception dans la façon de mener le combat.

De plus, l'absence de « Barot » avait été très mal perçue par les antifascistes allemands auxquels on n'avait donné aucune explication à ce sujet. Martin Kalb écrit :

« On nous dit également que le commandant 'Barot' avait été vu dans un village situé dans la proximité immédiate des positions de l'artillerie allemande. Cette affaire ne fut jamais éclaircie[45]. »

En réalité, comme nous l'avons indiqué, « Barot » et « R.M. » (Christian de Roquemaurel) se trouvaient, le 12 avril, en réunion à Saint-Geniès-de-Malgoirès, chez « Mistral ». Celui-ci nous a raconté ce qui s'était passé.

« C'est un camarade d'Aigremont qui est arrivé et nous a dit : 'Il monte des troupes allemandes de Saint-Jean-du-Gard vers Saint-

Etienne-Vallée-Française'. A ce moment-là, nous sommes partis avec 'Barot' et Christian de Roquemaurel. Mais c'était trop tard. Nous avons été bloqués et n'avons pu assister à la bagarre qu'avec des jumelles[46]. »

Voici donc qui apporte une explication aux questions que se posait Martin Kalb. Reste, bien sûr, à savoir si, vu l'imminence de l'attaque, la place de « Barot » et de « R.M. » n'aurait pas été ce jour-là plutôt à la Picharlarié qu'à Saint-Geniès-de-Malgoirès. Mais c'est là une autre affaire.

NOTES DU CHAPITRE VI

1. Témoignage de Richard Hilgert.
2. Institut für Marxismus-Leninismus, Relation de Paul Hartmann.
3. *Ibid.*, Relation d'Hermann Mayer.
4. Témoignage de René Nicolas.
5. Témoignage de Richard Hilgert.
6. Témoignage de René Nicolas.
7. Ernest Peytavin, *op. cit.*.
8. René Maruéjol et Aimé Vielzeuf, *Le maquis Bir Hakeim*, Nîmes, 1947.
9. Institut für Marxismus-Leninismus, Relation de Dora Nickolay.
10. Manfred Drews und Max Stoll, *Gefechte in den Cevennen*, Berlin, 1977.
11. *Ibid.*
12. Témoignage de Max Dankner.
13. Témoignage de René Nicolas.
14. René Rascalon, *op. cit.*
15. Robert Poujol, *Le Maquis d'Ardaillès*, Sumène, 1984.
16. Institut für Marxismus-Leninismus, Relation de Paul Hartmann.
17. Mallet devait mourir le 23 avril 1944. Ferraci et Guillon libérés le 15 août par le maquis de Bigorre ont aussitôt repris le combat en rentrant à la 3309e Cie FTPF du 1er Régiment de Bigorre. Quant à Loubet, on croit qu'il a trouvé la mort en accompagnant l'armée allemande dans sa retraite.
18. Institut für Marxismus-Leninismus, Relation de Paul Hartmann.
19. *Ibid.*, Relation de Max Dankner.
20. *Ibid.*, Relation de Dora Nickolay.
21. Jean Huc, *op. cit.*
22. Institut für Marxismus-Leninismus, Relation de Max Dankner.
23. Henri Faure, *op. cit.*
24. René Marvejol et Aimé Vielzeuf, *op. cit.*
25. Arch. dép. Lozère.
26. Témoignage de Richard Hilgert.
27. René Marvejol et Aimé Vielzeuf, *op. cit.*
27 bis. Témoignage de François Rouan.
28. Institut für Marxismus-Leninismus, Relation de Paul Hartmann.

29. Institut für Marxismus-Leninismus, Relation d'Hermann Mayer.

30. Témoignage de Richard Hilgert.

31. Arch. dép. Lozère.

32. Institut für Marxismus-Leninismus, Relations de Paul Hartmann et de Martin Kalb.

33. Témoignage de René Nicolas.

34. *Ibid.*

35. Témoignage de Richard Hilgert.

36. Institut für Marxismus-Leninismus, Relation de Max Dankner.

37. On ne reverra pas Marius Grandon, sans doute déporté en camp de concentration.

38. Institut für Marxismus-Leninismus, Relation de Paul Hartmann.

39. Henri Cordesse, *Louis Veylet, op. cit.*

40. Martin Kalb précise à ce sujet : « Selon nos informations, — nous avons trouvé plus tard à Mende des documents là-dessus —, c'est environ deux mille cinq cents hommes qui furent engagés dans cette opération du côté allemand, avec de l'artillerie et des voitures blindées. Il était prévu d'encercler toute la région à partir de l'après-midi (du 12) et de passer le secteur au peigne fin le lendemain matin. Un général dirigeait toute l'affaire. »

40 bis. Institut für Marxismus-Leninismus, Relation de Paul Hartmann.

41. Institut für Marxismus-Leninismus, Relation d'Hermann Mayer.

42. Henri Cordesse, *op. cit.*

43. *Ibid.*

44. Hermann Mayer a écrit quant à lui : « Le commandant français (« Barot ») reçut de la Résistance un message : « Le cousin vient en visite », ce qui signifiait en clair : les fascistes sont en route. Mais il ne se trouvait pas près de nous de sorte que nous n'avons rien su de cette information. »

45. Institut für Marxismus-Leninismus, Relation de Martin Kalb.

46. Témoignage d'Antonin Combarmond.

VII

LE TEMPS DES PÉRÉGRINATIONS
ET LE COMBAT
DE LA BORIE - LA PARADE
(13 avril au 29 mai 1944)

Le bref passage au Castanier
de ceux de la Picharlarié

Ainsi Marcel de Roquemaurel et Toussaint avaient trouvé, en compagnie de leurs hommes, un nouveau refuge au château du Castanier, au prix d'une marche nocturne qui, pour certaines, dans un premier temps, les avait menés de bonne heure à Saint-Roman-de-Tousque. Mais, en ce 13 avril, il convenait d'être prudents.

« Au Castanier même, dit André Bruguerolle, un groupe de maquisards est resté à l'abri pendant que les autres se portaient autour, sur les crêtes, pour défendre cette bâtisse[1]. »

Ce n'est qu'après que la Wehrmacht se soit retirée de la région que « Montaigne », resté bloqué dans le secteur encerclé, côté sud-sud-ouest, put enfin les rejoindre. « Barot » arriva le 15 avril. Après quoi, une dizaine de « maquisards de Lapierre », qui l'avaient prévenu le jour de l'attaque contre les Feldgendarmes, se séparèrent de « Bir Hakeim » et allèrent s'installer au Serre, près de Saint-Etienne-Vallée-Française.

203

Le 17 avril, un Nîmois, collaborateur notoire, directeur de la Presse associée et président du syndicat général de la Presse française, adresse au préfet du Gard qui en informera le préfet régional de Montpellier, une lettre « très confidentielle » dénonçant le maquis installé au Castanier.

Trois jours plus tard le Castanier est attaqué par un détachement de GMR et de miliciens venus de Saint-Jean-du-Gard. Mais les forces du « Maintien de l'Ordre » trouvent le nid vide, les maquisards, prévenus, s'étant transportés, avec ce qui leur restait de matériel, au « château » des Fons [1 bis], au pied du mont Aigoual, côté nord. Les assaillants se vengent de leur déconvenue en mettant le feu au refuge abandonné.

Le court séjour des antifascistes allemands au Plan de Fontmort

Le regroupement au Plan de Fontmort, beaucoup plus laborieux, s'était fait en ordre dispersé et par étapes, les antifascistes allemands s'étant fixé Malzac comme premier lieu de ralliement avant de poursuivre au-delà. Ceux qui, comme Alfred Probst et René Nicolas, n'avaient pas de point de chute mais connaissaient bien la région, furent orientés par la population locale en des lieux où se trouvaient des amis sûrs et bien informés.

Certains devaient être récupérés plus tard, comme Max Frank, resté caché dans une grange à l'intérieur de la zone encerclée bien après le départ de la Wehrmacht, ou comme Hans Mosch qui avait fait retraite avec les hommes de la Picharlarié.

A ce moment précis, ce haut lieu de la guerre des camisards est concrètement et symboliquement occupé par un maquis allemand, dont le commandement est effectivement assuré par Otto Kühne. En effet, les chefs de l'ancien maquis « Montaigne » ne sont plus là, ni « Montaigne » qui a rejoint « Bir Hakeim », ni « Victor », l'ancien chef du corps franc, qui a accompagné la famille Lafont dans son refuge. Bien plus, alors même que les antifascistes allemands ont vu leurs effectifs croître régulièrement sans subir jusque là la moindre perte (en dehors de Karl Dull), la plupart des Français, outre François Rouan, ont été éliminés dans diverses circonstances : Roland Ferraci et « Charlet » (Max Guillon), membres du corps franc, arrêtés à Bagnères-de-Bigorre le 31 mars ; « Jimmy » (Aimé Sauvebois), blessé et pris le 9 avril.

Quant à Corado Bressan, François Martin, Louis Veylet et Jean Richard, appréhendés au Collet-de-Dèze le 17 janvier et passés en jugement à Nîmes le 17 mars, ils ont connu un destin différent : si les deux premiers ont regagné la haute Lozère, Louis Veylet, revenu au maquis, a été blessé le 12 avril et achevé le lendemain par un officier allemand ; Jean Richard lui, ayant pu s'évader, retrouva ses camarades précisément au Plan de Fontmort, se faisant dès lors appeler « Jean-René »[2].

Ainsi, dans le « groupe Otto Kühne », fort d'une quarantaine d'hommes au moins, ne subsistaient en dehors des Allemands que cinq jeunes Français (Jean Rousseau, Jeannot Farelle[3], René Nicolas, Louis Pons et « Jean-René » (Richard), un Luxembourgeois (Alfred Probst), deux Autrichiens (Karl Trinka, Ernst Frankel), deux Yougoslaves (« Micko » et « Yosip »), deux Tchèques (Joseph Vorel et Paul (Skovoda), et deux ou trois Espagnols.

Par contre, les Allemands Ernst Butzow et Lisa Ost, handicapés par leur blessure, après avoir été soignés à Trabassac, furent dirigés sur une maison amie. C'est chez la famille Servière, au Magistavol, qui rassemblait le père et ses deux fils, Edouard et René, âgés d'une vingtaine d'années, qu'ils trouvèrent refuge durant quelques jours. Hedwig Rammel-Robens, qui était infirmière, venait régulièrement pour faire leurs pansements. Puis, ils furent emmenés dans un secteur plus éloigné, précisément à Mijavols, petit hameau qui avait précédemment accueilli Hermann Leipold et Ernst Frankel. Ils y furent reçus par Marcel Chaptal, mais préférèrent se réfugier dans une ferme voisine alors abandonnée. Ils allaient y demeurer encore quatre à cinq jours, peut-être une semaine, avant de rejoindre leurs compagnons[4].

Pour établir leur campement, les maquisards utilisèrent des cabanes de bûcherons, — de « bouscatiers » —, plus ou moins dispersées dans la forêt domaniale, l'éparpillement étant toujours recherché par Otto Kühne. Cependant, le 29 avril, à la suite d'une dénonciation du 27 auprès du préfet de la Lozère, ils allaient subir à leur tour l'assaut des GMR. Mais les assaillants n'insistèrent pas.

« Dans le secteur boisé situé à l'est du Plan de Fontmort, rappelle Paul Hartmann, les partisans qui avaient pu échapper à l'encerclement de la Wehrmacht furent bientôt attaqués à nouveau, mais cette fois par la milice de Pétain. Le jour précédent, nous avions vu apparaître un forestier dont le comportement n'éveillait à priori aucun soupçon, de sorte que nous l'avions laissé vaquer à ses occupations sans surveillance particulière. Malheureusement, cet homme travaillait pour le compte de la Milice et espionnait dans le secteur. Mais lorsque les miliciens approchèrent, ils furent immédiatement pris sous le feu de nos sentinelles. Surestimant vraisemblablement l'importance de nos forces ils se dispersèrent en forêt et se replièrent[5]. »

Dans le tableau récapitulatif des opérations de police effectuées du 1er au 15 mai 1944, le préfet de la Lozère ne parle pas de la milice mais d'un détachement de GMR ne comprenant que trente hommes environ. On comprend mieux dès lors, leur prudence[6].

« Quelques coups de feu, précise Hermann Mayer, avaient atteint le secteur des cuisines. Mais, le soir même, nous avions réoccupé nos positions comme si de rien n'était[7]. »

« Cependant, dans ces jours-là, ajoute Richard Hilgert, 'Barot' vint trouver Otto Kühne et l'informa que notre groupe serait proposé pour recevoir la Croix de Guerre[8]. »

En fait, sa visite avait pour but de demander aux antifascistes allemands de rejoindre au « château « des Fons le groupe de « Bir Hakeim » auquel ils devaient leur propre armement. C'est ce qui eut lieu vers le 1er mai, le lendemain ou le surlendemain de l'alerte, le commandant ayant envoyé sur place son chef de section, le capitaine « Brun » (Georges Valezi) prendre les hommes avec des véhicules.

Au « château » des Fons avec les hommes de « Bir Hakeim »

« Barot » et ses hommes avaient donc été les premiers à arriver au « château » des Fons où ils s'étaient installés.

Il semble qu'au cours de cette période, « Barot », déjà en butte aux critiques des résistants de la région, n'ait rien fait pour les rassurer, bien au contraire. Quatre faits sont, de ce point de vue, significatifs :
Jean « le Serbe » (Todorow) avait assuré l'installation du maquis « Bir Hakeim » dans la région de Pont-Saint-Esprit, en assumant la direction jusqu'en février 1944. Entré en désaccord avec « Barot », il s'était fixé à La Grand-Borie, tout près du col du Mercou, entre Lasalle et l'Estréchure. Afin de pourvoir à la subsistance de ses hommes, il avait razzié à Florac quinze tonnes de riz et de tabac et les avait entreposées dans une ferme de la région. « R.M. » s'attaqua à ce dépôt et l'enleva. Le procédé ne fut pas du goût de Jean « le Serbe » qui parvint à faire arrêter « R.M. », menaça de le fusiller et ne le relâcha que sur promesse formelle que la marchandise serait restituée.
Parmi ceux qui jugeaient les méthodes de « Barot » dangereuses par leur folle témérité, il y avait notamment Marceau Lapierre, résistant pondéré et prudent. Souligna-t-il le fait avec trop d'insistance ? Tou-

jours est-il que « Barot », mis au courant, déclara qu'il le ferait arrêter, lui qui l'avait accueilli dans les Cévennes. Le responsable du « Comité de Saint-Jean » prit la menace au sérieux et jugea plus prudent de se cacher chez des amis à Alès.

« Barot » et « R.M. », descendus à Alès pour obtenir du carburant, furent arrêtés par les gendarmes de cette ville, puis remis en liberté par le capitaine commandant la brigade. Relaxe suspecte, pensèrent les chefs cévenols[9].

Autre coup de tonnerre : « Barot » emmena avec lui jusqu'au « château » des Fons le chef de la Gestapo alésienne : « Bretelle » (Paul Raynaud). Même en supposant que celui-ci pratiquait le double jeu[10], comment ne pas considérer qu'il y avait là de la part du commandant de « Bir Hakeim », un coup de poker témoignant autant du goût du risque que de la recherche de l'efficacité ?

Le regroupement aux Fons de « Barot » — Otto Kühne

C'est sur ces entrefaites, mais sans être au courant de tous ces événements, que le groupe des antifascistes allemands rejoignit le « château » des Fons. La première impression sur le choix des lieux ne fut guère favorable. Ecoutons Paul Hartmann :

« Le petit groupe, dont je faisais partie avec Otto Kühne et quelques autres arriva le dernier. Nous devions nous établir dans une sorte de manoir situé au milieu d'un grand domaine. Mais nous nous rendîmes vite compte que l'endroit se prêtait mal au camouflage de partisans, même si les hauteurs qui l'entouraient pouvaient être munies de postes d'alerte[11]. »

Or, non seulement l'installation de ces sentinelles n'avait pas été envisagée jusque là par le groupe « Bir Hakeim », mais encore ceux-ci s'y déclarèrent opposés, n'en voyant pas la nécessité, lorsque Otto Kühne et ses hommes en firent la suggestion.

« Les Fons, précise Richard Hilgert, se trouvant dans une vallée située entre des montagnes, pas très hautes il est vrai, le choix de ce 'château' et la mise en place de sentinelles donnèrent lieu à des discussions. A quelques exceptions près, les maquisards français n'étaient pas d'avis que l'on assure des guets qui nous paraissaient, quant à nous, indispensables, la nuit en particulier. Finalement il n'y eut que nous, les anciens des Brigades Internationales, et les quelques camarades français depuis longtemps à nos côtés, pour monter la garde[12]. »

René Nicolas sera plus explicite :

« Nous avons laissé l'entière disposition du 'château' aux hommes de 'Barot' qui y logeaient, alors que nous restions sur la colline à nos postes d'observation où nous nous étions installés et où nous dormions à la belle étoile. Nous ne descendions au château que pour la toilette ou la cuisine, mais n'y mangions pas, soit que nous allions simplement y chercher nos repas, soit qu'on nous les apporte sur place. De plus la nourriture qu'on nous servait à cette époque était peu variée. On 'tapait' sur le riz, le sucre et la confiture 'razziés' à Florac. A ne manger que cela, nous en étions malades, mais plus personne n'était constipé[13]. »

En définitive, les différends entre les Allemands et les chefs du groupe « Bir Hakeim » portaient sur tous les points : tant sur les actions à éviter que sur celles à mener, mais encore sur la tactique à adopter dans un but de sauvegarde et d'efficacité. Aussi, à peine étaient-ils à nouveau réunis, que Otto Kühne et ses hommes n'aspiraient qu'à une chose : retrouver leur indépendance. Paul Hartmann le rappelle :

« Le commandant français n'envisageait toujours qu'une chose : organiser des expéditions de 'razzia'. De plus, à présent que l'événement était passé, nous avons examiné, quant au fond, la décision qui avait été prise à Saint-Etienne-Vallée-Française. Notre point de vue n'avait pas changé : envisager de combattre après s'être laissé encercler était une faute grave, participant d'une erreur tactique fondamentale de la part de la direction militaire gaulliste, face aux Troupes d'Occupation allemandes. Certes, nous avions eu raison de ne pas nous séparer des gaullistes juste avant d'être attaqués ; mais à présent le moment était venu de le faire. Malheureusement, quand nous fîmes part au commandant 'Barot' de nos intentions, celui-ci déclara que nous étions libres de partir, mais en laissant nos armes. Nous lui avons aussitôt répondu que nous entendions les conserver[14]. »

Cela étant, Otto Kühne se préoccupait alors du passage de son groupe aux FTP-MOI, mais il souhaitait un rattachement organique et sans ambiguïté. Par quelle filière avait-il établi les contacts ? Nous l'ignorons ; mais l'affaire semblait nettement engagée, ainsi qu'il l'écrivait dans un rapport qu'il allait adresser à Lyon.

« Dès le début du mois de mai, il nous paraissait évident, à nous les étrangers, mais aussi à la plupart des jeunes Français de 'Bir Hakeim', que nous devions nous séparer de ce groupe et rejoindre les FTP-MOI. L'absence des dernières instructions concrètes que nous attendions de la part du représentant des MOI nous empêchait seule de passer à la réalisation[15]. »

Or, dans le même temps, et ce de façon tout à fait indépendante, les chefs cévenols de la Résistance, en particulier ceux des maquis AS, désapprouvent de plus en plus le comportement de « Barot » qui, à leurs yeux, s'apparente à de la provocation. Ils persuadent le chef départemental adjoint, pour le Gard, « Signoret » (Marcel Cassagne), de le traduire devant une sorte de conseil de guerre du Maquis. Ordre est donné à « Barot » de se rendre, le 3 mai, à La Glanière, une masure délabrée au bord de la route de Thoiras à Lasalle, à deux kilomètres environ de Malérargues.

Dans l'après-midi, arrivent Rascalon, « Marceau » (Marcel Bonnafoux), Guy Arnaud, Robert Francisque, Jean Castan, « Achille » (Wilfrid Fabaron), des maquis de Lasalle ; Jean Viala de Soudorgues ; Jean « le Serbe », du maquis du Mercou ; Lapierre et Ozil du « Comité de Saint Jean » ; Jacques Poujol et Jean Faucon, du maquis de la Sorelhada, et « Mistral ». Les hommes du maquis Rascalon — « Marceau » gardent les routes, signalent l'arrivée des véhicules et doivent surveiller les faits et gestes de « Barot ».

Mais celui-ci se fait attendre.

« Comme on ne le voyait pas venir, nous a raconté 'Mistral', je me suis proposé pour aller le chercher en voiture. Certains disaient : 'Ce n'est pas la peine, il ne viendra pas'. Ce à quoi j'ai rétorqué : 'Moi, je vous dis que si. Je vous promets de le ramener'. Et c'est ce que j'ai fait[16]. »

« Signoret », qui préside, ouvre la séance. L'interrogatoire est fort animé : « Barot » discute pied à pied les accusations portées contre lui. L'un lui reproche ses relations avec la Gestapo et la gendarmerie d'Alès ; l'autre critique sa façon de concevoir l'action du maquis. Lapierre rappelle la main-mise de « Bir Hakeim » sur la Picharlarié et se plaint de la persistance du noyautage. Il demande pour quelles raisons « Barot » projetait de l'arrêter. Celui-ci se défend d'avoir eu pareille intention. Jean « le Serbe » évoque le pillage de son dépôt de riz dont il accuse « Barot » d'avoir été l'instigateur et exige la restitution immédiate de la marchandise. « Barot » s'étonne, promet de faire pression sur « R.M. » et, sur le champ, en grand seigneur, il verse à Jean « le Serbe » un acompte de vingt-cinq mille francs !

Ozil assure avoir percé à jour le mystère dont s'entoure « Bir Hakeim ». Selon lui « Barot » aurait partie liée avec l'Action Française et méditerait de ténébreux desseins contre la République. Il s'attire cette réponse énigmatique : « Quand vous saurez ce que je suis, vous en tomberez sur le cul ! » Ozil demande alors que « Barot » soit chassé des Cévennes parce que « les paysans s'inquiètent et de son attitude à l'égard des jeunes, et de sa hardiesse ». A ce mot de « hardiesse », « Marceau » (Marcel Bonnafoux) bondit, soutient que « Barot » a toujours été absent au moment des combats et trouve le fait étrange.

Avant l'ouverture de la séance, en attendant l'arrivée de « Barot », et en présence de « Signoret », les chefs du maquis avaient rédigé la pétition suivante à l'adresse du chef régional « Carrel » (Gilbert de Chambrun) :

« A cause des activités outrancières de son maquis, des relations douteuses qu'il a à Alès, de son attitude en tant que chef du maquis de n'avoir jamais été présent à un seul des combats, nous demandons que le chef 'Barot' quitte la région des Cévennes et de la basse Lozère au plus tôt[17]. »

Les attendus et les conclusions de cette requête étant maintenus à l'issue de la réunion, « Signoret » signifia donc à « Barot » d'avoir à partir. Ce dernier répondit qu'il obtempérerait à condition que l'ordre lui fût donné par écrit. « Signoret » accepta et, tandis qu'il rédigeait la lettre, « Barot » s'en alla fumer une pipe sur un ponceau tout proche.

Cette décision avait évidemment un corollaire : c'est que les hommes que « Barot » avait incorporés à son groupe puissent, quant à eux, se libérer et rester dans la région. Situation que « Mistral » a évoquée, plus de quarante ans après les événements :

« A la Glanière, les responsables m'avaient désigné pour aller chercher au 'château' des Fons les 'Croates'[18] et les Français des maquis cévenols débauchés par 'Bir Hakeim'. Je suis donc allé trouver 'Barot' qui a été surpris de ma démarche. Je lui ai dit : 'Qu'est-ce que tu veux : j'ai un ordre de mission, et je ne les prends pas pour moi. Je vais simplement les transporter là où on m'a dit de les mener. C'est Marceau Lapierre qui devait les recevoir.' Et 'Barot' m'a répondu : 'Puisque tu as un ordre de mission, c'est d'accord.' Mais, au moment de laisser partir les hommes, il a refusé qu'ils emportent leurs armes. Alors les 'Croates' m'ont dit : 'Mon vieux, sans armes, nous ne pouvons pas venir'. Les jeunes Français firent de même.
J'étais venu avec le 'gazo', accompagné par 'Mistralette' (Claudine Martin), mon agent de liaison. Au moment de ficher le camp, à vide, nous avons eu des difficultés pour démarrer. Le 'château' des Fons est en contrebas, tout en bas ! Il nous a fallu monter en marche arrière et les hommes d'Otto Kühne nous ont prêté main forte en poussant notre engin. Il y avait avec eux Jean Rousseau, l'instituteur.
Et c'est ainsi que je suis parti, sans avoir pu accomplir ma mission, abandonnant malgré moi à leur destin des hommes qui auraient pu être ainsi sauvés[19]. »

La décision d'Otto Kühne et de ses hommes avait une double explication. D'une part, il est évident que, pour eux, le problème des armes était déterminant ; d'autre part, compte tenu de la liaison déjà établie avec les FTP-MOI, ils avaient sans doute l'espoir de régler cette question de façon tout à fait régulière dans un proche délai.

Les choses en étaient là lorsque le commandant « Barot » organisa une expédition dans la région de Clermont-l'Hérault en vue de récupérer un parachutage prévu pour la nuit du 9 au 10 mai. A celle-ci allaient participer non seulement « Bir Hakeim » et ceux des « jeunes » du « Maquis-Ecole » qui s'y étaient définitivement incorporés, mais encore une fraction importante du « groupe Otto Kühne ».

Nous avons à ce sujet les témoignages de Kühne lui-même, de Martin Kalb et de Paul Hartmann qui restèrent aux Fons, et de Max Dankner qui prit part au déplacement.

« Le lundi 8 mai, alors que les antifascistes allemands se trouvaient toujours dans l'expectative, le commandant 'Barot' donna l'ordre d'effectuer une opération plus importante que les actions de routine habituelles : il s'agissait d'aller dans la région de Clermont-l'Hérault réceptionner un parachutage d'armes et munitions.

A l'origine il avait été envisagé que ce soient les groupes complets qui y participent : ceux de 'Bir Hakeim' et du 'Maquis Ecole', auxquels seraient adjoints seulement, en ce qui concerne l'unité dirigée par Otto Kühne, les Français et les Tchèques, les autres étrangers étant exclus. En effet, ceux-ci attendaient le représentant des MOI avec qui ils devaient mener les derniers pourparlers, avant de quitter 'Bir Hakeim'. Or, contrairement à ce que souhaitait Otto Kühne, 'Barot' demanda qu'une partie supplémentaire de ses hommes, y compris des Allemands, soient détachés pour la circonstance. Aux côtés de 'Montaigne', Karl Klausing participerait à l'opération avec ceux du groupe dont il assurerait la direction militaire.

Etant donné l'importance de l'opération, les responsables de l'unité acceptèrent, Otto Kühne consentant à ce que 'Barot' choisisse des hommes en fonction de ses besoins. Par contre, il protesta contre la désignation de 'Montaigne' et Klausing en tant que responsables. Sur quoi le commandant lui proposa de les accompagner pour qu'on ne prenne aucun risque inutile. Kühne accepta la proposition, mais désigna Max Frank qui le remplacerait avec les mêmes prérogatives.

Ce même jour, aux environs de midi, eut lieu le départ en camion pour Clermont-l'Hérault. Le retour était prévu pour la nuit du jeudi 11 au vendredi 12 mai[20]. »

Au château de Fons
avec une partie des hommes d'Otto Kühne

Ainsi ne demeuraient plus aux Fons que les antifascistes allemands (moins sept d'entre eux), ainsi que l'Autrichien « Stritzelbeck » (Ernst Frankel) resté avec son ami Hermann Leipold, et le Luxembourgeois Alfred Probst attaché à Otto Kühne comme interprète.

Tous les autres étrangers, et les quelques Français du groupe Otto Kühne étaient partis avec « Bir Hakeim ». C'est donc une vingtaine d'hommes tout au plus qui gardaient le cantonnement. Otto Kühne, Martin Kalb, Paul Hartmann et Richard Hilgert nous racontent ce qui s'est passé.

« Le 8 mai, au départ de leurs camarades, les antifascistes allemands avaient pensé pouvoir loger en partie au 'château', mais dès le lendemain, le 9, ils l'ont évacué pour retourner occuper leurs positions sur les hauteurs du pourtour, d'où il leur était possible de surveiller tout le secteur. Ils retirèrent donc leurs sentinelles de leurs positions et dormirent ainsi la nuit en plein air.

En effet, ils avaient détecté quelques alertes. Il faut dire qu'un avion de reconnaissance allemand était passé à plusieurs reprise au-dessus du 'château'. Puis ils avaient aperçu çà et là des formes suspectes ayant l'apparence de bûcherons. Enfin un jeune homme d'une vingtaine d'années, armé d'une mitraillette et se prétendant maquisard, était parvenu jusqu'au poste où se trouvait Martin Kalb. Il déclara qu'il voulait rejoindre un groupe de partisans situé un peu plus loin, explication d'autant plus suspecte qu'ils se savaient être les seuls dans la région. De plus, étant à l'écart, ils ne se trouvaient pas précisément sur un lieu de passage d'un maquis à un autre. Pendant la conversation, l'intrus garda le doigt sur la gâchette de sa mitraillette et aurait peut-être tiré s'il n'avait aperçu quelques sentinelles sur les hauteurs environnantes ; mais ce n'est qu'après coup que ces pensées vinrent à l'esprit de Martin Kalb et de ses compagnons.

Le groupe s'attendait donc à une intervention des troupes allemandes ou de la Milice, sinon des deux à la fois. Le mercredi 10 et le jeudi 11 mai, d'autres indices confirmèrent ces craintes. Ce même jour, Otto Kühne aurait reçu un message lui signalant que les Fons seraient attaqués le lendemain. En conséquence, il divisa ses hommes en deux groupes qui prirent position sur les hauteurs, de chaque côté de la route, à environ 500 mètres du 'château'. Un signal par sifflet avait été convenu, de même qu'un plan de repli prévoyant le regroupement[21]. »

Et c'est ainsi que fut abordée cette nuit du 11 au 12 mai au cours de laquelle les antifascistes allemands espéraient, d'une part, voir revenir leurs camarades, mais craignaient, d'autre part, une attaque ennemie. Ce fut malheureusement celle-ci qui se produisit au petit matin. Nous avons là-dessus les témoignages de Richard Hilgert et de Martin Kalb qui appartenaient à l'un et à l'autre des deux groupes disposés de chaque côté de la route.

« Avant l'aube, dit Martin Kalb, Félix Herger, qui était de garde, entendit des bruits de freins et de moteurs. Il me réveilla, me disant : 'Martin, ils arrivent.' Dans son esprit, notre colonne était de retour de son expédition. Quoi qu'il en soit et comme convenu, nous donnâmes aussitôt l'alarme à l'autre groupe. Pendant ce temps, un fort convoi motorisé descendait au point mort par la route en lacets. A l'endroit même où se trouvait précédemment notre poste de garde — il s'agissait d'une ferme —, la colonne s'arrêta et nous pûmes alors juger de son importance. Les occupants sautèrent bas des véhicules et encerclèrent la ferme pour surprendre nos sentinelles, qui se tenaient là peu auparavant, mais qui avaient été retirées.

Nous avons aussitôt pris les assaillants sous notre tir et nous sommes aussitôt repliés sur le flanc de la montagne, non sans avoir remarqué que de l'autre côté du 'château' s'approchait une autre colonne motorisée, encore plus puissante. Le plan des fascistes était donc clair : investir notre refuge des deux côtés. Et comme il était situé au milieu d'une prairie, si nous nous y étions trouvés, nous aurions dû courir en rase campagne sur 200 mètres environ, pour atteindre le couvert de la forêt. Inutile de souligner que si, au lieu d'adopter nos mesures de sécurité habituelles, nous avions dormi à l'intérieur du 'château', aucun de nous ne s'en serait tiré.

Il est à remarquer que la colonne fasciste s'était présentée à peu près au moment où l'autre groupe de maquisards devait rentrer[22]. »

Richard Hilgert vient compléter cette évocation :
« D'après mes souvenirs, cette attaque fut menée par quatre ou cinq cents soldats de la Wehrmacht qui faisaient avancer devant eux un groupe de gendarmes français, comme pare-balles.

Vers 4 heures du matin, j'entendis le coup de sifflet d'avertissement et éveillai Otto et les autres camarades. Nous empaquetâmes nos affaires et nous éloignâmes calmement en empruntant l'itinéraire prévu pour rejoindre ceux de l'autre groupe. Pour moi, je m'étais fait une sorte de sac à dos à partir d'un simple sac de jute, et fixé au-dessus un appareil de radio que j'avais 'fauché' aux Fons. Dans la poche de mon pantalon, je portais une bombe de dynamite, dans laquelle était enfoncé un petit tube de verre qui, en se brisant, devait mettre feu à l'explosif. Je disposais en outre d'un fusil et d'un révolver.

Nous fûmes les derniers, Otto et moi, à abandonner la position, mais je pris néanmoins le temps de lui souhaiter un bon anniversaire et de lui faire cadeau, à cette occasion, d'un paquet de cigarettes. Cette pause aurait pu nous être fatale. En effet — Otto Kühne l'apprit plus tard —, un gendarme nous avait alors aperçus à quelques cent mètres devant lui ; mais il ne tira pas. Heureusement, parmi les gendarmes français il y avait aussi beaucoup de patriotes[23]. »

« Les deux groupes se rejoignirent, poursuit Martin Kalb, et nous marchâmes dans la montagne et à travers des bois pareils à la forêt primitive où il eût été bien difficile pour les soldats allemands de nous poursuivre.

Nous prîmes la direction de l'est, vers les Cévennes, achevant ainsi de nous séparer des gaullistes, et ce de façon définitive[24]. »

« Nous entreprenions, ajoute Otto Kühne, une marche qui, au bout d'une semaine environ devait nous conduire à notre camp MOI[25]. »

Après le décrochage des maquisards, les assaillants incendièrent le « château », détruisant, comme à l'habitude, ce qui avait servi d'abri à leurs adversaires.

Avec les « Guérilleros » espagnols, en route pour rejoindre « Bir Hakeim »

Or, au moment même où Otto Kühne et ses hommes quittent Les Fons et le groupe « Bir Hakeim », pour se diriger vers l'est en vue d'une intégration effective aux MOI, ne voilà-t-il pas que des « Guérilleros » espagnols, eux-mêmes rattachés aux MOI, arrivent dans le secteur pour s'associer à « Bir Hakeim ». Ce n'est que l'attaque des « Forces du Maintien de l'Ordre » qui va faire échouer momentanément leur projet.

Saturnino Gurumeta, auquel nous nous sommes adressés, nous a expliqué comment les Républicains espagnols réfugiés dans la région en étaient venus à cette conclusion :

« L'Espagne a été vendue, et l'ennemi qui l'a battue c'est l'Allemagne nazie. Et quand nous avons vu les Allemands d'Hitler ici, en France, nous avons compris que, comme l'Espagne, elle avait été vendue au Fascisme.

Nous avons poursuivi la lutte sans attendre. La consigne donnée aux Espagnols vis-à-vis de l'occupant était de travailler le moins possible et de saboter. La plupart d'entre nous étaient employés comme ouvriers ou manœuvres à l'usine ou à la mine. Si nous avions voulu, en France, dès les premiers jours de la défaite, nous aurions tout

214

détruit..., notamment, les puits ou l'on n'aurait pas pu extraire un seul kilo de charbon. Or, il fallait, non pas détruire mais saboter seulement pour empêcher la production pendant une semaine ou quinze jours. Sinon, que serait-il advenu des milliers de mineurs qui travaillaient entre Molières, Bessèges, La Grand-Combe, Rochesadoule,... dans tout le bassin ? Le Gouvernement de Vichy aurait alors sans doute expédié en Allemagne les mineurs sans travail, en commençant d'ailleurs par les étrangers. C'était une époque où il fallait avoir de quoi manger et donc conserver à l'ouvrier son gagne-pain. Pourtant, si la fermeture définitive de la mine, c'était la misère et même la mort pour beaucoup, en même temps les mines françaises participaient à l'effort de guerre des Allemands. D'où nos sabotages limités ; par exemple nous faisions sauter un transformateur alimentant en électricité les installations de lavage.

Ce n'est que vers la fin que nous nous sommes attaqués à des opérations de plus grande envergure. Il ne faut pas oublier non plus que, dès le début, notre travail à la mine nous a permis de nous approvisionner en explosifs en vue de sabotages à l'extérieur. En effet, nous avions toute la dynamite et toutes les amorces que nous voulions. Or, il était aisé, lorsque nous devions faire une explosion comportant vingt ou trente trous avec un kilo de dynamite par trou, de ne mettre que six cents grammes...

C'est ainsi qu'a commencé en France, pour mes camarades et pour moi, la Résistance. »

Et, de fait, les Espagnols, par ailleurs en situation régulière, se spécialisèrent très rapidement dans les actions de sabotage. Cependant, lorsque la 'zone libre' fut à son tour occupée, ils furent l'objet d'une surveillance renforcée avec intégration notamment aux Groupes de Travailleurs Etrangers. Nous avons vu, par exemple, comment la Commission d'incorporation au camp de Chanac envisageait, dès sa séance du 26 décembre 1942, l'intégration massive de cent quatre vingt dix-huit étrangers (en majorité espagnols), objectif qui devait être poursuivi, même s'il s'échelonnait dans le temps. Il allait en être de même à Rochebelle.

« Pour se camoufler, poursuit Gurumeta, des camarades étaient dans la montagne où ils faisaient du charbon de bois. Il est vrai que certains étaient fichés qui, s'ils étaient tombés entre les mains des Allemands, auraient été déportés quelque part Outre-Rhin. Par ailleurs, les Allemands demandaient des ouvriers et le Gouvernement de Vichy était prêt à leur envoyer des étrangers pour que les Français puissent rester sur place. Là encore, pour éviter ces déportations, il fallait s'organiser entre camarades, et recourir souvent à la montagne comme refuge. »

De ce fait, fin mars 1943, dans le bassin minier d'Alès-La Grand-Combe et dans le secteur du Collet-de-Dèze notamment, la Résistance espagnole se structura en constituant la 15ᵉ brigade des « Guérilleros », ceux-ci étant affiliés aux MOI. Cristino Garcia, à La Grand-Combe, était le commandant de la 3ᵉ Division dont elle dépendait.

« Mais au mois d'avril 1944, les choses se sont gâtées. Des camarades ont été pris, d'autres menacés de l'être. Avec nous il y avait un type qui s'appelait Malatre Martinez, qui travaillait en fait pour la Gestapo. C'est ainsi qu'a été découverte toute notre organisation des 'Guérilleros'. C'est alors que Cristino Garcia nous a dit : 'Il faut partir d'ici en vitesse'. Et, en accord avec 'Barot', les 'Guérilleros' de la région ont prévu de rejoindre le maquis 'Bir Hakeim'.

Nous sommes partis (sans doute le 11 ou le 12 mai) et, en groupe, avons pris le train qui se dirigeait sur Florac. Etant descendu à la gare précédente, nous nous sommes dirigés vers le sud. Avant d'arriver à destination, nous avons appris que les maquisards étaient attaqués par les soldats de la Wehrmacht. Ceux-ci brûlaient tout. Nous avons donc dû faire demi-tour et répartir. Mais nous ne pouvions pas reprendre le train tous ensemble. Une trentaine de types, presque tous jeunes, ne passent pas inaperçus. Aussi, nous sommes-nous séparés pour rentrer à pied en petits groupes[26]. »

On peut certes se demander pourquoi Cristino Garcia avait préféré orienter ses « Guérilleros » sur « Bir Hakeim » plutôt que sur les maquis FTP de la Vallée Longue. Il y avait vraisemblablement plusieurs raisons. La première résidait certainement dans la différence d'armement qui pesait lourd en faveur de la solution adoptée. D'autre part on peut penser qu'il n'aurait pas été bon pour des hommes passant dans l'illégalité de rester dans une région où la plupart étaient connus. Enfin, il se peut que les quelques Espagnols de l'ancienne « Brigade Montaigne » (en dehors d'Arcas), plus ou moins intégrés à « Bir Hakeim », aient pu servir de lien.

Quoi qu'il en soit, les circonstances venaient de faire échouer cette première tentative des « Guérilleros » pour rejoindre le maquis.

L'expédition de Clermont-l'Hérault

Pendant ce temps, l'expédition à destination du secteur de Clermont-l'Hérault suivait son cours, finalement, c'est une vingtaine d'hommes prélevés sur le groupe alors dirigé par Otto Kühne qui devaient épauler « Bir Hakeim ». Sept Allemands : Fred Bucher, Max

Dankner, Max Frank, Karl Heinz, Karl Klausing, Anton Lindner et Albert Stierwald ; un Autrichien : Karl Trinka ; deux Tchèques : Joseph Vorel et Paul Skovoda ; un Polonais : Kazimierz ; deux Yougoslaves : « Micko » et « Josip » ; et, outre « Montaigne » lui-même, toujours plus intégré au maquis de « Barot », les cinq Français : Jean Rousseau, « Jeannot » Farelle, René Nicolas, Louis Pons et « Jean-René » Richard, plus deux ou trois Espagnols.

Le convoi avait quitté Les Fons avec ses véhicules, ses vivres et ses armes, et avait gagné la terre héraultaise pour aller finalement s'installer à Rabieux, à environ six kilomètres au nord de Clermont-l'Hérault.

A quelque vingt-cinq kilomètres plus au sud, au village de Caux, un groupe de résistants, dirigés par les chefs Buard et Nourrigat, appartenant à la section « Coups de Main », créée par le capitaine Demarne de Clermont-l'Hérault, avait aménagé un terrain de para-chutage, dit « Terrain Rabelais ». C'est là que devait avoir lieu le parachutage attendu. Celui-ci a-t-il eu du retard ou bien le secret a-t-il été divulgué ?

Toujours est-il qu'il aura lieu seulement le 12 mai, et qu'à peine les avions auront-ils largué leurs « containers », que les Allemands attaqueront, tuant un patriote, en arrêtant six autres et incendiant une ferme. L'AS de Pézenas (à huit kilomètres de Caux) alerte « Bir Hakeim » à Rabieux et prétend que quatre hommes de la Wehrmacht seulement gardent le parachutage intercepté.

Les chefs du maquis — « Barot », « R.M. », Marcel — sont tous absents, sans doute en mission. Demarne est à Clermont ; Bony, de l'AS, lui communique aussi la nouvelle. Il part. Les « jeunes » avaient déjà filé en direction de Caux sous la direction de Toussaint, d'« Yves » (Jean Vagny) et de Lucas, et s'étaient déployés tout autour du terrain. Demarne arrive au moment où claque le premier coup de feu et où tombe le premier soldat ennemi, surpris en train de cueillir des cerises. Stupeur ! Ce n'est pas à quatre, mais à quatre cents Allemands que les maquisards ont affaire. Mais après une heure de combat, l'ennemi bat en retraite et, chose rare, abandonne ses morts. On compte dix-sept tués et il y aurait eu, en outre, une vingtaine de blessés. Pour « Bir Hakeim », un seul tué, le lieutenant Lucas. Craignant, à juste raison, une réaction des TO, Demarne ordonne le repli immédiat.

Deux jours après, « R.M. », Toussaint et deux de leurs hommes sont en embuscade pour attaquer un camion citerne allemand. Un groupe de GMR de Béziers les surprend, mais les maquisards, se conformant aux ordres de « Barot » qui avait interdit de tirer sur les GMR, n'engage pas le combat. En contre partie, le chef de ces derniers, pour ne pas prendre la responsabilité de l'arrestation des quatre patriotes, les remet au capitaine de gendarmerie de Béziers. Celui-ci, bien qu'ayant donné sa parole d'honneur, refuse de les relâcher et, le soir même, les fait interner à l'Intendance de Police de Montpellier.

C'est ainsi que « Bir Hakeim » reprend le chemin des Fons, ayant perdu, au cours de son équipée dans l'Hérault, trois de ses chefs : « R.M. », Toussaint et Lucas, et deux hommes.

Max Dankner, dont l'esprit critique est toujours en éveil, évoque cette expédition :

« En un convoi de trois camions, nous devions nous transporter en direction de la côte méditerranéenne pour récupérer là-bas un parachutage d'armes. Mais cette action fut à nouveau entreprise trop à la légère et sans préparation sérieuse, alors que notre objectif était situé en zone interdite, fortement surveillée du fait de la proximité de la côte.

Déjà, tout au long du voyage, nous dûmes nous renseigner pour savoir où se trouvaient les garnisons allemandes et quelle était leur importance. En outre, la discipline fut si peu respectée que, traversant des villages isolés, les partisans, qui auraient dû rester cachés sous les bâches des camions, entr'ouvraient celles-ci pour regarder au dehors. Il en résulta, certes, des manifestations de sympathie de la part de la population, mais cela attirait d'autant plus l'attention sur notre entreprise.

Nous étions pour ainsi dire à pied d'œuvre lorsque les résistants locaux nous signalèrent qu'un peu plus loin, dans la zone interdite située au nord de la côte, le parachutage anglais venait bien d'avoir lieu à notre intention, aucun autre groupe de partisans ne se trouvant dans le secteur. Mais ils pensaient que, malheureusement, l'armée allemande d'occupation en avait déjà connaissance. Par contre, il apparut manifestement que les officiers gaullistes présents ne savaient même pas à quel endroit précis le parachutage avait été effectué. De plus, nous nous fîmes d'autant mieux repérer que, faute de nous être munis d'une quantité d'essence suffisante pour un voyage de plusieurs jours, nous dûmes, au cours du trajet, attaquer par surprise un poste d'essence allemand.

Aussi, à peine étions-nous arrivés dans la zone présumée du parachutage que nos camions furent pris sous le feu ennemi ; et nous ne nous sommes tirés qu'à grand peine de cette situation, sans avoir su où étaient les armes, ni si les Allemands s'en étaient déjà emparés.

Notre expédition dura en tout une semaine car, au retour, toutes les routes principales étaient déjà barrées, si bien que notre convoi de camions ne put regagner Les Fons qu'après des trajets de nuit à travers champs et par des chemins vicinaux, guidés que nous étions par des paysans. Mais nous ne devions trouver que les ruines consumées du petit 'château'[27]. »

depuis l'attaque qu'ils ont subi les 12 et 13 avril 1944 jusqu'au 6 juin 1944

ALES

La Baraque

St Germain de Calberte

St Martin de Boubaux

la Picharlarié

Moissac

le Castanier

St André de Valborgne

St Jean du Gard

Anduze

Lasalle

Le Galabertès

Plan de Fontmort

St Martin de Lansuscle

Le Pompidou

Col de Jalcreste

Barre-des-Cévennes

Florac

Vébron

les Fons

Mt Aigoual

N.-D. de la Rouvière

Valleraugue

Rabieux

aller

retour

MEJAN

MEYRUEIS

St Sauveur

la Borie

la Parade

L'ancienne "Brigade MONTAIGNE" en totalité

moins un groupe détaché auprès de "Bir-Hakeim"

Le groupe "Bir-Hakeim" seul

renforcé par le groupe détaché de la "Brigade Montaigne"

Avec Otto Kühne,
du « château » des Fons à La Baraque
Déplacement et reconstitution du groupe

Max Dankner et ses compagnons n'y retrouvèrent pas leurs camarades allemands partis à pied le 12 mai, après l'attaque, pour établir ailleurs leur campement. Une marche de plusieurs jours, entrecoupée d'arrêts, effectuée à travers les Cévennes, les conduisit tout d'abord dans le secteur du Plan de Fontmort qui leur était familier.

« Pour la deuxième fois, écrit Martin Kalb, nous avions installé notre camp au col des Laupies. Mais là encore nous avons été attaqués et avons déménagé pour aller prendre position à proximité de la Grand-Combe[28], à une dizaine de kilomètres par la route, pour être plus précis. »

Paul Hartmann évoque leur arrivée dans le secteur des FTP.

« Là, nous avons commencé par nous installer dans une ruine. Ce lieu avait été fixé à l'avance, en accord avec un camarade venu de Nîmes, comme emplacement de notre futur camp au cas où nous nous séparerions des gaullistes[29]. »

L'endroit s'appelait La Baraque et se trouvait dans la commune de Branoux, située dans le Gard, mais limitrophe de celle du Collet-de-Dèze, en Lozère. Ils allaient pouvoir y constituer leur propre groupe après avoir tenté de récupérer les hommes qui avaient été détachés auprès de « Bir Hakeim ».

« C'est le 17 mai, d'après Otto Kühne, qu'une partie des Allemands qui étaient aux Fons parvinrent au camp MOI. J'étais encore en route avec trois autres camarades. En mon absence, 'Jules' [l'Autrichien Armand Kurt Frisch] des MOI, donna au responsable Paul [Huber] l'ordre suivant : au cas où, d'ici le vendredi 18, les camarades du groupe [que l'on supposait être] restés aux Fons [où ils devaient être de retour avec 'Barot'] ne seraient pas rentrés, il fallait, Max Frank en tête, partir d'urgence les chercher.

Le lendemain 18 mai, 'Jules' vint me trouver à Nozières, où j'avais fait halte. Il me mit au courant des accords qu'il avait conclus avec le commandant 'Barot' et me répéta les instructions qu'il avait données à Paul [Huber].

Le vendredi 19, j'arrivais au camp MOI où étaient présents tous les étrangers qui n'avaient pas participé à l'expédition sur Clermont-l'Hérault, mais où manquaient toujours ceux qui avaient effectué ce voyage, soit une dizaine.

Le samedi 20, dans le train, 'Jules' vit François ('Montaigne') qui lui apprit que 'Barot' avait refusé de laisser partir les étrangers. Le lendemain dimanche, il se rendit de Nîmes aux Fons que le groupe 'Bir Hakeim', malheureusement, venait de quitter.

De mon côté, après avoir attendu jusqu'au 22 mai au matin, je donnais à Hans Mosch et Paul Huber l'ordre suivant à transmettre à Max Frank : Tous les étrangers qui étaient auprès du groupe 'Bir Hakeim' devaient aussitôt se mettre en route avec leurs armes pour nous rejoindre, car nous étions prêts à faire face à la situation.

Le vendredi 26 mai, Hans Mosch revint avec cette observation de Max Frank qui souhaitait différer de quelques jours l'exécution de l'ordre précédent : en effet, si 'Barot' était d'accord pour que les étrangers quittent le groupe 'Bir Hakeim', il ne l'était toujours pas pour qu'ils le fissent en emportant leurs armes. Or, Max pensait qu'il serait possible de trouver d'ici peu une occasion permettant aux étrangers, mais aussi aux Français, de nous rejoindre avec leurs armes.

Cette explication ne me satisfaisant pas, Hans Mosch s'en retourna le jour même apporter à Max, sous une forme plus énergique, l'ordre de nous rejoindre. Mais celui-ci ne devait jamais lui parvenir[30]. »

Ainsi Otto Kühne ne put récupérer les hommes de son groupe, qui en avaient été détachés pour accompagner « Bir Hakeim » dans l'Hérault.

Par contre, à présent que le maquis d'Otto Kühne, désormais appelé « Robert », est officiellement rattaché au MOI, les FTPF vont diriger sur lui les étrangers qui avaient rejoint leurs divers camps.

Si les premiers partisans allemands, dès le mercredi 17, sont arrivés à La Baraque, les derniers, dont Otto Kühne, y parviennent seulement le 19. Richard Hilgert qui, avec ses camarades, se trouve à présent à proximité de Soustelle, où il avait confié un an auparavant à madame Felgerolles ses papiers des Brigades Internationales, le précise :

« A La Baraque, nous n'avons séjourné que quelques jours chez un paysan. Pour moi, ayant pris froid, j'avais de la fièvre, mais je me souviens que c'est là que nous rejoignirent quelques Soviétiques qui avaient fui la captivité[31]. »

Paul Hartmann est plus explicite encore :

« Quelques jours après nous, arrivèrent au camp, Albert Ruckdä-schel et Emil 'Franchet' qui n'avaient pas pris part au combat de Saint-Etienne-Vallée-Française juste après Pâques. Le premier était allé alors à La Grand-Combe et le second avait vadrouillé dans la région. Mais l'un et l'autre étaient entrés en contact avec les FTP qui leur avaient demandé d'emmener avec eux, depuis leur camp jusque chez les MOI, trois prisonniers de guerre soviétiques évadés ainsi que les cinq premiers Arméniens à avoir déserté la garnison allemande. Un peu plus tard ce sera un Yougoslave qui rejoindra le groupe[32]. »

Cependant, selon Hilgert, il semblerait que Ruckdäschel et « Franchet » n'aient été accompagnés en réalité que par les anciens KG (prisonniers de guerre) soviétiques parvenus aux Souts fin 43, les premiers Arméniens déserteurs de la Wehrmacht n'étant arrivés au camp de La Baraque qu'un peu plus tard[33]. Martin Kalb écrit de son côté :

« Ainsi nous avions dès lors dans notre groupe six anciens soldats de l'Armée Rouge. Ceux-ci avaient réussi à arriver jusqu'en France en traversant l'Allemagne, et ils avaient été dirigés vers nous par la Résistance. Parmi eux, il y avait un étudiant de Moscou et un gars originaire de Sibérie. Ils s'appelaient : Andréi Chochlov, Feisulin Seman, Boris Muratov, Ivan Poltartschenko, Anatoli Louska, Michel Samodarov ou Lamodarov[34]. »

De ce fait, l'unité commandée par « Robert » (Otto Kühne) se trouvait renforcée, mais perdait de son homogénéité. Alors qu'à son arrivée à La Baraque, elle ne comprenait — à l'exception d'un Autrichien et d'un Luxembourgeois —, que des antifascistes allemands, la voilà à nouveau orientée vers une composition plus internationale... Et ainsi, ne serait jamais réalisé, à proprement parler, le « corps franc Allemagne Libre ». Mais, pour l'heure, le maquis MOI, en train de se structurer en liaison avec les camps FTP du secteur, connaissait un moment d'accalmie.

Avec « Bir Hakeim »
sur le mont Aigoual

Tandis que le groupe d'Otto Kühne a abandonné le « château » pour La Baraque, « Bir Hakeim » ayant trouvé son refuge des Fons incendié, va s'installer dans un hôtel inoccupé. Du domaine des Fons, situé au pied de l'Aigoual, au « Grand Hôtel du Fangas », niché à son sommet, il faut compter une dizaine de kilomètres en suivant la route qui fait le détour par Cabrillac. Son propriétaire, Emile Eckhard, bien qu'ancien président de la Légion des Combattants de Valleraugue, avait été pris comme otage lors de l'incursion des SS dans cette région les 28 et 29 février, et pendu à Nîmes le 2 mars avec quatorze autres personnes.

Rentré de son incursion dans l'Hérault les 15 ou 16 mai, « Bir Hakeim » ne s'attarde guère aux Fons et rejoint ses nouveaux quartiers dès le 17.

« Nous nous sommes installés, dit Max Dankner, dans un hôtel quatre étoiles qui se dressait, unique maison, à la cîme du mont Aigoual. A cause d'événements consécutifs à la guerre, le service en avait été suspendu, et nous pouvions l'occuper. Là, nous nous sentions redevenir des êtres humains, mieux encore : des civilisés[35]. »

Par suite de l'arrivée des Guérilleros espagnols, le groupe va bientôt compter quatre-vingt-dix hommes. Cependant il ne dispose pour tout matériel que de trois voitures et deux camionnettes. Un avant-poste sur la route de la Séreyrède, un autre sur une hauteur, défendent l'approche du cantonnement. A Campricu, à quelques kilomètres à l'ouest, veille un poste avancé fort d'une dizaine d'hommes placés sous la direction du capitaine « Brun » (Georges Valezy), originaire de Lanuéjols, qui connait bien la région.

Le dimanche 21 mai, par une superbe journée, se déroule à Meyrueis, petite cité au bord de la Jonte, la fête du Rocher, sans doute la plus belle de l'année. Il est près de midi et une longue file de paysans et de paysannes, de jeunes gens et de jeunes filles, venus des fermes des Causses et des pentes de l'Aigoual, mêlés aux gens du bourg, est montée en procession à la chapelle du Rocher qui domine la localité d'une centaine de mètres. C'est alors qu'en bas, surgissent tout à coup des voitures et des camionnettes remplies d'hommes armés. Ce sont les maquisards descendus de l'Aigoual.

Sautant de leurs véhicules, les uns entrent à la poste où ils coupent les fils téléphoniques et déchirent le portrait de Pétain sous l'œil amusé du receveur, tandis que d'autres barrent les routes sortant de Meyrueis. Le gros du détachement continue lui, jusqu'à l'Airette, au-delà des dernières maisons où se dressent les baraquements d'un chantier de jeunesse. L'objectif est en effet d'y « récupérer vivres, effets et camions.

Pendant ce temps, d'autres maquisards sont partis au pas de course vers la gendarmerie. Trouvant la porte fermée, ils tirent une rafale de mitraillette dans la serrure, entrent et se font remettre les armes. Le brigadier Irénée Bretou et un gendarme qui revenaient de tournée sont désarmés sur la placette et conduits à l'Airette où ils resteront jusqu'au soir.

En fin d'après-midi, le chargement opéré, « Barot », qui a rassemblé les « jeunes » du Chantier, les exhorte à rejoindre le maquis. Aucun volontaire ne s'étant présenté, les camions repartent vers l'Aigoual, quand deux adolescents de Meyrueis, René Fages et Claude Noguès, spontanément, prennent place à côté des hommes de « Bir Hakeim ».

Le soir-même, le lieutenant Charles Sorrant, de la brigade de Florac, viendra faire de violents reproches au brigadier Irénée Bretou et à ses hommes : « Vous deviez tirer », leur dira-t-il ajoutant : « Si vous ne voulez pas faire votre service, vous n'avez qu'à donner votre démission. » Et il n'omettra pas de rédiger un rapport qui, bien qu'édulcoré par le commandant Pierre Bruguière, de Mende, devait valoir au brigadier Bretou les arrêts de rigueur.

Cependant, à cette époque, les antifascistes allemands, détachés du « groupe Otto Kühne » auprès de « Bir Hakeim », souhaitaient rejoindre leurs camarades. C'est sur ces entrefaites, après l'expédition de Meyrueis, qu'ils allaient avoir la preuve qu'Otto Kühne travaillait dans le même sens.

Comme nous l'avons vu, le 22 mai déjà, il avait demandé à Hans Mosch et Paul Huber de transmettre à Max Frank l'ordre de rejoindre La Baraque avec les autres étrangers ; le 26, Hans Mosch lui avait fait savoir qu'il avait échoué dans cette mission. Il semble qu'entre temps, Hans Mosch, plutôt que d'aller lui-même au mont-Aigoual, aurait contacté « Jules » (Armand Kurt Frisch), espérant que celui-ci aurait plus de poids que lui dans la discussion avec « Barot » ; mais l'Autrichien ne devait pas davantage réussir dans ses négociations.

Nous disposons, sur ce fait, du témoignage de Max Dankner :

« A ce moment, la plupart des antifascistes allemands de notre groupe s'étaient déjà rattachés, en tant qu'unité constituée, aux FTP, et il était prévu que les sept qui restions encore sous la direction de 'Barot', devions les rejoindre. D'ailleurs nous n'étions pas d'accord avec les décisions militaires que prenaient le commandant et ses officiers. Il ne s'agissait pas, bien entendu, de dissensions personnelles. Bien au contraire, nous considérions ces patriotes français comme des combattants loyaux et courageux qui étaient prêts à donner leur vie pour battre les fascistes. Et, au cours des combats que nous avions menés en commun, nous nous étions personnellement sentis toujours plus proches d'eux. En contrepartie, ils nous accordaient, à nous antifascistes allemands, une grande confiance : ils appréciaient notre discipline et notre expérience militaire.

Mais nos critiques portaient principalement sur leur façon de se lancer dans le combat de manière spontanée, irréfléchie, et sans préparation aucune, ce qui nous plaçait chaque fois dans des situations très préoccupantes et nous faisait courir le risque de pertes inutiles. Nous étions loin d'apprécier aussi la façon de ne combattre que sur la défensive, sans autre but que d'assurer notre propre protection. Nous aurions voulu, au contraire, harceler les unités allemandes et couper leurs voies et moyens de communication, ce qui était, à nos yeux, la principale tâche de partisans.

Un après-midi, nous reçûmes au « Grand Hôtel du Fangas » une visite inattendue. Le camarade autrichien Frisch, de l'état-major des FTPF-MOI, nous avait dénichés et voulait nous parler ainsi qu'à notre commandant. En effet, nous, les Allemands, mais aussi les autres étrangers du groupe devions rejoindre les MOI (et en l'occurrence le 'groupe Otto Kühne'). Cependant, comme nous n'avions jamais entendu parler des MOI, nous questionnâmes Frisch. L'état-major des FTP, nous apprit-il, avait constitué, par nationalité, des groupes de maquis où dominaient les étrangers. Ces groupes spéciaux étaient dirigés par les MOI sous l'autorité des FTP.

Assuré de notre accord, Frisch parla au commandant 'Barot' et lui proposa de nous emmener. Manifestement 'Barot' ne montra guère d'enthousiasme et, s'adressant à nous, il nous dit : 'Cela me fait de la peine que vous vouliez partir, mais je ne peux vous retenir. Toutefois, si vous partez, vous devez naturellement laisser vos armes.' Il est évident que nous ne pouvions pas nous embarquer ainsi, car sans armes nous étions incapables de nous battre. En outre, nous nous sentions liés par discipline à cette unité. Enfin nos jeunes camarades français, avec lesquels nous avions soutenu tant de combats au coude à coude, n'auraient pas eu une bonne impression de nous, les Allemands, si nous nous étions sauvés sans armes : il nous auraient pris pour des déserteurs.

Le camarade Frisch partagea notre point de vue, mais promit de revenir bientôt pour poursuivre les pourparlers avec 'Barot'. Quant à nous, nous nous proposions de préparer entre temps les autres camarades à l'éventualité de notre départ.

Malheureusement le sort en décida autrement : cela ne devait jamais se produire[36]. »

Or, c'est précisément à ce moment-là qu'une vingtaine de « Guérilleros » espagnols au moins, devaient rallier le maquis, comme l'explique Gurumeta :

« Peu de temps après notre tentative manquée de rejoindre Les Fons, Cristino Garcia nous fit savoir que toutes les dispositions avaient été prises pour nous amener au camp de 'Bir Hakeim' qui se trouvait alors au sommet du mont Aigoual. On devait nous prendre avec deux camions à La Baraque située en haut de la montagnette au-dessus de La Grand-Combe. Il nous suffisait donc de nous rendre à pied jusqu'à ce col qui se trouve à la cîme de la montée. J'y suis allé le jour convenu avec Carrasco qui était mon ami et habitait au Martinet, sur mon chemin.

Nous nous sommes ainsi retrouvés là-haut presque tous, à quatre ou cinq défections près par rapport à notre premier voyage. De là, les deux camions nous ont transportés sans encombre à destination.

225

Au mont Aigoual, nous avons logé d'abord tout en haut à l'Observatoire, ensuite au-dessous, au « Grand Hôtel du Fangas ».

Le maquis était alors divisé en trois équipes : la première constituée par ceux que nous appelions les 'Internationaux', pour la plupart anciens des Brigades Internationales et appartenant à toute sorte de nationalités : des Allemands, des Autrichiens, des Tchèques, des Yougouslaves, de tout ; la seconde, composée uniquement des 'Guérilleros' espagnols, était commandée par Miguel Lopez ; la troisième enfin rassemblait essentiellement des 'Jeunes', notamment des réfractaires au STO et des transfuges des chantiers de Jeunesse : il y avait des 'Parisiens', Dides de Florac, etc. Tout en étant ensemble, nous étions indépendants.

Le 25 mai au matin, Casimiro Camblor s'était blessé accidentellement : la balle, entrée à l'aine droite, était sortie derrière la cuisse, en dessous de la fesse. Miguel Lopez a aussitôt chargé Zurita, l'une de nos estafettes, de le descendre, en vélo, jusqu'à La Grand-Combe[37]. »

Du mont Aigoual au causse Méjan
un déplacement semé d'embûches

Après l'incursion sur Meyrueis, il était fatal que le cantonnement fût connu de la police. Le 25 mai, des avertissements alarmants parviennent à « Barot » : l'un émane de Zutter, le chef du maquis de l'Homme-Mort, l'autre du pasteur Laurent Olives, fondateur du maquis de « la Sorelhada ». « Barot » descend au Vigan vers 10 heures du soir, remonte précipitamment. Le danger n'est que trop réel. D'ailleurs, quelques heures auparavant, un avion allemand a survolé l'hôtel, à basse altitude.

L'évacuation est ordonnée sur-le-champ, dans la nuit du 25 au 26 mai. Le point de rassemblement est fixé au village de La Parade, sur le causse Méjan. le convoi de matériel doit emprunter la route de Camprieu, Meyrueis, La Parade, et son chef, sinon « Barot » lui-même, doit prévenir au passage les hommes du poste avancé de Camprieu qui, passant également par Meyrueis, vont suivre, à pied, à peu près le même itinéraire.

C'est aussi *pedibus cum jambis*, que les maquisards du « Grand Hôtel du Fangas » qui n'assurent pas la conduite ou la protection des véhicules du convoi, effectueront le déplacement. Mais ils s'y rendront directement par Cabrillac et le col de Perjuret, où il faut traverser la RN 596. A cctte fin, des précautions sont prises : ainsi, avant même le départ de l'Aigoual, « Barot » donne l'ordre à un chef de groupe d'aller garder ce passage. Max Dankner, lui, se souvient du réveil nocturne :

« 'Debout ! Préparez-vous au départ !' Le cri de l'homme de garde retentit à travers les couloirs du 'Grand Hôtel du Fangas'. Il fait nuit. Nous sautons du lit et, tout endormis, nous nous frottons les yeux. 'Qu'est-ce qui se passe ?' nous demandons-nous les uns aux autres. Une seule chose est certaine : nous devons nous rassembler aussitôt dans la cour ; personne ne sait rien de plus. Mais, comme tout partisan, nous sommes habitués à ne pas nous poser longtemps de questions. Chacun empaquette ses affaires, saisit son arme et descend en courant l'escalier. Dans la cour nous apprenons que la Milice est en marche d'approche pour attaquer notre maquis.
Nous avons vite fait de charger nos camions et partons à pied de notre côté[38]. »

Par contre, Saturnino Gurumeta, dont le nom de maquis est « Antoine », va effectuer le déplacement avec le convoi.

« Pour transporter le matériel, précise-t-il, nous avions deux gros camions, dont un Bossi, et un petit, ainsi que deux ou trois bagnoles. Les deux poids lourds roulaient devant, conduits par les Allemands Albert [Stierwald] et 'Charles' [Karl Heinz], et les voitures derrière. Avec quelques autres Espagnols j'étais chargé d'assurer la protection de ce petit convoi avec des fusils-mitrailleurs. »

A priori, ceux qui avaient le plus à redouter de fâcheuses rencontres étaient le convoi et le détachement obligés de passer par Meyrueis pour emprunter la route qui monte sur le Causse. De ce côté pourtant, nulle anicroche : la cuisine roulante, les camions chargés de vivres et de matériel, les side-cars qui les escortaient, traversèrent la petite ville à l'aube et arrivèrent à La Parade à l'heure dite. Quand, deux heures plus tard, passèrent les hommes du capitaine « Brun » (Georges Valezi), descendus à pied de l'avant-poste de Camprieu, Meyrueis était calme. Ils prirent la route de Sainte-Enimie.
Par contre, les marcheurs partis du « Grand Hôtel du Fangas » dont le trajet évitait pourtant les secteur ordinairement fréquentés, en dehors du passage au Perjuret, connurent, concrètement, plus de mésaventures.

« Les quelques soixante-dix camarades de notre groupe, dit Max Dankner, s'étaient formés en ordre de marche. C'est à grand-peine que nous avions dégringolé la pente de la montagne couverte d'une forêt épaisse et obscure lorsque, soudain, peu avant le village de Cabrillac, une fusée éclairante s'éleva dans le ciel. La Milice avait déjà commencé à encercler le 'Grand Hôtel'. Sans bruit, nous poursuivîmes notre marche. Derrière nous, brusquement, nous entendîmes quelques coups de feu. Ensuite tout redevint calme. Les miliciens n'allaient pas risquer de nous attaquer dans l'obscurité. C'est là que notre chef de groupe, Marcel de Roquemaurel, estimé de nous tous, nous indiqua que notre nouveau point de rassemblement était le village de La Parade, sur le causse Méjan, un haut plateau du département de la Lozère[39]. »

Cependant cette intrusion des miliciens et des GMR dans le secteur allait avoir des répercussions importantes.

Marcel et ses hommes avaient reçu pour consigne de rallier le col de Perjuret afin d'aborder le Causse sans avoir à emprunter les vallées de bordure que longent les grandes routes. « Barot » comptait qu'ils pourraient traverser la route Meyrueis-Les Vanels peu après l'aube et atteindre, vers 10 heures, le mas de Saubert où un camion de « Bir Hakeim » était chargé d'aller les prendre. La présence des miliciens à Cabrillac déjoua ses prévisions et amena de l'inattendu et de la diversité dans ce déplacement qui, sans cela, aurait pu être une randonnée sans histoire. D'une part, les coups de feu dans la nuit entraînèrent une certaine débandade des maquisards plus directement visés qui n'arrivèrent pas tous à se regrouper et, d'autre part, on crut nécessaire d'envoyer trois « jeunes » avertir « Yves » (Jean Vagny) et ses hommes qu'on avait laissés à l'avant-poste de l'Aigoual pour protéger la retraite.

Le groupe le plus compact — une quarantaine d'hommes — ayant grimpé dans la forêt dominant Cabrillac, y demeura caché toute la journée du 26 et attendit pour se remettre en marche que les miliciens eussent quitté le village. Il passa le col dans la nuit et poursuivit, à travers le plateau, sa progression vers La Parade. Les hommes n'avaient rien mangé depuis trente-six heures ; au matin du samedi 27, ils entrent dans une ferme caussenarde, réquisitionnent un agneau et des pommes de terre que la fermière leur accommode, se restaurent et repartent. Ils trouvent au mas de Saubert le camion venu à leur rencontre et le voyage s'achève sans autre incident. Mais il était environ 18 heures, lorsqu'ils arrivèrent à La Parade où on les attendait depuis plus de trente heures.

« Nous avions marché toute la nuit et le jour suivant sans faire de longues haltes, raconte Max Dankner. Et ce samedi 27 mai, vers la fin de l'après-midi, affamés comme des loups et exténués, nous fûmes le dernier groupe à parvenir à La Parade. La localité ne se composait que de quelques maisons recouvertes de lauzes et confinait presque directement avec le hameau de La Borie où se trouvait une grande 'maison de maître', déjà quelque peu en ruine, mais qu'on honorait dans le pays du nom de 'château'.

Là, étaient déjà arrivés avant nous deux de nos camarades allemands, Albert Stierwald et Karl Heinz, qui conduisaient chacun un camion. Ils avaient pu faire sans difficulté le voyage du mont Aigoual à La Parade. Quant à nous, nous nous précipitâmes sur le repas qu'on nous avait gentiment préparé. Karl Heinz, notre benjamin, cherchait à nous ragaillardir de sa manière enjouée habituelle. Mais nous étions harassés et ne pensions qu'à une chose : nous coucher pour dormir bientôt.

Le commandant 'Barot' avait mis en place des sentinelles pour la nuit afin d'assurer la sécurité de tout notre groupe 'Bir Hakeim'. C'étaient de jeunes Français ayant déjà derrière eux une nuit sans sommeil qui gardaient maintenant la route de Sainte-Enimie ; quatre camarades espagnols contrôlaient avec leurs fusils-mitrailleurs la circulation venant du côté de Meyrueis.

Avant de nous coucher dans la grange sur la paille, nous reçûmes l'ordre de nous rassembler le lendemain matin, dimanche de Pentecôte, à 7 heures, dans la cour du 'château' de La Borie, pour le départ avec les camions[40]. »

Pour atteindre le col de Perjuret, une quinzaine d'hommes avaient été contraints de leur côté à un long détour par Massevaques et Fraissinet-de-Fourques. Par ailleurs, quelques maquisards isolés ou par petits groupes de deux ou trois s'égarèrent et mirent plusieurs jours avant de réapparaître. Ce fut le cas notamment pour René Nicolas, un ancien du groupe Otto Kühne.

« A l'entrée de Cabrillac, écrit-il, notre colonne fut arrêtée par un barrage de miliciens qui tirèrent sur nous quelques coups de feu au hasard dans la nuit et tout le monde s'égailla dans la forêt. Je grimpai sur les hauteurs en me faufilant à travers les arbres et y retrouvai d'abord un camarade de mon groupe, 'Jean René' [Richard] ; un peu plus loin, nous tombâmes sur un gars de 'Bir Hakeim', Jean. Ne rencontrant personne d'autre et comme il faisait nuit noire, nous avons cherché un emplacement pour passer la nuit, tout en restant aux aguets à cause des mouvements possibles de l'ennemi. Cependant, terrassés par la fatigue, nous nous sommes endormis, mais je fus vite réveillé par la fraîcheur et secouai mes camarades. Au lever du jour nous entendîmes des appels et des bruits de moteur. Toutefois, nous ne bougeâmes pas, préférant attendre pour faire mouvement. Otto et ses camarades des Brigades Internationales nous avaient appris à être prudents.

J'essayai de nous situer. Nous n'avions à nouveau que nos armes et rien à manger. 'Jean René' souffrait d'une mauvaise blessure au pied. Pour éviter toute fâcheuse rencontre nous fîmes un grand crochet avant de prendre un chemin de crête — une draille —. Je savais, par expérience, que ni les miliciens ni les GMR ne s'aventureraient sur ces pistes. J'avais un fusil-mitrailleur et deux musettes remplies de chargeurs, Jean, un mousqueton et ses munitions, et 'Jean René', sa mitraillette et des chargeurs. Mais ce dernier souffrait de plus en plus : son pied avait enflé et il dut quitter sa chaussure pour pouvoir avancer. Il fallait souvent s'arrêter, aussi notre marche était-elle sérieusement ralentie. Plusieurs fois, 'Jean René' demanda qu'on le laisse ; il n'en était pas question d'autant que sa blessure demandait des soins. Le soutenant, nous reprîmes la route. La fatigue se faisait sentir pour tous les trois et la faim nous étreignait aussi.

Enfin nous aperçûmes au loin, à flanc de montagne, une ferme isolée. Je laissai mes camarades et partis en reconnaissance. Je vis que la maison était habitée par deux personnes d'âge mûr et retournai donc chercher mes camarades ; notre apparition les sidéra, mais je les rassurai bien vite et leur expliquai notre situation. Le Lozérien est pauvre mais généreux. Aussitôt, la femme nous fit entrer dans la cuisine. Nous étions sales, pas rasés et abrutis de fatigue. Dès qu'elle vit le pied de notre camarade, elle fit une grimace qui n'échappa à personne ; puis, vite, elle mit de l'eau à bouillir et s'occupa de soigner la plaie qui s'infectait. Pendant ce temps son mari mettait à chauffer sur le feu une grosse marmite de soupe. Quand le pied de 'Jean René' fut pansé, nous allâmes faire un brin de toilette au ruisseau voisin. Puis nous sommes passés à table ! Jamais repas nous avait paru si bon : soupe à volonté, fromage de chèvre arrosé du vin de leur treille. Ensuite, il fallut se reposer car nos yeux ne tenaient plus ouverts. C'est dans une grange remplie de paille que nous avons, cet après-midi là, dormi jusqu'à la nuit. Ne voulant pas abuser de l'hospitalité de nos hôtes et craignant pour leur sécurité, nous nous sommes alors remis en route, le pied de notre copain, maintenant bien pansé, le faisant moins souffrir. Ils vinrent nous mettre sur le chemin qui nous mènerait à une autre ferme amie, située peu avant le village du Pompidou.

Quand nous sommes parvenus à la ferme, il était très tard et les propriétaires étaient couchés ; seul, un chien nous aboya. Toutes les fermes des Cévennes comprennent de nombreuses dépendances, et nous avons trouvé facilement la grange à fourrage où nous avons pu dormir.

Le Lendemain matin 27 mai, quand tout le monde fut réveillé, nous nous sommes présentés. Le paysan ne fut pas des plus surpris, car son chien l'avait mis en garde lors de notre arrivée ; mais ensuite, n'entendant plus rien, il s'était rendormi. En famille, nous avons partagé le déjeuner tout en racontant notre aventure, et lui, à son tour, nous a fait part de ce qu'il savait sur le passage et les mouvements des miliciens qui étaient montés à l'hôtel de l'Aigoual pour tout saccager. Sa femme refit le pansement de 'Jean René' ; la blessure allait mieux, mais le pied était toujours enflé ; les longues marches ne facilitaient pas les choses. Aussi avons-nous décidé de prendre encore une nuit de repos en couchant dans notre grange et de ne repartir que le jour suivant[41]. »

Dans la nuit du 25 au 26 mai, lorsque la rencontre des miliciens avait obligé les maquisards à la dispersion, Karl Klausing avait fait dans l'obscurité une chute si malencontreuse qu'il s'était cassé la jambe et n'avait pu se relever.

« Il resta là, signale Otto Kühne, dans un rapport adressé à Lyon, après avoir remis sa mitraillette à un Espagnol en lui indiquant qu'il s'était fait une entorse au pied[42]. »

Il faut noter avec quel scrupule, dans ces circonstances, ce maquisard allemand considère que l'arme appartient au groupe susceptible d'en avoir besoin et non à lui-même puisqu'il est hors de combat.

Karl Klausing demeura donc étendu à la lisière de la forêt. Au matin, apercevant un berger qui gardait ses brebis, il l'appela. Persegol — c'était le nom du berger — couvrit le blessé, le réconforta, descendit à Meyrueis prévenir le pasteur Franck Robert, bien connu pour son humanité et ses sentiments de résistant. La nuit venue, celui-ci monta à Cabrillac avec deux de ses amis : Roland, directeur de la société cévenole des carburants forestiers, et le docteur Bouysset. Ils décidèrent de transporter Karl Klausing jusqu'à une grange des Jontanels où il serait plus facile de le soigner. Ils ouvrirent la porte — il était environ minuit — et eurent la surprise de trouver à l'intérieur trois maquisard qui dormaient là. Karl, dûment plâtré, y fut laissé, sous la surveillance bienveillante de Persegol.

Quant aux trois « jeunes » qui avaient été ainsi surpris dans leur repaire, il s'agissait de ceux-là mêmes qu'on avait envoyés prévenir « Yves » (Jean Vagny) de la présence de miliciens et de GMR. Ils étaient arrivés en vue du « Grand Hôtel » au moment précisément où ceux-ci s'élançaient pour donner l'assaut. Besogne facile, puisque l'hôtel est désert ! Les GMR considèrent leur mission comme terminée et se retirent. Dès qu'ils ont tourné le dos, les miliciens saccagent et pillent, puis mettent le feu à l'établissement. Ils sont affairés à tel point que les trois maquisards peuvent se glisser à travers leur lignes sans être vus. Comme ils n'ont pu retrouver ni « Yves », ni son groupe, qui ont déjà décroché, ils repartent à travers bois pour rejoindre leurs camarades. Après une longue journée de marche, ils arrivent le soir au hameau des Jontanels et entrent dans une grange pour y passer la nuit.

Telle est la diversité des cas et des événements qui émaillèrent ces deux journées des 26 et 27 mai, quelque part sur la route, — parfois abandonnée ou interrompue —, qui devait mener du « Grand Hôtel du Fangas » à La Borie.

Mais, pendant ce temps, que faisaient dans le secteur de La Parade, « Barot » et les hommes qui y étaient parvenus avec les véhicules dès le vendredi 26 au matin, bientôt suivis par ceux qui occupaient l'avant-poste de Camprieu ?

Leur première tâche avait été, bien sûr, de tout préparer pour recevoir leurs camarades attendus quelques heures plus tard. Dès l'arrivée du convoi de matériel, « Barot » s'était mis à l'œuvre pour assurer le logement, l'approvisionnement et, autant que possible, la sécurité de ses troupes.

Le village de La Parade n'est en réalité qu'un modeste hameau que sa position centrale a élevé au rang de chef-lieu de canton. Le seul bâtiment un peu remarquable est l'église veillant sur son cimetière. Le reste : une douzaine de fermes et de bergeries aux toits de lauzes et une banale maison commune. A 200 mètres de là, séparé et à peu près caché du premier par un pli de terrain, un second hameau, plus modeste encore que le précédent, a tiré son nom — La Borie — de la ferme spacieuse mais assez délabrée autour de laquelle il est rassemblé. La route de Meyrueis à Sainte-Enimie passe à proximité de La Parade, traverse la Borie, et un chemin de terre battue réunit directement les deux agglomérations.

Quelques hommes (des étrangers) établirent leur cantonnement dans une maison de La Parade. « Barot », pour installer son poste de commandement et loger ses « jeunes », choisit la grande ferme de La Borie — le « château » — appartenant à Lapeyre, professeur à la faculté de médecine de Montpellier, alors inoccupée. Quant aux « Guérilleros », ils adoptèrent la solution à la fois la plus simple et la plus prudente. Gurumeta raconte :

« Le 26, lorsque nous étions arrivés à La Borie-La Parade, le commandant nous avait dit : 'Il vous faut chercher un mas pour coucher ce soir.' Mais nous, les Espagnols, n'avons pas voulu nous enfermer, préférant dormir à la belle étoile. Nous nous sommes étendus pour la nuit à côté de la caravane, du convoi de véhicules à l'arrêt, afin de percevoir le moindre mouvement, le moindre bruit. Il n'y eut aucun incident[43]. »

Le chef de « Bir Hakeim » procéda à des réquisitions de grain, de farine, de bétail, de fours pour la cuisson du pain. Un camion des PTT, arrêté entre La Borie et La Parade, dut livrer quatre-vingts kilos de fil de cuivre et des outils. Les hommes, qui n'étaient encore que quelques-uns, ne rechignaient pas à la besogne. Les camions allaient et venaient, et, en attendant les retardataires, on s'affairait à rendre convenables les cantonnements.

Le 27 mai, en fin de journée, « Barot » avait, à quelques unités près, tous ses hommes réunis et installés pour la nuit. Avant même que soit arrivé le gros de sa troupe, il avait établi la liste des hommes qui, au-dessus de Florac, de Sainte-Enimie, de La Malène, des Vignes et de Meyrueis, devaient interdire à l'ennemi l'escalade du plateau. Les chauffeurs qui devaient amener chaque groupe à son poste avaient été invités à tenir leurs camions prêts pour le lendemain dimanche, 7 heures du matin. L'état de fatigue dans lequel arrivèrent les hommes passés par Cabrillac fit revenir « Barot » sur cette décision. A 20 heures, au cours d'une réunion où il donna aux chefs de groupe d'importantes consignes — notamment des instructions précises pour la défense du camp en cas d'attaque —, il leur annonça que le départ était reporté à 9 heures.

A noter que cette modification ne semble pas avoir été communiquée à ceux qui, comme Max Dankner, déjà allongés sur la paille, étaient en train de récupérer les forces perdues au cours des deux journées précédentes.

Pour la nuit qui vient, compte tenu des circonstances, on va se contenter de la sentinelle qui, à deux cents mètres au nord de La Borie, garde la route venant de Sainte-Enimie, et des quatre mitrailleurs espagnols qui, à la sortie sud du petit hameau, surveillent le trafic susceptible de venir de Meyrueis. Gurumeta aurait dû se trouver avec eux, mais il a été retiré pour des raisons d'intendance, car les maquisards n'étaient pas satisfaits de la nourriture et donc du chef d'équipe des cuisines. Voilà son récit :

« 'Barot' m'avait désigné comme responsable d'un petit groupe, comprenant quatre Espagnols en dehors de moi chargé de la mitrailleuse placée près de la croix, dans le chemin qui conduit du portail du 'château' à La Parade. Mais ensuite le commandant et le capitaine Miguel Lopez m'ont dit : 'Demain matin, les trois équipes vont partir chacune à un endroit différent. Tu vas laisser la mitrailleuse aux camarades qui sont avec toi et préparer dès à présent le manger ainsi que le ravitaillement pour chacun des trois groupes afin qu'il soit prêt à emporter.' Et s'adressant à Albert, le chauffeur, [Stierwald], ils ont ajouté : 'Tu resteras avec lui et lui donneras un coup de main.' Nous nous sommes attelés à cette tâche[44]. »

Pendant ce temps, à Mende, l'adversaire, informé, passe à l'action

Cependant les renseignements sur les faits et gestes des maquisards, aux abords du causse Méjan ces 26 et 27 mai 1944, paraissent avoir filtré rapidement, ce qui ressort des rapports établis alors par les gendarmeries. Malheureusement ces informations ne sont pas restées à utilisation interne et locale, mais sont parvenues jusqu'à Mende pour aboutir finalement à l'état-major allemand. C'est ainsi que les déplacements par Meyrueis, d'une part du convoi de matériel, et d'autre part des hommes de l'avant-poste de Camprieu, ne sont pas passés inaperçus.

Mais c'est surtout le 27 mai, vers 16 heures, qu'arrive l'information décisive :

« Important groupe de terroristes sur le causse Méjan — Poste de commandement : Lapeyre à La Borie, commune de La Parade. — Réquisition bétail et fours — Routes barrées par armes automatiques[45]. »

Que s'est-il passé ?

Irénée Bretou, le brigadier de gendarmerie de Meyrueis, sermonné, — comme nous l'avons vu —, le dimanche précédent, par le lieutenant de gendarmerie Charles Sorrant, de Florac, lui a envoyé cette fois, dès midi, le message chiffré ci-dessus. Celui-ci l'a transmis au commandant Bruguière de Mende qui, vers 15 heures, l'a apporté personnellement au Préfet de la Lozère. Ce commandant et le préfet, après avoir discuté longuement, conclurent à la nécessité de communiquer le message aux autorités allemandes[46].

Nous empruntons aux rapports du commandant Böhme les indications concernant les décisions prises :

« L'état-major de liaison demanda tout de suite une action pour l'anéantissement du groupe de terroristes en faisant ressortir que, pour la première fois, il avait reçu un rapport avec des nouvelles fraîches. Le régiment était immédiatement d'accord, sous condition que l'état-major de liaison, ceci était immédiatement possible — exceptionnellement — vu que la circulation des véhicules français avait été interdite à partir de ce samedi, veille de Pentecôte, à midi, et que les camions devaient être déjà dans les garages. Sur la demande du régiment, l'état-major avait donné ordre [à l'administration des ponts et chaussées] de lui fournir pour 19 heures treize camions à gazogène français et avait autorisé l'utilisation de deux camions à essence par le commando de chasse arménien.

La Légion arménienne mettait à la disposition du régiment deux compagnies de fusillers comportant chacune trois sections, renforcées individuellement par un groupe de mitrailleuses, un groupe de mortiers, un groupe de canons antitanks, un groupe de pionniers...

Les groupes de combat étaient prêts au départ entre 19 et 20 heures[47]. »

Mais les difficultés rencontrées pour réunir les véhicules et les chauffeurs nécessaires témoignent, de la part des personnes requises,

Le château des Fons.

48. Le massif de l'Aigoual.

49. *La Borie avec le « château » Lapeyre.*

50. *La grange, sur les arrières du « château » Lape*

d'un véritable sabotage ; « un sabotage caché », d'après le commandant Böhme lui-même. De ce fait, « le départ du groupe de combat embarqué sur les camions ne put se faire qu'à 1 h 30 ».

Les dimanche et lundi de Pentecôte tragiques les 28 et 29 mai 1944 à La Borie-La Parade

Ce dimanche matin 28 mai, jour de Pentecôte, un peu avant 8 heures, personne, ni à La Parade, ni à La Borie, ne soupçonne ce qui se prépare.

Les gens du pays, catholiques très attachés aux fêtes rituelles ont, pour cette journée, interrompu les travaux des champs. Ceux de La Borie et des fermes voisines s'acheminent vers La Parade où doit se célébrer la messe. Bientôt les cloches de l'église les invitent à se hâter.

Les maquisards, que le repos de la nuit a revigorés, vont et viennent aux abords du cantonnement ; les uns terminent leur toilette, les autres bouclent leur sac ; les chauffeurs s'affairent autour de leurs camions. Dans une heure ce sera le départ pour l'installation des postes de garde.

Or, le transport des troupes de la Wehrmacht, entre Mende et le causse Méjan, s'est effectué de nuit, dans le but de surprendre au petit matin les maquisards installés à La Borie. Les rapports de Böhme nous fournissent là encore des renseignements précieux sur les dispositions stratégiques mises au point avant le départ et leur application :

« Le plan de combat du capitaine Lange — commandant de la formation —, était le suivant : Une compagnie renforcée approche via Ispagnac à proximité de Florac, Sainte-Enimie, Carnac. Une section contourne à gauche [à l'est], avance via Drigas ; compagnie sud approche via Florac, Fraissinet-de-Fourques, Meyrueis, Point topographique 966 [un kilomètre à l'est de Nabrigas]. La moitié des forces contourne à gauche [à l'ouest] via Saint-Gervais, la Volpilière. P.T. 966, Drigas et Carnac devaient être atteints encore pendant l'obscurité, selon les plans prévus, à 5 heures. Il devait être passé à l'attaque en se concentrant de toutes parts.

Vu le retard dans la fourniture des véhicules, ce plan avait dû être modifié et le début de l'attaque retardé à 8 heures.

Le sous-groupe Nord avait pu parvenir à Carnac, selon les plans prévus. Le groupe Sud était arrivé trois heures en retard (par la faute des gazogènes dans un terrain particulièrement accidenté. — l'explication était très simple : le groupe Nord avait à parcourir une distance préliminaire de soixante kilomètres ; le groupe Sud quatre-vingt-dix, vu qu'il était obligé de contourner le Causse du fait du manque de routes.

Le sous-groupe Nord avait réussi sous la conduite personnelle du capitaine Lange, à 8 h 40, à surprendre les bandits qui se croyaient apparemment en sécurité, à cause de la fête de Pentecôte[48]. »

En réalité, comme nous l'avons noté, ce sont les difficultés rencontrées au cours du déplacement du mont Aigoual à La Borie qui ont retardé de deux heures le départ des hommes, d'abord prévu à 7 heures, en vue de leur dispersion en divers postes de garde sur la bordure du causse Méjan. De ce changement d'ailleurs, certains, comme Max Dankner, n'ont pas été avertis et, le matin même, l'explication du retard ne semble pas leur avoir été donnée[49]. Peut-être est-ce particulier aux quelques Allemands du maquis, ceux-ci entendant mal notre langue[50].

Mais c'est dans cette situation d'attente qu'allaient surgir les troupes assaillantes.

« Le dimanche de Pentecôte, 28 mai, dit Max Dankner, nous nous étions trouvés de façon ponctuelle devant la 'maison de maître' dans la cour, où nous avions pris notre petit déjeuner. Nous bûmes du lait chaud, ce qui n'arrivait pas tous les jours[51]. »

Cette aubaine était à porter au crédit de Stierwald et de Gurumeta lequel précise :

« Ce matin-là, nous nous étions levés de très bonne heure et, accompagnés de Gély, un petit paysan de La Borie, nous étions allés en camion chercher cent litres de lait à la laiterie[52] de La Parade. De retour, Gély était rentré chez lui et j'ai préparé le lait pour le petit déjeuner[53]. »

Dankner poursuit :

« Nos camions chargés des munitions et de toutes affaires et ustensiles que le groupe transportait se trouvaient de l'autre côté de la route dans la cour d'une ferme. Huit heures étaient déjà là, nous attendions l'ordre de départ et nous étonnions qu'il ne vienne toujours pas.

Alors que nous faisions cercle, nous vîmes soudain un soldat allemand traverser rapidement la route qui passait devant notre cour. Epouvantés, nous avons bondi, saisi nos armes et tiré. Les camarades français crièrent : 'Les Boches arrivent !'

Comment était-ce possible ? La question se posait brutalement à chacun de nous[54]. »

L'effet de surprise recherché par les assaillants était total. Qu'a-vaient donc fait les sentinelles ? Il est difficile de répondre sur ce point ;

236

10. L'attaque par la Wehrmacht du groupe *Bir-Hakeim* le dimanche de Pentecôte 1944 à La Borie-La Parade

D'après Henri Cordesse

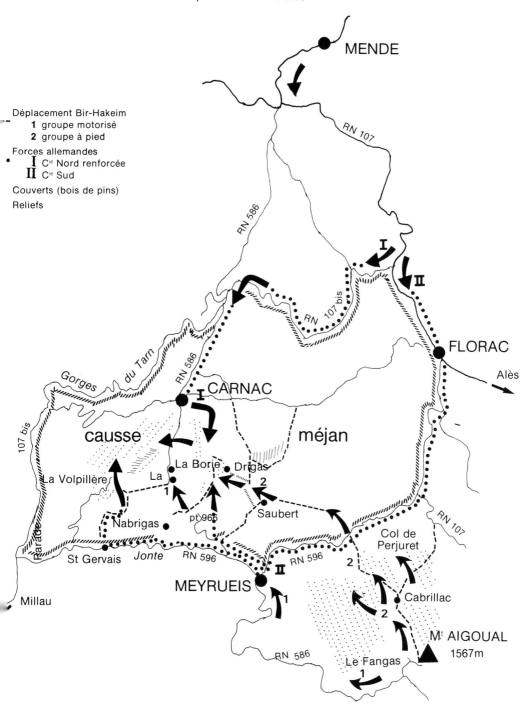

Déplacement Bir-Hakeim
 1 groupe motorisé
 2 groupe à pied

Forces allemandes
 I Cⁱᵉ Nord renforcée
 II Cⁱᵉ Sud

Couverts (bois de pins)

Reliefs

MENDE

RN 107

RN 586

RN 107 bis

I
II

FLORAC

Alès

Gorges du Tarn

RN 586

107 bis

I CARNAC

causse méjan

La Borie Drigas
La
1 2
La Volpillère

pt 965 Saubert
Nabrigas

Col de Perjuret

RN 107

Rarade

St Gervais Jonte RN 596 RN 596 2

II MEYRUEIS 1 2 Cabrillac

Millau

2

Mᵗ AIGOUAL
1567m

RN 586 Le Fangas
1

les documents ou témoignages que nous avons sont, soit incomplets, soit contradictoires.

La manœuvre d'encerclement ayant été réalisée par le capitaine Lange à partir du nord, les seules sentinelles concernées sont celles postées de côté et, à la rigueur, les quatre « Guérilleros » espagnols installés avec leur mitrailleuse près de la croix, dont la mission est de surveiller la route venant du sud.

Contrairement à ce que pense Dankner — comme nous le verrons plus loin —, il ne semble pas que, ni ici, ni là, les postes de garde aient été retirés avant l'attaque. Par contre, on a parfois indiqué que les soldats de l'armée allemande « auraient trouvé endormie la sentinelle préposée à la surveillance de la route de Sainte-Enimie et l'auraient tuée[55] », mais le capitaine Lange, au travers du rapport de Böhme, n'en souffle mot. Il paraît plus vraisemblable qu'elle ait été enrobée dans la manœuvre d'encerclement de La Borie commencée très tôt, les deux colonnes avançant à pied, de nuit, invisibles de part et d'autre de la route de Sainte-Enimie.

De même on a indiqué que les mitrailleurs espagnols préposés à la surveillance de la route de Meyrueis « avaient été fauchés avant d'avoir pu tirer une seule balle[56]. » Mais, en réalité, ils auraient été surpris par les soldats de l'aile droite du dispositif Lange (côté est de La Borie) arrivant par derrière. Ne pouvant rien faire d'efficace, ils auraient fui.

Ainsi il semble bien que, d'un côté comme de l'autre, les sentinelles mises en place par « Barot » n'auraient pu jouer leur rôle que vis-à-vis d'un convoi motorisé arrivant par la route. En établissant les postes de guet trop proches, le chef de « Bir Hakeim » avait paré au plus pressé, considérant la mesure comme très provisoire puisque ne devant concerner qu'une nuit et n'imaginant pas que l'ennemi, très précisément renseigné du fait d'une trahison, pourrait investir aussi rapidement le secteur par une manœuvre très élaborée.

Cependant, ce n'est pas au moment même de leur dangereuse surprise que les maquisards pouvaient en analyser les causes. Il fallait agir. C'est ce que rappelle Dankner :

« En l'espace d'une seconde tout se trouvait en état de défense. Les maquisards se rassemblaient autour de leurs chefs de groupe et tiraient sur les assaillants. A présent, les coups de feu retentissaient de tous côtés. Les mitrailleuses allemandes crépitaient, et les balles sifflaient tout autour de nous.

Nous avons grimpé à toute vitesse l'escalier de l'entrée du 'château', et nous nous sommes couchés derrière un petit mur pour nous protéger. La fusillade devenait toujours plus intense. Bientôt nous nous sommes trouvés également sous le feu d'assaillants venant de l'autre côté de la route de sorte que nous avons dû rapidement nous retirer. En courant, nous avons fait le tour de la maison et traversé la cour de derrière jusque dans la grange où nous avons été pour la première fois à l'abri des balles. La grange avait des murs épais bâtis avec de grosses pierres. C'était comme une forteresse et elle nous offrait une bonne protection[57]. »

Du côté allemand, le commandant Böhme précise la situation :

« Les terroristes se ressaisirent rapidement, occupèrent immédiatement leurs positions d'alarme et de défense manifestement préparées d'avance, et ouvrirent un feu bien dirigé et nourri, avec des fusils, des mitraillettes et des mitrailleuses.

Vu la surprise et le fait que le capitaine Lange avait engagé ses forces en débordant par les deux ailes, les bandits n'avaient aucune possibilité d'échapper, et étaient obligés de se défendre dans La Borie même.

C'est ce que firent très adroitement et avec une énergie mordante les terroristes qui se montrèrent parfaitement entraînés. »

Dankner, quant à lui, évoque la scène :

« 'Barot' se trouvait parmi ceux qui avaient cherché, comme moi, refuge dans la grange. Nous étions là une quinzaine d'hommes. Je grimpai à la fenêtre et vis qu'à l'extérieur les fascistes avaient déjà pris position et nous tiraient dessus. Vraisemblablement tout le village était cerné. De ma fenêtre je ripostais au tir. Les autres camarades utilisaient également chaque ouverture pour tirer sur l'ennemi.

En bas, 'Barot' se tenait avec quelques-uns à la porte de la grange, en face de laquelle les soldats allemands avaient pris également position. 'Le seul moyen de nous en tirer', cria le commandant d'une voix précipitée et émue, 'est de tenter une percée !' J'entendis également notre camarade Anton Lindner me crier : 'Nous tentons une percée, suis-nous !'

Ce furent les dernières paroles que je perçus venant de l'un et de l'autre. 'Barot', la mitraillette à la main, enfonça la porte de la grange et sortit le premier en courant. Immédiatement il s'effondra et tomba sur les genoux. Les balles sifflaient de tous côtés ! Une deuxième rafale tirée à faible distance le transperça et l'abattit. Anton Lindner, qui avait quitté la grange peu après 'Barot', tomba également, touché par balles aux jambes. Le feu ennemi était si fourni qu'avec lui les trois autres, — dont l'Autrichien 'Wildschütz' (Karl Trinka) —, qui avaient essayé de percer avec 'Barot', furent aussi tués immédiatement. Tout ceci se déroula l'espace d'un éclair.

Nous avons fermé promptement la porte de la grange et l'avons barricadée avec des poutres. Il y eut un moment de calme, bien qu'au-dehors on continue de tirer violemment. Nous étions comme paralysés. Devant la porte gisaient dans leur sang le commandant

'Barot' et les autres camarades. Epouvantés par cette perte, les maquisards étaient pétrifiés et, durant un bref instant, furent incapables de reprendre le combat.

Comment 'Barot' avait-il pu se jeter ainsi directement sous le feu de l'adversaire ? Pourquoi n'avait-il pas tenté d'évaluer les forces ennemies qui se trouvaient en face de nous ? Mais également, pourquoi Anton Lindner l'avait-il suivi ? Notre Toni — il avait toujours été parmi nous, ses camarades allemands, un havre de tranquillité. En Espagne il avait pris part à de nombreux combats et, au maquis, il fut dès le début un des plus courageux d'entre nous. Nous nous trouvions dans une souricière, et l'assaillant nous était supérieur en nombre et en armes. Mais justement alors, ce n'était pas le moment de perdre la tête.

La nouvelle de la mort du commandant et des autres camarades se répandit rapidement parmi tous les combattants. Mais les maquisards reprirent vite courage. Leur volonté de résister devint plus forte, leur ardeur à combattre plus acharnée. Ils voulaient venger leurs morts. Chacun était fermement déterminé à défendre sa vie jusqu'au bout. Il n'était plus possible d'assurer la défense sous la direction d'un commandement unique. Mais, malgré cela, les camarades poursuivirent le combat héroïquement, dispersés en petits groupes un peu partout dans le village.

Et moi, je me tenais debout derrière une meurtrière, repoussant les assaillants qui cherchaient, de façon toujours renouvelée à approcher de notre groupe. Lorsqu'il y avait un moment d'accalmie des pensées me venaient à l'esprit. Combien nous avions raison lorsque nous constations les erreurs de tactique commises par 'Barot'. Et cette fois encore, l'encerclement de La Parade avait dû s'accomplir vers 7 heures, au moment où nos sentinelles étaient déjà retirées et où nous étions devenus de ce fait pratiquement sans protection. Cette négligence prenait pour nous la forme du destin et risquait de conduire le groupe 'Bir Hakeim' à sa perte[58].

Toutes ces ruminations ne servaient à rien ; nous devions nous défendre dans notre grange. Les jeunes camarades français me considéraient, déconcertés. Mais je ne savais pas moi non plus comment nous allions pouvoir nous tirer de ce pétrin. Je leur criai :

— Ne laissez pas les fascistes approcher de la grange ! Nous devons tenir jusqu'à la nuit. Ensuite nous tenterons de faire une percée à la faveur de l'obscurité.

Je ne voyais pas d'autre possibilité. Il apparut alors que les camarades m'approuvaient et chacun reprit le combat avec un peu plus de confiance.

Les assaillants allemands et arméniens avaient tenté de nous tirer dessus à partir de la forêt avec de l'artillerie légère ; mais les épaisses pierres des murs de la grange avaient tenu bon. Maintenant ils s'efforçaient d'amener de l'extérieur des brassées de petit bois dans la cour pour mettre le feu au bâtiment.

En observant l'ennemi je vis qu'un soldat allemand rampait en droite ligne vers le portail derrière lequel je me tenais à présent. J'entendis des voix lui crier : 'Mets le feu à la porte, que nous les enfumions !' Il se souleva d'un bond et se trouva alors directement en face du canon de mon arme. Je pressai sur la gachette. Un cri ; et il s'écroula de tout son long, gravement touché au ventre. Il gémissait, n'ayant plus la force ni de se retirer en rampant, ni de mettre le feu à la grange. Après quoi aucun n'osa plus s'approcher si près.

Nous avons continué de combattre ainsi pour protéger notre position. Heure après heure, le temps s'écoula. Pour nous, il s'ensuivit que nous ne pouvions plus tirer qu'à coup sûr. Nos munitions se faisaient de plus en plus rares, et le moral baissait au fur et à mesure.

Vers 3 h 30 de l'après midi, on frappa violemment au portail de la grange. Nous ouvrîmes et Max Frank se précipita à l'intérieur, ruisselant de sueur et aspergé par son propre sang, une balle lui ayant éraflé la poitrine. Il nous apprit qu'il se trouvait avec quelques autres camarades dans le 'château', du côté de la route. Un officier de la Wehrmacht les avait sommés de cesser le combat à 16 heures, donnant sa 'parole d'officier allemand' que tous les maquisards seraient alors traités en prisonniers de guerre. Par contre, si nous poursuivions le combat, le village serait incendié par l'artillerie.

Tous les camarades étaient très agités. Les jeunes partisans nous pressaient de donner notre accord à cette proposition. Ils ne se représentaient pas exactement ce que valait la promesse d'un fasciste.
— 'Nous allons tous périr, disaient-ils ; il n'y a plus guère de munitions. Beaucoup d'entre nous sont déjà blessés. Si nous nous rendons, nous serons prisonniers de guerre.'

Leur crédulité me mit hors de moi et je m'écriai : 'Vous ne connaissez pas les nazis ! Ils vont tous nous massacrer. J'ai appris à les connaître dans leurs prisons en Allemagne. On ne peut pas leur faire confiance.'

Devant mes exhortations infructueuses, le désespoir me prit et je me demandai un instant s'il n'était pas préférable pour moi de me tirer une balle dans la tête. Je savais qu'on ne devait pas se rendre à l'ennemi et particulièrement pas aux nazis allemands.

Les camarades français me donnèrent une tape amicale sur l'épaule et dirent : 'Tu n'as pas besoin d'avoir peur que quelqu'un te trahisse et révèle que tu es allemand. Nous vous ferons tous passer pour Français.' Manifestement, ils croyaient que je n'avais trouvé des paroles si sévères que parce que, en tant qu'Allemand, je ne voulais pas tomber dans les mains de mes compatriotes fascistes. Max Frank saignait beaucoup ; il ne disait plus rien. Complètement exténué, il se traîna hors de la grange. Les jeunes Français restaient en arrière, hésitants.

Il était près de 16 heures. Tous les camarades se rassemblèrent à proximité du portail qui donnait sur la cour intérieure. Un maquisard prit un bâton avec un chiffon blanc. Les deux premiers camarades portaient un blessé ; les autres suivaient et sortirent, silencieux, les mains en l'air. Je fermais la marche, tenant les miennes dans les poches et songeais : Advienne que pourra.

Nous pensions tous que la Wehrmacht serait tout près du portail pour nous cueillir. Mais quand nous traversâmes la cour nous ne vîmes pas de soldats allemands. Je regardai à gauche, à droite : personne. Aussitôt me vint l'idée de ficher le camp, mais comment ?

Nous marchions sur un mauvais chemin descendant vers la route entre un long mur et la façade arrière des maisons. A gauche du chemin il y avait un gros tas de branches et de ramée dépouillés de ses feuilles que les paysans avaient placé là en tant que réserve de bois de chauffage. Comme un éclair, l'idée me traversa l'esprit : c'est là que tu dois te cacher ! Vite je m'allongeai bien à plat sur le sol, soulevai les branches avec les mains et me tapis en m'aidant des pieds à l'intérieur du tas. Quelques camarades se retournèrent, mais aucun ne m'imita[59]. »

Or, il se trouve que la reddition est survenue alors que le capitaine Lange attendait des renforts qu'il avait envoyés chercher à Millau, désespérant d'arriver à ses fins avec les seules forces dont il disposait.

Le récit de Max Dankner est d'autant plus précieux qu'il évoque, outre son cas personnel, ceux, d'une part, du commandant « Barot » et, d'autre part, de trois membres du groupe Otto Kühne : les Allemands Anton Lindner et Max Frank, et l'Autrichien « Wildschutz » (Karl Trinka). Mais il peut être intéressant de voir quelques faits qui se sont passés ailleurs, notamment à l'extérieur, depuis l'attaque par les soldats des troupes d'Occupation jusqu'à la reddition.

Sur le coup de 8 heures ou peu après, alors que les Espagnols chargés d'assurer la surveillance de la route venant du sud étaient surpris par les assaillants arrivant par derrière, le chauffeur « Cartouche » qui n'avaient même pas eu le temps de déguerpir était fait prisonnier à côté de son camion.

A La Borie, face au nord, le chef « Pierre » et son groupe, fort d'une quinzaine d'hommes, tinrent en échec pendant une vingtaine de minutes les légionnaires arméniens qui débouchaient du côté de Carnac. Durant le combat, « Mickey » fut tué. Puis, des soldats ennemis paraissant en haut de la colline, « Pierre » ordonna à « Pince » (André John) de garder seul la position et se porta avec le reste de ses hommes au-devant de l'assaillant. Aucun ne reviendra, tous étant tués sur place, ou faits prisonniers. Par contre « Pince », demeuré seul, une fois ses munitions épuisées, entra dans une grange. Avisant dans un coin sombre un tas de fagots — constitué par la ramée qui subsiste seule après que les brebis ont brouté les feuilles des branches de frênes coupées ici l'automne à cette intention —, il s'y ménagea une cachette et s'y glissa, exactement comme devait le faire quelques heures plus tard Max Dankner.

Le « château », particulièrement visé, est — avec sa grange toute proche — comme le bastion de la défense. Les hommes et les chefs, abrités, qui derrière les fenêtres, qui derrière le lourd portail ou le mur de la cour, tirent avec un remarquable sang-froid. René Fages abat son premier homme à cinquante mètres. Côté ouest, le soldat allemand qui garde « Cartouche » prisonnier est courbé, tournant le dos au « château ». Une balle traverse son casque ; il se lève. Une rafale de fusil-mitrailleur, venue de derrière le portail, le jette à terre. « Cartouche «, si opportunément délivré de son gardien, s'enfuit à toutes jambes vers La Parade, tenant encore à la main sa serviette de toilette. « Courtois », qui a contribué à cette délivrance, s'élance lui aussi. Ils sont sauvés.

Plus tard cependant, au « château », la situation est devenue intenable pour certains. Le capitaine « Brun » (Georges Valezi) rassemble les quelques hommes qui tiraillent à proximité et, avec eux, quitte les lieux pour gagner d'autres emplacements.

Tandis que leur chef s'en va inspecter d'autres positions, les hommes qui l'accompagnent entrent dans une grange. Un Tchèque, Paul (Skovoda), l'occupe déjà, la mitraillette passée dans la fente de la porte. A dix mètres devant lui, un gradé allemand, blessé, appelle à l'aide. Et, sur les Allemands accourus au secours de leur chef, il lâche une rafale, impitoyablement. Jean Chabrol, un Lozérien de Cassagnas, monté sur un tas de fagots, a passé son fusil mitrailleur par une sorte de créneau. « Barnes » et René Fages le relaient ; un jeune des chantiers et Claude Noguès, de Meyrueis, remplissent les chargeurs. A cent mètres de là, le capitaine Jean Rousseau, de Mende, et le chauffeur « Charles » (Karl Heinz) ont épuisé leurs munitions. Tout près d'eux, un soldat ennemi avance, se dissimulant derrière un mur. « Charles » saute sur lui, l'abat d'un coup de révolver, s'empare de son fusil et de ses munitions et se remet à tirer. Jean Rousseau et Karl Heinz seront trouvés morts un peu plus tard à l'endroit même.

Quant à « Antoine » (Gurumeta) et Albert (Stierwald), ils vont tenter l'impossible. Voici le récit que nous a fait le premier, quarante ans après l'événement, récit qu'il a très souvent répété depuis lors :

« J'étais toujours en compagnie d'Albert mais il nous était impossible de nous approcher des camions contenant l'essentiel de nos armes et munitions.

En contrebas du 'château' s'étendait un champ en légère pente, avec un blé haut seulement d'une soixantaine de centimètres. A l'autre extrémité il était bordé d'une murette derrière laquelle se tenaient des Allemands et des Arméniens. J'ai chuchoté à Albert : 'Je ne veux pas que les « boches » me prennent, ni vivant, ni blessé ! Si je dois mourir dans l'affaire, que je meure ; mais je vais essayer de passer. Si tu veux me suivre, suis moi ! Sinon, reste !' J'avais le pistolet dans la main droite, mais surtout une grenade à petit quadrillé dans la main gauche, ... sans la 'béquille', de sorte que, si j'étais touché, je tombais avec elle, elle explosait, et je partais en mille morceaux. Avant de nous élancer, j'ai encore dit à Albert : 'Fais comme moi ! fais comme ça !', et, de la main droite, je lui ai fait un signe en zig-zag.

Nous sommes partis en courant. Albert m'a conseillé plusieurs fois : 'Couche-toi ! Couche-toi !' Je lui ai répondu : 'Non ! ne te couche pas ! Si tu te couches, ils te filent un coup de fusil-mitrailleur et ils te coupent en deux !' Toujours courant, nous sommes arrivés à vingt-cinq ou trente mètres de la murette. J'ai lancé trois grenades derrière celle-ci : une en face de moi, la seconde d'un côté et la dernière de l'autre. Dès que j'eus jeté cet engin, je m'élançais vers la murette, et à peine eût-il éclaté derrière que je sautai au-delà, au milieu de la poussière. Albert m'a suivi et nous avons continué à courir avec plusieurs ennemis derrière nous. Nous avons reçu des coups de fusil à travers le pantalon, à travers la veste, partout..., mais nous n'avons pas été touchés.

Et, après avoir franchi la route, nous avons pu pénétrer dans une petite plantation de pins, pas très grands, mais très serrés, venant jusqu'en bordure de celle-ci. J'ai alors donné mon sentiment : 'Si nous restons là, ils vont nous trouver.' Mais, de l'autre côté, au-delà de la lisière bientôt atteinte, c'était absolument plat, avec seulement quelques monticules de pierre et deux ou trois arbres isolés. Là, à une vingtaine de mètres des pins, les chasseurs avaient camouflé une 'espère' [un affût] au milieu des pierres et l'avaient recouverte de branches, d'autres permettant aussi d'obstruer l'ouverture servant d'entrée. Nous nous y sommes cachés. A ce moment des hommes de la Wehrmacht sont sortis des pins pour regarder s'ils nous voyaient. N'apercevant rien, ils sont à nouveau rentrés à l'intérieur de la jeune plantation. J'ai dit : 'Ecoute Albert : ils nous cherchent ; et, comme ils ne vont pas nous découvrir au milieu des arbres, ils vont revenir ici. Il nous faut partir.'

Nous avons rampé sur deux cents mètres, puis nous avons marché durant un kilomètre environ. De l'endroit où nous étions parvenus, nous avons vu une montagne vers laquelle nous sommes allés.

Là se trouvaient des baraques construites et abandonnées par un ancien chantier de Jeunesse. Nous sommes rentrés dans l'une d'elles et y sommes restés un peu de temps. Albert m'a suggéré : 'Deux Allemandes habitent du côté de La Fare, près de Saint-Germain-de-Calberte, dans une ferme qui sert de relais à nos agents de liaison, et en particulier au mari de l'une d'elles. C'est là qu'il nous faut aller.'

Nous prîmes donc à pied la direction de l'est[60]. »

Pendant ce temps, à La Borie, la situation devenait de plus en plus critique.

Il était 11 heures lorsque les canons antichars et les lance-grenades se mirent de la partie, criblant de leurs projectiles les fermes du hameau et mettant le feu à quelques tas de bois entreposés dans les cours, mais au demeurant peu efficaces vu la solidité des bâtisses. Cependant les maquisards assaillis ont l'impression d'être pris là comme dans un piège. Le capitaine « Brun » (Georges Valezi) décide de tenter l'impossible pour évacuer le hameau. Il demande à René Fages, qui connaît le pays mieux que personne, par où on pourrait essayer de s'échapper, la chance aidant, et, sur les indications de ce dernier, on convient de passer derrière le cimetière de La Parade pour gagner le bois du Bedos.

Une quinzaine de maquisards, guidés par le capitaine « Brun » et Marcel Roquemaurel, vont donc tenter de franchir le cercle de mort. A la file indienne, se dissimulant de leur mieux, ils marchent, sans attirer l'attention de l'ennemi. A cent mètres du chemin de La Parade, derrière un buisson, deux légionnaires s'apprêtent à tirer. Une rafale de fusil-mitrailleur les abat, mais le crépitement a décelé le mouvement des nôtres. Le tir des armes automatiques et des mortiers se concentre sur eux.

Devant, le terrain paraît libre ; Jean-Marie Parier, d'Avignon, Marcel de Roquemaurel et le capitaine « Brun » tentent de passer. L'un après l'autre, ils tombent, les deux premiers mortellement atteints, le capitaine « Brun », la jambe fracassée. Dans la file qui suit, des hommes tombent aussi : Jean Chabrol et un autre, tués ; « Spada », Louis Dides et « Popeye », blessés. Le capitaine « Brun » insiste pour que les survivants poursuivent leur effort. Il sait quant à lui, le sort qui l'attend lorsque les Allemands le découvriront. Son révolver est vide, il demande une balle, une seule...

René Fages se trouve en tête de la colonne. Il réussit à faire un premier bond, tire une rafale de fusil-mitrailleur pour couvrir ses camarades. Mais personne ne le suit. Il repart pour un deuxième bond ; une balle lui traverse la cuisse. Il passe son dernier chargeur, attend vainement l'arrivée de ses amis. Un dernier saut le met à l'abri derrière un gros pin. Il appelle ; personne ne répond. Il jette un coup d'œil sur sa droite : appuyés chacun contre un arbre, une douzaine d'Arméniens le regardent.

Il croit sa dernière heure venue, mais les Arméniens le laissent passer sans tirer. Un quart d'heure plus tard ils laisseront également passer « Popeye », blessé de trois balles dans la fesse[61]. Fages ayant gagné le bois où il attend ses camarades, voit arriver ce dernier aussi mal en point que lui. Que sont devenus les autres ?...

On sait seulement que cinq d'entre eux, dont Jean Bardet, du

Vigan, et Claudes Noguès, l'ami inséparable de Fages, allèrent se rendre, drapeau blanc en tête, au capitaine Lange. Celui-ci avait établi son PC en plein air, tout près du café Arnal, au croisement de la 586 et d'un deuxième chemin conduisant à La Parade.

Il faut dire que l'officier allemand avait transformé le café Arnal en une sorte de prison où, après l'arrivée des deux sous-groupes passés par le sud, il avait fait rassembler par une partie de ses hommes toutes les personnes qu'on avait trouvées dans les maisons de La Parade ou dans l'église. Surpris par le déclenchement du combat au moment où ils venaient de pénétrer dans celle-ci ou s'apprêtaient de le faire, les paroissiens de La Borie ou d'autres fermes de la commune, tout comme ceux du village s'étaient réfugiés en hâte, qui dans la sacristie, qui auprès des familles amies, ou tout simplement chez eux.

Les soldats pénétrèrent partout et obligèrent les résidents habituels aussi bien que leur hôtes, et le curé au même titre que ses fidèles, à se rassembler dans la salle du café Arnal, à proximité duquel le capitaine tenait ses assises. Tandis que quelques soldats surveillaient les séquestrés, d'autres s'introduisaient dans les demeures et, sous prétexte de vérifier qu'aucun maquisard n'y avait trouvé refuge, fouillaient les moindres recoins et, en toute sécurité, faisaient main basse sur les victuailles et les objets de valeur.

Les cinq « jeunes », qui viennent de se rendre, retrouvent devant le café Arnal un de leurs camarades qui, envoyé en reconnaissance sur la route de Meyrueis le matin, avant même l'irruption des assaillants, avait vu sa moto tomber en panne et avait été arrêté par le groupe d'intervention arrivant par le sud. A présent, tous les six sont chargés, sous la surveillance des soldats, de ramener les morts et les blessés de la Wehrmacht. Alors que deux d'entre eux rapportent un de leurs camarades grièvement atteint, l'officier demande :

« Combien reste-t-il de 'terroristes' là-haut ?

— Je ne sais pas », répond un 'jeune' en toute franchise.

Alors, désignant deux maquisards, l'Allemand ordonne :

« Allez trouver vos camarades et dites-leur que, s'ils se rendent, ils seront traités comme des prisonniers de guerre. Sinon, dans une demi-heure, nous mettrons le feu au 'château' ! »

Le maquisard blessé se soulève et, crânement, s'adresse à ses camarades :

« N'y allez pas, supplie-t-il, vous savez quels ordres nous avons reçus ! »

L'un des « jeunes » désignés refuse alors de partir, l'autre accepte.

On connaît la suite grâce au récit de Max Dankner, que nous avons reproduit, confirmé par le rapport du commandant Böhme :

« A 17 heures, après invite faite en utilisant l'intermédiaire d'un

246

prisonnier [dix terroristes avaient été faits prisonniers pendant l'attaque], ils se rendirent en arborant le drapeau blanc[62]. »

Ainsi la reddition avait eu lieu et le principal bastion de Résistance était tombé. Le combat à proprement parler était terminé, mais l'on pouvait penser que les soldats de la Wehrmacht n'allaient pas quitter les lieux sans effectuer un sérieux ratissage pour parfaire le succès de l'opération. Dankner en est pleinement conscient dans son inconfortable cachette :

« A grand-peine, je faisais effort pour m'enfoncer toujours plus loin dans le tas de branches. Enfin, parvenu à l'endroit où j'étais, j'eus l'impression qu'il faisait sombre, et pensai que j'étais déjà profondément enfoui. Mais, en soulevant un peu la tête vers l'arrière, j'aperçus la lumière du jour. Aussi je me donnai beaucoup de mal pendant un temps interminable pour, petit à petit, pénétrer plus profondément encore sous les fagots.

Soudain, j'entendis que des soldats allemands montaient dans le chemin. Vite, je ramenai mes jambes et restai allongé, silencieux. Je ressentais jusqu'au cou les battements de mon cœur. A présent ils vont me tirer dehors par les pieds, pensai-je. Mais ils ne me virent pas, ce qui me tranquillisa un peu.

Alors que j'étais ainsi plus ou moins recroquevillé, avec d'épaisses branches dans les reins, sur les bras et les jambes, j'entendis comment les fascistes faisaient la chasse à nos 'jeunes'. Beaucoup de maquisards avaient couru dans les champs et les mitrailleuses crépitaient derrière eux.

Sur la route, des camions se mettaient en marche ; des ordres retentissaient : 'Rassemblement ! Les Allemands, sortez des rangs !'

Les camions s'en allèrent. Les soldats avaient sûrement chargé et emmené tous les camarades vivants, indemnes ou blessés. Profondément accablé et plein d'une grande tristesse, je pensai à nouveau à la crédulité de mes jeunes camarades.

Le tapage des soldats allemands ne cessa pas pour autant. Les maison des paysans furent fouillées et pillées. J'entendis, toujours renouvelés, des coups de feu et des tirs saccadés de mitrailleuse. Je restai ainsi allongé dans ma cachette jusqu'à la venue de l'obscurité. Je supposais que les ennemis se retireraient bientôt et que je pourrais filer. Or, cela se passa autrement.

Après que les fusillades eurent cessé, le calme se fit dans le village ; mais une sentinelle de la Wehrmacht fit les cent pas toute la nuit dans le chemin devant mon tas de bois. En aucun cas je ne devais m'endormir, car je ne voulais pas que dans mon sommeil un mouvement involontaire attire sur moi l'attention de la sentinelle allemande. Je restai éveillé toute la nuit, entendis chaque relève et eus beaucoup de peine à surmonter ma fatigue. Le lendemain également, la Wehrmacht ne s'éloigna pas. Le matin j'entendis de nombreux coups de feu. Ils étaient destinés à mes camarades.

Ce n'est que l'après-midi que les derniers soldats hitlériens quittèrent La Parade. Cependant je ne savais pas si des soldats fascistes ne séjournaient pas encore dans le village. J'attendis jusqu'au soir pour abandonner ce lieu d'effroi, à la faveur de la nuit. J'avais eu jusque-là de la chance, aussi je ne voulais pas courir inconsidérément un nouveau risque.

Dans la soirée éclata un orage épouvantable. De plus, des 'forteresses volantes' des Alliés de l'ouest vrombissaient au-dessus des villages. Saisissant l'occasion, je rampai hors du tas de bois et voulus sauter le mur. Mais je n'avais plus aucune force. Mes jambes étaient comme mortes ; les branches avaient interrompu la circulation du sang. Ce n'est qu'au prix d'un effort extrême que péniblement je parvins à franchir cet obstacle. Dans le village rien ne bougeait. Je fis quelques pas et m'écroulai, et ce à plusieurs reprises. Mais finalement je réussis à traverser le champ. Bientôt je me trouvai à l'abri de la forêt. Je cherchai un gros bâton et allai plus loin, clopin-clopant[63]. »

Durant plus de trente heures, enfermé dans sa cachette, mais toujours aux aguets, Max Dankner avait écouté ce qui se passait à l'extérieur, avec toute l'acuité auditive d'un aveugle. Mais il est bien évident que certains événements lui avaient échappé. Voici donc ce qui s'était passé :

A son PC, le capitaine Lange, après la reddition, fait sortir du café Arnal le curé qui, depuis une paire d'heures, y est enfermé avec ses paroissiens ; et, suivi de l'officier interprète arrivé avec le sous-groupe passé par la Volpilière, il l'emmène au presbytère. L'abbé Maury, qui parle bien l'allemand — il a fait son service militaire comme interprète près des PG 14-18 —, va plaider directement la cause de ses ouailles menacées des pires sanctions. Un peu avant 18 heures, l'officier allemand, qui veut s'assurer qu'il n'existe plus aucun noyau de résistance, lui ordonne de partir au « château » et de dire aux maquisards, s'il en reste, de se rendre. Le prêtre part et revient, déclarant n'avoir trouvé personne. Personne, en tout cas, ne s'est rendu à son appel.

Toutes précautions ayant ainsi été prises et les coups de feu ayant cessé depuis longtemps, les Allemands osent enfin pénétrer dans La Borie. Ils entrent dans chaque maison, dans chaque grange, dans chaque bergerie, bousculant les tas de bois dans la cour des fermes, inspectant les moindres recoins où pourrait se cacher un maquisard.

L'occasion est belle pour piller et saccager : les portes sont fracturées, les malles, les armoires défoncées et à demi vidées, la vaisselle cassée, l'argent et les objets de valeur emportés.

L'officier interprète fait le tour du hameau, ordonnant aux maquisards, qui pourraient s'y trouver encore, de se rendre pour éviter que le hameau ne soit incendié.

Il est probable qu'à ce moment, il ne restait, dans la Borie même, que Max Dankner et André John, toujours cachés sous les fagots. Les Allemands qui, dans la journée, avaient mis le feu à plusieurs tas de bois, tirèrent seulement un coup de fusil dans celui qui abritait André John et le coup ne l'atteignit pas. A trois reprises, les soldats entrèrent dans la grange et se retirèrent sans avoir rien soupçonné de sa présence.

Après les opérations de ratissage, les soldats allemands purent faire le bilan :

« Les résultats du combat connus à la fin de la journée, indique le commandant Böhme, étaient les suivants : vingt-cinq ennemis tués, vingt-sept prisonniers dont la moitié blessés.

D'après les dires des prisonniers, soixante hommes environ étaient présents le matin, une vingtaine se trouvant à l'extérieur du fait d'une opération. Par conséquent, on pouvait penser qu'une dizaine d'hommes s'étaient échappés au début du combat.

Butin pris à l'ennemi : cinq camions, une voiture automobile, deux motocyclettes, une cuisine roulante française, des armes, des munitions en quantité importante, du carburant, de l'habillement divers, des vivres et plusieurs autres choses.

Nos propres pertes se montent à : un sergent-chef allemand et huit légionnaires tués, cinq blessés. »

Ce n'est que plus tard que se présentèrent les renforts demandés par le capitaine Lange :

« Ainsi, c'est après le combat qu'arrivèrent de Millau cent vingt hommes de troupes allemandes dont à peu près cinquante hommes de troupes de renseignement de l'Air. Sur leur demande de participer encore aux opérations, le capitaine Lange leur confia la garde de nuit et les recherches sur le terrain, vu l'état d'épuisement physique de la troupe arménienne[64]. »

Les gens séquestrés dans le café Arnal furent autorisés à rentrer chez eux. l'abbé Maury intercéda même auprès de l'officier interprète allemand pour que soit rendue une partie de l'argent qui avait pu être dérobé au cours du pillage. Il raconte :

« Les sanctions levées au soir du 28 mai, quand les troupes allaient regagner Mende, j'ai demandé à l'interprète de me faire rendre quelque argent pour les plus malheureux, étant donné que tout avait été pillé. Il s'y est d'abord refusé, puis il a appelé deux légionnaires et, de force, leur a fait vider les poches. Il m'a remis ce qu'il y avait : sept mille francs épinglés. C'était la caisse de l'agence postale que j'ai remise le lendemain au propriétaire[65]. »

Les troupes venues de Mende regagnèrent alors leur garnison en emmenant avec elles les vingt-sept prisonniers et une grande parti du butin, ainsi que leurs neuf morts, et laissèrent sur place les soldats venus de Millau chargés d'assurer la relève.

Ceux-ci héritaient là d'une mission qu'ils purent assurer sans péril et sans gloire. Ils partirent à la chasse à l'homme, à la recherche des isolés, souvent blessés, qu'ils pourraient capturer ou abattre. Leur intervention eut effectivement une certaine efficacité, augmentant encore les pertes subies par les maquisards. Böhme, après avoir indiqué, comme nous l'avons vu, que ces derniers avaient eu vingt-cinq tués et vingt-sept prisonniers au cours du combat, précise :

« Les résultats allaient être finalement plus appréciables. Pendant les opérations menées par les troupes allemandes venues de Millau, onze terroristes ont été trouvés dans les alentours, dont trois sont morts après le combat, le reste ayant été fusillé à l'aube pour avoir été pris les armes à la main. En outre les hommes du HVL de Millau ont découvert dans la forêt, près du cimetière de La Parade, quatre terroristes tués, dans des positions qui ne laissent aucun doute sur le fait qu'ils avaient été blessés et avaient réussi à s'échapper, mais étaient tombés d'épuisement à cet endroit où ils étaient morts[66]. Dans cette zone, il n'y a pas eu de combat.

La compagnie de renseignements de l'Air n'a eu qu'un blessé léger (à la main), probablement par nos propres forces au cours des opérations[67]. »

Le lundi 29 mai, vers 8 heures, un officier allemand descendit à Meyrueis et ordonna au maire de cette localité de prendre toute les mesures nécessaires à l'inhumation des morts de La Borie. Le maire fit remarquer que ces formalités incombaient à son collègue de La Parade, mais, devant l'attitude menaçante de l'officier, il s'inclina. Il couvrit, par un ordre de réquisition, les résistants qui demandèrent à participer à l'ensevelissement et partirent en même temps que les gendarmes et quelques « jeunes » des Chantiers. A La Parade, plusieurs hommes du pays et le curé se joignirent à eux pour ramasser les morts et creuser la fosse. Le corps des trente-quatre maquisards [et non quarante comme semblent l'indiquer les chiffres donnés par le commandant Böhme] — que l'ennemi avait dépouillés de leurs papiers personnels — furent alignés contre le mur du cimetière. les Allemands exigeaient qu'ils soient ensevelis en deux heures, mais le terrain était si dur et si rocailleux que le travail n'avançait pas. A 14 heures, quand l'ennemi quitta définitivement La Parade, l'ensevelissement était loin d'être terminé. En l'absence des familles — et de papiers —, l'iden-

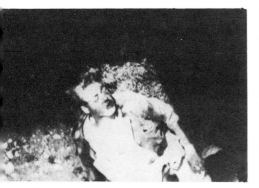

Karl Heinz.

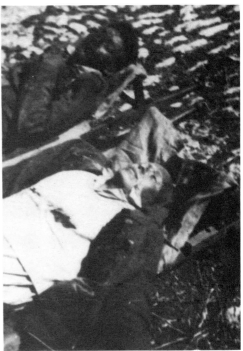

53. Jean Rousseau et Anton Lindner.

Max Franck.

Fred Bucher.

Maquisards allemands tués à La Borie-La Parade et au ravin de la Tourette.

55. Le corps des maquisards du groupe « Bir Hakeim » tués à La Borie-La Parade.

tification des corps était à peu près impossible, faute aussi de survivants présents. Le commandant « Barot » fut seul reconnu avec certitude. Une fois les Allemands partis, un gradé des Chantiers photographia la dépouille du chef et prit quelques clichés, notamment d'ensemble. Les corps furent alignés dans la fosse commune, sans cercueil. Pour qu'on puisse plus tard la reconnaître, la dépouille de « Barot » fut mise au premier rang, un chargeur sur la poitrine.

Les dernières heures
des prisonniers torturés à Mende
et abattus dans le ravin de la Tourette

En dépit des promesses qui leur avaient été faites, les vingt-sept maquisards pris au cours du combat ne furent pas traités comme des prisonniers de guerre, mais remis par la Wehrmacht à la Gestapo de Mende. Dans la nuit, une partie d'entre eux furent soumis à un interrogatoire accompagné des plus atroces tortures : mutilation des parties, arrachage de la langue, rupture des tendons des pieds, brûlures, coups entraînant la tuméfaction des visages.

Le lendemain 29 mai, dans la matinée, les Allemands les emmenèrent en camion sur la route de Mende à Villefort. Trois kilomètres après Badaroux, au col de la Tourette, ils les firent s'engager sur un chemin descendant dans une combe au bas de laquelle se glisse la voie de chemin de fer Mende-La Bastide, et là, au pied du talus, ils les passèrent par les armes.

L'endroit, appelé « ravin de la Tourette », est généralement désert et personne ne fut témoin de l'exécution. Un jeune berger, qui gardait ses moutons assez loin de là, ayant entendu le bruit de la fusillade, alerta les habitants du hameau le plus proche. On descendit vers l'endroit où étaient partis les coups de feu et on découvrit les vingt-sept cadavres. Quelques-uns d'entre eux étaient complètement défigurés, d'autres gisaient sur la voie ferrée, de sorte qu'il fallut arrêter le train pour donner aux personnes présentes le temps de photographier les corps et de procéder aux constatations nécessaires à une reconnaissance ultérieure. Un seul corps pu être identifié sur-le-champ, celui de Louis Dides, de Florac.

Après l'exécution, les hommes de la Gestapo, redescendus à Badaroux, firent appeler le maire. Ils lui annoncèrent que vingt-sept dissidents venaient d'être fusillés au ravin de La Tourette et lui ordonnèrent de les faire enterrer sur place.

Ceux-ci furent finalement mis en bière et inhumés côte à côte, près du cimetière de Badaroux, ce même jour à 22 heures passées, alors que le couvre-feu était fixé à 18 h 30.

Bilan d'un désastre

Ainsi le bilan était lourd : soixante et un morts.

Parmi eux, des hommes détachés du groupe Otto Kühne que celui-ci s'était efforcé en vain de récupérer depuis leur retour de l'équipée dans l'Hérault.

Il précise dans un rapport adressé à Lyon :

« Les pertes en étrangers : Max Frank, Allemand, 41 ans ; Anton Lindner, Allemand, 38 ans environ ; Heinz Johann, Allemand, 28 ans ; Fred Bucher, Allemand, 44 ans ; Karl Trenker, Autrichien, 33 ans environ ; Misko, Yougoslave, 23 ans ; Joseph Skopa, Tchèque, 24 ans environ [68]; auxquels il faut ajouter les Espagnols (appartenant au groupe des Guérilleros espagnols)[69]. »

En ce qui concerne ces derniers, Otto Kühne donne sous toute réserve le chiffre de vingt-cinq, en précisant qu'il est difficilement contrôlable. Ils avaient en réalité seize morts : dix tués au combat de La Borie-La Parade, et six fusillés à La Tourrette-Badaroux.

Disparaissaient également, parmi les Français, trois anciens de La « Picharlarié » : Jean Rousseau, « Jeannot » Farelle et Louis Pons.

Mais il y avait cependant quelques rescapés.

Si on considère l'ensemble des maquisards qui étaient au mont Aigoual, le soir du 25 mai, certains ont évité la tuerie parce qu'ils ne sont pas parvenus, pour des causes diverses, jusqu'à La Borie-La Parade.

Ainsi ne sont arrivés qu'au col de Perjuret, — où l'homme désigné était resté en faction —, une dizaine de retardataires faisant tous partie du maquis « Bir Hakeim » : le groupe d'« Yves » (Jean Vagny) qu'on avait au départ oublié à l'avant poste de l'Aigoual ainsi que les trois maquisards partis à sa recherche et que nous avons vus dans leur grange de Jontanel où ils passaient la nuit de retour de cette mission infructueuse.

Karl Klausing, du groupe Otto Kühne, transporté dans cette même grange, blessé à la jambe, ne fut pas à même, bien sûr, de poursuivre son chemin vers La Parade. Aussitôt après le combat, de peur que les soldats allemands ou la Milice ne le découvrent dans son refuge, il fut ramené en forêt, sur une plate-forme naturelle d'où il pouvait accéder facilement dans une grotte.

Et puis, il y eut les isolés ou les petits groupes, déroutés et dispersés par l'intrusion de la milice à Gabrillac. Pas toujours au courant de la destination, ils prirent parfois une tout autre direction et n'eurent pas le temps ensuite de rallier La Parade avant le combat. Ce fut notamment le cas de « Nic » (René Nicolas, « Jean René » (Richard) et Jean, de « Bir Hakeim ».

Parmi ceux qui se trouvaient à pied d'œuvre le dimanche matin, rares furent ceux qui arrivèrent à échapper au massacre.

Il y eut ceux qui parvinrent à fuir avant que la tenaille des assaillants ne se referme, et ceux qui réussirent à passer au travers, du fait de leur témérité, comme Saturnino Gurumeta et Albert Stierwald ou grâce à la complicité passive des Arméniens. D'après le rapport d'Otto Kühne, cela fut encore possible très tard, même après la reddition :

« Quand les prisonniers furent rassemblés, ils furent surveillés par un petit groupe d'Arméniens. Seuls quatre jeunes Français auraient saisi cette occasion favorable pour fuir[70]. »

Mais on peut penser que René Fages et « Popeye », bien que partis légèrement plus tôt, sont inclus dans le nombre.

Il y eut aussi les deux miraculés qui furent sauvés en restant sur place, cachés sous leurs tas de branches : « Pince » (André John) et Max Dankner.

Enfin des maquisards qui n'étaient pas au mont Aigoual le 25 mai, mais dans la région de Clermont-l'Hérault, ont bien failli se jeter dans la fournaise : emmenés par Demarne, une quinzaine de « jeunes » venant de là-bas, montaient en convoi à La Borie rejoindre leurs camarades ; le dimanche soir, arrivés sur le pont de Meyrueis, ils furent arrêtés par une femme compatissante qui les informa de ce qui s'était passé sur le Causse ; ils rebroussèrent chemin et regagnèrent Rabieux.

« Montaigne », par contre, était resté dans l'Hérault, échappant ainsi au massacre.

Finalement, parmi les anciens de la Picharlarié qui avaient ultérieurement été détachés de leurs camarades au profit de « Bir Hakeim », six au moins étaient encore vivants — Max Dankner et Karl Klausing, le Tchèque Paul (Skovoda) et les deux Français « Nic » (René Nicolas) et « Jean René » (Richard).

Ces deux derniers, en compagnie de Jean, de « Bir Hakeim », après avoir passé la nuit du 27 au 28 mai dans une ferme isolée, située pas très loin du Pompidou voulaient reprendre leur route ce matin-là.

« Mais, dit Nicolas, ayant appris que toutes les gendarmeries du secteur étaient en état d'alerte, nos hôtes ne voulurent pas que nous partions sans avoir d'autres précisions. Nous allâmes nous cacher dans une autre grange dissimulée dans les châtaigniers. C'est là que nous devions dormir la nuit suivante.

Le lendemain, lundi de Pentecôte, l'homme partit, en vélo, prendre des renseignements chez d'autres patriotes. Dans l'après-midi, il vint nous porter à boire et à manger, mais à sa mine nous avons compris aussitôt qu'il s'était passé quelque chose de grave. Il nous fit savoir qu'il y avait eu un grand combat à La Parade, avec beaucoup de morts. Bien qu'il n'ait pas de renseignements plus précis, ce fut pour nous un coup terrible. Nous avons passé une mauvaise nuit : nous pensions à nos camarades, espérant qu'ils aient pu décrocher à temps, tout en causant des pertes à l'ennemi[71]. »

NOTES DU CHAPITRE VII

1. René Maruéjol et Aimé Vielzeuf, *op. cit.*

1 bis. Le mot « château » risque de faire illusion. Les antifascistes allemands le désignent par divers vocables : Landschloss, Schlösschen, Jagd-schloss, qu'on pourrait traduire par : manoir, pavillon de chasse, etc.

2. Il prenait ainsi, jumelés, les prénoms portés sur sa fausse carte d'identité établie au nom de Nicolas Jean René ; ceci sans doute afin d'éviter les confusions dues au fait qu'alors, au maquis, trois Français sur les cinq se prénommaient Jean : lui, Rousseau, Farelle.

3. Richard Hilgert note en particulier : Les deux camarades français Jean (Rousseau) et « Jeannot » (Farelle) restèrent auprès du groupe allemand lorsque celui-ci se sépara des Gaullistes.

4. Témoignage de René Servière et de Marcel Chaptal.

5. Institut für Marxismus-Leninismus, Relation de Paul Hartmann.

6. Arch. dép. Lozère.

7. Institut für Marxismus-Leninismus, Relation d'Hermann Mayer.

8. Témoignage de Richard Hilgert.

9. Alors que « Mistral » nous a raconté que c'était lui-même qui avait obtenu cette libération : « Je suis allé trouver le capitaine Tadei. Celui-ci m'a dit : 'Vous repasserez dans deux heures afin que j'ai le temps de réfléchir et je vous donnerai la réponse.' » Et deux heures plus tard : « Vous pouvez prendre la citroën et la mitraillette tout de suite, et ce soir vous aurez « Barot » et « R.M. ». — Le capitaine Tadei devait me rejoindre plus tard au combat de La Madeleine —. »

10. C'est ce que durent découvrir les Waffen SS qui l'arrêtèrent le 14 mai, le torturèrent et l'abattirent à Célas, le 9 juin, sur le carreau de la mine, avant de le précipiter dans le puits. René Maruéjols et Aimé Vielzeuf ont longuement évoqué les services divers assurés à « Bir Hakeim », — au travers de Demarne et de « Barot » —, par « Bretelle » et un de ses collègues (« Soada » ?). C'étaient certainement des « prêtés » pour des « rendus ». Ceci n'empêche que les Waffen SS devaient, en supprimant « Bretelle », réaliser ce pourquoi plusieurs résistants avaient jusque-là risqué et parfois donné leur vie.

11. Institut für Marxismus-Leninismus, Relation de Paul Hartmann.

12. Témoignage de Richard Hilgert.

13. Témoignage de René Nicolas.

14. Institut für Marxismus-Leninismus, Relation de Paul Hartmann.

15. Institut für Marxismus-Leninismus, Relation d'Otto Kühne.

16. Témoignage d'Antonin Combarmond.

17. René Marvéjol et Aimé Vielzeuf, *op. cit.*

18. Ce terme était également employé par « Francis » (Jean Huc) pour désigner les maquisards allemands. « En décembre 1943, Veylet arrive avec ses 'Croates'. » Il était par ailleurs connu d'autres résistants (tel Raymond Brès). Richard Hilgert nous en a révélé l'origine : Au maquis leurs camarades français appelaient souvent les antifascistes allemands : « Krauts » ou « Krauters » à partir de « Kraut » qui signifie « chou », un de leurs légumes préférés. C'est une transcription phonétique qui a prévalu sur la traduction littérale. Et il est curieux de noter que ce n'est pas la première fois que le mot « Kraut » subit un tel sort : le mot composé « Sauerkraut » constitué de « sauer » = « aigre, acidulé » et de « Kraut » = « chou », s'est transformé en « choucroute » par simple association de sons, « sauer » donnant « chou » et « Kraut » devenant « croute ».

19. Témoignage d'Antonin Combarmond.

20. Institut für Marxismus-Leninismus, Relations de Paul Hartmann, de Martin Kalb, d'Otto Kühne.

21. *Ibid.*, et témoignage de Richard Hilgert.

22. Institut für Marxismus-Leninismus, Relation de Martin Kalb.

23. Témoignage de Richard Hilgert.

24. Institut für Marxismus-Leninismus, Relation de Martin Kalb.

25. *Ibid.*, Relation d'Otto Kühne.

26. René Maruéjol et Aimé Vielzeuf, *op. cit.*

27. Institut für Marxismus-Leninismus, Relation de Max Dankner.

28. *Ibid.*, Relation de Martin Kalb.

29. *Ibid.*, Institut, Relation de Paul Hartmann.

30. *Ibid.*, Relation d'Otto Kühne.

31. Témoignage de Richard Hilgert.

32. Institut für Marxismus-Leninismus, Relation de Paul Hartmann.

33. *Ibid.*, Relation de Richard Hilgert.

34. *Ibid.*, Relation de Martin Kalb.

35. *Ibid.*, Relation de Max Dankner ; Dora Schaul, *op. cit.* ; récit de Max Dankner.

36. *Ibid.*

37. Témoignage de Saturnino Gurumeta.

38. Dora Schaul, *op. cit.*

39. *Ibid.*

40. *Ibid.*

41. Institut für Marxismus-Leninismus, Relation de René Nicolas.

42. *Ibid.*, Relation d'Otto Kühne.

43. Témoignage de Saturnino Gurumeta.

44. *Ibid.*

45. Arch. dép. Lozère.

46. Hilgert note à ce propos : « Le service de renseignements fonctionnait de façon remarquable car il en avait été de même avant les attaques de La Fare et de Saint-Etienne-Vallée-Française. » Et il ajoute : « Qui faisait cela et comment, je ne puis le dire. »

47. Arch. dép. Lozère.

48. *Ibid.*

49. Le départ de « Bir Hakeim » des Fons fit penser un moment, — mais à tort —, que « Barot » avait obtempéré à la décision prise le 5 mai par les chefs cévenols.

50. Otto Kühne semble ne prendre en considération que les sept Allemands, l'Autrichien et les deux Yougoslaves, excluant par contre les Français et les mineurs tchèques et polonais qui parlaient notre langue.

51. Dora Schaul, *op. cit.*

52. A la laiterie étaient collectés des laits produits dans le secteur, essentiellement de brebis et accessoirement de vache. De là ils étaient transportés à Roquefort, le premier étant destiné à donner le fromage de ce nom et le second : « le Bleu des Causses. »

53. Témoignage de Saturnino Gurumeta.

54. Dora Schaul, *op. cit.*

55. René Maruéjol et Aimé Vielzeuf, *op. cit.*

56. *Ibid*

57. Dora Schaul, *op. cit.*

58. Nous ne traiterons pas davantage de cette affaire longuement évoquée par Maruéjol et Vielzeuf. Elle a donné lieu à la constitution d'un important dossier établi par Pierrel et Cordesse dont un exemplaire a été déposé aux AD de la Lozère. Nous nous contenterons de dire que, traduits au lendemain de la Libération devant la cour martiale de Mende, Dutruch, Bruguière, Sorrant et Bretou furent tous condamnés à mort, et fusillés à l'exception du dernier qui vit sa peine commuée en trente ans de travaux forcés.

59. Dora Schaul, *op. cit.* et Institut für Marxismus-Leninismus, Relation de Max Dankner.

60. Témoignage de Saturnin Gurumeta.

61. Ce geste généreux, ce témoignage de sympathie à l'adresse des patriotes français ne surprirent pas ceux qui savaient que de nombreux Arméniens n'attendaient qu'une occasion favorable pour entrer à leur tour dans la Résistance. Dans un de ses rapports adressés à Lyon, d'ailleurs, Otto Kühne évoqua cette attitude des soldats arméniens à La Parade.

62. Arch. dép. Lozère.

63. Dora Schaul, *op. cit.*

64. Arch. dép. Lozère.

65. René Maruéjol et Aimé Vielzeuf, *op.cit.*

66. Ceci semblerait indiquer qu'il y aurait eu à La Borie-La Parade un total de $25 + 15 = 40$ tués, alors que celui-ci n'était en réalité que de 34. A moins que Böhme ait inclus dans les 25 tués les 3 prisonniers qui étaient morts après le combat et les 4 autres blessés morts d'épuisement après avoir réussi à s'échapper : ceci donnerait 33 tués. La différence s'expliquerait alors facilement du fait de la découverte ultérieure d'une 34e et dernière victime.

67. Arch. dép. Lozère.

68. Certains sont désignés en France différemment, notamment sur les monuments funéraires. Ainsi Heinz Johann est appelé : Karl Heinz ce qui semble bien être son nom véritable ; Karl Trenker : Karl Trinka ; Misko : Micko ; Joseph Skopa : Joseph Vorel.

69. Institut für Marxismus-Leninismus, Relation d'Otto Kühne.

70. *Ibid.*

71. *Ibid.*, Relation de René Nicolas et témoignage de René Nicolas.

VIII

FACE AUX WAFFEN SS
ET LES ÉVÉNEMENTS DE LA RIVIÈRE
(30 mai - 6 juin 1944)

Mardi 30 mai

A La Baraque, le groupe Otto Kühne, désormais rattaché aux MOI, continue à s'organiser. Ce jour-là, deux hommes, Martin Kalb et Paul Hartmann, vont partir de grand matin.

« De notre camp, près de La Grand-Combe, nous devions nous rendre du côté de Raynols pour récupérer des munitions et des explosifs que nous avions eu le temps de cacher dans une fosse lorsque nous avions dû changer de position. Nous avons envisagé de faire route en passant par Nozières afin d'y rencontrer les camarades Lisa [Ost] et Hedwig [Rahmel-Robens]. Nous espérions également trouver chez elles Christian Robens parti en mission quelques jours auparavant[1]. »

A Nozières, en effet, les deux antifascistes allemands logent encore dans la ferme des Folcher. Et celle-ci sert à l'occasion d'étape ou de point de chute à leurs compatriotes en déplacement ou en difficulté. Il en est ainsi, bien sûr, pour Christian Robens, le compagnon d'Hedwig, mais également pour les autres qui peuvent même, à l'occasion, bénéficier des talents d'infirmière de celle-ci. C'est là que — comme nous l'avons vu — Otto Kühne s'était arrêté en allant des Fons à La Baraque et avait rencontré Kurt Frisch.

Il existe une situation un peu analogue au Magistavol situé pas très loin, à l'ouest de Cassagnas, à l'extrémité d'une petite route grimpant en lacets sur la montagne pour se terminer en cul-de-sac. Là, Anna Rousseau habite chez les Servière ; et, ce matin même, l'agent de liaison Paul Huber, qui s'y trouve également, attend la venue de Hans Mosch.

« Ils avaient ordre, écrit Otto Kühne, d'entrer en relation avec les camarades qui restaient encore auprès du groupe 'Bir Hakeim' et de les amener à notre camp MOI. Partis à cet effet, ils devaient s'arrêter à proximité de Cassagnas chez des gens avec lesquels ils s'étaient liés d'amitié[2]. »

Ce que nous ignorons c'est si leur présence au Magistavol est ou non en relation avec l'impossibilité où ils se trouvent d'accomplir leur mission par suite de tout ce qui s'est passé sur le mont Aigoual et le causse Méjan, depuis la nuit du 25 au 26 mai.

Parmi les rescapés de La Borie-La Parade, Albert Stierwald et Saturnino Gurumeta se sont donnés comme objectif de trouver Lisa Ost et Hedwig Rammel-Robens du côté de La Fare. Ils marchent dans cette direction.

A La Grand-Combe, sont arrivés, la veille au soir, les « Guérilleros » espagnols Casimiro Camblor, blessé sur l'Aigoual, et Manuel Zurita, l'agent de liaison qui l'a amené en vélo. Cristino Garcia, commandant la 3e division des GE, a décidé de faire conduire Casimiro Camblor à Larnac, à côté des Mages, auprès du docteur Ruiz : celui-ci, un compatriote qui dépend du 805e GTE, travaille encore à l'époque comme mineur de fond, mais soigne clandestinement les maquisards, en cas de besoin. Manuel Zurita et « Polencho » (Angel Suarez), qui lui est adjoint en l'occurrence, sont chargés de transporter leur camarade toujours à bicyclette. Ayant une vingtaine de kilomètres à faire par des routes secondaires passant par l'Affenadou et Le Martinet, ils sont partis de bonne heure.

A Alès, depuis le 8 mai 1944, l'unité 15727 des Waffen SS, dite « Compagnie de Brandebourg », occupe « l'hôtel du Luxembourg ». Elle est sous les ordres du lieutenant Ernst Striefler. S'estimant trop faible pour attaquer les maquis organisés, tâche qui a été laissée à la Wehrmacht elle-même, elle s'est spécialisée dans la lutte contre les résistants qui l'appellent « la bande à Harry » ou « les Parisiens ». Constituée essentiellement de Français, elle s'est consacrée à l'arrestation à domicile d'isolés ou de responsables groupés le temps d'une réunion, mais également au repérage des camps de partisans. Ses hommes ne répugnent pas pour cela à utiliser la torture en vue d'obtenir les renseignements. Ils emploient aussi tous les stratagèmes, en se faisant volontiers passer pour les maquisards. Ainsi cette unité joue-t-elle, à sa manière, le rôle de police politique.

Si, jusqu'à ce jour, nous n'avons pas eu l'occasion de parler d'elle, c'est parce qu'elle n'est guère sortie des limites départementales, exerçant son activité à Alès même et dans la partie gardoise des Cévennes.

Ce matin-là, deux voitures de Waffen SS camouflés en maquisards, quittent « l'hôtel du Luxembourg » pour une mission inconnue. Si nous ignorons toujours quel était l'objet de celle-ci, il reste que, du fait du hasard ou par suite d'une dénonciation, la route des faux maquisards croise celle des trois Espagnols. Vers 10 heures, ces derniers, ayant dépassé l'Affenadou, descendent à bicyclette sur Le Martinet ; c'est alors qu'ils sont surpris par les Waffen peu avant d'arriver au château de La Plaine. Comblor est tué sur place ; Zurita est pris ; « Polencho » peut s'échapper.

Ce premier accrochage marque le début d'une série d'événement sur lesquels plusieurs témoignages font le point : les relations d'Otto Kühne, Martin Kalb, Paul Hartmann et Richard Hilgert, mais aussi les souvenirs de René Servière et de Saturnino Gurumeta, ainsi que certains documents de police, déposés aux Archives.

« Au Magistavol, ce jour-là, racontent les anciens partisans allemands, apparurent deux voitures avec des hommes bien habillés, armés de mitraillettes allemandes, qui se présentèrent comme des membres de l'AS chargés de contrôler les maquis, sous prétexte qu'à l'intérieur de ceux-ci s'étaient immiscés des bandits fauteurs de troubles. Un Espagnol, du nom de Zurita se trouvait parmi eux. Celui-ci avait été précédemment rattaché au groupe 'Bir Hakeim' et connaissait bien la maison dans laquelle avaient l'habitude de s'arrêter nos camarades. Anna Rousseau et Hans Mosch étaient momentanément absents et les Waffen SS avaient emmené Paul Huber qui avait cru qu'il s'agissait effectivement de résistants. Comme ils venaient de quitter le Magistavol, à moins que ce ne soit avant d'y arriver, ils avaient rencontré Hans Mosch qui rentrait à la maison. Celui-ci, trouvant l'affaire louche, déguerpit à toutes jambes, mais fut abattu près de là. Il devait être découvert plus tard, par des paysans, mort sur la route. Il avait été touché par deux balles, à la poitrine et à la tête. Les deux voitures regagnèrent Alès. »

Mais voici l'évocation de cette journée par René Servière, un témoin direct.

« C'était l'heure du déjeuner ; il était peut-être 13 heures. Anna Rousseau, qui logeait à la maison, était absente depuis le matin. Paul [Huber], qui avait couché là la nuit précédente, était à table avec nous :

mon père, mon frère aîné Edouard et moi. Peut-être allait-il dormir ici, (lorsqu'il était de passage il avait l'habitude de partager ma chambre), et ne repartir que le lendemain matin. Oh ! quel brave type !

La maison est accrochée à la pente de la montagne, avec la porte principale en bas, côté façade, et une autre plus discrète en haut, derrière. C'est celle-ci qu'empruntaient toujours les maquisards, en particulier les antifascistes allemands, tant pour entrer que pour sortir.

Or, voilà que quelqu'un arrivait par en bas et montait du rez-de-chaussée jusqu'à la pièce où nous mangions. D'un bond Paul était allé se cacher dans la chambre à côté. Cependant la visite n'était pas dangereuse : il s'agissait d'Irène Cachard, la fille aînée des Turc qui tenaient le café se trouvant tout en bas, après avoir traversé la Mimente, à côté de la petite gare de 'Cassagnas-Barre'. Elle apportait un message que lui avait remis Anna Rousseau : celle-ci nous faisait savoir qu'elle rentrerait tard le soir. Mais aussitôt, alors qu'Irène était là depuis peu et que Paul n'était pas sorti de sa cachette, six ou sept hommes sont arrivés, parlant français et habillés en maquisards. Ils étaient accompagnés par un agent de liaison espagnol qui était passé deux ou trois fois ici, à la maison où il s'était arrêté mais sans coucher. Et ce dernier avait dû bien les renseigner, car ils se sont enquéris de Paul. Mieux encore : Au cours d'un précédent séjour, celui-ci m'avait donné son révolver pour que je le cache. Eh bien ! le chef des prétendus maquisards, qui était au courant, me l'a demandé et a tenu à m'accompagner jusqu'à la cachette, de peur sans doute que je ne m'échappe (j'étais moi-même réfractaire au STO). Après cela, croyant que nous avions bien affaire à des maquisards, nous sommes allés trouver Paul qui est sorti de sa chambre.

Puis, ayant lui-même confiance en eux, vu la présence de l'Espagnol, il a accepté de les accompagner.

Dans l'après midi, une femme qui, venant de Florac, était montée au Magistavol, a dit à mon frère Edouard qu'il y avait un peu plus bas un homme mort sur le parapet de la route, près de la deuxième grange que l'on trouve en descendant. Il avait une balle dans la tête. Mais le cadavre était tout esquinté, tout mâché, et on pouvait se demander comment il avait été jeté là. C'était le corps de Hans Mosch que les Waffen SS avaient tué alors que, comme eux, il se rendait au Magistavol, fait que nous ignorions au moment où ils se sont présentés à la maison. On est venu de Cassagnas le ramasser. C'est Turc, le patron du bistrot, qui l'a transporté avec une charrette tirée par un mulet[3]. »

Le rapport de gendarmerie concernant la découverte du cadavre précise :

« Cet individu a reçu une balle tirée à bout portant qui a traversé le thorax ; une autre balle a pénétré près de l'os zygomatique. Il a eu le crâne broyé dans sa chute[4]. »

A Nozières, un peu plus tard, arrivèrent Martin Kalb et Paul Hartmann.

« Là, dit Martin Kalb, Christian Robens étant parti en mission quelques jours auparavant, nous n'avons pu rencontrer que Lisa Ost et Hedwig Rammel-Robens. Et, après un bref arrêt, nous avons poursuivi notre chemin. »

Cependant ils avaient convenu qu'ils repasseraient le lendemain, au retour, pour retrouver leur camarade et rentrer au camp en sa compagnie.

Or, celui-ci arriva peu après leur départ et, dans la soirée, apparurent également quelques maquisards qui avaient réussi à s'échapper à La Parade : il s'agissait de Stierwald et de ses compagnons, Français et Espagnols, qui firent le récit du combat sanglant qui avait eu lieu là-bas.

En réalité, Stierwald était arrivé accompagné seulement d'« Antoine » (Saturnino Gurumeta), mais ils avaient trouvé là deux agents de liaison français.

« Nous sommes arrivés ainsi le 30 mai en fin de matinée, explique-t-il, un peu au nord de Saint-Germain-de-Calberte, dans la partie haute de la vallée du Gardon. Nous sommes tombés sur un mas, situé juste au bord du chemin et surplombant la petite rivière qui n'est guère qu'un ruisseau à cet endroit. [Il s'agissait de Flandres]. J'ai dit à Albert : 'Écoute, tu vas te cacher et moi je vais aller voir si je trouve quelqu'un qui puisse nous renseigner.' Et c'est ce que nous avons fait. Personnellement, armé de mon pistolet, je n'avais pas peur. Lorsque j'ai frappé à la porte du mas, un homme en est sorti. Il m'a aussitôt posé la question : 'Tu es maquisard ?' 'J'ai répondu : 'Oui.' Et il a voulu savoir : 'Tu es seul ?' — 'Non, j'ai un camarade qui est caché là-bas.' Il m'a indiqué qu'il appartenait à la Résistance. Je lui ai demandé si, des fois, il ne connaîtrait pas par là, deux antifascistes allemandes qui logeraient dans le secteur. Il m'a dit que précisément elles se cachaient dans une ferme juste en face, de l'autre côté de la vallée. Et il m'a montré, à peine visible entre les arbres, le petit hameau de Nozières avec ses deux ou trois habitations nichées à flanc de montagne. Pour nous y rendre, il suffisait de poursuivre notre route sur le chemin de charrette et aller traverser le jeune Gardon juste en amont sur un ponceau, puis revenir de l'autre côté vers les maisons : cinq cents mètres en tout peut-être.

Je suis allé appeler Albert et nous avons été vite arrivés.

Là-bas, outre les deux femmes et Christian, le mari de l'une d'elles, nous avons trouvé deux estafettes françaises qui avaient couché la nuit précédente dans une 'clède'. Il nous a fallu raconter ce qui était arrivé et comment nous nous en étions tirés[5]. »

Et voici ce qui se produisit ensuite, d'après nos informateurs allemands :

« Aux environs de 19 h 30 les personnes se trouvant là, toujours ignorantes de ce qui s'était passé au Magistavol, aperçurent deux autos qui se dirigeaient vers la maison. Par prudence, les camarades présents grimpèrent sur une petite hauteur voisine [un 'trucal' dit-on dans les Cévennes] et laissèrent les véhicules approcher. Cependant, par le chemin étroit, ceux-ci ne pouvaient accéder facilement au hameau. Ils s'arrêtèrent donc un peu avant et sept hommes en descendirent qui coururent vers l'habitation où logeaient les deux femmes et entrèrent. Toutes les deux étaient restées, car, ces jours-là, Lisa Ost était plus ou moins immobilisée, obligée de rester allongée à cause d'une hémorragie à un genou. Parmi les visiteurs se trouvait Paul Huber qui ne fit qu'un bref salut et avait l'air très abattu. Le chef de ce groupe parlait français et se présenta comme étant un responsable FTPF, ce que Paul Huber confirma. Du fait de sa présence, les deux femmes eurent confiance et Hedwig appela les camarades toujours cachés à proximité. Ceux-ci se présentèrent avec leurs armes et les soi-disant maquisards furent quelque peu surpris. Mais chez nos hommes, insiste Otto Kühne, la méfiance fut encore dissipée par la présence de Paul Huber qui ne dit rien et ne fit aucun signe.

Ceux qui l'accompagnaient dirent qu'ils avaient absolument besoin de parler à 'Robert' ('Robert' était le pseudonyme qu'Otto Kühne venait de prendre aux MOI).

D'autre part ils demandèrent aux camarades : 'Combien êtes-vous ici ?' Albert Stierwald qui, sans pouvoir se l'expliquer, se doutait de quelque chose, leur répondit : 'Nous sommes vingt-cinq hommes', alors qu'en réalité les maquisards étaient peut-être cinq ou six. Le nombre avancé dut leur paraître bien trop élevé pour envisager de liquider tout le monde sur le champ. Or, il leur était d'autant plus difficile de le vérifier que certains — les Espagnols et les Français — étaient restés, comme ils avaient dû s'en apercevoir, à l'extérieur.

Si, d'un côté, les camarades éprouvaient l'impression qu'il y avait là quelque chose de pas très clair, de l'autre, ils étaient toujours induits en erreur par la présence de Paul Huber qui avait eu jusque-là l'entière confiance du groupe. Et c'est ainsi que Christian Robens se déclara prêt à accompagner les visiteurs auprès de 'Robert'. Ils gagnèrent donc les véhicules qui démarrèrent.

Par contre, Albert Stierwald et les autres camarades avaient choisi d'attendre le retour de Martin Kalb et Paul Hartmann pour rejoindre à nouveau le groupe, guidés par eux.

A la décharge peut-être de Paul Huber, qui devait connaître

Le hameau du Magistavol.

58. Maison Folcher à Nozières.

59. Hans Mosch.

60. Hedwig Rhamel-Robens.

l'emplacement du camp MOI dans le secteur de La Baraque, on peut supposer qu'il avait orienté lcs Waffen SS[6] sur Nozières en espérant que, de Magistavol, on aurait pu prévenir et en considérant que, de toute façon, cela donnait du temps pour mettre en garde Otto Kühne. »

La version de Saturnino Gurumeta, qui ignore tout des rapports que nous citons, comporte quelques différences de détail, mais tellement de précisions concordantes ou très voisines qu'elle est fondamentalement identique. Cependant, nous n'hésitons pas à la présenter, à la fois à titre de comparaison et de confirmation :

« Nous avions déjeuné puis soupé de bonne heure. Albert et moi voulions, avec les deux estafettes, partir de suite après le repas et marcher le plus possible de jour pour rejoindre le camp des MOI, installé aux environs de La Baraque, près de La Grand-Combe, là précisément où les 'Guérilleros' espagnols, nous nous étions rassemblés pour être amenés en camion au maquis 'Bir Hakeim'. Christian devait nous accompagner quelques pas pour nous montrer le chemin et puis s'en retourner.

Nous n'avions pas fait cent cinquante mètres, en grimpant par un sentier sous les châtaigniers, que nous avons vu en face arriver trois bagnoles. Celles-ci ne sont pas parvenues jusqu'à Nozières. Un peu avant d'atteindre le hameau par le chemin de charrette il y a un embranchement constitué par un chemin de traverse montant vers les châtaigneraies. C'est là que les chauffeurs ont arrêté leur voiture, craignant sans doute de s'engager plus loin.

Nous nous sommes cachés. Lorsque les hommes descendus des véhicules sont arrivés devant le mas, ils ont crié : 'Oh ! Christian !' — Ils connaissaient donc son nom —. Les femmes sont sorties. Ils les ont appelées. Puis ils les ont questionnées et elles ont répondu : 'Les nôtres viennent juste de partir au maquis. Si vous voulez, nous pouvons les appeler, ils ne sont pas loin.' — C'est que les visiteurs étaient habillés comme nous : un blouson et un pantalon kaki. Ils parlaient français. De plus, ils avaient un ordre de mission 'FTP' et il était difficile de voir qu'il était faux d'après le tampon et le nom qu'il portait.

Elles ont alors appelé deux ou trois fois : 'Albert ! Christian !', puis l'une d'elles est montée vers nous pour s'expliquer. J'ai alors suggéré : 'Laissez-moi descendre, pour voir, avec une estafette.' Les autres camarades étant d'accord, nous avons raccompagné l'Allemande en bas auprès des intrus. Dès que nous les avons abordés : 'Camarades ! Camarades !', ils nous ont serré la main. L'un d'eux a sorti un paquet de cigarettes et nous en a offert une à chacun. 'Nous sommes en mission et il faut que Christian nous accompagne auprès de votre commandant. Nous avons besoin de renseignements au sujet de miliciens du secteur de Jalcreste.' Tout paraissait en ordre..., mais il y a un détail qui m'a frappé : le chef portait un pistolet avec une crosse en bois, et ses hommes étaient armés de mitraillettes, mais trois étaient de marque allemande et trois tchécoslovaques, des skodas. Je me suis dit : Ce ne sont pas des nôtres ; les maquisards ne sont pas équipés de ce matériel. Et lorsque l'un d'eux m'a demandé : 'Vous êtes beaucoup ici ?', j'ai répondu : 'Vingt-sept ou vingt-huit. Et comme armement ? Nous sommes bien armés, nous sommes armés jusqu'aux dents' (nous n'avions ni mitrailleuse, ni fusil-mitrailleur, nous n'avions rien du tout !). A ce moment-là ils ont été pressés de partir ; et le chef a dit : 'Eh bien ! qu'est-ce qu'on fait ?' Mais voilà que les deux Allemandes ont à nouveau appelé : 'Albert ! Christian ! Descendez ! Ce sont des camarades !' Et Albert et Christian sont descendus. Je ne sais pas ce qu'ils ont pu discuter entre eux, mais Christian a dit : 'Je vais vous accompagner', et il est parti avec les visiteurs.

Un peu après, Albert [Stierwald] et moi avons repris notre chemin pour rejoindre le camp des MOI[7]. »

Comme nous le voyons, Gurumeta ne souffle mot de Paul Huber. La présence de celui-ci, qui a paru déterminante aux antifascistes allemands, a pour le moins disparu de sa mémoire. Par contre il s'attribue — mais n'est-ce pas vraisemblable — le subterfuge concernant le nombre de maquisards présents. Enfin, il n'indique pas que Stierwald et lui aient envisagé d'attendre Hartmann et Kalb pour aller auprès des MOI à La Baraque.

Pendant ce temps, au Magistavol, les choses s'étaient clarifiées et il était devenu évident qu'on avait eu affaire à de faux maquisards et non à de vrais FTP. Le meurtre de Hans Mosch en était la preuve la plus flagrante à laquelle s'ajoutaient d'autre constatations. René Servière se souvient :

« Nous avions appris ainsi par ailleurs que les faux maquisards étaient venus avec au moins trois voitures et que, du temps que les autres montaient au Magistavol, quatre ou cinq d'entre eux, en bas, avaient tenu en respect, dans son pré, un voisin, un retraité ; qui gardait ses deux vaches.

Anna Rousseau est rentrée alors qu'il faisait presque nuit.

Lorsque nous lui avons eu tout raconté, elle m'a demandé de l'accompagner à Nozières pour mettre tout le monde au courant de ce qui s'était passé ici. Nous y sommes partis à pied tous les deux dans la nuit : on n'y voyait pas trop.

En arrivant, nous avons trouvé les deux Allemandes seules car le mari de l'infirmière avait suivi les faux maquisards. Elles ne se doutaient de rien. Nous leur avons tout dit. Elles étaient folles ! Comprenant dans quelles mains son homme était tombé, l'infirmière ne faisait que répéter : 'Il est perdu ! Il ne risque pas de parler, lui !' Quelle journée[8] ! »

Selon les maquisards allemands, en tout cas, il devait être plus de 22 heures et peut-être plus de minuit, lorsqu'Anna Rousseau est apparue à Nozières. Elle était très agitée et bouleversée, et raconta les événements qui avaient eu lieu au Magistavol alors qu'elle était elle-même momentanément absente : Paul Huber qui était chez elle, dans sa maisonnette, avait été emmené par des inconnus et on avait retrouvé près de là le corps de Hans Mosch ; Anna ne comprenait pas, disait-elle, ce qui s'était passé et elle venait auprès de Lisa et Hedwig pour essayer, avec elles, de se faire une idée. On lui raconta alors ce qui s'était produit ici entre temps. Pour tout le monde, il devenait alors clair que les deux faits étaient reliés entre eux et participaient d'une même provocation. Il était évident qu'on avait à faire à la Gestapo. Dès lors, il fallait agir en conséquence.

Albert Stierwald et ses compagnons partirent immédiatement pour le camp des MOI à La Baraque dans le but de mettre aussitôt Otto Kühne au courant. D'autre part, Hedwig et Lisa quittèrent leur habitation dans la nuit et, avec Anna Rousseau, allèrent se cacher dans la forêt à proximité. Elles n'étaient d'ailleurs pas en mesure d'aller bien loin car Lisa ne pouvait faire de longues marches et il n'était pas possible de dénicher un moyen de transport.

Les récits de Saturnino Gurumeta et de René Servière ne diffèrent des précédents que sur un point : Stierwald et Gurumeta semblant, en effet, avoir quitté Nozières avant l'arrivée d'Anna Rousseau et de René Servière.

Cependant, si au cours de cette longue journée, Stierwald et Gurumeta ont pu rétablir le contact qui va leur permettre de rejoindre le groupe Otto Kühne, d'autres sont encore en chemin, ignorant toujours où celui-ci a établi son camp. C'est le cas de René Nicolas et de ses deux camarades ainsi que de Max Dankner.

Voici comment René Nicolas évoque cette errance :

« Le mardi 30 mai, un autre patriote vint nous indiquer que le secteur était calme ; mais il n'avait pas d'autre information sur La Parade. Il nous fallait donc en profiter pour filer en direction du Collet-de-Dèze où nous trouverions une liaison avec les FTP. Après avoir remercié nos amis et vérifié nos armes, nous avons pris la route du Pompidou. Afin que la population ne soit pas accusée d'aide aux maquisards, nous avons simulé une attaque. Nous sommes d'abord passés par la poste pour couper toute possibilité de communication téléphonique ; puis nous avons pris trois pains au boulanger et reçu de l'épicier de quoi les accompagner ainsi que deux bouteilles de vin ; enfin nous sommes allés tirer quelques coups de mitraillettes chez les gendarmes qui s'étaient barricadés. Ceux-ci nous ont dit : 'Ne faites pas les imbéciles ! Nous ne sommes que deux et avons avec nous nos femmes, dont une est enceinte.' Mais nous devions simuler l'attaque

265

pour donner le change, ce qu'ils ont bien compris[8bis]. De là nous sommes partis vers Cassagnas pour rejoindre, à l'issue d'une première étape, une maison amie[9]. »

Quant à Max Dankner, il n'avait émergé que la veille au soir de sa cachette.

« Je m'étais traîné toute la nuit en clopinant à travers bois. Et voilà que, sur le matin, je parvins enfin à une maison et frappai à la porte. Le paysan qui m'ouvrit fut effrayé en me voyant et me fit entrer. Lorsque sa femme et lui apprirent que j'avais échappé au massacre de La Parade, ils me donnèrent à manger et à boire, mais, comme ils avaient peur [sans doute à cause des représailles que pouvait entraîner l'hébergement d'un maquisard], je repris rapidement ma route et marchai jusqu'au soir. Je cognai alors à nouveau à la porte d'une ferme. Là, mes hôtes m'aidèrent à me situer et à m'orienter. En effet, je ne savais ni exactement où j'étais, ni où se trouvaient mes camarades allemands qui, de leur côté, avaient quitté Les Fons pour rejoindre les MOI. A voir où j'étais arrivé maintenant, depuis mon départ de La Borie, j'avais vraisemblablement décrit une grande courbe sud-ouest-nord-est, en direction de Florac. Et ce n'était qu'à présent, c'est-à-dire vingt-quatre heures après avoir quitté mon abri de branchages, que dans mon corps la circulation sanguine était, petit à petit, redevenue normale[10]. »

Bien que Dankner ne le précise pas, il dut être, ce soir-là, hébergé dans quelque grange.

Mercredi 31 mai

Après avoir effectué plus d'une vingtaine de kilomètres en empruntant parfois des sentiers de montagne — était-ce avant l'aube ou plus tard? —, le petit groupe d'Albert Stierwald parvint dans le secteur de La Baraque. Ce fut pour constater qu'il ne s'était rien passé.

« Christian Robens, écrit Martin Kalb, n'était pas réapparu. Après s'être rendu compte dans quelles mains il était tombé, il avait dû refuser d'indiquer où se trouvait notre groupe. Après quoi la Gestapo l'avait vraisemblablement traîné jusqu'à Alès[11]. »

Mais Otto Kühne précise : « Toutefois, je donnai aussitôt l'ordre de déplacer le camp[12]. »

Tout en restant dans les mêmes parages, le groupe occupa aussitôt des positions dispersées, selon une tactique qui lui était chère.

« C'est seulement dans la soirée du 31 mai, dit Nicolas, vingt-quatre heures après avoir quitté Le Pompidou, que nous sommes parvenus à Cassagnas chez le résistant qui nous avait été indiqué. Celui-ci nous a appris la terrible nouvelle. Tous ceux qui se trouvaient avec 'Bir Hakeim' à La Borie-La Parade avaient été tués, abattus sans pitié. Ce fut comme si nous recevions un coup de masse et nous avons pleuré longtemps, comme des gosses[13]. »

Cependant, ce matin-là, Max Dankner poursuivait sa marche.

« Mes hôtes, écrit-il, m'ayant prévenu que la route principale de la région était occupée par les soldats allemands, je me frayai un chemin parmi les broussailles et à travers bois. Finalement je tombai sur un petit village de montagne, [Cassagnas], au voisinage duquel devaient se trouver des camarades. Devant la première petite ferme jouaient des enfants. Je demandai à l'un d'eux âgé d'une douzaine d'années, s'il ne savait pas où il y avait des partisans dans le coin. 'Je ne sais rien', rétorqua-t-il, et il me regarda méfiant. 'Viendriez-vous par hasard de La Parade ?'. J'affirmai que oui, mais il fit semblant de ne pas comprendre et pénétra en courant dans la maison. Aussitôt après, le père en sortit et me fit signe d'approcher ; il m'invita à entrer et me demanda alors d'où je venais. Je lui racontai ce qui s'était passé à La Parade et le priai de m'aider à trouver le maquis MOI. Sa femme m'apporta à manger. 'Commence d'abord par te reposer un peu, dit affectueusement le paysan, ensuite mon fils te conduira.' Le jeune, qui tout à l'heure ne voulait pas me donner des renseignements dans la rue, me fit une grimace joyeuse et cligna des yeux. Au bout d'un moment je pris congé cordialement et marchai d'un pas lourd derrière mon petit guide qui gravissait la montagne en courant comme un cabri. Après un trajet d'environ deux heures, il m'introduisit dans une ferme haut perchée et il partit si vite que je pus à peine crier après lui quelques mots de remerciements. La fermière me donna à manger et à boire et dit : 'Il viendra bientôt quelqu'un'[14]. »

Max Dankner se trouvait alors au Magistavol.

Pendant ce temps, Martin Kalb et Paul Hartmann revenaient, quant à eux, de Raynols.

« Au retour, nous voulions passer à Nozières, sans nous y arrêter, et prendre avec nous Christian Robens pour l'emmener au camp.

En cours de route, un paysan nous apprit que quelques hommes — Allemands, Espagnols et Français — étaient passés et lui avaient raconté comment leur maquis avait été attaqué par surprise à La Borie-La Parade.

Nous empruntions surtout des sentiers de chèvres et, en suivant l'un d'eux, nous sommes tombés sur la petite route à peine carrossable, une sorte de chemin forestier étroit, qui menait au hameau. Là nous avons remarqué des traces de roues d'autos et bientôt des empreintes de bottes typiquement allemandes. Ayant sorti nos colts et grenades à main, nous nous sommes frayés un passage à travers les fourrés, et nous sommes approchés lentement de la maison.

Un paysan de Nozières, qui avait remarqué notre arrivée et observé notre manège, vint au devant de nous et nous cria : 'Venez, venez vite ! Nous avons eu la visite de la Gestapo.'

Il nous emmena chez lui et nous précisa que cela avait eu lieu la veille au soir, donc peu après notre départ. A voir son comportement excité, nous pouvions aussitôt en déduire qu'il s'était passé quelque chose de terrible. Cependant il nous dit qu'il avait mis à l'abri, en les cachant dans un coin bien camouflé de la forêt, les camarades Lisa et Hedwig, ainsi qu'Anna Rousseau qui était arrivée entre temps. Il avait craint en effet une nouvelle attaque surprise.

Il nous conduisit donc auprès de Lisa et Hedwig qui nous racontèrent tout en détail. Anna était complètement hagarde car elle avait appris dans l'intervalle que Jean Rousseau avait péri au cours du combat de La Borie[15], nouvelle qui s'ajoutait aux autres tragiques événements de la journée : la mort de Hans Mosch ainsi que les enlèvements par la Gestapo de Paul Huber et de Christian Robens.

Après avoir entendu le récit de Lisa et d'Hedwig nous avons emmené les trois femmes plus loin en forêt, dans une cachette encore plus sûre, à la Draille. Mais nous avons dû porter Lisa car elle ne pouvait marcher. Les paysans se chargèrent d'assurer leur ravitaillement.

Ce même après-midi, nous avons été avisés que Max Dankner avait resurgi, et nous avons dû aller le chercher[16]. »

Max Dankner attendait en effet au Magistavol.

« En fin d'après midi, écrit-il, la porte s'ouvrit, et Martin Kalb et Paul Hartmann entrèrent. Nous nous étreignîmes. A présent je me trouvais à nouveau auprès de mes camarades ! 'Partons', m'exhortèrent-ils, 'afin d'arriver si possible au camp avant la tombée de la nuit. Tu nous parleras chemin faisant du combat de La Parade'. Nous avons pris congé de la paysanne et nous sommes mis en route. Il y avait beaucoup à raconter. Depuis que nous nous étions séparés nous avions vécu de part et d'autre bien des événements. Ce n'est qu'en fin de soirée que nous avons rejoint notre groupe de partisans MOI.

Quelle ne fut pas ma joie d'y retrouver Albert Stierwald qui était lui aussi avec 'Bir Hakeim'. Il était déjà arrivé ici la nuit précédente[17]. »

Jeudi 1ᵉʳ juin

Jean, de « Bir Hakeim », les ayant quittés en prenant le petit train, c'est sans doute vers le même cantonnement que furent dirigés « Jean René » (Richard) et « Nic » (René Nicolas).

« Ce matin-là, raconte ce dernier, Ernst Frankel vint nous chercher dans la ferme des environs de Cassagnas où nous étions arrivés la veille. Et ce fut le départ vers les MOI. Nous avons marché longtemps et sommes parvenus finalement à je ne sais quel endroit, auprès d'un petit groupe formé surtout d'Arméniens. Il y avait aussi deux ou trois camarades allemands que je retrouvai avec plaisir, mais je ne me souviens plus lesquels. »

Ce camp était certainement un « camp de passage » où, par précaution, on recevait les nouveaux venus et ceux qui avaient été absents du groupe pendant un certain temps. Là, devaient se trouver les Soviétiques amenés par « Franchet » et Ruckdäschel, vraisemblablement l'un et l'autre, tout comme quelques Arméniens arrivés depuis peu.

Le procédé leur ayant si bien réussi, pour la troisième fois, les Waffen SS d'Alès vont intervenir dans la région, plus précisément en Vallée Longue, en se faisant passer pour des maquisards. Ils arrivent ainsi à cinq ou six à La Rivière, à bord d'une grosse voiture. Or, s'y tient ce jour-là une réunion de responsables de la Résistance et des maquis de ladite vallée. Réunion à laquelle participent Fernand Corbier, l'un des organisateurs des maquis FTP ; le Yougoslave « Georges », chef de l'équipe chargée du ravitaillement, représentant les MOI ; l'Espagnol « Juan », de l'équipe spéciale, représentant des Guérilleros ; Dides, de Florac, dont le frère Louis avait été tué trois jours auparavant à La Tourette-Badaroux ; Lucien Jalabert « Jeannot » ou « Jean la Tempête », de Rousson, membre du parti communiste clandestin ; Julien Gui, de l'AS du MLN d'Alès, et des agents de liaison venus de Nîmes.

Julien Gui évoque ainsi l'intervention des intrus :

« Une voiture contenant des SS habillés en maquisards, arriva au moment même de notre réunion. Ceux-ci étaient conduits par Marson, habitant Pont-de-Saunier, qui nous avait vendus. Par ruse, les Waffen SS prirent deux des nôtres : Lucien Jalabert et 'Georges'. Dides et moi avons essayé de les sauver et ce fut un miracle que nous n'ayons pas été arrêtés à notre tour. Après avoir ainsi tenté vainement de les tirer de ce mauvais pas, je suis allé prévenir Jean Huc, dit 'Francis', le responsable de l'AS dans le secteur ; mais lorsque nous sommes revenus, les Waffen SS n'étaient plus là ; ils avaient quitté La Rivière en emmenant nos deux camarades[18]. »

Ainsi, une fois encore, le groupe MOI payait son tribut et, du fait de l'arrestation de l'un d'eux, se trouvait menacé.

Vendredi 2 juin

Paul Huber, Christian Robens et enfin le Yougoslave « Georges » tombés entre les mains des adversaires, il y avait à présent trop de risques pour le camp des MOI. Il fallait donc trouver refuge ailleurs. Ce que confirme Otto Kühne :

« Le 2 juin, nous avons appris que notre ravitailleur, un Yougoslave appelé 'Georges', avait également été arrêté par le soi-disant maquis à l'hôtel du Collet-de-Dèze. Aussi avons-nous transféré notre camp dans un autre secteur[19] »

Richard Hilgert indique que le départ fut d'ailleurs quelque peu hâté du fait d'une fausse alerte :

« Nous avions entendu des coups de feu venant de la direction même de La Baraque où se trouvait notre camp quarante-huit heures auparavant : une patrouille dont je fis partie ne put cependant rien repérer[20] »

Et Martin Kalb précise :

« C'est en raison d'une situation dangereuse que nous avons décidé de quitter le secteur. Nous nous sommes rendus dans le voisinage de Pénens et avons installé notre cantonnement dans une combe. C'était juste à proximité de l'endroit où quelques-uns d'entre nous avions auparavant abattu des arbres. Les gens du pays nous connaissaient personnellement et nous, nous connaissions la région dans ses moindres recoins[21]. »

On sent chez Martin Kalb une certaine jubilation qu'on s'explique fort bien, pour peu que l'on se souvienne avec quel regret les « bûcherons » de Pénens avaient quitté leurs amis un an auparavant, fin mai 1943. Max Dankner, qui n'en faisait pas partie, mais vient de traverser l'épreuve de La Borie, note :

« Je remarquai rapidement que les paysans d'ici avaient pour nous, antifascistes allemands parmi d'autres partisans, une considération particulière : ils appréciaient le fait que nous soyons réfléchis et disciplinés, mais ils aimaient surtout notre réserve. Et, de notre côté, nous pouvions constater en contrepartie tout le soin qu'ils prenaient à notre sauvegarde[22]. »

Cette connaissance des lieux et des hommes permettait effectivement d'utiliser au mieux toutes les possibilités offertes. Les deux problèmes majeurs, outre celui de l'armement, c'est-à-dire le cantonnement et le ravitaillement, pouvaient être résolus dans les meilleures conditions de sécurité. Otto Kühne s'était toujours montré hostile au logement en un seul et même point, propice à l'encerclement par surprise. L'habitat dispersé permettait par contre l'éparpillement en autant de postes d'observation. Mieux, la belle saison autorisait la vie à l'extérieur dans une région au relief tourmenté et donc d'accès difficile pour une troupe nombreuse désirant effectuer une attaque groupée.

« Ainsi, rappelle Richard Hilgert, nous étions allés en direction de Pénens, mais pas jusqu'à Pénens même. Nous logions à la belle étoile[23]. »

Max Dankner lui, insiste sur l'approvisionnement :

« Nous nous sommes écartés résolument de la méthode gaulliste pratiquée jusque-là, consistant en des réquisitions plus ou moins forcées. Nous ne nous procurions nos vivres que contre paiement et moyennant tickets : argent et cartes de ravitaillement nous étaient fournis par les mouvements de Résistance[24]. »

« Nic » (René Nicolas), « Jean René » (Richard) et « Antoine » (Saturnino Gurumeta) rejoignirent avec les autres la combe de Pénens où ils allaient se trouver totalement intégrés dans le groupe. L'Espagnol se souvient :

« C'est là que j'ai eu la surprise de voir arriver, le jour même de notre déplacement, Cristino Garcia qui avait été informé de ma présence. Il m'avait cru mort et j'ai dû tout lui raconter[25]. »

Samedi 3, dimanche 4 juin et nuit du 4 au 5

Ainsi les MOI, à la suite des arrestations de ces derniers jours, ont pris sans attendre toutes dispositions pour parer au danger d'une intervention possible des forces de répression.

Dans cette région délimitée par Le Collet-de-Dèze, La Rivière,

Saint-Privat-de-Vallongue et Saint-Frézal-de-Ventalon, certains, qui ont pris des risques, soit en assurant l'accueil de réfugiés de toutes sortes — tel le pasteur Donadille —, soit en participant à l'organisation de maquis, — tels Charles Pantel, Fernand Soustelle ou Albin Gabriac —, ont déjà échappé à des tentatives d'arrestation. Il est donc à craindre que les forces d'intervention continuent ici leur action, menaçant à la fois les maquis et les résistants « légaux ».

C'est ce que souligne Julien Gui après avoir évoqué les deux enlèvement du 1er juin.

« Dès le lendemain, j'avais pensé qu'il était urgent d'organiser un poste de garde permanent. 'Francis' [Jean Huc], 'Marcel' [Théodule Guiraud], Gabriac et le Capitaine 'Julot' [Kurt Frisch] des MOI partageaient mon avis comme il apparut lors d'une discussion que nous eûmes le dimanche soir près de la petite voie ferrée qui traverse le village [de La Rivière]. 'Julot' nous y parla longuement aussi de l'affaire de La Parade, sur laquelle il devait me donner bien des détails au cours de la nuit suivante que nous passâmes ensemble chez Gabriac[26]. »

Au même moment, un engagement avait lieu à La Tavernole-Chamborigaud, auquel prenaient part précisément certains MOI. Mais nous avons peu de renseignements sur cette affaire.

D'après Peytavin, le 4 juin, « des GMR attaquent et blessent deux FTPF de la 7202e Compagnie en mission à La Tavernole. Heureusement les deux blessés réussissent à se dégager. Une opération de représailles est alors organisée contre les GMR qui sont durement accrochés dans la nuit du 4 au 5 juin et subissent des pertes sensibles[27] ».

De son côté, René Nicolas, qui fut l'un des acteurs, se souvient :

« Un groupe de MOI de Pénens avait été appelé en renfort. Parmi nous, bien sûr, il y avait surtout des Allemands, mais aussi les Soviétiques Boris [Muratov], 'Adam' et 'Rakel', qui était instituteur et parlait très bien notre langue, ce qui lui permettait de servir d'interprète, en particulier auprès de 'Jean René' et de moi qui étions les deux seuls Français anciens de la brigade 'Montaigne' encore présents au sein des MOI. Nous avons dû quitter Pénens dans l'après midi du dimanche en direction de Chamborigaud. Là, dans la nuit, à un moment donné, un petit groupe de FTPF fut plus ou moins encerclé et nous avons contribué à le dégager[28]. »

Lundi 5 juin :
nouvelle intervention des Waffen SS

Cette journée allait être fertile en événements pour les MOI et plus particulièrement les antifascistes allemands.

Ce matin-là, alors que le groupe qui était intervenu du côté de Chamborigaud, regagnait à pied son camp à Pénens, la menace d'une intervention des Waffen SS se précisait à La Rivière, comme le rappelle Julien Gui :

« Dans la journée du 5 juin, l'installation du poste aurait été chose faite si les événements ne s'étaient pas précipités, mais, dès 7 h 30, 8 heures, nous eûmes la surprise de voir arriver le docteur Antonin Martin, des Salles-du-Gardon. Comme il était le médecin des clandestins de la Vallée Longue, dans la nuit, Maurice, le fils d'Albin Gabriac, était allé lui demander de venir soigner des malades et des maquisards blessés, notamment à La Tavernole.

Le docteur Martin nous examina, 'Julot' [Kurt Frisch] et moi, car tous les deux, depuis quelque temps, nous n'étions pas en forme ; puis il alla voir d'autres malades, en attendant l'arrivée des blessés.

Ce jour-là, Gascuel, sous-chef de gare à Tamaris et résistant, était venu aux renseignements. Il était 9 heures environ. J'étais en train de lui raconter ce qui s'était passé le 1er juin, et comment j'avais pu échapper aux Waffen SS, lorsque trois véhicules (deux camionnettes et une voiture légère) arrivant à vive allure, stoppèrent devant la maison de Gabriac.

Cette fois-ci, ce n'étaient pas, — comme l'autre jour —, de faux maquisards qui sortaient des voitures. C'étaient bel et bien des Waffen SS, en uniforme et armés jusqu'aux dents qui parurent se disposer à cerner l'habitation. Il n'était plus temps de rester là et nous partîmes immédiatement. »

Cependant Julien Gui, qui avait été poursuivi à coups de mitraillette, et un paysan furent interpellés dans un pré mais laissés libres.

« Entre temps, du talus de la route partirent des coups de feu. Gabriac tirait sur les Waffen SS. D'ailleurs, c'est bien lui qu'ils recherchaient, celui qu'ils appelaient 'l'homme blanc', car couvert de farine. Ils entrèrent à son domicile.

Avec beaucoup de courage et malgré les menaces verbales et les mitraillettes pointées vers elles, sa femme et sa nièce, Marcelle Mazoyer, certifièrent qu'il était absent et qu'elles ne savaient où il se trouvait. Finalement, les Waffen SS les sommèrent de le prévenir, ainsi que le docteur Martin et le cafetier Monton, de se trouver là à 16 heures faute de quoi il y aurait des représailles. Et ils partirent dans la direction du Pendedis[29]. »

Poursuivant leur tournée, les Waffen SS gagnèrent Nozières, ce que raconte Eloi Folcher :

« Nous doutant qu'ils allaient revenir, nous étions sur nos gardes. Lorsque nous avons vu monter en face, sur le chemin, les trois voitures automobiles, nous avons su que c'était pour nous : il n'y avait plus de maquisards à Nozières ; les deux Allemandes étaient aux Abeilles. Les hommes, mon père, mon frère Rémy et moi, sommes partis nous cacher dans les châtaigniers au-dessus de la ferme, où sont restées ma grand-mère, ma mère et ma sœur Eliette. Ginette était à l'école. »

De leur cachette, les hommes entendirent surtout des coups de feu.

« Sitôt les intrus repartis, nous nous précipitâmes vers notre maison. Elle était en flammes. N'allions-nous pas y découvrir les nôtres blessées ou mortes ? Aussi quelle fut notre joie en les retrouvant vivantes ! Nous avions perdu tous nos biens acquis lentement au prix de durs efforts, mais nous étions tous là, réunis. Ce bonheur nous faisait oublier tout le reste.

Nous sûmes alors ce qui s'était passé. Dès leur arrivée, les Waffen SS ont demandé à ma mère la clé de l'appartement où vivaient les deux Allemandes. Ayant répondu qu'elle ne l'avait pas, ma mère a été giflée par un soldat qui a menacé de tuer les trois femmes. C'est alors qu'est intervenu celui qui paraissait être le chef, un Allemand : 'Non, nous ne les tuerons pas', a-t-il dit, expliquant aux nôtres, ô surprise, qu'il était lui-même d'ascendance huguenote, d'où sa décision de leur laisser la vie sauve.

A ce moment les Waffen SS ont découvert une masse et sont montés au premier étage où ils ont enfoncé la porte qui avait été verrouillée après le départ des deux Allemandes et de leurs camarades. Naturellement ils n'ont trouvé ni maquisards, ni armes, ni documents compromettants, tout ayant été emporté en lieu sûr. Etant redescendus, ils sont entrés chez nous et ont alors chassé brutalement ma grand-mère, ma mère et ma sœur, sans leur laisser le temps d'emporter quoi que ce soit. Elles sont allées s'abriter chez les voisins, avec seulement ce qu'elles avaient sur le dos. La troupe a fouillé partout, et pillé tout ce qui pouvait s'emporter : le linge, les vêtements, ... et même deux jeunes cochons à l'engrais. Après quoi, ils ont mis le feu au bâtiment et tout a brûlé de fond en comble sans que nous puissions rien sauver.

Quant aux coups de feu que nous avions perçus de notre cachette, ils étaient dus à ce que les Waffen SS avaient, pour s'en saisir, tiré sur des poules qui se trouvaient dans la cour et s'étaient par ailleurs amusés à faire un carton sur des isolateurs en porcelaine de la ligne électrique[30]. »

Entre temps, les Waffen SS avaient laissé passer un jeune berger qui, avec son petit troupeau, gravissait la montagne. Aussitôt, celui-ci courut prévenir des maquisards qui se trouvaient dans le coin. Ceux-ci prirent alors position sur le « trucal » qui, à l'est, domine la maison et permet de prendre en enfilade la cour située au-devant. Mais, insuffisamment armés, ils ne tirèrent pas, afin de ne pas provoquer de représailles à l'encontre des habitants. Après le départ des Waffen SS, des jeunes gens de l'endroit partiront en vélo pour raconter ce qui s'était passé et donner l'alerte.

Etant redescendus sur Saint-Germain-de-Calberte, les Waffens SS remonteront au col de Jalcreste, où ils feront halte à l'hôtel Nogaret. Là, ils déroberont des draps et des conserves.

Par contre, peut-être par manque de temps, ils ne passeront pas au Magistavol.

« Mais, nous a dit René Servière, par crainte de représailles, mon père et moi nous sommes transportés avec nos animaux chez un de mes oncles, à Barre ; mon frère a pris le maquis[31]. »

Les Waffen SS
tombent dans une embuscade

Depuis que les Waffen SS ont quitté La Rivière, la population n'est pas restée inactive. Mis au courant de leurs menaces par sa femme, Albin Gabriac a réuni la Milice patriotique de La Rivière et alerté les résistants des environs. Le premier maquis prévenu est celui des MOI du côté de Pénens.

« Le 5 juin, raconte Martin Kalb, la Résistance du Collet-de-Dèze envoya un jeune dans notre camp, installé à proximité de Pénens, sur la commune de Saint-Frézal-de-Ventalon. Nous nous trouvions dans une combe des Cévennes, montagne pas très haute, mais aux ravins sauvages avec beaucoup de pentes abruptes et de défilés étroits. Je vois encore devant moi ce petit gamin chétif qui, très ému, pouvait à peine terminer ses phrases. Cependant nous sommes arrivés à comprendre ce qui s'était passé : le matin, de bonne heure, les Waffen SS étaient venus pour arrêter le boulanger de La Rivière, Albin Gabriac, également maire de la commune [de Saint-Michel-de-Dèze]. Gabriac, qui n'approvisionnait pas seulement en pain notre unité de partisans, mais était aussi un chef du mouvement de Résistance, put s'enfuir à temps. Là-dessus, les Waffen SS avaient menacé de revenir l'après-midi et, si le 'boulanger' [en français dans le texte] n'était pas alors chez lui, de réduire le village en cendres. Une aide urgente était donc nécessaire : aussi les camarades français s'adressaient à nous.

Au camp même, nous ne nous trouvions à cet instant qu'un petit groupe de douze ou treize hommes, épuisés, juste de retour d'un rude engagement. Cependant, nous ne pouvions tergiverser longtemps, le soleil était presque au zénith. Aussi sommes-nous partis tout de suite et avons-nous rejoint par le plus court chemin la route qui va de Florac au Collet-de-Dèze[32]. »

Le gamin qui était monté prévenir les MOI dans leur combe s'appelait Jacques Laurent.

« A l'époque, nous a-t-il dit, j'avais 14 ans, j'étais leste, je courrais vite et un long parcours à pied ne me faisait pas peur. C'est ainsi que le percepteur Jean Huc [Francis] avait commencé par m'utiliser comme courrier en m'envoyant au Villaret chaque fois qu'il y avait un message à transmettre à Charles Pantel ou à 'Marcel' [Théodule Guiraud]. De ce fait, j'étais devenu peu à peu agent de liaison.

Dès que les MOI allemands furent dans le secteur, on m'envoya fréquemment auprès d'eux. Je leur apportais souvent, par la même occasion, une miche de pain, ce qui, en ce temps-là, était appréciable. Aussi, ce 5 juin, je fus expédié auprès d'eux pour les mettre au courant de la situation et demander leur aide.

Ce jour-là, le mot de passe était 'Moscou'. Mais les sentinelles, si vigilantes à ce que l'on disait, je ne les voyais jamais ; elles me connaissaient et ne se montraient pas.

J'arrivai donc, comme d'habitude, directement au milieu du camp. Un groupe de MOI, composé essentiellement d'Allemands, venait de rentrer de La Tavernole. Ils se faisaient du souci, croyant avoir perdu là-bas, au cours des engagements, un de leurs camarades. Mais celui-ci est arrivé, malade, alors que j'étais là. D'après ce qu'ils ont dit, il avait bu trop d'eau et avait un genre de dysenterie. C'est d'ailleurs pour cela qu'il n'est pas reparti avec les autres, mais est resté au camp. Par contre, tous ses compagnons qui étaient déjà groupés là [les douze ou quinze dont parle Martin Kalb] constituèrent un premier détachement qui descendit aussitôt directement vers La Rivière.

Le temps de ramasser ceux qui se trouvaient à proximité, un deuxième détachement fut constitué. Quand tout le monde fut rassemblé, nous sommes partis, moi avec eux. Un Polonais marchait en tête et c'est Fabrègue qui fermait le rang, portant une musette pleine de grenades.

Cependant, nous avons fait un détour plus grand qu'il ne me paraissait nécessaire : Les Crozes, Elzières, Loubreyrou, Pénens,

L'Ausselet, pour revenir par le Mas Soubeyran et Limarès. Ma mission remplic, je suis rentré chez moi[33]. »

Les chefs de la Résistance locale, ainsi que ceux des MOI et des FTPF se mirent rapidement d'accord pour intercepter les Waffen SS en dehors de La Rivière, afin d'éviter qu'un combat dans le village ne déclenche des représailles sur celui-ci et sa population.

Or, l'ennemi peut arriver de quatre directions différentes : soit par la route nationale 107 bis, en venant de Jalcreste, côté ouest, ou de Sainte-Cécile-d'Andorge côté est ; soit en descendant sur la vallée du Gardon d'Alès, du nord, en passant par les Huttes, ou du sud, à partir du Pendedis ; dans ces deux derniers cas les chemins aboutissent sur la route nationale au Pont-de-Saunier, entre La Rivière et Le Collet-de-Dèze. Compte tenu de l'orientation que les Waffen SS ont prise en fin de matinée vers le Pendedis, Saint-Germain-de-Calberte et Nozières, on peut supposer qu'ils vont arriver de l'ouest ; avec possibilité d'effectuer, en outre, une manœuvre d'encerclement, soit par le Pendedis, soit par Saint-Privat-de-Vallongue et les Huttes.

C'est cette dernière hypothèse qui explique vraisemblablement que le deuxième détachement des MOI, au lieu de rejoindre directement La Rivière, ait emprunté ce dernier chemin par lequel pouvait déboucher une telle attaque surprise.

C'est cependant la route qui vient de Jalcreste qui constitue le principal point névralgique. Or, de ce côté, à quinze cents mètres de La Rivière, au lieu-dit Les Portettes, existe un emplacement remarquable. Il s'agit d'un éperon de rochers avançant en forme de proue au-dessous de la rive gauche du Gardon d'Alès qui coule au fond d'une gorge étroite en direction du village du Collet-de-Dèze. C'est de ce même côté, et donc sur le flanc abrupt du « trucal » que passent la route et la voie ferrée, cette dernière surplombant la route d'une quinzaine de mètres avec son mur de soutènement. De l'éperon rocheux on domine ainsi nettement la Nationale 107 bis qui est, d'autre part, à découvert sur les trois ou quatre cents mètres d'une large courbe délimitée par deux virages assez secs.

Ce sont les MOI, les premiers maquisards à pied d'œuvre, qui vont prendre position sur cet avant-poste. Il est vrai qu'ils sont en général plus aguerris que les « jeunes », les réfractaires au STO qui constituent une bonne part des maquis français. Mais leur armement est des plus modestes. C'est ainsi qu'en la circonstance, leur groupe, fort d'environ vingt-cinq hommes, ne dispose que d'un FM (celui qu'avait René Nicolas lorsqu'il était détaché auprès de « Bir Hakeim » et qu'il a fait suivre précieusement depuis le « Grand Hôtel du Fangas »), une douzaine de fusils Mauser, une mitraillette et une quinzaine de pistolets 07-15. Ils possèdent aussi quelques grenades, et de rares munitions :

trente à quarante cartouches par fusil et cinq chargeurs seulement pour le FM.

Un demi-groupe se porte sur l'épaulement rocheux. Un emplacement avec murette protectrice est tout de suite prévu pour le fusil mitrailleur servi par « Nic » (René Nicolas), et quatre Soviétiques : Boris (Muratov), Andréi (Chochlov), Adam et Serge. Parmi les rochers, bien cachés par de petits chênes verts et des genêts fleuris, s'égaillent les fusilliers, notamment, au nord du FM, Raoul Borelly, responsable du groupe italien, constitué de Jacometti et quelques autres, déserteurs ou réfugiés politiques.

L'autre demi-groupe, doté de grenades, de quelques fusils et pistolets ainsi que d'une mitraillette, comprend entre autres « Jean-René » (Richard) et les Allemands Martin Kalb, Max Dankner, Paul Hartmann, Norbert Beisäcker, Andréa Volz, Hermann Mayer, Hermann Leipold, plus l'Autrichien Ernst Frankel. Ce groupe occupe le flanc sud du petit dispositif, au-dessus du virage par lequel s'achève, en direction de La Rivière, la boucle de la route se trouvant à découvert. Il est protégé par le FM.

En outre, de là jusqu'au Collet-de-Dèze, des petits groupes de maquisards vont jalonner la voie ferrée du CFD, qui, de par sa situation dominante, constitue un excellent abri pour des fusiliers et des lanceurs de grenades.

Cependant les résistants locaux, membres des Milices Patriotiques, ne restent pas inactifs. Leurs responsables ont également alerté, évidemment, les camps FTPF disséminés dans les communes de Saint-Michel-de-Dèze et de Saint-Frézal-de-Ventalon. Chacun paye de sa personne, ce que note Martin Kalb :

« Il est à remarquer particulièrement que presque toute la population masculine de La Rivière et du Collet-de-Dèze prit part à l'attente de la Gestapo. Les hommes allèrent dénicher leurs fusils de chasse qu'ils avaient cachés pour les soustraire à la réquisition et se rendirent à leur poste. J'ai vu ainsi, par exemple, un vieux paysan français qui avait près de 80 ans sur le bord de la route, avec le sien[34]. »

Les paysans s'affairent ainsi à constituer des barrages au niveau des croisements et sur les routes secondaires susceptibles d'être utilisées pour un encerclement. Aimé Rouverand, de Pénens, et d'autres interviennent sur le chemin descendant du mas Soubeyran vers le pont de Saunier, celui-là même qu'avait emprunté le deuxième détachement des MOI.

« Nous étions là avec nos passe-partout et nous avons tombé des arbres pour fermer le passage. Puis nous avons attendu avec nos fusils de chasse. Mais personne n'est venu[35]. »

Le pont de Saunier lui-même constituait un point stratégique important. Aussi, en cet endroit précis, un groupe de volontaires constitua un barrage à l'aide notamment de véhicules et assura la surveillance.

Le dispositif de défense minutieusement mis en place, c'est l'attente. Pour les MOI installés aux Portettes, celle-ci dure près de trois heures, trois heures de fièvre pour les quelques maquisards qui n'ont pas encore reçu le baptème du feu et qui ont le temps de s'énerver, de rechercher la meilleure position, de vérifier vingt fois si le magasin de leur arme est bien approvisionné, si le cran d'arrêt est levé, de calmer enfin les battements de leur cœur. Mais ils sont aidés en cela par la présence tranquille de leurs camarades allemands qui attendent avec confiance l'arrivée des Waffen SS.

Vers 16 heures, quelques coups de feu assez espacés avertissent les maquisards de l'arrivée des ennemis. Et soudain, du virage le plus éloigné, le convoi débouche à vive allure.

« De nos positions, écrit Martin Kalb, nous pûmes observer que trois grosses voitures s'approchaient de nous en file assez serrée. Des vitres de ces véhicules émergeaient des mitraillettes. Nous ouvrîmes immédiatement le feu. »

Effectivement, de l'épaulement rocheux où est posté le premier demi-groupe MOI, part une salve générale bien ajustée qui stoppe les véhicules. En même temps le FM tire une courte rafale — cinq balles —, et les glaces de deux voitures volent en éclats ; mais le FM s'enraye et, par la suite, ne fonctionnera que très irrégulièrement. Ce que souligne Kalb qui néglige l'unique mitraillette dont disposait son groupe :

« Au cours de cet engagement nous ne disposions que de fusils tandis que les SS répondaient avec des mitraillettes et des fusils mitrailleurs. Cependant nous étions bien cachés et avions le meilleur champ de tir. »

Des cris de douleur, de véritables hurlements (certaines voix crient en français : « Maman, Maman ! ») s'élèvent des voitures clouées sur place. Les portières s'ouvrent et les occupants indemnes ou légèrement blessés se jettent à plat ventre dans le fossé, protégés par les véhicules immobilisés. Ainsi postés les Waffen SS ne tardent pas à riposter avec leurs mitraillettes. Mettant bientôt un FM en position, ils tirent violemment — avec de nombreuses balles explosives et des balles retournées — sur leurs adversaires qu'ils devinent cachés derrière le rocher et sur ceux qui se trouvent légèrement plus au sud. Ces derniers, à l'armement insuffisant, ne peuvent tenir longtemps sous « l'arrosage » des balles. N'étant plus protégés efficacement par le FM du rocher, ils doivent se replier légèrement.

Pendant près de trois quarts d'heure, les Waffen SS, qui ne comptent pas leurs munitions, répondent aux coups bien ajustés des MOI qui blessent ou tuent plusieurs d'entre eux... Mais les cartouches commencent à manquer aux maquisards qui ne doivent plus tirer qu'à coup sûr : « Le tir à mort », selon l'expression de René Nicolas.

« Alors que la bataille faisait rage et qu'une partie de nos camarades se détachait pour aller couper la retraite des fascistes, dit Martin Kalb, il se produisit un incident imprévisible : un petit train s'avança entre nous et les Waffen SS. Ceux-ci l'obligèrent à s'arrêter et l'utilisèrent pour couvrir leur fuite, sachant que nous ne risquions pas de mettre en danger la vie des femmes et des enfants qui se trouvaient dans les wagons. C'est ainsi que quelques-uns durent à ce hasard d'avoir la vie sauve. »

Par contre, les Waffen SS n'avaient pas craint de tirer sur le convoi pour le faire stopper et il y avait eu deux blessés légers : un nommé Verdeilhan, de Soulages, atteint par une balle à un genou, et une femme qui avait eu un sein éraflé.

Sur la route, parmi les survivants des véhicules atteints, quatre ou cinq profitent de l'occasion pour se traîner en rampant jusqu'à un ponceau sous la voie du CFD ; ils se coulent sous celui-ci, échappent à la vue et aux coups des MOI, et se sauvent. Ils peuvent arriver de la sorte à La Roubine chez Rouverand, maire de Saint-Hilaire-de-Lavit, où ils quittent leurs uniformes pour revêtir des vêtements civils. Puis, en suivant la petite ligne, ils parviennent jusqu'à la gare de Saint-Hilaire-de-Lavit, d'où l'un d'eux téléphone à Mende pour réclamer du renfort.

D'autre part, un des hommes, caché derrière une auto, réussit à monter dans celle-ci et, bien que blessé au bras, à la faire démarrer. Les balles trouent la carrosserie et la voiture essuie de nombreux coups de feu jusqu'au pont de Saunier. Là, un groupe de cinq hommes est en train de décharger un camion de bois arrêté en travers de la route pour renforcer le barrage. En entendant les détonations qui se rapprochent, ils se postent au-dessus, armés seulement de vieux fusils de chasse. Lorsque le Waffen SS motorisé arrive, ils l'accueillent avec des chevrotines. La voiture capote. Le conducteur parvient à sortir et, menaçant, faisant feu avec sa mitraillette, il gagne la gendarmerie du Collet-de-Dèze, d'où il téléphone pour demander aussi du secours.

Pendant ce temps, aux Portettes, les maquisards du demi-groupe sud, constitué essentiellement par les antifascistes allemands, s'approchent des deux véhicules immobilisés où l'on dénombrera quatorze morts.

« Une des voitures, restée entre nos mains, était passablement trouée de balles, raconte Martin Kalb. Nous y trouvâmes des traces de sang, des esquilles d'os, et un œil humain sorti de son orbite (Norbert Beisäcker montrait cet œil dans sa main, comme un trophée de victoire, à tous ceux que cela intéressait !). Dans cette voiture nous avons découvert deux porcelets vivants — bien que l'un d'eux soit grièvement blessé —, quelques poules, du linge et des vêtements[36]. »

D'autre part, Max Dankner précise (en complément au rapport de Paul Hartmann) :

« Il fut trouvé dans la voiture du SD un journal de bord d'où il ressortait que ces gens-là étaient depuis des semaines à la poursuite de nos camarades et qu'il s'agissait de bandits qui, camouflés en partisans, avaient déjà sur la conscience la mort de Hans Mosch et l'enlèvement de Christian Robens[37]. »

Les objets trouvés dans les véhicules sont des plus hétéroclites : aux Portettes, à côté du butin de rapine, quelques armes et munitions, des cartes de la région, des croquis et divers papiers indiquant qu'une attaque concertée des maquis de la basse Lozère et du Gard était en cours d'exécution ; au barrage du pont de Saunier, on découvrira un bidon d'essence, un sac à main, des souliers de femme et quelques munitions.
Leurs investigations achevées, les MOI du demi-groupe sud, harassés de fatigue, rejoignent leur camp avec ce qu'ils ont récupéré. Ceux du groupe nord s'apprêtent à les imiter, le fusil mitrailleur, enrayé, étant hors d'usage, et les munitions étant par ailleurs épuisées.

Tout à coup, vers 18 h 30, du virage nord des Portettes, arrive à vive allure un véhicule blindé léger avec mitrailleuse et canon de 37, précédant un camion de soldats. Le demi-groupe nord des MOI encore en place, mais démuni, ne peut réagir ; cependant l'alerte est donnée. L'accrochage va se produire dans le village même de La Rivière.
Celui-ci est vide d'habitants car, lorsqu'a commencé l'attaque des Portettes, tous ceux qui n'étaient pas déjà partis ont abandonné leur maison et se sont réfugiés chez des amis dans les mas disséminés sur les versants de la Vallée Longue. Par contre, se trouvent là le 3e détachement de la 2e Compagnie FTPF commandée par Ernest Mars (alias Ernest ou « Florac ») et l'équipe spéciale d'Edgar (Bassoto), venus prêter main forte aux Milices Patriotiques et aux MOI. Leurs hommes sont postés près de la station du CFD de La Rivière.

L'effet de surprise et l'efficacité des grenades dans ce « combat rapproché » compensent pendant près de quarante-cinq minutes l'énorme disproportion de l'armement et du nombre (dix-huit maquisards contre une soixantaine d'Allemands). Cependant, peu à peu, l'ennemi repère et déloge les FTPF. « Jouhaux » (Stanislas Malinowski), un jeune mineur de La Grand-Combe de 22 ans, d'origine polonaise, est tué au moment du repli. Ce sera la seule perte du côté des maquisards, alors que les Allemands auront peut-être une vingtaine de tués et d'assez nombreux blessés.

L'estimation est assez difficile à faire car, lorsqu'après avoir pillé les maisons du village, les occupants se retirèrent vers 20 heures, ils emportèrent presque tous leurs morts, que ce soit aux Portettes ou à La Rivière. Ceux qu'ils ne purent prendre et laissèrent à La Rivière furent deshabillés pour éviter sans doute que les « terroristes » ne s'emparent des tenues militaires.

Ainsi cette journée du 5 juin s'achevait-elle en Vallée Longue sur le sentiment que l'étape décisive de la lutte est amorcée, mais que, dès l'aube du lendemain, des représailles auraient lieu. En attendant, Laporte, du Collet-de-Dèze, s'adressant à Otto Kühne, pouvait lui dire : « Avec vous, camarades allemands, nous avons aujourd'hui battu les 'boches'. » C'est Otto Kühne qui devait se faire l'écho de cette réflexion, aussi bien au cours de causeries que dans une lettre adressée à Henri Cordesse.

Brève réapparition de Paul Huber

C'est la veille, le dimanche 4 juin au matin, que Paul Huber devait subitement réapparaître à Mijavols, chez Marcel Chaptal et sa mère, où s'étaient réfugiés durant des mois Ernst Frankel et Hermann Leipold et où Lisa Ost et Ernst Butzow avaient passé quelques jours en avril après les événements de Saint-Etienne-Vallée-Française. Un bref séjour dans cet endroit, à la fois retiré et relativement proche du Magistavol, devait lui permettre de retrouver les traces d'Anna Rousseau :

« Ce Paul était arrivé à la maison, se souvient Marcel Chaptal, quelques jours après son enlèvement, l'air hagard. Il me raconta son arrestation et son évasion du côté de Mende (ou d'Alès ?) : Profitant de ce que son gardien se débarbouillait torse nu, et mettant à profit le bruit de l'eau, il avait ouvert la porte doucement et bondi dans la rue, s'attendant à être abattu avant d'avoir fait cent mètres. Il était venu chez nous, connaissant la maison pour y avoir mangé plusieurs fois lorsqu'il était en déplacement pour assurer des liaisons. Son histoire me parut vraisemblable et je l'hébergeai un jour et une nuit. Il partit ensuite, me dit-il, rejoindre son groupe et prévenir ses camarades du danger qui les guettait. Cela se passait le 5 juin 1944. Or, il ne se présenta jamais à ce maquis[38]. »

Il est toutefois vraisemblable qu'il rejoignit Anna Rousseau, ayant réussi à savoir où se trouvait la cache qu'elle partageait avec Lisa Ost et Hedwig Rahmel-Robens.

Cependant après l'accrochage des Portettes, Martin Kalb et Paul Hartmann jugèrent bon de se rendre à nouveau auprès des trois femmes. Sans doute, avaient-ils été informés du passage des Waffen SS à Nozières, soit par leur carnet de route retrouvé dans la voiture, soit par un courrier[39]. A moins que leur crainte fût motivée par le fait que ceux-ci étaient partis le matin par la route du Pendedis. Paul Hartmann s'explique :

« Après le combat, Martin Kalb et moi sommes retournés auprès de nos camarades [Anna, Lisa et Hede][40] qui devaient être emmenées. Nous n'avons plus retrouvé là-haut que Hede et Lisa. D'après elles, Anna devait être dans une maison abandonnée près de Raynols ; Huber serait réapparu ici entre temps auprès des trois femmes et Anna aurait cru à l'histoire de sa prétendue évasion des mains de la Gestapo. Avec Martin, nous nous sommes rendus aussitôt à la maison indiquée, mais, en arrivant, nous n'avons pas trouvé Huber qui manifestement avait déguerpi, [accompagné par Anna Rousseau, ce que semble ignorer Paul Hartmann]. Sur le retour, nous avons placé nos deux compatriotes en sécurité chez un autre paysan qui avait déjà caché durant des mois un camarade français juif. Puis nous avons rejoint notre maquis[41]. »

Mardi 6 juin
Incendie du hameau de La Rivière

Comme il était à prévoir, le 6 juin au matin, vers 9 heures, une centaine de Waffen SS et de miliciens arrivent à La Rivière dans plusieurs camions. Le pillage des maisons, commencé la veille, est poursuivi de façon systématique ; après quoi le feu est mis au village : seize habitations sont incendiées, trois autres n'ayant été que pillées.

« Du camp, dit Richard Hilgert, on avait envoyé le Luxembourgeois Alfred Probst comme éclaireur. Lorsqu'il revint il nous annonça qu'une compagnie de SS était en train de mettre le feu à toutes les maisons[42]. »

L'opération dure jusque vers midi. Les Waffen SS quittent les lieux vers 14 heures en ayant en outre pu récupérer les voitures accidentées et les quelques morts qui avaient été abandonnés sur place la veille.

C'est par manque d'armes et surtout faute de munitions que les divers maquis de la région n'ont pu intervenir pour empêcher que le village ne soit brûlé, la mission qu'ils s'étaient fixée ayant été surtout d'assurer la protection de la population civile réfugiée dans la nature.

« Une colonne plus importante de l'armée allemande, forte d'une centaine d'hommes, était apparue, écrit Martin Kalb, et elle fit sauter tout le village de La Rivière : seize maisons. Les gens, pour se mettre en sécurité, avaient fui avec leurs chèvres et leurs moutons dans la montagne, où tout cela nous était tombé sur les bras. Un détachement allemand chercha à nous attaquer là-haut, mais il dut se retirer sous notre tir.

A cette époque, nous n'étions pas encore assez forts pour faire échec à de telles actions de représailles, mais nous avions déjà une puissance suffisante pour nous défendre dans les secteurs escarpés[43]. »

Arrestation à Alès
de Lisa Ost et d'Hedwig Rahmel-Robens

Décision avait été finalement prise de placer Lisa et Hedwig en sûreté, en leur faisant quitter la région. La première étape était Nîmes qu'elles devaient gagner en chemin de fer. « Mistral » nous a raconté comment s'est effectué leur acheminement jusqu'à la petite station la plus proche et ce qui s'y est passé :

« J'avais reçu ordre de les récupérer près du col de Jalcreste, à environ un kilomètre de celui-ci, sur la route de Saint-Germain-de-Calberte. C'est un camarade de Cassagnas qui les a menées en carriole à ce rendez-vous. J'étais personnellement en compagnie de Pierre Martin et de Georges Méjean, et je devais conduire les deux Allemandes à la petite gare du Rouve-Jalcreste, où une autre personne (dont on ne m'avait pas donné le nom) devait les prendre en charge. Ce fut Armand Frisch, que je connaissais déjà, qui, accompagné d'Hélène Brun, descendit du petit train venant de Sainte-Cécile-d'Andorge et se dirigeant sur Florac. En attendant le retour de celui-ci, que les deux femmes devaient emprunter jusqu'à Sainte-Cécile, Frisch et moi avons eu une altercation, car il venait pour s'occuper d'elles, mais ne put, à ma demande, me présenter d'ordre de mission. Dans ces conditions, de prime abord, je refusai donc de lui confier nos deux camarades. Mais il parla en allemand avec elles et, finalement, Hedwig me dit qu'elles en prenaient la responsabilité. Je les laissais donc ensemble, considérant ma mission comme terminée[44]. »

Frisch se contenta-t-il de les embarquer dans le petit train ou repartit-il avec elles jusqu'au Collet-de-Dèze, les laissant poursuivre ensuite seules leur chemin ? A moins qu'il ait décidé de les accompagner dans leur déplacement. Quoi qu'il en soit, les deux femmes allaient bientôt être appréhendées, comme le raconte Richard Hilgert :

« Le train s'arrête à Alès : il ne va pas plus loin. Lisa et Hedwig doivent descendre et passer la nuit là. Dans cette petite cité ouvrière, aux abords de la montagne, la Gestapo grouille, de même que les troupes d'Occupation et la Milice française. A la gare toutes les personnes sont contrôlées. Lisa et Hedwig ont des papiers français, mais elles parlent mal la langue. Elles décident de passer la nuit à l'hôtel et de prendre le train du lendemain matin pour Nîmes. L'hôtelier, frappé par le fait que les deux 'Lorraines' ne peuvent remplir correctement la fiche de police, fait part de ses observations à une patrouille de la Milice.

Toutes les deux sont allongées sur le lit. Des bruits de pas, un coup violent sur la porte : 'Milice, ouvrez!' Elles sont appréhendées et menées en prison. Elles disent qu'elles sont lorraines, mais en dehors de ça, rien ne sort de leurs lèvres[45]. »

« Mistral » était persuadé que Frisch avait accompagné les deux femmes à Alès, car leur mauvaise connaissance du français les rendaient extrêmement vulnérables. Il le soupçonnait même de les avoir fait descendre au « Rich hôtel », en face de la gare, hôtel où logeaient Waffen SS et miliciens. Or, d'après Fisch lui-même, il n'en avait rien été.

« Un jour, Otto Kühne m'avait remis, les photos des deux camarades en question afin que je leur procure de fausses cartes d'identité leur permettant de s'en aller. Je lui fis remarquer que leurs connaissances en français étaient très réduites, mais il me rétorqua assez sèchement qu'il s'agissait là d'un ordre du KPD.

Les deux cartes d'identité furent établies en indiquant comme lieu d'origine l'Alsace. Je ne peux à présent me souvenir avec certitude comment la remise de ces cartes se produisit. Il est probable que ceci se passa dans une des petites stations entre Sainte-Cécile et Florac. Mais je ne suis en aucun cas parti moi-même avec les deux Allemandes pour les accompagner dans leur voyage. D'ailleurs cela ne m'avait pas été demandé par Otto Kühne. Je ne me suis donc pas rendu à Alès[46]. »

6 juin 1944, jour du débarquement

Cependant, ce mardi 6 juin 1944 n'avait pas été qu'une journée de deuil. Ce fut en effet l'annonce de ce débarquement attendu depuis si longtemps.

« De retour de sa mission de reconnaissance, dit Richard Hilgert, en même temps qu'il nous apprenait que les SS avaient mis le feu à La Rivière, Alfred Probst nous annonça que les Anglo-Américains débarquaient en Normandie. Certains d'entre nous se sont aussitôt dirigés vers une maison de Pénens. Là, le poste de radio que j'avais trimballé depuis Les Fons, nous rendait de grands services car, grâce à lui, nous pouvions écouter régulièrement les informations[47]. »

Cette dernière était en effet d'une importance majeure, car elle annonçait une phase nouvelle : celle de la Libération. En même temps que les Alliés prenaient pied en Normandie, le front de l'Est se rapprochait des frontières du Reich allemand. On sentait venir enfin le jour où les hommes, de toutes nationalités et de toutes « races », quelles que soient leurs opinions politiques ou religieuses, allaient se libérer de l'oppression nazie.

NOTES DU CHAPITRE VIII

1. Institut für Marxismus-Leninismus, Relations de Paul Hartmann et de Martin Kalb.
2. Institut für Marxismus-Leninismus, Relation d'Otto Kühne.
3. Témoignage de René Servière.
4. Arch. dép. Lozère.
5. Témoignage de Saturnino Gurumeta.
6. D'après Marcel Chaptal, ce groupe de Waffen SS avait bien failli, à l'aller, marquer sa visite à Nozières, comme cela avait été le cas à l'Affenadou ou au Magistavol. En effet, sur le chemin venant de Saint-Germain-de-Calberte, ils avaient aperçu Ernst Frankel d'assez loin. Mais celui-ci, méfiant malgré la présence de Paul Huber, avait pris la sage précaution de se tenir à une certaine distance, ce qui lui avait permis « d'éviter d'être fauché par une mitraillette en faisant un rouléboulé dans les fougères, sous un 'bancel' ».
7. Témoignage de Saturnino Gurumeta.
8. Témoignage de René Servière.
8 bis. Il est curieux de noter que nous n'avons trouvé aux archives départementales de la Lozère, aucune trace de incident de la gendarmerie du Collet-de-Dèze, alors que l'attaque de celle du Pompidou (27 mai 1944) a donné lieu à des rapports.

9. Institut für Marxismus-Leninismus, Rellation de René Nicolas et témoignage de René Nicolas.

10. Dora Schaul, *op. cit.*

11. Institut für Marxismus-Leninismus, Relation de Martin Kalb.

12. *Ibid.*, Relation d'Otto Kühne.

13. *Ibid.*, Relation de René Nicolas.

14. *Ibid.*, Relation de Max Dankner et Dora Schaul, *op. cit.*

15. En réalité elle le savait depuis la veille ou l'avant veille.

16. Institut für Marxismus-Leninismus, Relation de Paul Hartmann et de Martin Kalb.

17. Dora Schaul, *op. cit.*

18. Julien Gui, *Les Aventures d'un maquisard*, manuscrit dactylographié.

19. Institut für Marxismus-Leninismus, Relation d'Otto Kühne.

20. Témoignage de Richard Hilgert.

21. Institut für Marxismus-Leninismus, Relation de Martin Kalb.

22. *Ibid.*, Relation de Max Dankner.

23. Témoignage de Richard Hilgert.

24. Institut für Marxismus-Leninismus, Relation de Max Dankner.

25. Témoignage de Saturnino Gurumeta.

26. Julien Gui, *op. cit.*

27. Ernest Peytavin, *op. cit.*

28. Témoignage de René Nicolas.

29. Julien Gui, *op. cit.*

30. Ernest Peytavin, *op. cit.*

31. Témoignage de René Servière.

32. Dora Schaul, *op. cit.*, récit de Martin Kalb.

33. Témoignage de Jacques Laurent.

34. Institut für Marxismus-Leninismus, Relation de Martin Kalb.

35. Témoignage d'Aimé Rouverand.

36. Institut für Marxismus-Leninismus, Relation de Martin Kalb; et Dora Schaul, *op. cit.*, récit de Martin Kalb.

37. Institut für Marxismus-Leninismus, Relation de Paul Hartmann.

38. Témoignage de Marcel Chaptal.

39. Martin Kalb précise à ce sujet : « Comme nous devions l'apprendre plus tard, la colonne que nous venions d'arrêter s'était rendue chez le paysan qui avait hébergé Lisa et Hedwig, dont elle avait pillé la maison avant de l'incendier. Tout ce qui lui avait été volé lui fut rendu en mains propres ou rétribué, tel le cochon blessé que nous avons mangé. »

40. Depuis leur arrivée dans les Cévennes, Lisa Ost et Hedwig Rahmel-Robens avaient laissé leurs bagages chez Olga et Raymond Brès à la « station » du CFD de Saint-Frézal-de-Ventalon. Chaque semaine, parfois à plusieurs reprises, elles y passaient afin de prendre ou de déposer des objets dans leurs valises.

41. Institut für Marxismus-Leninismus, Relation de Richard Hilgert.

42. Témoignage d'Antonin Combarmond.

43. Institut für Marxismus-Leninismus, Relation de Martin Kalb; et Dora Schaul, *op. cit.*

44. Témoignage d'Antonin Combarmond.

45. Dora Schaul, *op. cit.*, récit de Richard Hilgert.

46. Témoignage de Richard Hilgert.

47. *Ibid.*

61. La chaîne du Mortissou entre le Pendedis et la Baraque.

62. La route entre Jalcreste et Le Collet-de-Dèze, à la hauteur des « Portet.

63. *Groupe d'antifascistes allemands de la 104ᵉ Compagnie, au lendemain de la Libération de Nîmes, du côté de Remoulins. De gauche à droite : au premier rang, assis ou accroupis : Albert Rucktäschel, Hermann Leipold, Ernst Winkler (Autrichien, prisonnier de guerre), Hans Reichard, Ernst Frankel (Autrichien), Hermann Mayer. Au second rang : Richard Hilgert, Max Dankner, Hein Hasselbrink, Hans Scheifele (Autrichien, déserteur de l'organisation Todt), Martin Kalb, un Autrichien — prisonnier de guerre —, Andréas Volz, Franz Exner, Emil Ganzert («Franchet»), Félix Herger.*

Numéro de la carte   37

Numéro de la carte de circulation

Nom véritable BANELLE

Prénom Paul

Nom de guerre xxx

Date de naissance 16/10/1910

Lieu ARRACOURT (Mte et Mle)

Date d'entrée au maquis 1er/1/1944

Grade Lieutenant

Nationalité Française

Corps ou Service Officier de Liaison

A Mende, le 19 Octobre 1944.

Pour le Commandant de la Haute Lozère
Le Commandant de la Place,

est autori-
sé à por-
ter les ar-
mes en per
manence

Empreinte digitale

64. *Carte d'identité de Max Dankner datée d'octobre 44, ici sous le nom de Paul Banelle, sa fausse carte d'identité pendant la Résistance.*

65. *Autre photo de groupe de la 104e Compagnie. De gauche à droite : au premier rang, accroupis : Ernst Winkler, H. Reichard ; au second rang : Emile Ganzert (« Franchet »), Karl Prenen (sous-officier, déserteur de la Wehrmacht), Al. Rucktäschel, Max Dankner, Hans Scheifele.*

IX

DES CÉVENNES LIBÉRÉES
A LA LIBÉRATION DE NIMES
(7 juin-24 août 1944)

Les Cévennes lozériennes
fief des maquis FTP

Dans la période comprise entre le 6 juin et le 15 août 1944, c'est-à-dire entre la date du débarquement en Normandie et celle du débarquement en Provence, les Cévennes lozériennes — que nous limiterons au mont Lozère au nord, au causse Méjan et à ses falaises à l'ouest, et aux limites départementales du Gard au sud et à l'est —, sont devenues le fief des FTP (FTPF et MOI).

En effet, après le combat de La Borie-La Parade, Demarne a rassemblé dans la région de Clermont-l'Hérault les hommes de « Bir Hakeim » qui avaient eu la chance d'échapper au massacre ou n'avaient pas participé à l'engagement. A partir de ce moment, « Bir Hakeim », reconstitué, ne reviendra plus en Lozère.

Le maquis gardois d'Ardaillès, à la suite de l'attaque des SS le 29 février, s'était dispersé en quatre « réduits ». L'un d'eux essaima autour de Valleraugues, mais les trois autres, forts, chacun, d'une vingtaine d'hommes, se réfugièrent en Lozère (Vébron — Le Pont-de-Montvert,

Saint-Julien-d'Arpaon). Le maquis va se regrouper, le 20 juillet, dans le Gard, à l'Espérou, rejoignant le maquis de Lasalle pour constituer avec lui « le rassemblement Aigoual-Cévennes ».

Quant aux insoumis, « planqués » dans des fermes par « le comité de Saint-Jean », ils ont tardé à constituer un véritable maquis en dehors des quelques anciens du « Maquis Ecole ». Et, lorsque les uns et les autres se rassemblent enfin, le 25 juillet, au « château » de Fauguière, à la demande des responsables de la Résistance gardoise : « Audibert » (Michel Bruguier) et « Mistral » (Antonin Combarmond), ce sera pour constituer la 32e Compagnie des CFL et recevoir l'instruction militaire, en attendant de partir le 19 août à Générargues, en perspective de l'occupation prochaine d'Alès.

On vit même l'ORA d'Alès, à la suite d'une arrestation, se mettre d'accord avec les FTPF pour installer sous leur obédience, à Champ Domergue[1], un camp de vingt-huit maquisards, ses propres volontaires de la région de La Grand-Combe.

Ainsi, tout concourait à ce que les Cévennes lozériennes devinssent, en ces derniers mois de l'occupation allemande, un champ clos des FTP.

Or, pour les FTP du secteur cévenol, comme ailleurs pour les autres maquis, la date du 6 juin marque le point de départ d'un gonflement subit des effectifs : de deux cent cinquante avant le 6 juin, ils passent à douze cents fin juillet et à deux mille le 20 août[2].

Fin juin — début juillet, le « triangle » de commandement FTP, de la Deuxième Région (R.2.), groupant le Gard et la Lozère, est modifié à la suite d'arrestations. Jusque-là, le chef militaire ou commissaire chargé des Opérations (CO) était « Labeille » (Jean Garnier) avec, pour adjoints, comme commissaire aux Effectifs (CE) : « Eugène » (Barthélémy Ramier), et, comme commissaire Technique (CT) : « Jacques ». Tombés entre les mains de la Gestapo[3], ces deux derniers sont remplacés respectivement par Pierre (Savin) et Edouard (Gérard Roth). Quant à Jean Garnier, il se fait désormais appeler « Barry ».

En ce qui concerne les MOI intégrés au FTP, on constate également un accroissement de leur nombre dû à différents apports. C'est ce que précise Martin Kalb, évoquant la période suivant les événements de La Rivière, donc juste après le 6 juin :

« Notre groupe se composait de quelque soixante hommes. En faisaient partie une trentaine de combattants allemands des Brigades Internationales en Espagne..., des soldats de l'Armée Rouge qui avaient réussi à s'échapper de captivité, ainsi que des Espagnols, des Tchèques, des Yougoslaves, des Hongrois et, naturellement, quelques camarades français[4]. »

Il aurait pu ajouter : des Italiens, un Autrichien et un Luxembourgeois.

A partir de là, les effectifs allaient croître, les nouveaux arrivants appartenant à diverses catégories.

« Par la suite, poursuit Martin Kalb, on devait compter parmi nous toute une série d'anciens membres de la Wehrmacht qui avaient déserté parce qu'ils ne voulaient plus risquer leur peau pour les généraux et devenir complices de leurs crimes. »

Richard Hilgert, lui, précise :

« Dans la période qui s'écoula jusqu'au 21 août, quelques soldats nous rejoignirent, dirigés sur notre groupe par les FTPF qui les avaient fait prisonniers. Un sous-officier qui avait déserté la Wehrmacht (Karl Prenen) nous fut également amené. Cet homme devait prendre part à nos côtés à la libération de Nîmes[5]. »

Quant à Max Dankner, il évoque les moyens qu'employèrent certains pour se faire prendre par la Résistance ou rallier ses rangs :

« En général, les soldats de la Wehrmacht redoutaient d'être de service de garde sur les voies et dans les trains à cause des attaques des partisans. Mais c'est précisément grâce à de telles missions que quelques Autrichiens ou Allemands purent déserter et venir au maquis, d'après ce qu'ils ont raconté : Plusieurs fois de vieux soldats qui en avaient par-dessus la tête de la guerre auraient été ainsi volontaires pour effectuer cette tâche de surveillance et de protection des chemins de fer, parce qu'ils avaient par là la possibilité, au moment des attaques, de passer chez les partisans, sans risque d'être alors poursuivis par les hommes du SD et autres officiers nazis.

D'ailleurs, dans la toute dernière période précédant la Libération, un petit camp de prisonniers de guerre comprenant des Allemands et des Autrichiens avait été organisé auprès de notre groupe FTP-MOI. Là étaient précisément, logés et bien traités, ces soldats mécontents d'Hitler et de sa guerre. Ils vivaient sans histoire en plein secteur de maquis[6]. »

Mais dans les troupes d'Occupation qui se trouvaient dans la région durant cette période il n'y avait pas que des Allemands. On trouvait aussi des soldats d'autres nationalités qui, bien souvent, avaient été incorporés de force. Certains d'entre eux purent passer au maquis en utilisant divers stratagèmes. En voici un exemple évoqué par Richard Hilgert :

« Un Polonais, qui avait travaillé auparavant comme mineur à La Grand-Combe et était retourné en Pologne, revint en France dans les rangs de la Wehrmacht. D'Alès, il reçut mission d'aller chercher un wagon de grenades en compagnie d'un caporal allemand, un nazi, d'origine bavaroise et tailleur de pierre de son métier. Le Polonais persuada le Bavarois de descendre à La Grand-Combe où il avait des amis et où ils pourraient prendre un petit-déjeuner convenable. Le Polonais parlait bien le français et même le dialecte de l'endroit que le Bavarois ne comprenait pas. C'est ainsi que le Polonais examina, avec les mineurs français chez lesquels ils s'étaient arrêtés, comment s'y prendre pour être tous deux faits prisonniers. Le stratagème réussit et ils furent emmenés au camp des MOI en Lozère.

Le Polonais s'intégra au groupe de maquisards, tandis que le Bavarois cherchait à s'enfuir. Légèrement blessé, il resta sur le sol, sans connaissance. Le croyant mort, la sentinelle du maquis s'en alla annoncer la nouvelle. Aussitôt, le Bavarois saute sur ses jambes, escalade la montagne et demande refuge à une paysanne. Les paysans qui l'ont accueilli vont chercher le cordonnier sarrois — 'Charles' (Emmanuel Schwarz) —, comme interprète. Le Bavarois offre plusieurs centaines de francs pour être transporté dans un hôpital militaire allemand. Le Sarrois le tranquillise et envoie un messager à l'état-major d'où l'on expédie une voiture. Le Bavarois y monte pour se voir ramener au camp des partisans ! Le groupe des Allemands était de garde sur la route, il n'y avait là que le cuisinier, Hermann Mayer. Celui-ci, seul avec son fusil, dut garder plus de vingt-quatre heures le soldat nazi allant et venant avec insolence.

Quand le groupe fut de retour et qu'on l'interrogea, il se présenta de façon arrogante et se conduisit comme un rustre. Il refusa également de faire la moindre déclaration . Comme il n'était pas question de le faire participer à notre vie de partisans, il fut jugé et, après une délibération minutieuse, condamné à mort et exécuté, la décision ayant été ratifiée par l'état-major. »

Commentant ce récit, Max Dankner met l'accent sur le côté « fanatique » de cet « adepte du Führer » appartenant à une famille de nazis convaincus ; il insiste aussi sur le fait que, malgré tout, on l'avait d'abord gardé un certain temps prisonnier pour tenter de discuter avec lui.

« C'est seulement parce qu'il n'avait rien voulu savoir qu'on s'était résolu finalement à le juger et qu'on l'avait condamné à mort, décision très pénible, mais finalement justifiée[7]. »

Cependant, à côté des cas individuels dont nous venons de parler, il y a le cas plus important des Arméniens incorporés dans l'« Ost Légion » et constituant de façon plus précise la Légion arménienne en garnison à Mende et dans d'autres villes de la Lozère. Nous avons déjà eu l'occasion de les rencontrer au combat de La Borie-La Parade, et nous avons vu qu'un jugement assez contradictoire était porté à leur encontre : celui d'Otto Kühne précisant qu'ils avaient favorisé l'évasion de certains maquisards et celui de Max Dankner regrettant qu'ils n'aient pas profité d'une telle occasion pour se révolter et passer du côté des partisans.

C'est ce qu'ils ont fait ultérieurement, en partie tout au moins, venant par groupes successifs gonfler les effectifs des MOI. Mais l'importance de l'affaire demande qu'on s'y arrête.

Nous avons vu que les premiers Arméniens à rejoindre le maquis des MOI étaient arrivés à leur camp alors que celui-ci se trouvait encore à La Baraque. A partir de là, la Résistance entre en liaison avec les Arméniens de la garnison de Mende par l'intermédiaire, notamment, du capitaine « Victor » (Victor Gardon) dont la mère est arménienne et qui parle parfaitement la langue[8]. C'est un café de Mende qui sert de lieu de rencontre. L'opération est dirigée, d'un côté, par Jean Garnier (alias « Labeille » jusqu'à fin juin et « Barry » ensuite) pour les FTP des Cévennes, et par Ernest (Peytavin) pour les CFL de haute Lozère, de l'autre par le commandant Alexandre Kazarian. Dès le premier contact de, Labeille, avec celui-ci, le 23 juin 1944, est envisagé le projet d'une insurrection générale des Arméniens à la faveur d'une attaque simulée par une compagnie FTP. C'était d'ailleurs là le seul moyen de leur permettre de passer au maquis avec leurs armes.

« En effet, dit Richard Hilgert, on savait que, chaque soir, ils devaient les remettre et que, dès lors, ils ne les recevaient en mains propres qu'en cas d'alerte[9]. »

Dans cette perspective, un comité secret est constitué par les Arméniens, dirigé par le commandant Kazarian. Victor (Gardon) quant à lui, délégué par Ernest (Peytavin), prépare méthodiquement le soutien des forces de résistance à l'intérieur de la ville, essentiellement avec le NAP.

« Par l'entremise d'Otto Kühne, confirme Max Dankner, il avait été prévu avec l'état-major des MOI qu'un groupe du maquis armé de deux mitrailleuses, devait entreprendre depuis les hauteurs au-dessus de Mende, un simulacre d'attaque sur les casernes, en espérant que, de ce fait, l'alarme serait donnée aux équipes allemandes de garde (à peu près deux cents soldats). Les Arméniens, au nombre de six cents environ, devaient alors maîtriser les sentinelles et les soldats allemands, s'armer et s'échapper. Tout cela avait été convenu et mis au point avec des hommes dignes de confiance parmi le groupe des Arméniens. Il y eut ainsi deux tentatives qui, chaque fois, échouèrent par trahison préalable[10]. »

Voici d'ailleurs la relation de ces deux tentatives avortées, racontée par Ernest Peytavin :

« Une opération est prévue le 25 juin. Les FTP doivent occuper toutes les communications ferroviaires, routières et téléphoniques autour de Mende tandis que les Arméniens prendront les armes et maîtriseront les officiers allemands. Sous la direction du commandant 'Labeille', chef militaire régional, la 7203ᵉ compagnie prend position entre Saint-Julien-d'Arpaon et La Salle-Prunet, tandis que la 7202ᵉ compagnie se porte à Brenoux avec pour mission d'entrer à Mende par la GC 25, dès le signal donné. Le commandant 'Labeille' s'installe à Balsièges avec une témérité extrême, au milieu même des 'boches' qui sans cesse occupent le village. Malheureusement la compagnie FTP est signalée lors de son passage à Saint-Etienne-du-Valdonnez. L'opération devient impossible. Pour éviter l'encerclement, la compagnie se replie au cours de la nuit au Pont-de-Montvert.

Le 28 juin une colonne ennemie est signalée. Un détachement de MOI établit un barrage avec la 7202ᵉ compagnie, à Marveillac. L'attaque n'a pas lieu. La compagnie est dirigée sur le Masseguin, près de Mende, pour tenter à nouveau la libération des Arméniens. Au moment où la compagnie va se mettre en route en direction de Mende, des émissaires arrivent, qui viennent informer le commandement FTP de l'impossibilité de l'opération. Des indiscrétions, en effet, se sont produites qui ont alerté les officiers allemands[11]. »

Ainsi, l'imprudence ou la trahison délibérée d'un légionnaire, mis par hasard au courant du projet, ne permet pas d'aller jusqu'au bout. Les Allemands resserrent leurs recherches autour des comploteurs : le 4 juillet, les membres du Comité Secret et les légionnaires compromis, soit cent cinquante quatre hommes, passent au maquis, avec leurs armes, en laissant sur place un autre comité secret dirigé par le capitaine Jora.

Les 5, 8 et 12 juillet — l'exemple étant contagieux —, d'autres groupes désertent. Mais seuls les Arméniens de la garnison de Langogne en haute Lozère parviennent à passer au maquis presque en bloc et avec leurs armes :

« Le 12 juillet, à Langogne, écrit Louis Frédéric Ducros, une affaire conduite depuis la veille par le sous-lieutenant Jack Gues de la 7112ᵉ Compagnie FTPF, en liaison avec Sarkis Douzahlian et grâce aux complicités locales de Jean Ferrassi, ainsi qu'à l'action de Victor Borne [ou Gardon?] auprès des Arméniens servant dans la Wehrmacht, aboutit à la désertion de cent dix-huit hommes. Ils rejoignent le maquis de Grandrieu en haute Lozère avec leur armement individuel, six fusils mitrailleurs et deux mortiers[12]. »

Cependant, Victor (Gardon) établit le contact avec Jora, revient au PC d'Ernest (Peytavin), rentre à nouveau à Mende le 21 juillet, malgré les risques accrus du fait de la loi martiale instaurée par les TO. Le nouveau Comité Secret et Victor arrêtent trois plans d'insurrection à soumettre à l'état major des FFI : ceux-ci prévoient que les Arméniens mèneront leur action de rebellion à l'intérieur même de Mende.

« Lorsqu'on nous présenta l'affaire, dit Henri Cordesse, Ernest (Peytavin), Thomas, 'Barry' (Jean Garnier) et moi, restâmes muets, pensifs. Rapidement cependant, dans le regard de chacun, on pouvait lire la même inquiétude : 'La population civile?... — Non, dit Ernest, les risques de représailles sur la ville sont trop grands[13].' »

C'est ainsi que le projet fut abandonné.

Dès lors, c'est à la faveur de circonstances que, par groupes plus ou moins nombreux, des Arméniens continuent à tenter leur chance. Il en est beaucoup aussi qui ne la tenteront jamais et suivront, en troupeau résigné, le « repli de la fin ».

Cependant, entre Le Bleymard et Villefort, l'instinct de liberté prendra le pas sur les automatismes de la soumission et il ne restera plus que des miettes de « l'Ost Légion », lorsque l'Ardèche sera abordée. C'est surtout le 18 août, lorsque les TO en fuite subiront à Altier un bombardement aérien, qu'eurent lieu les dernières désertions notables des Arméniens en Lozère. Certains purent, à cette occasion, abandonner le convoi, traverser le mont Lozère, et rejoindre les FTPF au Pont-de-Montvert.

« Le 20 août, écrit Louis-Frédéric Ducros, une colonne d'environ quatre mille hommes, précédés d'engins blindés, arrive aux Vans, venant de Mende par Villefort. Elle est composée principalement de Turkmènes et d'Arméniens, avec encadrement allemand. Elle est commandée par le colonel von Bassompierre. Surprise le 19 août, vers 11 heures, par l'aviation alliée à Altier, en Lozère à dix kilomètres de Villefort, elle a reçu une belle raclée : elle arrive avec cent cinquante blessés graves et a eu une quarantaine de morts. »

Or, parmi les déserteurs arméniens de toute cette période, un certain nombre rallieront les maquis MOI des Cévennes, comme l'explique Max Dankner :

« Après l'échec des deux tentatives de départ collectif en force, des groupes isolés pouvant atteindre trente hommes — ou davantage — s'évadèrent à plusieurs reprises et rejoignirent les partisans (en désertant notamment à l'occasion de gardes avec armes). Mais il ne fut jamais possible, même avec l'intervention d'une aide extérieure, de liquider la garnison. Cependant, grâce à ces désertions, près de deux cents Arméniens étaient peu à peu passés aux maquis, qui se trouvaient aux abords de la route qui va de Florac à Sainte-Cécile-d'Andorge. Au début, un petit groupe d'entre eux furent réunis à notre unité de camarades allemands : un capitaine, deux lieutenants et quelques soldats, ainsi que quelques prisonniers de guerre soviétiques venus de camps allemands du sud de la France. Au combat, les Arméniens se conduisaient courageusement et s'engageaient à fond. Mais, en raison de leur comportement indiscipliné — ce qui nuisait à leur réputation auprès de la population —, il fut décidé, après un débat entre les camarades allemands, de se séparer d'eux. Parmi eux, se trouvaient les éléments les plus divers, certains étant des camarades valables, mais d'autres des hommes démoralisés[14]. »

Et c'est ainsi que les Arméniens formèrent une unité à part, sous les ordres du commandant Alexandre (Kazarian) celle-ci, dépendant toujours des MOI.

Durant cette période, le groupe des MOI dont faisaient partie les antifascistes allemands ne fut pas renforcé seulement par des déserteurs de la Wehrmacht. Il y eut bien d'autres cas particuliers, dont celui de l'Autrichien Hans Scheifele qui, muni de faux papiers, travaillait à Agde dans un chantier de l'organisation Todt.

« A la mi-juillet 1944, raconte-t-il, le camarade 'Marius' (Kustka) vint me voir et il fut décidé que je devais partir le plus tôt possible, accompagné par sa femme, afin de me rendre à Nîmes en passant par Sète, pour aller, de là, au maquis en Lozère dans les Cévennes. Quelques jours plus tard, peu après le 15 juillet, la femme de Kustka vint donc me chercher. Nous avons passé une nuit à Sète, puis à Nîmes, et nous sommes finalement parvenus, vers le 20 juillet, avec deux autres camarades, à Sainte-Cécile-d'Andorge. Là, nous avons été pris en charge par le camarade Kustka qui nous a conduits à l'état-major qui se trouvait de l'autre côté du pont suspendu. Accueillis alors par le camarade Kühne, nous avons été amenés vers le groupe des maquisards allemands, dont le chef était, si je me souviens bien, Martin Kalb. Peu de temps avant notre arrivée, les fascistes avaient fait une incursion dans le secteur et ils avaient réussi à faire sauter un camion contenant environ cinq tonnes de dynamite. On nous montra la carcasse du camion qui se trouvait encore là sous le pont de chemin de fer, à proximité du pont suspendu[15]. »

Martin Kalb, de son côté, ajoute quelques précisions :

« En outre, des ressortissants polonais et tchèques qui, déjà, depuis des années ou des dizaines d'années, habitaient et travaillaient en France, en particulier aux mines de La Grand-Combe, nous rejoignirent[16]. Quant aux guérilleros espagnols — qui avaient eu des pertes très importantes à La Parade-Badaroux —, bien que rattachés de leur côté aux MOI, ils continuèrent à avoir leur propre formation dont l'état-major, dirigé par Cristino Garcia, se trouvait à La Grand-Combe. Aussi, en ce qui concerne les Espagnols, n'étaient incorporés au groupe de Pénens que quelques individus. »

La Résistance armée
se structure en Lozère

Le débarquement marque le début d'une nouvelle phase et la fin de l'attentisme pratiqué jusqu'ici par certains.

On va pouvoir unir et structurer la résistance armée afin qu'elle mène contre l'occupant des actions coordonnées. Mais il se trouve que lorsque, antérieurement, ont eu lieu des parachutages d'armes, cela a bien souvent été au bénéfice de ceux qui ne désiraient pas s'en servir... pour le moment, alors que ceux qui voulaient agir ne disposaient pas toujours de l'armement nécessaire.

En Gard-Lozère, la discrimination a été sensible, comme le note Jacques Poujol :

« Les Alliés ont attribué les parachutages de façon discriminatoire : ont d'abord été servis les maquis dépendant de l'ORA ou ceux qui étaient engagés dans l'action immédiate ('Bir Hakeim'). Ceux qui dépendent de l'AS ou ensuite des CFL (Corps francs de la Libération) ne recevront rien avant le 15 juillet ; les FTP durent attendre le 31 juillet. Cette attitude a d'ailleurs accentué les tensions entre maquis : certains parachutages ont été détournés de leurs destinations[17]. »

Or, dans la nuit du 9 au 10 juin, vers 2 heures du matin, avait été parachutée près de Malhebiau une mission militaire inter-alliée dite mission « Isotrope » dont le chef était le Major Hampson, alias « commandant Denis ».

« Elle faisait partie des équipes Jedburgh, composées de trois ou quatre hommes que les Anglo-Saxons envoyaient à cette époque dans les régions occupées pour s'informer des effectifs, de l'armement, des besoins, des forces de la Résistance, des services qu'elle pouvait rendre et, le cas échéant, pour encadrer les maquis[18]. »

Ce fut sur le problème des demandes de parachutages d'armes et sur celui de leur distribution que la discussion fut la plus serrée, comme le rappelle Henri Cordesse :

« Visiblement 'Denis' et ses compagnons n'ont pas confiance dans ces maquis de haute Lozère [...] où l'on ne trouve pas le moindre officier d'active, où les cadres eux-mêmes peuvent difficilement inspirer confiance, car, à parler net, ne devraient-ils pas considérer les FTP plutôt comme des rivaux à évincer, que comme des partenaires ?

'Denis' demanderait volontiers des armes, mais à la condition qu'il sache à qui elles sont destinées. Auprès de 'Denis', le bloc sans faille des officiers, ses compagnons.

'Carrel' lui, ne peut admettre des transferts d'autorité et de responsabilités. La mission doit trouver protection et facilités auprès de la Résistance intérieure. Cette sécurité sera assurée, mais en aucun cas la mission ne se substituera au chef de R.3 pour juger et décider. Auprès de 'Carrel', 'Robert' (Henri Cordesse) et Ernest (Peytavin)[19]. »

Finalement il faudra attendre une heure avancée de la nuit avant que la mission inter-alliée n'admette le point de vue de la Résistance lozérienne. Cependant ce n'est que le 31 juillet qu'un parachutage sera effectué à l'intention des FTP des Cévennes.

Mais, entre temps, un autre problème devait se poser lorsqu'il allait être question de réunir l'ensemble des maquisards dans les FFI et de désigner un chef départemental. Peytavin évoque ainsi ce qui s'est passé :

« Les troupes FTP, d'une part, CFL (Corps francs de la Libération), d'autre part, sont réunies sous un même commandement par ordre du Conseil national de la Résistance, et prennent le nom commun de FFI (Forces françaises de l'Intérieur). Il est donc procédé par les états-majors régionaux à la réorganisation du commandement.

En Lozère, la situation est difficile. Les FTP sont les plus nombreux. De plus, le commandant 'Audibert' (Michel Bruguier) et 'Mistral' (Antonin Combarmond) occupent, avec des CFL du Gard, un secteur important des Cévennes. Enfin, je commande quant à moi les CFL de la Lozère.

Après deux entrevues auxquelles je participe avec 'Barry' (Jean Garnier), Pierre (Savin), 'Audibert' (Michel Bruguier) 'Mistral' (Antonin Combarmond) et 'Francis' (Jean Huc) à Saint-Germain-de-Calberte et au Collet-de-Dèze, l'entente est réalisée grâce au patriotisme de chacun et, il faut le dire, à l'esprit de discipline des FTP.

Je reste chef départemental FFI de la Lozère. 'Barry' est nommé chef départemental adjoint, mais reste, seul, commandant et responsable des FTP ; d'ailleurs il a pour champ d'activité deux départements : le Gard et la Lozère[20]. 'Audibert' reste chef départemental FFI du Gard.

'Francis' (Jean Huc), à Florac, s'occupera des questions administratives et des Milices patriotiques[21]. »

Quant aux antifascistes allemands, qui ont constitué le noyau des MOI des Cévennes, ils ont peu à peu établi les contacts qu'ils recherchaient avec le PCF clandestin. Ils vont former dès lors une unité

FTP/MOI étroitement liée aux FTPF, au point que la sécurité du PC régional des FTP à La Viale (près du Collet-de-Dèze) sera, un temps, assurée par un groupe MOI sous les ordres d'Otto Kühne, bientôt chargé lui-même de responsabilités importantes.

C'est au cours d'une réunion, qui a lieu à la maison forestière du Berthaldès, près de Grandrieu, le 16 juin, qu'est constitué l'état-major des FFI pour la Lozère.

« En juillet, je priai la mission alliée de Plagne, écrit Gilbert de Chambrun, de se rendre dans le sud de la Lozère pour armer les maquis au prorata de leurs effectifs. La mission fit le déplacement demandé. Précédant les voitures où elle avait pris place, un motocycliste servait d'éclaireur, transportant sur son porte-bagage Peytavin, dont la pèlerine bleue de 14-18 flottait au vent. Les deux hommes tombèrent sur un détachement motorisé ennemi. Ils s'échappèrent sous la fusillade à travers un champ de blé. Alertés par les coups de feu, leurs compagnons firent demi-tour. Leur passage ne fut retardé que d'un jour.

Le chef de la mission militaire « Isotrope » demanda alors une quinzaine de parachutages pour 'Barry'[22]. »

C'est ainsi que, le 31 juillet, sur le terrain dit « Quincaille », près de Barre-des-Cévennes, furent parachutés la mission inter-alliée « Packard » venue de Blida et les armes qu'elle apportait. Sur les instances de la mission « Isotrope », installée déjà au Collet-de-Dèze, ces armes furent données aux FTP qui prirent directement le matériel en camion.

« Le 10 août, poursuit Peytavin, une deuxième conférence est tenue à La Capelle sur le causse [de Sauveterre]. Elle est présidée par Gilbert de Chambrun, chef militaire régional FFI, et réunit en outre, en dehors de moi-même, Henri Cordesse, 'Audibert' (Michel Bruguier), 'Barry' (Jean Garnier), Jean Huc, Thomas, Charles Pantel. — L'accord est définitivement scellé —. Je vais demander et obtenir de la mission inter-alliée des parachutages pour les FTP[23]. »

Mais il reste que ces attributions enfin consenties sont bien tardives et l'on comprend qu'elles n'aient pas totalement assaini les jugements.

Les officiers de la mission inter-alliée « Packard » vont se fixer quelque temps chez Chapon, à Tignac. Dès lors, La Viale et Tignac, au sud du Collet-de-Dèze, haut perchés au-dessus de la vallée du Gardon, abritent, d'une part, le PC régional FTP et son corps franc de protection (avec Otto Kühne), d'autre part, l'équipe « Packard ».

Le témoignage de Max Dankner traduit bien la façon dont les antifascistes allemands ont ressenti les hésitations, les tergiversations et les décisions qui ont abouti à l'unification des maquis groupés dans les FFI, ainsi que les parachutages d'armes :

« Les Anglais avaient parachuté un officier français en Lozère dans un secteur de maquis avec mission de constituer les FFI sous une direction unifiée assurée par des officiers de l'état-major gaulliste. Les unités de partisans devaient être réunies sous ce commandement. Les Anglais craignaient effectivement de rencontrer dans le sud de la France une forte opposition tout comme en Normandie, et voulaient utiliser les partisans de cette région, d'une part pour briser la résistance des troupes allemandes au cours de leur retraite depuis le Midi jusqu'à l'Alsace-Lorraine, d'autre part pour soulager au plus vite la zone des combats en Normandie et, au-delà, vers l'Est.

La position des FTP en la matière était la suivante : nous approuvions le rassemblement des partisans à condition que ce soit l'unité la plus forte et la plus confirmée qui assume le commandement. (Il est clair qu'il ne pouvait s'agir alors que d'eux-mêmes). Cette demande fut naturellement rejetée par les Anglais et les gaullistes qui déclarèrent à ce moment que, dans de telles conditions, il n'était pas possible de fournir des armes aux FTP. Or, ceux-ci avaient vu déjà entre temps grossir le nombre des jeunes qui s'étaient ralliés à eux, mais auxquels il manquait des armes.

Une nuit, dans le secteur des partisans, on remarqua des avions qui tournoyaient au-dessus de l'endroit et étaient manifestement des appareils anglais. Une unité de FTP plus importante, constituée de Polonais, qui se trouvait dans la même région, alluma, à tout hasard, des feux, sans connaître particulièrement les signaux lumineux convenus, et oh ! surprise ! des armes furent bien larguées. Pour le coup, le groupe allemand, plein d'espoir, alluma de son côté quatre tas de branches, mais, manifestement, cela correspondait trop peu aux signaux convenus et rien ne fut parachuté.

La question de l'armement des FTP devenait de plus en plus cruciale, de sorte qu'un compromis fut accepté par le Parti. On constitua une direction unifiée des FFI, les FTP désignant le chef adjoint (chef aux Opérations). Dès lors il s'ensuivit un meilleur armement avec des mitrailleuses, des mortiers, des explosifs.

Je me souviens ainsi d'un jour où notre groupe de FTP/MOI avait reçu une attribution d'armes lors de la répartition d'un parachutage anglais. Cela se passait alors que Otto Kühne se trouvait déjà à l'état-major des FTP/MOI qui devait être situé dans la même région que le maquis. »

Cependant cette situation mouvante allait aboutir pour les FTP/MOI à une organisation structurée.

« A partir de petits groupes, écrit Martin Kalb, furent constitués alors des compagnies et des bataillons. 'Der lange Ernst' — 'Le grand Ernest' — (Ernst Butzow) fut nommé commandant du 5ᵉ bataillon, et à moi fut confiée la direction de la 104ᵉ compagnie du 5ᵉ bataillon

— 'la Compagnie allemande'—, dans laquelle se trouvaient également des Français, Autrichiens, Polonais, Soviétiques (autres qu'Arméniens), Tchécoslovaques, Luxembourgeois, Espagnols et Yougoslaves[24].»

Comme nous l'avons vu, les partisans arméniens avaient constitué une unité particulière à la tête de laquelle se trouvait le commandant Alexandre (Kazarian). Celle-ci avait installé son PC au Patus, tout près du Collet-de-Dèze, juste au nord-ouest.

Quant à Otto Kühne, il allait être désigné comme responsable militaire des FTP/MOI pour la région s'étendant sur la Lozère, le Gard et l'Ardèche. Il écrira lui-même plus tard :

« J'en vins à être le responsable militaire, sur ces trois départements, d'une troupe globale de deux mille sept cents hommes, groupés en unités militaires. En juin 1944, je fus promu lieutenant-colonel et décoré de la croix de guerre avec étoile de bronze[25].»

L'effectif qu'il indique correspond à l'ensemble des MOI des départements du Gard, de la Lozère et de l'Ardèche et comprend notamment le bataillon des Arméniens, ou « 1er régiment des partisans soviétiques », fort d'environ cinq cents hommes, les « guérilleros » espagnols, les maquisards allemands auxquels se sont ajoutés quelques déserteurs et prisonniers de la Wehrmacht, d'autres étrangers encore. Peut-être se rapporte-il même à la période qui a suivi la Libération. Tout ceci expliquerait son importance.

Nous avons déjà évoqué les Milices patriotiques. Nous les avons vues intervenir lors des événements de La Rivière et nous avons indiqué qu'au moment de l'organisation des FFI, c'est « Francis » (Jean Huc) qui en a reçu la responsabilité. C'est qu'elles ont pris dans la région une importance toute particulière.

« Les Milices patriotiques de basse Lozère, écrit Roger Bourderon, nous paraissent intéressantes à plus d'un titre. Elles existent d'abord sans porter le nom, équipes nées de la nécessité de couvrir les maquis, dès la fin de 1943, à Saint-Martin-de-Boubaux, Saint-Frézal-de-Ventalon, Saint-Michel-de-Dèze. Elles se sont formées à la suite de contacts entre les cadres de la Résistance et quelques connaissances sûres, quelques hommes par commune qui, à leur tour, recrutèrent, jusqu'à ce que, après juin, presque tous les paysans de ces villages en fassent partie.

Leur rôle fut irremplaçable : généralement pas ou peu armées — des fusils de chasse, quelques armes de récupération ; elles font la collecte des armes pour les donner au maquis ; en particulier des Mauser de la guerre de 1914, quelques révolvers, des fusils de chasse, dormant dans les fermes, sont ainsi récupérés. Elles isolent les suspects par les menaces de représailles, signalent toute arrivée par le chemin de fer départemental, patrouillent sur les routes, dressent des barrages, posent des mines (à Saint-Frézal, au Collet-de-Dèze), obstruent les routes en abattant des arbres, contrôlent même le départ du courrier. Elles participent également au combat de La Rivière le 5 juin 1944. 'Police de masse', 'équipes de soutien', elles donnent confiance au reste de la population, la rassemblent autour de la Résistance, et assurent ainsi un rôle politico-militaire. Ces MP, constituées au début de 1944, ne sont pas une création artificielle : elles répondent à divers besoins, celui d'associer toujours davantage d'individus à l'action de la Résistance, celui d'assurer, plus généralement l'autodéfense des populations, dans le cadre de leur domicile comme dans celui de leur travail[26]. »

Ayant elles-mêmes trouvé en Vallée Longue un milieu favorable à leur développement, elles ont fait que chaque maquisard s'y sentait « comme un poisson dans l'eau ».

Les Cévennes libérées

« En juin-juillet, et à plus forte raison en août, écrit Martin Kalb, dans notre région, d'importants secteurs étaient déjà administrés de façon autonome et contrôlés par la Résistance[27]. »

C'était notamment le cas pour toutes les Cévennes lozériennes où s'étaient implantés les maquis FTP dont, bien sûr, les MOI. Afin de bien marquer les limites de leur domaine et d'en interdire la violation par les Troupes d'Occupation et leurs collaborateurs français, les maquis avaient naturellement coupé les voies et les lignes de communication par des barrages.

« Le 5 juillet, note Ernest Peytavin, quatre barrages sont établis, délimitant la zone contrôlée par les FTP : en direction de Florac sur la RN n° 107 bis, entre Saint-Julien-d'Arpaon et La Salle-Prunet, au passage à niveau du chemin de fer départemental ; en direction d'Alès, sur la RN n° 107 bis, entre Le Collet-de-Dèze et Sainte-Cécile-d'Andorge, au lieu dit la Devèze ; sur la RN n° 106, près de Portes ; et sur la GC 54 près de La Baraque.

Le 5 août, les barrages FTP avancent encore. Florac est occupé. Un barrage est établi sur le causse Méjan à La Pierre Plate ; d'autres sur Runes et Finiels ; un autre encore en direction de Villefort, à l'embranchement des routes nationales au sud de Génolhac. En direction d'Alès, la 7205ᵉ compagnie avance sur Branoux, et la 7204ᵉ compagnie, déplacée dans le Gard, barre le nord d'Alès à l'embranchement de la RN 106 et du GC 59, près du Martinet[28]. »

Bien évidemment, les antifascistes allemands participèrent à l'établissement et à la surveillance de certains de ces barrages.

« Pour les FTP, précise Max Dankner, le plus important était alors de perturber les lignes de transport des Allemands, les voies ferrées tout comme les routes principales. Dans le maquis où nous nous étions trouvés auparavant, nous avions eu tendance, chaque fois que des patrouilles ou des unités allemandes avançaient vers notre secteur, à nous précipiter volontairement sur elles et à rechercher le combat. Cela n'était pas toujours la bonne tactique, et on peut également considérer que cela n'aurait pas dû être l'essentiel de notre mission, même si la région incluse dans le quadrilatère Alès-Aigoual-Mende-Villefort était non seulement propice aux opérations des partisans, mais permettait encore d'entraver les attaques par surprise des Troupes d'Occupation.
Après nous être intégrés aux FTP, nous avons reçu comme toutes les autres unités, des missions particulières. Ainsi, par exemple, nous avons mis en place des barrages (notamment anti-chars) dans les environs de Florac, d'une part, et de Sainte-Cécile-d'Andorge d'autre part, juste avant la gare. Là, nous devions être relevés peu après par de jeunes Français. De même nous avons verrouillé et tenu sous notre contrôle la route qui va de Génolhac à Florac par Le Pont-de-Montvert.
Par ailleurs, un certain temps déjà avant la Libération, les occupants ne pouvaient plus utiliser la ligne de chemin de fer Sainte-Cécile-d'Andorge-Florac, car celle-ci se trouvait entièrement entre les mains des maquisards qui, l'empruntant eux-mêmes, effectuaient aussi des contrôles armés.
Ainsi, dans notre secteur, les choses étaient telles qu'au moment des combats pour la libération, les partisans maîtrisaient presque partout la situation[29]. »

Quant à Martin Kalb, évoquant sans doute la ligne de grande communication Nîmes-Clermont-Ferrand, il écrit :
« Sur le trajet, le contrôle était assuré tout aussi bien dans une station par les occupants allemands et dans la suivante par la Résistance[30]. »

Un rapport adressé le 25 juillet par le préfet de Mende au préfet régional fait le point. Il montre notamment comment est en train de se constituer en Cévennes une véritable zone autonome vivant en autarcie :
« D'après certains renseignements qui viennent de me parvenir, une bande importante de francs-tireurs et partisans aurait remplacé,

dans la région de Pont-de-Montvert et de Vialas, le contingent gaulliste en voie d'organisation.

La présence d'un groupe important d'Arméniens, probablement déserteurs de l'unité cantonnée à Mende, est signalée dans les Cévennes depuis quelques jours. Le canton du Pont-de-Montvert, dont l'accès est impossible du fait que les routes sont barrées, est actuellement placé sous le contrôle intégral du maquis FTP. Les FFI interviennent de plus en plus dans le domaine du ravitaillement en réquisitionnant du bétail chez les agriculteurs, en imposant aux bouchers de vendre la viande sans tickets [...], en fixant les prix de détail. [...] Les communications téléphoniques sont interrompues depuis fin juin avec les communes de Pont-de -Montvert, Fraissinet, Saint-Maurice-de-Ventalon[31]. »

D'ailleurs, à partir du débarquement allié en Normandie, dans les Cévennes, les gendarmeries, qui représentent sur le terrain l'autorité même du gouvernement de Vichy, ont dû se soumettre ou se démettre. Pour certaines, — celles qui se soumettent, parfois de bonne grâce —, l'attaque ou l'enlèvement, généralement simulés, facilitent, sur le plan des responsabilités, la levée de l'obstacle administratif. Pour d'autres — celles qui préfèrent « se démettre » —, c'est le rassemblement à Florac d'abord, à Mende ensuite, qui permet d'éviter des situations dangereuses. Les rapports de gendarmerie ou des Renseignements Généraux sont édifiants.

Pour la seule journée du 9 juin, alors que le Commandement décide le regroupement des brigades « isolées », à Marvejols ou Florac, afin de parer à l'hémorragie, on constate la situation suivante en ce qui concerne exclusivement la région cévenole :

« — Pont-de-Montvert - Vialas : cinq gendarmes qui s'apprêtaient à quitter leur brigade pour rejoindre Florac ont été contraints de donner leurs armes à des individus armés qui ont ainsi pris dix-neuf mousquetons, dix-neuf pistolets, mille cartouches de mousqueton et cinq cents de pistolet. Les cinq militaires n'ont pas consenti à suivre leurs agresseurs et ont pu rejoindre Florac sans autre incident.

— Collet-de-Dèze : la brigade ayant quitté la caserne en camion à 14 heures, pour rejoindre Florac, n'est pas arrivés à destination ; on suppose qu'ils [ses membres] ont été enlevés par un groupe de dissidents, [mot employé pour la première fois à la place de 'terroristes' ; signe des temps !].

— La brigade de Saint-Germain-de-Calberte, elle, est enlevée à son passage à la Croix-de-Bourrel ; elle est désarmée et emmenée par vingt-cinq terroristes armés, en direction du col du Pendedis[32]. »

Une semaine plus tard, le Commandement ordonne le regroupement, à Mende, des brigades jugées trop vulnérables ; l'opération a lieu dans la nuit du 17 au 18 juin « sans incident ». Le but de l'opération est de soustraire les armes aux raids des FFI.

De fait, les Cévennes lozériennes sont ainsi libérées de toute emprise policière venant de Vichy. Bien mieux, les troupes d'Occupation se trouvent toutes en dehors du périmètre. A Mende, qui est leur place forte, cantonnent de deux mille cinq cents à trois mille hommes, puissamment armés. Par contre, les TO de Langogne et Banassac, relais entre Mende-Le Puy, et entre Mende-Millau-Rodez où les garnisons de la Wehrmacht sont relativement isolés. Le sont plus encore les unités stationnées à La Bastide, Villefort, le Monastier, dont les effectifs moyens sont de soixante hommes environ, alors que Banassac compte jusqu'à cent vingt ou cent cinquante soldats et Langogne de trois cents à quatre cents.

Ce n'est qu'à Alès, dans le Gard, au sud-est des Cévennes lozériennes, que l'on trouve par ailleurs des TO, et en particulier l'unité 15727 des Waffen SS, dite « compagnie de Brandebourg », sous les ordres du lieutenant Ernst Striefler, qui, arrivée le 5 mai, partira le 16 juillet date à laquelle elle sera remplacée par l'unité SS 22717 et ce, jusqu'au 18 août[33].

Quand l'ennemi tente
de faire intrusion

Nous avons vu que c'étaient les hommes de la « compagnie de Brandebourg » qui avaient opéré dans la Vallée Longue les 5 et 6 juin. Mais si, à partir du 5 juillet, des barrages allaient fortement être installés sur les routes par les FTP en vue d'en interdire l'accès aux forces ennemies, celles-ci, à deux reprises, tenteront cependant de passer.

Le vendredi 7 juillet, les FTP étaient en train de transformer en véritable barrage le poste de garde d'une dizaine d'hommes mis en place à La Rouvière, un mas abandonné à deux kilomètres environ au sud de Portes.

L'état-major régional avait été averti qu'il se tramait quelque chose contre les maquis cévenols, mais sans autres précisions. Ce poste de la Rouvière étant le plus vulnérable (le plus proche d'Alès et le moins puissant), « Barry » (Jean Garnier) décida de le renforcer et de faire miner la route au cas où il serait nécessaire de la faire sauter : dans ce but, il demanda à « Paul » (Germain Bailbe) d'y dépêcher l'un de ses détachements, celui de Chabannes qui, à l'époque, cantonnait près du Pont-de-Montvert.

Le jeudi 6 juillet, vingt-six hommes placés sous le commandement de Pierrot (Pierre Mattei), un gendarme rallié, partent donc pour Portes, distant de quelques trente-cinq kilomètres. Un side-car — le seul véhicule dont dispose le détachement —, que montent Pierrot et « Willy » (Félix), son « chauffeur », éclaire la petite troupe qui, les armes sur le dos, suit péniblement — car il fait chaud et lourd — la « route des crêtes ».

Passé le col de La Bégude, après environ sept heures d'une marche harassante, les hommes arrivent à la hauteur d'une ferme proche de la route. Quelques-uns vont y bivouaquer — ce qui, il faut bien le dire, n'a pas l'air de plaire à ses habitants ; ils rejoindront leurs camarades le lendemain au début de l'après-midi. Les autres, après s'être reposés un moment, se remettent en chemin vers Portes en fin de soirée et s'installent à la sortie sud du village, dès le col franchi.

Les hommes du groupe 2, qui doivent assurer la garde, se sont portés en face du château de Portes, de l'autre côté de la route, légèrement en surplomb. C'est l'emplacement idéal pour une mitrailleuse qui, de là, peut prendre en enfilade, sur plusieurs centaines de mètres, la Nationale 106 ; celle-ci monte jusqu'au col, en serpentant à flanc de montagne, parmi les près ou les landes parsemées de buissons et de quelques maigres pins sylvestres.

Les maquisards des groupes 1 et 3, quant à eux, sont chargés de miner la route, mais, comme après leur rude marche ils sont recrus de fatigue, l'opération de minage est reportée au lendemain matin. Les charges seront placées en trois endroits. En attendant, les deux groupes vont s'établir près du château d'où l'on domine toute la vallée supérieure de l'Auzonnet et la RN 106 qui descend, à partir de là, jusqu'à L'Affenadou.

Ces derniers vont d'ailleurs être renforcés par la venue de deux Allemands du groupe MOI, requis avec leur mitrailleuse par les responsables FTP auxquels n'avait pas échappé l'intérêt de poster là un tel engin. Richard Hilgert s'en souvient :

« Norbert Beisäcker et moi avions reçu mission d'appuyer un groupe de FTPF à Portes avec notre mitrailleuse. Nous nous sommes rendus auprès de nos camarades français et avons pris position sur une colline face au vieux château[34]. »

Après une nuit paisible, les hommes chargés de miner la chaussée se mettent à l'œuvre. Pour éviter toute surprise, ceux qui ne sont pas occupés sur la route et ceux du groupe 2 veillent. De plus, le side-car, monté par Pierrot et « Willy », fait la navette entre le col et L'Affenadou.

306

11. Combat de Portes : 7 juillet 1944

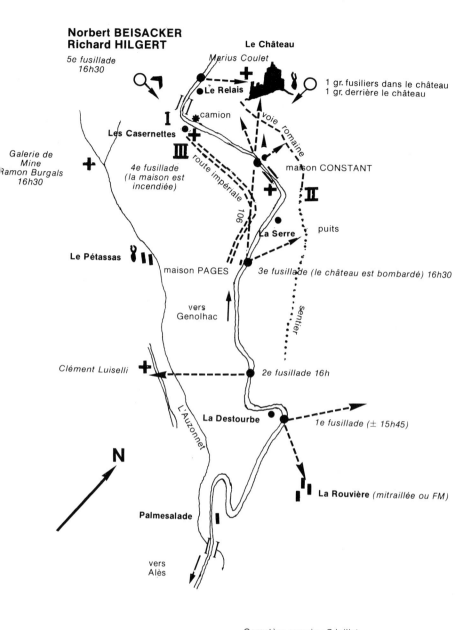

Norbert BEISACKER
Richard HILGERT

5e fusillade
16h30

Le Château

Marius Coulet

Le Relais

camion

1 gr. fusiliers dans le château
1 gr. derrière le château

voie romaine

Les Casernettes

Galerie de Mine Ramon Burgals 16h30

4e fusillade (la maison est incendiée)

route impériale

106

maison CONSTANT

La Serre

puits

Le Pétassas

maison PAGES

3e fusillade (le château est bombardé) 16h30

vers Genolhac

sentier

Clément Luiselli

2e fusillade 16h

N

L'Auzonnet

La Destourbe

1e fusillade (± 15h45)

La Rouvière (mitraillée ou FM)

Palmesalade

vers Alès

Caractère romain : 7 juillet
Caractère italique : 8 juillet (représailles)

maquis

I — 15h30 camionnette immobilisée
1 Allemand blessé
le chauffeur tué
durée de la fusillade, 15 mn ±
la mitrailleuse du maquis s'enraie

II — Joseph Georges, Michel Gagnina, Jean Coutaud, 16h

III — Germain Charpentier, 19h15

Mitrailleuse : Norbert Beisäcker, Richard Hilgert

pont

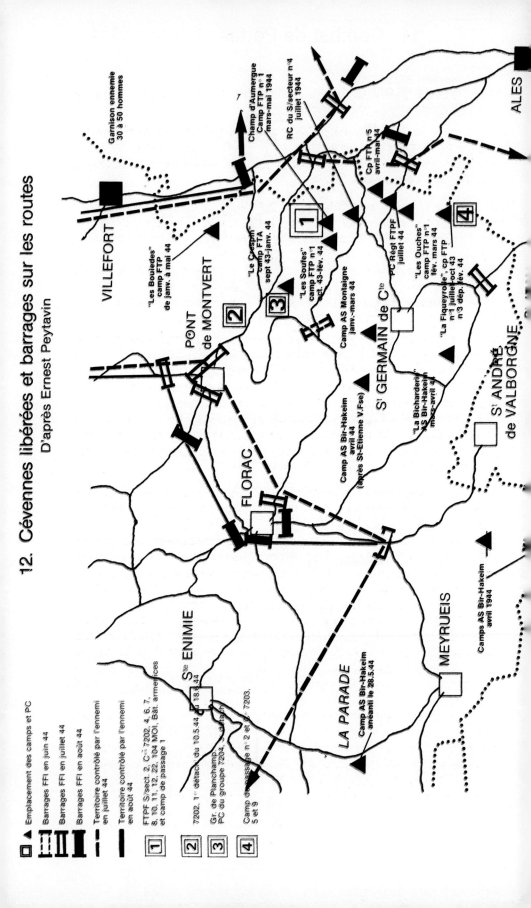

12. Cévennes libérées et barrages sur les routes

D'après Ernest Peytavin

Soudain, à 15 h 15, le side-car remonte à vive allure, comme le raconte « Lapébie » (Marcel Rouquette) :

« Arrêtez-vous ! Allez vous placer ! Les Boches arrivent ! nous lança Pierrot qui fila vers la Canebière[35]. » Il voulait en effet avertir le commandant Paul (Germain Bailbe), de l'imminence de l'attaque afin qu'il envoie du renfort.

A cet instant, les FTP entendent, dans le valat du Pétassas, des ronflements de moteur ; ceux du groupe 2 voient bientôt peiner dans la rude rampe, à un kilomètre et demi en aval, une camionnette suivie d'un camion, munis tous deux d'un « gazogène ».

De retour de la Canebière, peu après le monument aux morts de Portes, Pierrot et « Willy » se trouvent presque nez à nez avec la camionnette et ouvrent le feu. Leurs camarades se mettent à tirer à leur tour.

« A peine avions-nous mis en batterie notre mitrailleuse, note Richard Hilgert, que nous avons entendu des coups de feu : deux hommes qui se trouvaient sur le bord de la route, avaient tiré sur une camionnette de la Wehrmacht. Celle-ci était occupée par des feldgendarmes voulant se diriger vers Mende et était accompagnée par un camion de soldats allemands. Dans le premier véhicule le chauffeur fut tué et un feldgendarme blessé fait prisonnier, tout comme un soldat qui conduisait le deuxième. Les autres s'échappèrent. Notre mitrailleuse s'était enrayée. »

Son tir pourtant a été terriblement efficace : les deux véhicules sont immobilisés. La camionnette, ayant à bord cinq ou six personnes, est criblée de balles. Le chauffeur, un Français de Carpentras, qui, de passage à Alès, avait été réquisitionné avec son véhicule par les Allemands, a été tué au volant. A ses côtés, un sous-officier allemand est sérieusement blessé. Le conducteur du camion, qui transportait une quinzaine de soldats et suivait à peu de distance a également été atteint et a stoppé son véhicule à cinquante mètres d'un ponceau.

Tous les hommes valides vont quitter les véhicules. Les trois ou quatre rescapés de la camionnette vont s'égailler dans la nature, certains se cachant dans des buissons, tandis que les soldats du camion ont sauté pour la plupart dans la rigole en bordure de la route et se sont glissés jusqu'au ponceau au-dessous duquel ils ont trouvé protection.

C'est alors que Pierrot qui, avec « Willy », a suivi les soldats ennemis en tiraillant, est blessé et évacué sur la Canebière. Sont ensuite tués, près du ponceau sur lequel ils étaient passés sans soupçonner la présence des soldats allemands, Jean Coutaud et Michelle Cagnina, puis « Bonnaud » (Joseph Georges). Plus tard, vers 19 h 30, alors que tout semble terminé depuis longtemps, une personne étrangère au maquis, Germain Charpentier, sera tuée par un Allemand caché dans un buisson.

Quatre tués du côté français, dont trois FTP ! Tragique bilan dû en partie à l'imprudence et à l'inexpérience des jeunes combattants. Que dire, par exemple, de ce maquisard qui, malgré les gestes de Maubon, un homme d'expérience, venu spontanément prêter main forte aux FTP, oublie de jeter ses grenades sous le ponceau où les Allemands sont camouflés ?

Les renforts attendus devaient, hélas ! arriver après la bataille, vers 18 h, commandés par « Paul » (Germain Bailbe), chef de la 7202e compagnie.

Sa première action est de neutraliser les soldats que l'on croit toujours cachés sous le petit pont. Mais, lorsque les maquisards donnent l'assaut, ils trouvent le nid vide ! Des taches de sang et des pansements maculent le sol, prouvant que plusieurs soldats avaient été touchés au début. Les Allemands ont cependant pu s'enfuir, en se faufilant le long des « faïsses ». A la faveur de la nuit ils gagneront Alès.

Richard Hilgert et Norbert Beisäcker allaient attendre le lendemain pour rejoindre leurs camarades MOI.

« Après l'engagement, précise Richard Hilgert, s'est produit une pluie torrentielle et nous nous sommes réfugiés dans une maison où nous avons passé la nuit. Après quoi, nous sommes de nouveau retournés à Pénens. »

Le samedi 8 juillet allaient avoir lieu des représailles.

Vers 15 heures, un camion et deux cars réquisitionnés bourrés de troupes — soixante-dix à quatre-vingts hommes[36] pourvus de mitrailleuses et de mortiers —, quittent Alès par la Nationale 106. Arrivés vers 15 h 45 à La Destourbe, ils vont, à partir de là et jusqu'à Portes, secteur où à eu lieu l'accrochage de la veille, effectuer plusieurs arrêts assortis de tirs à la mitrailleuse et d'investissements de mas isolées qu'ils pilleront plus ou moins. En outre, ils interceptent les personnes circulant sur la route, pour contrôle d'identité. Trois civils sont tués au cours de ces diverses opérations. Dans le village de Portes, partiellement déserté, une fouille minutieuse ne révèlera rien de suspect et les troupes se retireront vers 19 h 30 non sans avoir pillé plusieurs maisons.

La deuxième tentative des Allemands, — réussie celle-là —, pour forcer les barrages isolant les Cévennes lozériennes, eut lieu le 20 juillet. La veille, le groupe CFL de Vébron commandé par le capitaine Bertrand, dépendant des FFI du Gard, avait fait savoir aux FTP que l'ennemi, venant de Mende, devait emprunter la RN 107 pour éviter le barrage qu'ils avaient mis en place sur la RN 107 bis, près de La Salle-Prunet. Aussi le commandant FTP le déplaça-t-il, sur la

RN 107, près du pont de Barre pour couper la route aux agresseurs.

Or, c'est au contraire sur la RN 107 bis que les soldats allemands, sans doute avertis, réussirent à faire passer un convoi d'au moins six véhicules : une auto mitrailleuse, deux autos et trois ou quatre camions ou camionnettes de troupe.

Le convoi fut attaqué à 7 heures du matin, à la sortie sud de Florac, au Pont Neuf, alors qu'il obliquait pour s'engager sur la Nationale 107 bis. Mais cet accrochage improvisé ne put se développer : il y eut quelques ennemis hors de combat, un FFI blessé et un civil tué tandis que le convoi poursuivait sa route en direction de Sainte-Cécile-d'Andorge.

Au Collet-de-Dèze, les hommes de la Wehrmacht purent, après une poursuite mouvementée, s'emparer d'un camion d'explosifs à demi déchargé, conduit par « Achille » (Emile Monton) qui réussit à s'enfuir après l'avoir mis en travers de la route en le jetant volontairement contre la façade de la gendarmerie. Après avoir manifesté l'intention de faire exploser le chargement sur place, ils devaient prendre le Latil en remorque et le tirer jusqu'à une centaine de mètres de l'ancienne usine de traitement d'antimoine du pont de Servières, où ils le firent sauter.

Un peu plus loin, au barrage de La Devèze, le système de mise à feu des mines ne fonctionnant pas, les maquisards de garde, armés seulement de fusils et de mitraillettes furent dans l'incapacité d'attaquer le convoi.

C'est ainsi que ce jour-là, des soldats allemands purent, pour la dernière fois, traverser la région de basse Lozère contrôlée par les FTP.

Les Cévennes lozériennes constituent une entrave et une menace pour l'occupant

De fait, du 6 juin au 15 août — d'un débarquement à l'autre —, les Cévennes lozériennes deviennent non seulement une zone libre, mais encore une forteresse. A partir de celle-ci, les maquis entravent les prélèvements effectués par l'occupant, notamment à destination de l'Allemagne, soit en diminuant la production par le sabotage, soit en s'opposant aux réquisitions ou en les détournant. Par ailleurs, ils réduisent les possibilités de libre circulation et menacent les routes susceptibles d'être empruntées par les troupes d'occupation en cas de débarquement Allié dans le Midi.

« Le travail que nous avons pu mener en commun avec une partie des cheminots, dit Max Dankner, a été très efficace. La ligne Nîmes-Clermont-Ferrand-Paris a été systématiquement surveillés et perturbée par les partisans. Voici, par exemple, une façon d'opérer : à une station située sur la première portion du parcours, un partisan habillé en dépanneur monte sur la locomotive et s'informe auprès du mécanicien du cotenu des divers wagons. Par la même occasion, il lui fait part de l'endroit où le barrage est établi. Le train poursuit donc sa route jusqu'à ce barrage où il est obligé de s'arrêter, alors que le faux dépanneur a transmis par téléphone ses informations sur le chargement et la surveillance dans les différents wagons. Il est alors facile pour les partisans d'attaquer l'équipe de garde et de la désarmer, puis de vider les wagons et de charger dans des camions ce qu'ils contiennent précisément le plus important pour les Allemands. »

Les maquis ne s'attaquaient pas seulement aux exportations de marchandises et de matériel vers l'Allemagne : ils visaient les réquisitions effectuées par les occupants ou pour leur compte.

« Une action très importante aux yeux des paysans a pu être effectuée, poursuit Max Dankner. Les fascistes avaient réquisitionné ici ou là un grand troupeau de moutons qui fut repris par les partisans et mené dans la montagne. Les moutons furent ensuite distribués aux propriétaires ; à la suite de quoi, nous reçûmes de l'état-major des FTP des bons où il était indiqué chez quel paysan déterminé nous pouvions aller chercher, en cas de besoin, un de ces animaux pour notre nourriture[37]. »

Durant cette période, furent également effectués des sabotages et des récupérations de matériel de toutes sortes dans des entreprises travaillant pour les Allemands, notamment aurpès des mines et de leurs « magasins », objectif prioritaire car source d'approvisionnement en explosifs. Ce furent généralement des équipes spécialisées qui accomplirent ces missions, souvent constituées par d'anciens mineurs d'Alès, de La Grand-Combe ou de Bessèges, ainsi que par des Espagnols pour les mines de Dèze et de la région.

Le sabotage, parfois mal perçu par l'opinion, avait cependant un rôle important, car, à travers les moyens de transport et les communications, il visait l'économie de guerre allemande. Si les guérilleros espagnols y avaient eu très tôt recours, avec d'infinies précautions, c'est surtout vers la fin de l'occupation nazie qu'il allait se développer, notamment au moment du débarquement en Provence.

Mais les antifascistes allemands qui faisaient partie des MOI y participèrent assez peu, l'état-major des FTP ne les ayant pas engagés dans ces actions, compte tenu peut-être de leur réputation de combattants. Il ne faudrait pas oublier toutefois que les FTP avaient toujours considéré le sabotage comme une des missions essentielles du partisan : c'est ainsi par exemple que, dès le 7 mai, ils avaient fait sauter la mine d'antimoine de Saint-Michel-de-Dèze, l'usine d'affinage du Collet-de-Dèze et la mine de baryte du Bluech. De même, le transport par voie ferrée fut à plusieurs reprises interrompu entre Alès et La Bastide.

Quelques destinées particulières

Cependant, alors que dans les Cévennes on commence à nouveau à humer l'air de la liberté, des femmes et des hommes connaissent un sort souvent tragique.

Lisa Ost et Hedwig Rahmel-Robens, arrêtées à Alès le soir du 6 juin au Rich'Hôtel par les Waffen SS qui y tenaient leurs quartiers, furent transportées et emprisonnées au Fort Vauban. Auguste Aubaret, « interné à la maison d'arrêt d'Alès entre le 7 avril et le 1er août 1944 afin de purger une peine de six mois de prison pour trafic de tickets de pain » apporte un témoignage. Employé comme comptable et aide-cuisinier, il a vu et entendu comment les tortionnaires de la citadelle d'Alès traitaient leurs malheureux prisonniers.

« J'ignore le nom des deux femmes allemandes emprisonnées 'pour trahison', a-t-il déclaré. J'ai communiqué facilement avec elles. Elles savaient par avance quel serait leur sort. Elles savaient que la mort les attendait ; malgré tout, jusqu'à la fin, jusqu'à leur départ, elles gardèrent un pauvre sourire, elles furent sublimes !
A l'une d'elles, un jour, je demandai la raison de son arrestation. Elle me répondit en souriant : 'Moi, Allemande ; moi, de la Résistance.' Puis je lui tendis la gamelle de soupe qui lui était destinée. Je m'aperçus qu'elle avait assez de difficultés pour la saisir. Je lui en fis la remarque. Elle montra alors sa main gauche. Je vis que l'ongle du majeur avait été arraché. Le doigt était sanguinolent. Et elle me dit avec un accent allemand assez prononcé : 'Voyez ce qu'ils m'ont fait hier. C'est la dernière fois que vous me servez la soupe, monsieur, car demain, je serai enterrée !.' Je me retirai sans dire un mot, les larmes aux yeux.
Les deux prisonnières ont été beaucoup torturées. L'une d'elles surtout : le col de son corsage était maculé du sang ayant coulé de sa tête. Les cheveux, agglutinés par le sang coagulé, cachaient une plaie à la nuque. Elles avaient les yeux tuméfiés, les lèvres enflées. Miliciens et Waffen SS s'acharnèrent particulièrement sur ces deux malheureuses[38]. »

Le surveillant-commis greffier Roch-Pierre Meozzi a confirmé les dires d'Auguste Aubaret :

« Parmi les personnes incarcérées par les Waffen SS se trouvaient deux femmes, une Allemande et une Alsacienne. Le mari de la première avait été déjà fusillé. Elles étaient toutes les deux condamnées à mort et conservaient, malgré ça, l'une et l'autre, un admirable moral. Je faisais, lorsque cela m'était possible, passer des cigarettes à ces deux femmes. Un jour, elles me montrèrent leur doigts mutilés qui avaient été tordus et disloqués par leurs tortionnaires au moyen de tenailles et de pinces[39]. »

Lisa Ost et Hedwing Rahmel-Robens seront sorties de leur cellule le 26 juin, à 5 heures du matin, et emmenées avec deux autres prisonniers dans une camionnette peugeot de l'armée allemande, jusqu'au puits de Célas, à moins de 10 kilomètres d'Alès. Tous les quatre y seront précipités après avoir été abattus, partageant ainsi le sort tragique de bien d'autres résistants.

Après la Libération, on retrouvera là le corps de vingt-huit d'entre eux (dont les deux Allemandes) et de trois collaborateurs exécutés pour avoir pratiqué le double jeu (?).

« Un ouvrier d'Alès indiquera alors qu'il y avait dans la prison deux femmes qui ne parlaient pas français et se prétendaient lorraines, écrit Richard Hilgert. Il évoquera les blessures qu'elles portaient après les interrogatoires et ce que furent leur courage et leur fermeté. Par leur tranquille résolution elles donnèrent de l'énergie à beaucoup de leurs compagnons de souffrance[40]. »

Quant à Christian Robens, nous ignorons quelle fut réellement sa mort, le témoignage de ses frères d'armes ne correspondant pas. Cependant, il semblerait exclu qu'il ait été parmi les trente et une victimes du puits de Célas, l'une d'elles, restée un cerrtain temps non identifiée, étant sans doute Manuel Zurita.

Paul Huber, lui, a disparu des Cévennes.

« Par des paysans, dit Richard Hilgert, il avait fait remettre un rapport écrit à ses camarades allemands. Il y indiquait qu'il aurait accompagné les agents de la Gestapo en montagne pour y chercher le groupe des partisans allemands, alors que celui-ci s'était installé entre temps dans un autre cantonnement dont il ignorait l'emplacement. »

Ceci peut laisser sous-entendre que, dans la mesure où il était au courant de ce déplacement, il avait pensé conduire la Gestapo sur une fausse piste, évitant ainsi de faire courir des risques à ses compagnons.

Il se serait ensuite enfui au cours d'une nuit passée dans un village et aurait pu rejoindre Anna Rousseau au voisinage de Saint-Germain-de-Calberte[41].

Anna Rousseau n'avait pas mis en doute sa version des faits ; mais consciente, comme lui, que les hommes d'Otto Kühne risquaient d'être plus méfiants à son encontre, elle accompagna Paul Huber en haute Lozère où elle le mit en contact avec les responsables de la Résistance. Intrigués par le fait que celui-ci ne rejoigne pas ses camarades des Cévennes, ils le surveillèrent, mais la recommandation d'Anna Rousseau — cette militante au-dessus de tout soupçon —, était une garantie très importante : Henri Cordesse, qui a connu Paul Huber, dépeint le personnage :

« C'est un homme redoutable et cultivé, parlant anglais, espagnol et français, outre sa langue maternelle. Grand, bien découplé, il a un physique agréable de beau Bavarois en pleine force de l'âge. Mais, à observer le comportement qu'il avait en marge du groupe, son autoritarisme brutal et son goût pour 'l'aventure personnelle', on comprend que Paul Huber n'ait pu inspirer confiance aux résistants français de Saint-Martin-de-Lansuscle qui apportaient leur aide au Galabartès et qu'il ait perdu celle de ses compatriotes. Son visage glacial où l'on remarque les mâchoires fortes des hommes volontaires, l'expression impénétrable de son regard, quelles que soient les circonstances, accusent encore le tour inquiétant du personnage. La Résistance a l'œil sur lui et le dirige sur le petit corps franc 'Malige' à Chantejals, près des Termes, comme instructeur, en vue de missions de sabotage éventuelles sur la ligne haute tension qui relie Sarrans-le-Brommat à Monistrol-sur-Allier. Son nouveau nom est 'Jean'. Il fait très vite la preuve de son savoir-faire : les coupures demandées sont magistralement exécutées à deux reprises, et l'audace de ses techniques impressionne fort ses compagnons. C'est ainsi que, très calmement, il met en place dans un pain de plastic le détonateur, dans lequel il a serré — avec ses dents — l'extrémité dénudée du cordon bickford... tout cela après avoir souligné l'extrême sensibilité aux chocs et au frottement du fulminate de mercure.

L'action, dans un corps franc de résistants français, a certainement sauvé 'Jean' d'une chute fatale[42]. »

La Libération de Nîmes

Grâce aux parachutages d'armes qu'ils ont reçus depuis le 31 juillet, les FTP, et notamment les MOI allemands, sont nettement mieux armés lorsque, trois semaines plus tard, ils vont quitter leur coin de Cévennes.

« A cette époque, souligne Paul Hartmann, nous avons pu laisser enfin nos vieux fusils de 98 et les remplacer par de nouvelles carabines allemandes parachutées dans la région par les Alliés qui les avaient prises à l'ennemi. En outre, nous parvinrent de même des fusils mitrailleurs, des mitrailleuses et de petits mortiers d'origine anglaise et canadienne[43]. »

Et Max Dankner conclut :

« Lors de l'offensive sur Nîmes et de sa libération, nos unités étaient considérablement mieux armées qu'auparavant en Lozère lors des engagements qu'elles avaient eu à soutenir[44]. »

Cela permit effectivement aux antifascistes allemands descendus des Cévennes d'être parmi les premiers à pénétrer dans Nîmes et à s'y installer. Grâce à Martin Kalb, Richard Hilgert et Max Dankner, nous savons comment les choses se sont passées :

« Après le débarquement des Alliés sur le littoral de Provence, notre direction militaire décida de prendre la ville de Nîmes par un coup de main. Nîmes avait une valeur stratégique en tant que nœud ferroviaire des lignes partant du sud en direction du nord, et principalement vers Lyon et au-delà vers l'Alsace.

Le 20 août, nous nous sommes embarqués, partie en camions et partie en autobus, et nous avons pris la direction d'Alès. Lorsqu'Alès a été libéré, Martin Kalb a conduit le détachement sur la route de Nîmes.

On avait appris que l'armée allemande voulait, avant son départ, détruire certains secteurs de cette ville et quelques objectifs industriels importants des environs. Afin de l'en empêcher et d'éviter les routes empruntées par les convois de la Wehrmacht, la Résistance, en collaboration avec des cheminots français, mena à bonne fin l'audacieuse entreprise suivante :

C'est dans une gare, entre Alès et Nîmes — à Saint-Hilaire-de-Brethmas —, que ce 23 août, tard dans la soirée, nous sommes montés dans des wagons de marchandises. Il y avait là des maquisards français, polonais, et surtout l'unité des partisans allemands, la 104e compagnie du 5e bataillon, dirigée par Martin Kalb, que l'on appelait 'la compagnie allemande' à cause de sa composition. Devant la locomotive on avait placé un wagon plate-forme sur lequel on avait installé une mitrailleuse.

Et c'est ainsi qu'un bataillon de cinq compagnies, enfermé dans les wagons d'un train de marchandises déclaré comme transport de la Wehrmacht, fut dirigé sur Nîmes au nez et à la barbe des postes allemands. Nous jouions notre vie à pile ou face. Les cheminots français avaient indiqué à l'avance quelles étaient, parmi les gares que nous allions traverser, celles qui étaient entre les mains de l'ennemi, mais, en dehors de l'état-major et des chefs de compagnie qui avaient été seuls mis au courant, personne ne savait que nous roulions à travers une région qu'il occupait et contrôlait encore partiellement. Cependant, durant le voyage qui nous parut interminable, nous étions assis dans l'obscurité du wagon, osant à peine prononcer un mot à voix basse : il était absolument interdit de chanter, de parler et de fumer. Chacun était plongé dans ses pensées. La plupart songeaient certainement à leur 'chez eux', et à ce qu'il en adviendrait un jour.

Au terme du voyage, dans la nuit, nous nous rassemblâmes aux abords de la ville en vue d'attaquer par surprise et faire prisonnières les troupes d'occupation qui pouvaient encore s'y trouver.

De bon matin, nous sommes entrés dans Nîmes[45]. Il y avait une brume épaisse. Nous ne savions pas si les nazis étaient encore là. Le bruit courait qu'ils s'étaient retranchés dans les arènes. Un jeune camarade polonais a été envoyé en éclaireur, avec sa moto, pour se rendre compte. Et il est revenu dans le brouillard épais, coiffé d'un casque allemand. Un camarade, posté en sentinelle, a cru qu'il s'agissait d'un soldat de la Wehrmacht ; il a tiré et le malheureux camarade polonais est aussitôt tombé mort.

L'action se déroula ensuite comme prévu. La 104e compagnie atteignit, la première, dans la matinée, le centre de Nîmes[46]. Nous sommes ainsi arrivés sans voir aucun fasciste, jusqu'à la caserne Montcalm qui n'était plus occupée. Nous avons alors appris que les nazis s'étaient retirés pendant la nuit. Mais la population elle-même avait assez peu pris conscience de la chose.

Nous avons donc établi nos quartiers dans la caserne, et ce fut midi.

Norbert Beisäcker descendit l'emblème à croix gammée qui flottait au fronton surmontant le portail et hissa à sa place le drapeau tricolore. Une centaine de personnes qui s'étaient rassemblées chantèrent *la Marseillaise*.

Pendant ce temps Richard Hilgert et Hermann Leipold creusaient un trou de protection pour leur mitrailleuse et la mettaient en batterie. »

Max Dankner, de son côté, raconte :

« Des Nîmois, nous entendant parler entre nous dans notre langue, furent effrayés et se demandèrent ce qui se passait : les Allemands étaient-ils encore là ou non ?

Cependant quelques-uns d'entre eux nous accostèrent et nous demandèrent si nous n'étions pas plutôt des camarades de Thälmann. Comme nous leur avons répondu affirmativement, en précisant que nous étions des anciens combattants d'Espagne, nous avons été fêtés à nouveau tout particulièrement : on nous a versé à boire et on nous a acclamés par des cris d'allégresse.

Sur ces entrefaites, soudain, une colonne motorisée de la Wehrmacht déboucha de la rue d'Uzès. La population se dispersa comme par enchantement et Richard Hilgert et Hermann Leipold tirèrent sur les soldats fascistes à la mitrailleuse.

Martin Kalb, rentré dans la caserne, venait juste de quitter ses chaussures pour la première fois depuis bien des jours et d'enfoncer ses pieds dans un seau d'eau froide pour les rafraîchir, lorsqu'il entendit les premiers crépitements de l'arme. Il glissa ses pieds humides dans ses souliers, et sortit au plus vite devant la caserne.

Les camions du convoi, fortement éprouvés par le tir de la mitrailleuse du poste de garde, obliquèrent dans le boulevard Amiral Courbet. Mais ils devaient être mitraillés encore à deux reprises dans la ville par des camarades polonais et italiens et finalement stoppés. C'étaient des soldats de la marine. Beaucoup avaient été tués et, parmi les prisonniers, la plupart étaient blessés, dont une cinquantaine assez grièvement qui, furent hospitalisés.

Cependant cette tentative d'une unité allemande de traverser la cité libérée prouvait qu'il était encore nécessaire de s'organiser militairement et d'assurer la protection de la ville, sans attendre que l'état-major soit sur place. Ce qui fut fait[47]. »

NOTES DU CHAPITRE IX

1. A proximité de l'endroit où s'était déroulé, le 11 septembre 1702, le mémorable combat de Champdomergue au cours duquel les camisards se mesurèrent aux troupes du fameux capitaine Poul.

2. Bourderon écrit : « L'effectif des FTPF de basse Lozère passe de deux cents environ au début de juin à plus de sept cents au début du mois d'août. » Les MOI constituent la différence. Quant à la haute Lozère les CFL, étaient cent soixante à deux cents début juin. Mi-juillet, ils sont environ six cents et de douze cents à quinze cents à la Libération. Roger Bourderon, *La Libération du Languedoc méditerranéen*, Hachette, Paris, 1974.

3. Barthélémy Ramier sera abattu et jeté dans le puits de Célas, tandis que « Jacques » réussit à s'enfuir et rejoignit les maquis de l'Ardèche.

4. D'autres résistants ont pu par ailleurs établir des contacts avec les Arméniens, tels le capitaine « Germain » (Kurt Frisch) des MOI et le capitaine « Gérard » — d'après Ernest Peytavin —, ou servir d'intermédiaire, comme René Evrard — selon Aimé Vielzeuf. Richard Hilgert note de son côté, en ce qui concerne le groupe des antifascistes allemands : « La liaison avec les Arméniens fut établie par le camarade polonais 'Maurice' qui pourvoyait en vivres notre maquis et travaillait en tant que responsable d'une coupe de bois. » Cf. aussi Dora Schaul, *op. cit.*, récit de Martin Kalb.

5. Témoignage de Richard Hilgert.

6. Institut für Marxismus-Leninismus, Relation de Max Dankner.

7. *Ibid.*, Relation de Richard Hilgert.

8. Louis Frédéric Ducros, *Montagnes ardéchoises dans la guerre*, t. III.

9. Institut für Marxismus-Leninismus, Relation de Richard Hilgert.

10. *Ibid.*, Relation de Max Dankner.

11. Ernest Peytavin, *op. cit.*

12. Le 29 juillet un groupe de quarante-huit hommes déserte ; le 4 août : cinquante-six ; le 8 août : cent soixante (à Banassac).

13. Henri Cordesse, *Histoire de la Résistance en Lozère.*

14. Institut für Marxismus-Leninismus, Relation de Max Dankner.

15. *Ibid.*, Relation de Hans Scheifele.

16. *Ibid.*, Relation de Martin Kalb.

17. Jacques Poujol, « Histoire abrégée des maquis cévenols (1943-1944) », in *Causses et Cévennes*, n° 4, 1980.

18. Roger Bourderon, *op. cit.* Cette équipe comprend, en outre, un capitaine néo-zélandais : « Jourdan » dit capitaine « Bob » (qui se fracture la jambe en touchant terre), un capitaine français « Jean » (Baldensberger), et un lieutenant français de l'armée d'Afrique : « Georges » (Pezant), spécialiste radio pour les parachutages d'armes.

19. Henri Cordesse, *op. cit.*

20. Le règlement du problème avait également été compliqué du fait que le découpage géographique n'était pas le même pour les CFL qui se référaient aux limites départementales et pour les FTP qui n'en tenaient pas compte. Ainsi leurs compagnies des Cévennes faisaient partie d'un secteur s'étendant non seulement sur la Lozère mais aussi sur le Gard et même l'Ardèche. D'où la solution adoptée.

21. Ernest Peytavin, *op. cit.*

22. Gilbert de Chambrun, *op. cit.*

23. Ernest Peytavin, *op. cit.*

24. Institut für Marxismus-Leninismus, Relation de Martin Kalb.

25. *Ibid.*, Relation d'Otto Kühne.

26. Roger Bourderon, *op. cit.*

27. Institut für Marxismus-Leninismus, Relation de Martin Kalb.

28. Ernest Peytavin, *op. cit.*

29. Institut für Marxismus-Leninismus, Relation de Max Dankner.

30. *Ibid.*, Relation de Martin Kalb.

31. Arch. dép. Lozère.

32. Henri Cordesse, *op. cit.*

33. Il est vrai que Jean Huc n'était pas chaud pour faire sauter les ponts, estimant que, en dehors même des risques de représailles à présent forts réduits, l'entrave que cela occasionnerait pour la population et les maquis (qui utilisaient journellement les routes serait plus importante que pour les TO (qui ne les empruntaient qu'exceptionnellement). Cela explique peut-être que les Milices Patriotiques n'aient pas agi de la sorte, à l'ouest du Collet-de-Dèze, vers Saint-Privat-de-Vallongue pour stopper le convoi.

34. Témoignage de Richard Hilgert.

35. Aimé Vielzeuf, *Epopée en Cévennes*, Imprimerie Béné, Nîmes, 1976.

36. Déclaration d'Auguste Aubert, le 18.12.44, à la PMA (Police municipale d'Alès), « Service de recherches de crimes de guerre ennemis », circulaire du 8.12.44.

37. Institut für Marxismus-Leninismus, Relation de Max Dankner.

38. Déclaration par lettre de Roch-Pierre Meozi à la PHA.

39. Julien Gui, *op. cit.*

40. Dora Schaul, *op. cit.*, récit de Richard Hilgert.

41. Institut für Marxismus-Leninismus, Relation de Richard Hilgert.

42. Henri Cordesse, *op. cit.*

43. Dora Schaul, *op. cit.*, récit de Paul Hartmann.

44. Institut für Marxismus-Leninismus, Relation de Max Dankner.

45. Notre propos n'est évidemment pas de traiter de la Libération de Nîmes, mais seulement de la participation des antifascistes allemands à celle-ci.

46. Faisant allusion au groupe arménien, Richard Hilgert écrit : « Les camarades soviétiques qui, eux, se dirigeaient en direction de Nîmes à bord de camions sont tombés sur les Nazis et ont eu des accrochages en différents points, notamment à La Calmette. »

Martin Kalb note : « Les quatre autres compagnies qui s'étaient dissociées individuellement dès le départ, — et n'avaient pas pris, elles, le chemin de fer —, ne devaient nous rejoindre séparément qu'après. »

47. Institut für Marxismus-Leninismus, Relation de Max Dankner et de Martin Kalb ; Dora Schaul, *op. cit.*, récit de Richard Hilgert.

ÉPILOGUE

De la Libération de Nîmes
à la fin de la guerre

Nîmes libéré, ce n'était pas la fin de la guerre contre l'Allemagne hitlérienne qui ne capitulera que le 8 mai 1945. Cependant, le 4 septembre 1944, eut lieu dans la ville, le défilé de la Libération. Les MOI des Cévennes marchaient en tête avec, au premier rang, Ernst Butzow, Martin Kalb et Andréas Volz qui, avec ses 54 ans, était leur doyen.

Sur une très grande banderole on pouvait lire :

FFI — FTP — MOI
5e Bataillon — 104e Compagnie
Maquis de Lozère
Bataille de Saint-Etienne-Vallée-Française
Col des Laupies — La Borie — Mai 1944
Alès — Nîmes — Août 1944.

Puis, pour la plupart des antifascistes allemands ce fut le retour dans les Cévennes.

« En septembre 1944, écrit Martin Kalb, tout le bataillon fut déplacé à Florac-Mende pour être réorganisé. Une partie des ressortissants polonais ou tchèques ou d'une origine similaire furent démobilisés ; le groupe Allemand fut transféré au château Arigès à Florac.

321

Entre temps notre travail pour le comité national 'Allemagne libre pour l'Ouest' avait commencé dans les camps de prisonniers de guerre allemands.

Sur décision du Parti et avec l'accord des autorités, un certain nombre de membres de la Wehrmacht furent retirés de ces camps. Il s'agissait là, non seulement de soldats qui avaient appartenu auparavant eux-mêmes au KPD, à moins que ce ne soit leur père, mais encore d'autres qui apportaient la preuve, vérifiée de façon sûre, qu'ils avaient rompu depuis longtemps déjà avec le régime hitlérien.

A deux reprises, ces hommes furent réunis à partir des camps de Nîmes et d'ailleurs et nous furent amenés.

Les effectifs de la compagnie étaient alors d'environ deux cent quatre-vingts hommes. Le noyau était constitué par trente à quarante antifascistes, anciens combattants d'Espagne, ainsi qu'un petit groupe d'anciens déserteurs de la Wehrmacht. J'en étais le commandant et l'officier politique était Hermann Mayer.

Il était prévu que nous participerions avec cette unité au combat contre l'Allemagne hitlérienne. Aussi envisageait-on de sortir des camps encore plus d'anciens soldats de la Wehrmacht pour les entraîner et les instruire dans ce but. De la part des autorités françaises, nous recevions tout l'appui nécessaire pour réaliser nos plans.

Notre armement était excellent par rapport à ce qu'il avait été dans le passé. Nous possédions une quantité suffisante de fusils d'infanterie, de fusils mitrailleurs et de mitrailleuses lourdes ainsi qu'un certain nombre de mortiers légers, avec un stock abondant de munitions. Les anciens membres de la Wehrmacht étaient traités exactement d'égal à égal avec nous ; ils recevaient leur solde et aussi des armes. »

L'intervention du comité national « Allemagne libre » dans les camps de prisonniers de guerre de Saint-Césaire avait commencé aussitôt après la Libération.

« Ce sont les soldats allemands interceptés le 24 août 1944 dans Nîmes, dit Max Dankner, qui constituèrent le premier groupe à être amené au camp de Saint-Césaire où, délégués par le mouvement 'Allemagne libre', nous allions faire du bon boulot[1]. »

Et, lorsque vers la fin du mois de septembre, Luise Kraushaar fut envoyée à son tour par le CALPO de Marseille, elle trouva des camarades à l'œuvre.

« Déjà avant mon arrivée, note-t-elle, Franz Blume, Hermann Mayer, Richard Hilgert, Andréas Volz et quelques antifascistes autrichiens avaient commencé le travail de persuasion[2]. »

Il y avait également Max Dankner.
Mais, poursuit Martin Kalb :

Le défilé des maquisards de la 104ᵉ Compagnie du 5ᵉ bataillon, le 4 septembre 1944, dans Nîmes libéré. En tête, de
[ga]uche à droite : Martin Kalb, Ernst Butzow, Andréas Volz. Derrière eux, portant le drapeau tricolore : Norbert Beisäcker,
[cel]ui-là même qui a descendu le drapeau à croix gammée du fronton de la caserne Montcalm pour y hisser à la place l'emblème
[fra]nçais.

[...] A Mende, devant la caserne, trois homme de la 104ᵉ Compagnie : Hans Reichard (3ᵉ à partir de la gauche), Hermann
[M]ayer (4ᵉ) et Mathias Zintl (6ᵉ). Les trois autres hommes sont d'anciens membres de la Wehrmacht.

68. A Florac, quelques hommes en garnison au château d'Arigès. De gauche à droite : Paul Skovoda (Tchèque), H[.] Hasselbrink, un déserteur de la Wehrmacht, Albert Rucktäschel, Norbert Beisäcker, Heinz Lorenz (déserteur de [la] Wehrmacht), un autre déserteur de la Wehrmacht, Hermann Albrecht, Victor Peter (ancien de la Légion étrangère).

69. A Alès, le comité de secteur du CALPO, avec, de gauche à droite : au premier rang, accroupis ou assis : Fritz We[...] Norbert Beisäcker, Hans Reichard, Marguerite Blume (née en France), Franz Blume ; au deuxième rang : Paul Hartma[...] Luise Kraushaar, Karl Klausing, Mme Newmann, ép. Kalweit, Hermann Mayer, X. ; au troisième rang : Félix Herger [...] Newmann, Martin Kalb, Emil Kalweit.

« Voici qu'un jour de fin octobre 1944 sont apparus chez nous Otto Kühne et Ernst Buschmann. Ils m'expliquèrent que, sur décision du Parti, les anciens membres de la Wehrmacht retirés des camps devaient y retourner et qu'on n'allait pas mener des actions en commun avec eux. Ils ne pouvaient pas me donner de justification plus précise de cette mesure. D'ailleurs, à la suite de conversations que j'eus avec l'un et avec l'autre, je pus conclure qu'ils n'étaient pas d'accord non plus avec cette décision.

Et c'est ainsi que nous avons ramené ces hommes dans un camp français de prisonniers de guerre. Des deux côtés, nous eûmes de la peine à nous séparer. Nous pensions alors, et nous continuons de le penser, que l'intervention sur le front telle qu'elle avait été envisagée aurait eu nécessairement des conséquences bénéfiques sur le plan politique et militaire. »

L'intervention auprès des prisonniers de guerre devait se poursuivre, alors même qu'avaient été ramenés dans les camps ceux qui avaient été conduits à Florac. Mais elle n'avait plus malheureusement qu'un but d'information et non celui de constituer une unité de combat.

« Cependant, dit Luise Kraushaar, fin décembre 1944, huit cents prisonniers de guerre de Saint-Césaire furent envoyés aux mines d'Alès[3]. »

Les autres furent répartis dans d'autres camps.

Ceci entraîna naturellement le déplacement des délégués du CALPO dans la ville minière. Mais ce fut bientôt un officier de carrière qui remplaça l'ancien chef de maquis qui, jusque-là, dirigeait le camp. Instruction fut donnée de ne plus permettre l'intervention des antifascistes allemands auprès de leurs compatriotes, ce qui fut fait à partir du mois d'avril.

Autre absent du château d'Arigès à Florac : Otto Kühne dont nous avons évoqué la visite qu'il y fit fin octobre avec Ernst Buschmann. Mais nous ignorons quand il a quitté l'état-major à La Viale, près du Collet-de-Dèze, et avec quelle mission.

Il semble qu'il n'ait participé ni à la libération de Nîmes, ni au défilé du 4 septembre 1944. Nous savons seulement par Ernst Melis et par Arno Müller que, peu de temps après la libération de Lyon, il se trouvait dans cette ville où il rencontrait le lieutenant-colonel Manes après sa capitulation. Selon Ernst Melis :

« C'est sur la route de Villefranche que se termina le mouvement de repli qu'effectuait sans espoir l'arrière-garde des troupes fascistes commandée par le lieutenant-colonel Manes. Celui-ci fut fait prisonnier par une unité FFI, avec son état-major de soixante-cinq officiers et presque trois mille hommes. Peu de temps après, nous le rencontrâmes dans un camp d'officiers prisonniers dans un fort de Lyon. Otto Kühne et Arno Müller conduisirent les pourparlers sur ordre du mouvement 'Allemagne libre' pour l'Ouest. Manes réagit de façon taciturne et négative aux reproches qui lui furent faits d'avoir exigé de ses hommes les plus grands sacrifices au lieu de leur avoir révélé — ce qui était évident — que la situation était désespérée. Mais il y avait encore des prisonniers de guerre qui espéraient pour un proche avenir la victoire finale grâce aux 'armes miracles', ou s'attendaient à la désintégration de la coalition anti-hitlérienne[4]. »

Il semblerait donc qu'Otto Kühne ait rejoint sans attendre Lyon libéré et, par-là même, la direction du CALPO.

Cependant au château Arigès, à Florac, se présenta très tôt et de façon spontanée un homme que l'on n'attendait pas.

« Fin septembre 1944, raconte Martin Kalb, me fut amené au milieu d'un certain brouhaha un personnage singulier qui demandait à être admis dans notre compagnie. Il s'agissait de l'anarchiste Ernst Friedrich, celui-là même qui avait créé un musée contre la guerre dans un bateau sur la Sprée. Il portait de longs cheveux tombant sur les épaules, une grande barbe jusqu'à la ceinture, des culottes courtes et des spartiates — une tenue étrange dans la France de cette époque. Nous l'avons donc gardé avec nous, mais sans l'inscrire aussitôt sur la liste des effectifs. Or, il nous apparut bientôt qu'il avait une raison particulière pour agir de la sorte. Depuis le début de la guerre, il avait pris à ferme, dans les environs de Florac, une petite propriété agricole où il vivait totalement retiré. Un jour, la Gestapo avait fait une apparition chez lui, et il avait réussi à se sauver. Mais son fils, alors âgé de 15 ans [tout juste 20 en réalité] fut emmené.

Plus tard, ce fils fut employé comme interprète lors des interrogatoires de la Gestapo. Il pouvait se déplacer librement dans Mende ; mais il n'utilisa pas cette occasion pour fuir. Après le départ des Allemands, ce fils fut arrêté par la Résistance et emprisonné à Mende. Il s'avéra, par exemple, qu'il avait coopéré à des tortures, notamment à celles d'un camarade français qui dut s'agenouiller sur une scie. Dès lors, nous avons refusé d'accueillir Ernst Friedrich père dans notre unité et nous lui avons fait le reproche d'avoir élevé son fils de telle sorte qu'il s'était laissé aller à de telles infamies, alors même qu'il avait la possibilité de ficher le camp. Cependant, au cours des fêtes que nous avons organisées au château Arigès, Ernst Friedrich entra en scène à plusieurs reprises comme récitant. »

Ce que n'indique pas Martin Kalb, c'est que le fils, quant à lui, fut jugé et échappa à la condamnation au bénéfice du doute et des circonstances atténuantes : il n'avait que 20 ans lorsqu'il avait été arrêté par la Gestapo et, s'il avait accepté de travailler pour elle comme interprète, sans chercher à fuir, c'était peut-être à cause du chantage que celle-ci pouvait exercer à son encontre en menaçant d'arrêter son père et sans doute même de le supprimer.

Là apparaît bien tout le tragique de la situation.

Par contre, c'est avec plaisir que Martin Kalb vit revenir dans son unité les six Soviétiques, prisonniers de guerre évadés.

« Ces six anciens combattants de l'Armée Rouge, écrit-il, avaient été séparés de notre groupe au mois d'août, en même temps que les Arméniens auxquels ils avaient été rattachés. Ils se trouvaient avec eux à Nîmes, afin d'être éventuellement, à partir de là, expédiés dans leur pays. Mais, peu de temps après, ils revinrent dans ma compagnie pour rester avec nous jusqu'à leur retour en URSS. Lorsque la compagnie fut dissoute, ils allèrent tous les six directement à Marseille. J'avais établi à chacun une attestation écrite, mentionnant la durée de leur présence au maquis ainsi que leur participation aux combats, signée de mon nom de guerre : 'Martin'. »

Mais il y avait surtout l'amitié qui s'était forgée entre les antifascistes allemands et la population cévenole au milieu de laquelle ils avaient combattu. Elle s'exprima de diverses manières, comme le raconte Martin Kalb :

« En septembre 1944, alors que nos groupes de partisans étaient déjà passés dans les formations militaires régulières françaises et avaient été intégrés à celles-ci et que nous recevions une solde, nous avons organisé une collecte dans notre compagnie. Celle-ci nous permit de rassembler une somme très importante que nous avons adressée au sous-préfet de Florac avec un mot d'accompagnement demandant que cet argent soit utilisé à la reconstruction de La Rivière. Le sous-préfet nous remercia dans une lettre personnelle[5]. »

Le sous-préfet n'était autre que Jean Huc, l'ancien « Francis », bien placé par conséquent pour apprécier ce geste. Voici ce qu'il écrivit, le 3 octobre 1944 :

« à Monsieur le Commandant des MOI à Florac. 104e Cie
J'ai reçu vendredi dernier le produit de la collecte faite dans votre compagnie et destinée aux sinistrés de La Rivière.
Je tiens à remercier chaleureusement les hommes de votre compagnie de leur geste de solidarité.
Ayant moi-même participé au combat de La Rivière, je suis fier d'avoir combattu ce jour-là avec ceux de vos hommes qui ont pris part

à ce combat. Je connais bien les MOI. Alors que j'étais dans les Cévennes, les contacts très fréquents que j'ai eus avec eux ont toujours été marqués de la confiance. Ils sont les soldats du droit et de la liberté, et ils ont combattu pour l'humanité et pour la France.

Je vous prie de leur renouveler mes remerciements, tant en mon nom personnel qu'à celui des sinistrés à qui j'ai fait part de leur généreuse initiative et qui en ont été vraiment touchés[6]. »

Par ailleurs, la reconnaissance de la Résistance française aux anciens maquisards allemands, pour avoir participé à la lutte commune, s'exprima aussi sur un plan officiel[7]. Le colonel Zeller, commandant la 16e Région Militaire, cita plusieurs d'entre eux à l'ordre du régiment et c'est ainsi qu'en dehors d'Otto Kühne, Ernst Butzow, Martin Kalb, Max Dankner, Hermann Mayer, Paul Hartmann et Andréas Volz notamment reçurent la croix de guerre.

Cependant en ces derniers mois de guerre, il n'était pas toujours bon d'être des antifascistes allemands dans une France qui venait juste de se libérer de l'Occupation nazie.

« Fritz Fränkel, raconte Hermann Mayer, était venu chercher un certain nombre d'anciens partisans pour les amener à Paris en vue de les former pour une descente en parachute sur l'Allemagne. Au cours du voyage, dans le train, l'affaire prit mauvaise tournure : Martin Kalb fut arrêté avec d'autres, en tant que soi-disant agent de la Gestapo. Il nous fit avertir par un officier du camp de prisonniers de guerre où il avait été jeté. Mais, malgré l'envoi de documents et de photos, ils ne furent pas relâchés. Ce n'est que grâce à des communistes qui travaillaient à Mende au 2e bureau que nous pûmes les faire libérer[8]. »

D'après la version de Max Dankner[9], il semblerait que Kalb, Hartmann et leurs camarades se rendaient simplement à Paris, mais, pour obtenir leur libération du camp où on les avait mis avec des prisonniers, le 2e bureau, appuyé en cela par un commandant en opération, dut faire état de leur imminente intervention sur le front.

Le retour en Allemagne

Après le 8 mai 1945, les antifascistes allemands purent rentrer chez eux plus ou moins rapidement. Ils allaient y découvrir les ravages occasionnés par ces années de guerre sous le régime nazi : les villes détruites — avec leurs ruines —, mais également les familles disparues.

70. Le lieutenant Max Dankner, dit « Banelle ».

71. L'Autrichien Ernst Frankel en compagnie de deux jeunes maquisards polonais.

Le sous-lieutenant Hermann Mayer.

73. Le lieutenant-colonel Otto Kühne.

la Libération, trois antifascistes allemands sous l'uniforme français: Max Dankner, Hermann Mayer et Otto Kühne.

Dans notre récit, nous n'avons pas parlé des familles des exilés : or beaucoup avaient laissé, en Allemagne, qui leurs parents, leurs frères ou sœurs, qui une fiancée, qui une femme et des enfants. La longue absence avait été lourde à porter.

Qu'allaient-ils retrouver après ces douze années écoulées depuis leur départ, douze années de misère ? Des parents morts sous un bombardement aérien, la disparition d'un frère tué dans les rangs de la Wehrmacht, une femme remariée, des enfants qui ne vous reconnaissent plus, des membres de la famille assassinés dans un camp de concentration où ils avaient été jetés pour des raisons politiques ou « raciales »...

Au-delà même de leurs malheurs personnels, il y avait la découverte d'une Allemagne moralement ravagée par le fascisme hitlérien. Avec lui, l'Humanité avait régressé de plusieurs siècles : la torture était non seulement réapparue, mais elle était redevenue une institution d'Etat et s'était sophistiquée.

Ces hommes allaient vérifier aussi que les camps de concentration, mis en place dans leur propre pays ou dans les territoires occupés, avaient engendré des camps d'extermination.

Hitler avait tenté de réaliser le programme qu'il s'était fixé dans *Mein Kampf* et, de ce fait, la lutte difficile de ces hommes prenait toute sa signification. C'était là leur seule récompense après ces années de folie meurtrière et de barbarie. Et que leur lutte ait trouvé son aboutissement dans les Cévennes des camisards était, au-delà du symbole, l'affirmation que l'Homme, toujours, peut venir à bout de la Bête.

NOTES DE L'ÉPILOGUE

1. Institut für Marxismus-Leninismus, Relation de Max Dankner.
2. Dora Schaul, *op. cit.*.
3. *Ibid.*.
4. Dora Schaul, *op. cit.*
5. Marxismus-Leninimus Institut, Relation de Martin Kalb.
6. Manfred Drews et Max Stoll : *op. cit.*
7. A noter que des grades furent attribués, Butzow étant nommé capitaine et Kalb lieutenant. Ultérieurement, Max Dankner devait être promu également lieutenant et Hermann Mayer sous-lieutenant.
8. Institut für Marxismus-Leninismus, Relation de Martin Kalb.
9. *Ibid.*, Relation de Max Dankner.

Remerciements

Nos remerciements vont à ceux grâce à qui nous avons pu écrire ce livre.

Et tout d'abord à Dora Schaul, Henri Cordesse et Aimé Vielzeuf.

C'est chez notre ami Karl Heil (Charles Hebert), homme de cinéma et de radio, qui a participé en France aux émissions en langue allemande contre Hitler, de janvier 1937 au 13 mai 1940, que nous avons découvert le livre *Résistance-Erinnerungen deutscher Antifaschisten.* Ce recueil de récits, rassemblés et présentés par Dora Schaul, nous a révélé qu'il existait en RDA des documents fort intéressants émanant d'Allemands anciens maquisards dans les Cévennes.

Dora Schaul a été internée pendant la guerre au camp de Rieucros alors qu'elle s'appelait Dora Benjamin. Ultérieurement, elle a été collaborateur scientifique à la section « Histoire » de l'Institut pour le Marxisme-Léninisme (IML) de Berlin. Elle y avait été précédée par Edith Zorn qui, durant les années sombres, alors qu'elle était mariée à Harald Hauser, avait été réfugiée avec lui à la ferme du Roussel, près de Mende également. De par leurs fonctions et leurs relations personnelles, ces deux anciennes « Lozériennes forcées » eurent la possibilité de rassembler à l'IML des rapports d'antifascistes allemands et, notamment, de ceux qui avaient lutté dans les Cévennes. Ce sont ces récits de première main, ainsi d'ailleurs que des photographies, que Dora Schaul nous a communiqués avec l'accord de l'IML.

Il est inutile de présenter Henri Cordesse et Aimé Vielzeul à ceux qui s'intéressent à l'histoire de la Résistance dans la Lozère et le Gard.

Henri Cordesse, qui devait être préfet de la Lozère à la Libération, n'a pas été qu'un témoin en ce qui concerne le passage des Allemands

329

au maquis (le premier de la Lozère) et l'organisation de celui-ci : il a été, en l'occurrence, du côté français, l'un des principaux acteurs. On en trouve le reflet dans les deux ouvrages qu'il a publiés.

Aimé Vielzeuf a été le chroniqueur infatigable de ces années de lutte auxquelles il a lui-même pris part. Dans ses écrits, il a toujours évoqué, quand il y avait lieu, la présence des antifascistes allemands dans les engagements.

L'un et l'autre nous ont permis de puiser en toute liberté dans leurs livres les informations concernant notre propos.

D'autre part, Dora Schaul, Henri Cordesse et Aimé Vielzeuf, auxquels nous avons soumis notre texte au fur et à mesure de sa rédaction, ont bien voulu y apporter leurs corrections et compléments.

De tout cela et de leur amitié nous les remercions.

Mais nous devons aussi remercier tous ceux qui, acteurs ou témoins des faits que nous relatons, nous ont évoqué leurs souvenirs, soit oralement, soit par écrit. (Leur liste figure en fin d'ouvrage sous la rubrique : « Sources de renseignements ».)

Enfin, nous exprimons notre reconnaissance à Monsieur le Directeur Général des Archives de France et à Messieurs les Préfets, Commissaires de la République, qui nous ont autorisés à consulter, dans les archives départementales concernées, les documents ayant trait à la période 1939-1945[*].

Eveline et Yvan Brès.

---

[*]Nos sources de renseignements sont indiquées et répertoriées ci-après. Dans notre texte, les citations d'acteurs, de témoins ou de documents d'archives (rapports divers et notamment de police) sont présentées entre guillemets. Dans un but d'uniformisation, les témoignages directs sont à la première personne, même lorsqu'il n'en était pas ainsi dans les documents d'origine (certaines relations déposées et enregistrées à l'IML de Berlin, ouvrages d'Henri Cordesse ou d'Ernest Peytavin, par exemple).

SOURCES DE RENSEIGNEMENTS

Bibliographie

1. OUVRAGES EN FRANÇAIS

BONTE Florimond, *Les Antifascistes allemands dans la Résistance française,* Ed. Sociales, Paris, 1969.

BOULADOU Gérard, *Les Maquis du Massif Central méridional 1943-1944,* Service de reproduction des thèses, Lille III, 1975.

BOURDERON Roger, *La Libération du Languedoc méditerranéen,* Hachette, Paris, 1974.

CHAMBRUN (de) Gilbert, *Journal d'un militaire d'occasion,* Aubanel, Avignon, 1982.

CORDESSE Henri, *Louis Veylet,* Impr. de la Presse, Montpellier, 1972.
— *Histoire de la Résistance en Lozère,* Impr. Reschly, 1974.

FAURE Henri, *L'Odyssée de notre 32ᵉ Cⁱᵉ des CF de la Libération,* 27 pages dactylographiées.

GUI Julien, *Les Aventures d'un maquisard.*

HUC Jean, *La Résistance en Lozère,* 9 pages dactylographiées.

MARUEJOL René et VIELZEUF Aimé, *Le Maquis « Bir Hakeim »,* 1ᵉʳᵉ éd., Imp. Sadiac, Nîmes, 1947; dernière éd. : Le Camariguo, Nîmes, 1982.

PEYTAVIN Ernest, *De la « Résistance » au Combat,* Impr. Chaptal, Mende, 1945.

POUJOL Jacques, « Histoire abrégée des maquis cévenols (1943-44) », in *Causses et Cévennes* nᵒ 4, 1980.

POUJOL Robert, *Le Maquis d'Ardaillès,* Sumène, 1984.

RASCALON René, *Résistance et Maquis FFI Aigoual-Cévennes,* Montpellier, 1945.

331

VIELZEUF Aimé, *Et la Cévenne s'embrasa...*, 1ere éd. : Peladan, Uzès, 1967 ; dernière éd. : Le Camariguo, Nîmes, 1981. — *On les appelait « les Bandits »*, 1ere éd. : Peladan, Uzès, 1967 ; dernière éd. : Le Camariguo, Nîmes, 1972. *Au temps des longues nuits*, Peladan, Uzès, 1969. — *Demain du sang noir*, Peladan, Uzès, 1970. —*Epopée en Cévenne*, Impr. Béné, Nîmes, 1976. — *Terreur en Cévenne*, Le Camariguo, Nîmes, 1983.

OUVRAGES EN ALLEMAND

DREWS Manfred und STOLL Max, *Gefechte in den Cevennen* (Combats en Cévennes), Militarverlag der DDR Berlin, 1977, 2. Auflage, 1982.

Divers : *Deutsche Widerstandskämpfer 1933-1945* (Résistants allemands), 1, Dietz Verlag, Berlin, 1970. Notes sur Max Frank et Hans Mosch.

PESCH Karl-Heinz, *An der Seite der Résistance* (Aux côtés de la Résistance), Röderberg Verlag, Frankfurt, 1974.

SCHAUL Dora (Zusammengestellt und bearbeitet von... — Rassemblés et arrangés par...), *Résistance-Erinnerungen deutscher Antifaschisten* (Résistance — Souvenirs d'antifascistes allemands), Dietz Verlag, Berlin, 1973. Avec, en particulier, Récits de : DANKNER Max : « Das Massaker von La Parade » (Le massacre de La Parade), p. 195-206. HARTMANN Paul : « Mit Waffen aus dem ersten Weltkrieg » (Avec des armes de la Première Guerre mondiale), p. 183-186. HILGERT Richard : « Die Hilfe des Pastor Donadille und seiner Freunde » (L'aide du pasteur Donadille et de ses amis), p. 347-351 ; « Französische Papiere hutzten innen nichts » (Des papiers français ne leur furent d'aucun secours), p. 386-388. KALB Martin : « Am nächsten Morgen war Nîmes befreit... » (Le lendemain Nîmes fut libre...), p. 443-446. SPITZER Alfred : « Komplizierte Situationen » (Des situations compliquées »), p. 114-183. VESPER Walter : « Mit Parteiauftrag nach dem Süden » (En mission dans le sud pour le Parti), p. 260-281.

VOSSKE Heinz (Herausgegeben von...) *Erinnerungen deutscher Genossen an der antifaschistischen Widerstand von 1933 bis 1945 — Im Kampf bewährt* (Résistance antifasciste de 1933 à 1945 — Eprouvés au combat), Dietz Verlag, Berlin, 1969. Avec, en particulier, p. 592-360 : KRAUSHAAR Luise, « Während des 2. Weltkrieges in Paris, Nîmes und Marseille » (Durant la Seconde Guerre mondiale à Paris, Nîmes et Marseille).

TÉMOIGNAGES ÉCRITS OU ORAUX

— en français, de :

BARLAGUET Raymond, BIBAULT René, BREE Elie, BRES Olga et Raymond, BRUC Gaston, CHAPTAL Marcel, COMBARMOND Antonin, CORDESSE Henri, DONADILLE Marc, EVRARD René, FOLCHER Eloi, FRANKEL Ernst, GURUMETA Saturnino, HUBER Joseph, KRAINER Hans, LAURENT Jacques, MOLINES Lucien, NICOLAS René, PIERREL Marcel, ROBERT Franck, ROUAN François, ROUVERAND Aimé, SALLES Franck, SAMITIER Ricardo, SERVIÈRE René, SOUSTELLE Fernand.

— en allemand, de :

BLUME Franz, DANKNER Max, FRISCH Kurt, HAUSER Harald, HILGERT Richard, KRAUSHAAR Luise, MAYER Herbert.

ARCHIVES DÉPARTEMENTALES

Bouches-du-Rhône, Drôme, Gard, Hérault, Lozère.

ARCHIVES ALLEMANDES

INSTITUT FUR MARXISMUS-LENINISMUS (INSTITUT POUR LE MARXISME-LÉNINISME) Berlin, RDA : Relations dactylographiées de :

BERLINER Siegfried, n° 58, 11 p., 12.04.1957.

BLUME Franz, n° 23, 24.06.1957.

DANKNER Max, n° 13, 32 p. ; 5 p. : « Der Kampf geht weiter » (Le combat continue) ; 14 p. : « Der Massaker von La Parade » (Le massacre de La Parade).

FEILER Werner, n° 157, 7 p., 10.05.1962.

FRISCH Kurt, n° 132, 7 p., 07.05.1960.

HARTMANN Paul, n° 14, 23 p., 31.01.1958.

HILGERT Richard, n° 12, 30 p., 26.03.1958 ; n° 12b : « 29 mai 1944 » (Le 29 mai 1944) ; n° 12e : « Ein französischer Bauer fragt » (Les questions d'un paysan français).

KALB Martin, n° 11, 21 p., 11.04.1958.

KOHN Fritz, 12 p., 24.05.1958.

KRALIK Hanns, 43 p. : « Rückblick auf ein bewegtes Leben und ein vielzeitiges Schaffen » (Regard en arrière sur une vie mouvementée aux activités multiples).

KRALIK Hanns und Lya, n° 78a, 6 p., 17.06.1965.

KRAUSHAAR Luise.

KUHNE Otto, 2 p., 06.01.1954 : « Lebenslauf » (Eléments de biographie) ; 4 p. : « Abschrift : Bericht für Lyon, 1 » (Copie : Rapport adressé à Lyon) ; 3 p. : « Abschrift : Bericht für Lyon, 2 » (Copie : Rapport adressé à Lyon).

LEHMANN Otto, 1 p. : « Toni Lindner ».

LEIPOLD Hermann, 3 p. : Episoden aus dem Kampfdeutscher Antifaschisten in Frankreich » (Episodes de la vie d'un combattant antifasciste allemand en France) ; 2 p., 31.05.1960 : « Betr. : Lindner Toni » (Au sujet de Toni Lindner).

MAYER Hermann, 13 p. ; 3 p. : « Beantwortung der Frage » (Réponse aux questions) ; 2 p. : « Dem Tode entronen » (Rescapés) ; 1 p., 05.08.1963 : « Brief » (Lettre).

NICKOLAY Dora, 4 p.

NICOLAS René, 8 p., 29.01.1979.

SCHEIFELE Hans, 2 p. : « Brief » (Lettre).

Antifascistes allemands et autrichiens au maquis dans les Cévennes avant le 6 juin 1944

NOMS ET PRÉNOMS	DATE ET LIEU DE NAISSANCE	RÉGIONS	PROFESSION	OBSERVATIONS
BACKES Stéphan	Friedrichsthal-Bildstock	Sarre	Mineur	
BEISACKER Norbert	11.07.1914 Heiligenwald	Sarre	Mineur	
BUCHER Fred	26.01.1898 Pauschwitz		Artiste de cabaret	D'origine juive. Socialiste. Tué le 28.05.44 à La Borie
BUTZOW Ernst		Prusse Orient.	Charpentier	
DANKNER Max	07.05.1911 Dresde	Saxe	Menuisier	
DULL Karl				Mort le 2.02.44 à La Fare
EXNER Franz		Sarre		Socialiste
FEILER Werner	19.10.1913 Chemnitz	Saxe	Tourneur	
FRANK Max	25.10.1905 Nüremberg	Bavière	Ouvrier du bâtiment.	Abattu le 29.05.44 à la Tourette
GANZERT Emil	30.12.1909 Hambourg	Hambourg	Mécanicien	
HARTMANN Paul	4.11.1907 Lichtentanne		Teinturier	
HASSELBRING Heinrich	14.03.1903 Hollenstedt		Docker - Mineur	
HEINZ Karl	1916 Mannheim	Bade		Ex Jeunesses Socialistes. Tué le 28.05.44 à La Borie.
HERGERT Félix	20.01.1904 Sulzbach-Hünerfeld	Sarre		
HILGERT Richard	04.02.1905 Berlin	Prusse	Acteur	
HUBER Paul				
KALB Martin	26.11.1906 Biziger	Prusse Orient.	Forgeron	
KALWEIT Emil		Sarre		
KLAUSING Karl	11.02.1902 Berlin	Prusse	Mécanicien	
KUHNE Otto	12.05.1893 Berlin	Prusse	Cheminot (Député)	
LEIPOLD Hermann	12.08.1904 Blumenberg		Ouvrier	Porté opticien au GTE
LINDNER Anton	10.12.1905 Kehlheim	Bavière		Tué le 28.05.44 à La Borie
MAYER Hermann	06.12.1906 Steinheim		Ebéniste	
MIELKE Rudi				C.I trouvée à La Fare le 12.02.44.
MOSCH Hans	02.06.1901 Oederan	Saxe	Apprenti boulanger, conseiller municipal. Fonctionnaire politique KPD.	Abattu le 30.05.44 au Magistavol.
MULLER Willi	25.04.1999 Marienwald		Maçon	
MUNDT Paul	23.09.91 Berlin	Prusse	Chauffeur taxi	

.../...

Suite du tableau ci-contre

NOMS ET PRÉNOMS	DATE ET LIEU DE NAISSANCE	RÉGIONS	PROFESSION	OBSERVATIONS
NETT Willi	08.05.1911 Essen	Rhénanie nord Westphalie	Jardinier	
OST Lisa				Abattue le 26.06.44 à Célas
RAHMEL-ROBENS Hedwig	09.11.1896 Rosslau		Infirmière	Abattue le 26.06.44 à Célas
REICHARD Hans	18.12.1904 Hambourg	Hambourg	Ouvrier du gaz	
ROBENS Christian	28.09.1995 Stolberg	Rhénanie	Cuisinier dans la marine	Abattu juin 44 à Alès?
RUCKTASCHEL Albert	19.05.1903 Hof	Sarre	Serrurier ou maçon charp.	
SCHWARZ Emmanuel		Sarre	Cordonnier	
STIERWALD Albert	01.01.1898 Liederburg	Saxe	Ouvrier mécan.	
STANICK Richard	15.09.1904 Bottrop		Métallurgiste	
VOLZ Andréas	23.04.1890	Sarre	Mineur	
WALDER Kurt	14.04.1903 Schillersdorf		Mécanic. électr.	
FRANKEL Ernst	20.01.1914 Vienne	Autriche	Boulanger	D'origine juive. Ex Jeunesses Socialistes
KRAINER Hans	17.02.1917 Klagenfurt	Autriche	Employé de commerce	
TRINKA Karl	1911?	Autriche		Tué le 28.05.44 à La Borie

QUELQUES ALLEMANDS ET AUTRICHIENS AYANT REJOINT APRÈS LE 6 JUIN 44 :

ALLEMANDS :

ALBRECHT Hermann
BRENNER Karl
GEMZEK Erich
LORENZ Heinz
MARTIN Robert
PRENEN Karl
SCHNITZLER Simon

SIEGLAR Auguste
STEIG Richard
VIDAL André
WEYERS Friedrich (« MONY »)
ZIEGLER August
ZINTL Mathias.

AUTRICHIENS :

SCHEIFELE Hans
WINKLER Johan.

Antifascistes français et étrangers qui furent au maquis dans les Cévennes avec les antifascistes allemands

(Ordre d'arrivée) :

VEYLET Louis. Blessé au combat et abattu.
RICHARD Jean. Se tuera en moto.
BRESSAN Corado
MARTIN François
ROUAN François
Deux ou trois Espagnols
PROBST Alfred
VOREL Joseph. Fusillé à La Tourette-Badaroux.
SKOVODA Paul
MICKO(VITCH). Fusillé à La Tourette-Badaroux.
Yosip
PONS Louis. Tué à La Borie-La Parade.
FERRACI Roland
GUILLON Max
ARCAS Miguel
SAUVEBOIS Aimé. Fusillé le 31 mai 1944 à Montpellier.
« Maurice » (KAZIMIERZ?), mineur polonais.
PETER Victor, Alsacien, déserteur de la Légion étrangère.
ROUSSEAU Anna
ROUSSEAU Jean. Tué à La Borie-La Parade.
FARELLE Jean(not). Tué à La Borie-La Parade.
NICOLAS René
« Georg », Yougoslave, ravitailleur des MOI.
Les « Guérilleros » espagnols : 16 tués à La Parade-Badaroux.
Les Soviétiques « KG » évadés : CHOCHLOV Andréi
                                            LOUSKA Anatoli
                                            MURATOV Boris
                                            POLTARTSCHENKO Ivan
                                            SAMODAROV Michel
                                            SEMAN Feisulin
Les Arméniens déserteurs de l'Ost Légion.

Index des noms cités dans le texte

340

341

342

343

Table des matières

347

TABLE DES CARTES

CRÉDIT PHOTOGRAPHIQUE
(Classement selon le numérotage des photos - de 1 à 73)

COLLECTION ERNST FRANKEL : 71.

« LO RAIOL », CENTRE D'INFORMATION TOURISTIQUE DES CÉVENNES : 38.

EXTRAIT DES OUVRAGES :

Histoire de la Résistance en Lozère, Henri Cordesse : 16, 30.
Résistance-Erinnerungen deutscher Antifaschisten, Dora Schaul : 25, 70, 73.
Gefechte in den Cevennen, Manfred Drews und Max Stoll : 59, 65.
Le Maquis Bir-Hakeim, Aimé Vielzeuf : 43.
Pasaremos, Deutscher Militar Verlag, Berlin, 1970 : 1.

Achevé d'imprimer fin juillet 1987
sur les presses de l'Imprimerie Pollina à Luçon
pour le compte des Presses du Languedoc / Max Chaleil Éditeur
33 rue Roucher - 34000 Montpellier

ISBN : 2-85998-038-5
N° d'impression : 9302

Dépôt légal : août 1987

Distique